O historiador e suas fontes

Consulte nosso catálogo completo e últimos lançamentos em **www.editoracontexto.com.br**.

O historiador e suas fontes

Carla Bassanezi Pinsky
Tania Regina de Luca

Ana Luiza Martins • Antonio Celso Ferreira
Caroline Silveira Bauer • Durval de Albuquerque Júnior
Elias Thomé Saliba • Flavia Galli Tatsch
Júnia Ferreira Furtado • Keila Grinberg
Leandro Karnal • Maria Silvia Bassanezi
Maria Teresa Cunha • René E. Gertz
Solange Ferraz de Lima • Teresa Malatian
Vânia Carneiro de Carvalho

editoracontexto

Foto de capa
Jaime Pinsky

Montagem de capa e diagramação
Gustavo S. Vilas Boas

Preparação de textos
Juliana Bernardino

Revisão
Lilian Aquino

Dados Internacionais de Catalogação na Publicação (CIP)
(Câmara Brasileira do Livro, SP, Brasil)

O Historiador e suas fontes / Carla Bassanezi Pinsky
e Tania Regina de Luca (orgs.). – 1. ed., 8ª reimpressão. –
São Paulo : Contexto, 2025.

Vários autores.
ISBN 978-85-7244-451-4

1. História – Fontes 2. Historiografia
I. Pinsky, Carla Bassanezi. II. Luca, Tania Regina de.

09-08866 CDD-902

Índices para catálogo sistemático:
1. História : Fontes 902
2. Historiador : Fontes 902

2025

EDITORA CONTEXTO
Diretor editorial: *Jaime Pinsky*

Rua Dr. José Elias, 520 – Alto da Lapa
05083-030 – São Paulo – SP
PABX: (11) 3832 5838
contato@editoracontexto.com.br
www.editoracontexto.com.br

Sumário

Apresentação

Carla Bassanezi Pinsky e Tania Regina de Luca

A História se utiliza de documentos, transformados em fonte pelo olhar do pesquisador. No livro *Fontes históricas* (também da Editora Contexto), estão descritos os tipos de documentos mais comuns. Em *O historiador e suas fontes*, o repertório aumenta e se completa.

Fontes tão variadas quanto as chamadas "escritas de si" (cartas, diários), assim como as produções destinadas a públicos mais amplos e diversificados (a literatura e os pronunciamentos e discursos) estão presentes nesta obra. Documentos oficiais, como testamentos e inventários ou os registros paroquiais e civis, bem como materiais produzidos pelo Poder Judiciário e pelos órgãos de repressão são aqui apresentados e analisados. As fotografias, acervos documentais que atraem cada vez mais a atenção dos historiadores, merecem no livro um capítulo especial.

O patrimônio cultural é um campo complexo que abarca de papéis a edifícios, de mapas a obra de arte, de comidas típicas a festas populares e tudo que for capaz de expressar cultura. Embora tão interessante e diversificado, ainda se constitui em relativa novidade no ambiente universitário e ganha neste livro lugar de destaque.

Aos que aceitam os desafios da pesquisa histórica, *O historiador e suas fontes* disponibiliza, pois, uma gama variada de textos que discutem diferentes conjuntos documentais e suas formas de utilização pela História. Estudiosos experientes, que querem diversificar seu trabalho, ou mesmo iniciantes têm em mãos uma obra didática e rigorosa, que apresenta os procedimentos da construção do conhecimento historiográfico a partir de materiais concretos. Além disso, o livro é importante instrumento para professores e estudantes dos cursos de Metodologia, Introdução aos estudos históricos e Prática de pesquisa. A obra tem ainda caráter multidisciplinar, uma vez que pode auxiliar profissionais de áreas como Linguística, Sociologia, Antropologia, Direito e Letras, cujas temáticas tangenciam as dos historiadores.

Os capítulos foram escritos por especialistas com grande familiaridade no trato da fonte abordada por cada um. São pesquisadores de instituições brasileiras conceituadas, como a USP, a Unesp, a Unicamp, a PUC, o CONDEPHAAT, a Udesc, o Museu Paulista e as Universidades Federais do Rio Grande do Sul, Rio Grande do Norte, Minas Gerais e Rio de Janeiro, reunidos em um projeto editorial destinado a estreitar a relação entre a produção do saber e sua utilização pela universidade. Embora se refiram a materiais distintos e os apresentem de maneiras diferentes, os capítulos compartilham uma estrutura similar (e o leitor atento poderá perceber diversos "diálogos" entre os autores). Todos tratam das possibilidades e dos problemas historiográficos enfrentados por aqueles que se debruçam sobre cada um dos documentos selecionados. Essa análise é enriquecida com informações práticas sobre acervos existentes, sugestões de como proceder e interpretar as fontes, tudo devidamente exemplificado. O leitor conta, assim, com uma espécie de guia privilegiado para inspirá-lo e estimulá-lo.

Dois textos muito especiais abrem e fecham a obra. Extremamente claros e bem escritos, eles discutem a relação entre os historiadores e as fontes. O primeiro, assinado por Leandro Karnal e Flávia Galli Tatsch, explica como e por que os mesmos documentos têm adquirido mais ou menos importância ao longo do tempo e como isso afeta a memória preservada pela historiografia. Elias Thomé Saliba, por sua vez, encerra o livro com as aventuras e desventuras do documento, nas idas e vindas das ondas modernas e pós-modernas que marcam a História. Imperdível!

DOCUMENTO E HISTÓRIA

A memória evanescente

Leandro Karnal
Flavia Galli Tatsch

> Se queres transformar-te num homem de letras, e quem sabe um dia escrever Histórias, deves também mentir, e inventar histórias, pois senão a tua História ficaria monótona. Mas terás que fazê-lo com moderação. O mundo condena os mentirosos que só sabem mentir, até mesmo sobre coisas mínimas, e premia os poetas que mentem apenas sobre coisas grandiosas.
> (Umberto Eco, *Baudolino*)

Conta o mestre Capistrano que teria encontrado um historiador de moral duvidosa a queimar documentos para tornar a sua leitura daquelas fontes imprescindível e definitiva.[1] O tom quase anedótico da narrativa esconde uma questão importante: o documento é a base para o julgamento histórico. Destruídos todos os documentos sobre um determinado período, nada poderia ser dito por um historiador. Uma civilização da qual não tivéssemos nenhum vestígio arqueológico, nenhum texto e nenhuma referência por meio de outros povos, seria como uma civilização inexistente para o profissional de História?[2]

Ora, se o documento é a pedra fundamental do pensamento histórico, isto nos remete a outra questão: o que é um documento histórico? É notável como o historiador resiste em definir seus conceitos de trabalho, mesmo os fundamentais.

Discutir o que consideramos um documento histórico é, na verdade, estabelecer qual a memória que deve ser preservada pela História e qual o estatuto da própria História. A categoria documento define uma parte importante do campo de atuação do historiador e a amplitude da sua busca.

Se a ideia "sem documentos não há História"[3] fez carreira fulgurante e incontestável, ela nublou outra questão central: o que é um documento?

Iniciando pela percepção mais difundida, o documento histórico seria uma folha (ou várias folhas) de papel escrito por alguém importante. Assim, um exemplo clássico dessa concepção de documento seria a carta escrita por Pero Vaz de Caminha e que relata o "descobrimento" do Brasil.

A visão anterior omite a história do documento, ou seja, como determinado grupo e determinada época consideraram que aquela folha estivesse na categoria de um verdadeiro "documento histórico". Tome-se a mesma Carta de Caminha para exemplificar esse problema. Enviada no navio de mantimentos para Portugal, foi recebida com interesse na corte de D. Manuel, o Venturoso, mas não pelo "achamento" do que viria a ser o Brasil, mas em função das notícias da viagem que estabeleceria o comércio com a Índia. Para o ansioso monarca e seus cortesãos, o objetivo central era a rota para o Oriente. A nudez das mulheres da nova terra pode ter incendiado a pudicícia lusitana, mas o olhar do rei estava além de uma terra de papagaios e ninfas.

Por mais de duzentos anos, o documento que temos na conta de preciosíssima certidão de nascimento do Brasil ficou na Torre do Tombo em Portugal, sem que ninguém tivesse um interesse específico por ele. Apenas em 1773, um funcionário chamado José de Seabra da Silva mandou tirar cópia do texto. Quase meio século depois, em 1817, ele seria publicado pela primeira vez na *Corografia Brasílica ou Relação Histórico-geográfica do Reino do Brazil*, pelo padre Manuel Aires de Casal.

A fortuna crítica da Carta tinha despertado. No contexto da valorização da entidade nacional no Brasil independente, historiadores como Francisco Adolfo de Varnhagen fizeram publicações do documento e o esforço prosseguiu com publicações de João Ribeiro, Carolina Michaëllis de Vasconcellos e o celebrado texto de Jaime Cortesão.[4]

Desde o século XX, ela passou a ser republicada constantemente, foi citada em abundância e entrou nos livros didáticos como referência obrigatória. Transformou-se em roteiro para o cinema nacionalista de Humberto Mauro e inspiração de música e dança modernas. Glorificada, retornou ao Brasil em 2000 para a Mostra do Redescobrimento.[5] A Carta de Caminha alcança-

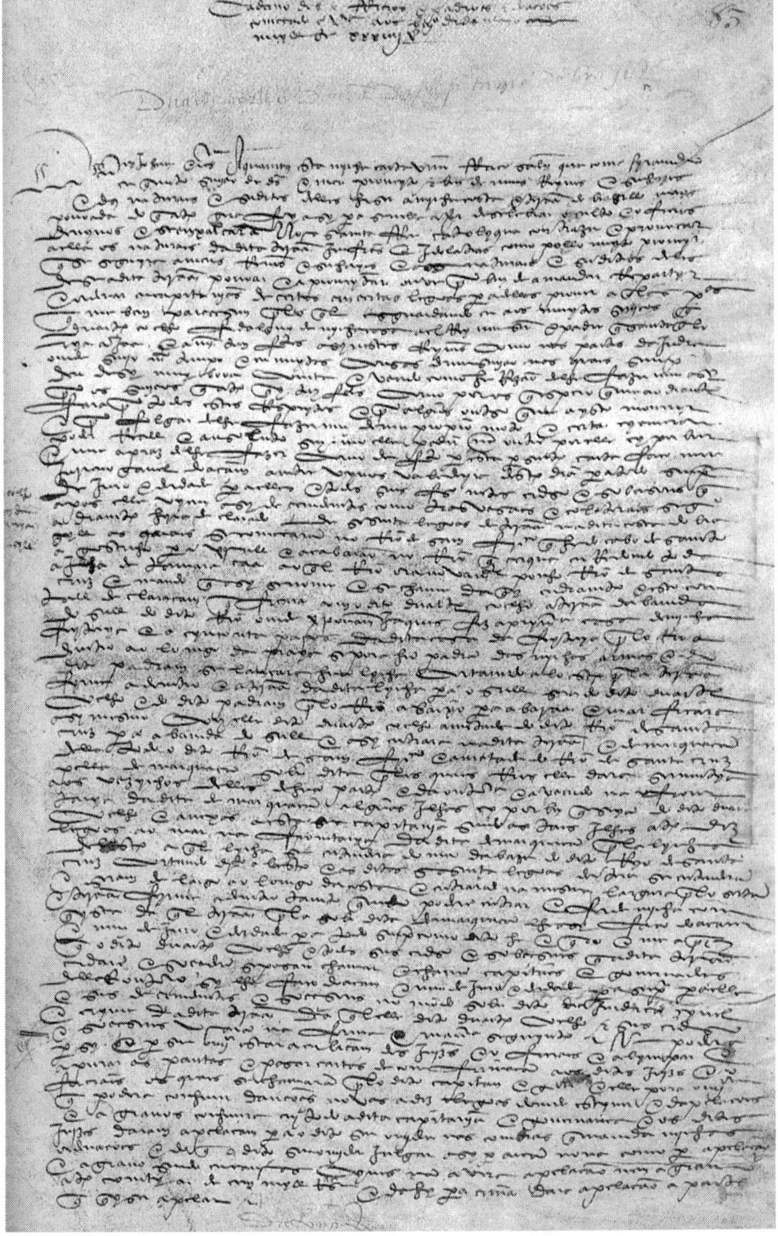

Fragmento da carta escrita por Pero Vaz de Caminha entre 22 de abril e 1º de maio de 1500. As diferentes leituras desta que, muito tempo depois, foi chamada de “a certidão de nascimento do Brasil” ilustram bem a ideia de que “todo documento histórico é uma construção permanente”.

ra o cume da hierarquia documental: estava em vitrine hermética e recebia visitas admiradas da multidão compungida. Guardas, luzes baixas, música de fundo e fila organizada traziam aos observadores a ideia do valor que aquelas folhas tinham adquirido. Estávamos diante de uma revelação, uma epifania documental na qual significado e significante histórico pareciam fundidos para sempre.

Poucos dos observadores da vitrine, onde, zelosamente, era virada uma página por dia para evitar exposição excessiva à luz, poderiam supor a longa trajetória daquele texto: séculos de esquecimento, o caráter aleatório da sua conservação e as releituras possíveis.

Dizendo de modo diferente: o crescimento da importância da Carta de Caminha dependeu do crescimento do Brasil, dependeu do surgimento do nacionalismo brasileiro, dependeu do crescente orgulho português pelo passado épico das navegações e do contexto do Quinto Centenário no ano de 2000. Em suma: o documento não é um documento em si, mas um diálogo claro entre o presente e o documento. Resgatar o passado é transformá-lo pela simples evocação. Em decorrência da ideia anterior, todo documento histórico é uma construção permanente.

Não bastassem as especificidades do valor oscilante de um texto, variam também os agentes que o leem. Por exemplo: um funcionário da cultura na ditadura do Estado Novo poderia ver em Caminha um documento extraordinário do Brasil que nascia – opinião compartilhada por um colega português da ditadura salazarista na mesma época. Porém, um indigenista contemporâneo, sabedor da tragédia da presença portuguesa para as populações ameríndias, verá no mesmo documento a certidão de óbito da muitas populações indígenas. Mesmo que ambos reconheçam o documento como importante, ele pode gerar leituras opostas. À primeira subjetividade (a edificação histórica da importância do documento) soma-se a segunda e mais fundamental: as leituras variadas que um documento possibilita.

Além de agentes distintos gerando leituras distintas, o foco sobre o documento pode variar em função do recorte feito. A Carta de Caminha pode gerar uma visão gloriosa na natureza brasileira e do futuro produtivo, a partir de citações consagradas como "Porém a terra em si é de muitos bons ares [...]. Águas são muitas; infindas. E em tal maneira é graciosa que, querendo-a aproveitar, dar-se-á nela tudo, por bem das águas que tem".[6]

A mesma carta poderia oferecer um recorte muito distinto se destacássemos seu final, no qual o autor pede um favor familiar ao rei, visto por uns como gênese do comportamento corrupto do país ou como exemplo de prática de sociedade de mercês do Antigo Regime:

> *E pois que, Senhor, é certo que, assim neste cargo que levo, como em qualquer outra coisa que de vosso serviço for, Vossa Alteza há de ser de mim muito bem servida, a Ela peço que, por me fazer singular mercê, mande vir da ilha de São Tomé a Jorge de Osório, meu genro - o que d' Ela receberei muita mercê. Beijo as mãos de Vossa Alteza.*[7]

Assim, um documento como a Carta de Pero Vaz de Caminha não tem uma importância em si, eterna e imutável, mas é um *link* que estabelecemos com o passado e, da mesma forma que foi considerado fundamental nos últimos dois séculos, pode, no futuro, voltar a ser um perdido maço de papéis velhos na Torre do Tombo.[8]

A mutabilidade do documento tem relação com o sentido que o presente confere a tais personagens ou fatos. Tal procedimento foi exaustivamente demonstrado na obra de Georges Duby *O domingo de Bouvines*.[9] A partir da análise da Batalha de Bouvines entre o imperador do Primeiro Reich e a França, o autor demonstra como ela foi sendo analisada de inúmeras formas até o ponto quase bizarro de, no contexto da hostilidade franco-alemã dos séculos XIX e XX, ser lida como o primeiro choque de uma série que culminaria na Guerra Franco-Prussiana e na Grande Guerra. O fato de que um domingo, 27 de julho de 1214, pode ser ressignificado até 1870 ou 1914 demonstra que os respectivos documentos também podem encontrar novos nichos semânticos.

Se concluímos que não existe um fato histórico eterno, mas existe um fato que consideramos hoje um fato histórico, é fácil deduzir que o conceito de documento siga a mesma lógica. Fato e documento histórico demonstram nossa visão atual do passado, num *diálogo* entre a visão contemporânea e as fontes pretéritas. Se insistimos na palavra diálogo é porque rejeitamos tanto a *Weltanschauung* da Escola Metódica do século XIX (que via no documento e no fato uma verdade em si, autossuficiente e reveladora do passado) como certos traços da historiografia pós-moderna que relativizaram o documento a ponto de considerá-lo puro exercício de subjetividade contemporânea. Como veremos, nem o sujeito nem o objeto apresentam o domínio total da mensagem no diálogo que dizemos chamar-se História.

Um conceito em expansão

Apenas no século XIX triunfou a ideia do Documento como "prova histórica", superando o termo mais usado até então: Monumento.[10]

Se a importância do documento com sentido de fonte para o historiador foi amplamente aceita, a definição do que vem a ser um documento histórico foi alvo de debates maiores. Um historiador da Escola Metódica do século XIX teria certeza de que o documento é, em essência, o texto escrito: a carta, o tratado de paz, o testamento etc. Todo o debate estava em torno da autenticidade do texto. Uma vez estabelecida essa autenticidade, o texto escrito brilhava aos olhos do analista como a fonte por excelência.

Podemos tomar como exemplo um dos manuais mais difundidos do fim do século XIX: *Introdução aos estudos históricos*, de Langlois/Seignobos. Logo no primeiro capítulo lemos: "A história se faz com documentos. Documentos são os traços que deixaram os pensamentos e os atos dos homens do passado."[11]

Para os autores da Escola Metódica, a questão central da História é a heurística documental. A busca, seleção, crítica e classificação documental constituem-se no eixo em torno do qual gira a atividade do historiador.[12]

Desde o século XIX, o conceito e a abrangência do termo documento histórico foram sendo ampliados. A Escola dos *Annales*, no século XX, colaborou ainda mais para o alargamento da noção de fonte. Ao determinar que a busca do historiador seria guiada por tudo o que fosse humano, Marc Bloch demonstra que, ao mesmo tempo em que se amplia o campo do historiador, amplia-se, necessariamente, a tipologia da sua fonte.[13]

A ascensão da História Quantitativa, da História do Cotidiano, da História da Sexualidade, da História de Gênero e de tantos outros novos campos ao longo do século XX trouxe, inexoravelmente, um esgarçamento quase absoluto do limite do termo "documento histórico". A História Serial, por exemplo, redefine e inverte o método dos historiadores com documentos. "Preso numa série, o documento deixa de existir sozinho, para só adquirir sentido mediante relação com a série que o precede ou segue."[14] Desaparece, assim, o documento único, para surgir a série documental, como certidões de batismo ou testamentos. Sem lotes expressivos que mostrem oscilações importantes ou repetições reveladoras, uma única certidão de batismo do século XVI é um vazio desesperador.

Provocando reações diversas entre os profissionais da História, surgiram obras de análise dos seios, da praia, do desejo, dos túmulos, das crianças, dos jovens, do Paraíso, das roupas, da etiqueta, da alimentação e, fazendo torcer o nariz dos mais conservadores, uma curiosa *Histoire de la Merde*.[15]

No caminho da expansão de temas (dos documentos) poderíamos citar também uma análise do bolo de casamento na Inglaterra.[16] Na obra de Simon R. Charsley, há um estudo sobre o que distinguiria o bolo de casamento inglês de similares americanos ou australianos; as distinções sutis da linguagem entre um "*wedding cake*" ("bolo de casamento") e um "*bride cake*" ("bolo de noiva") e, após muitas outras considerações, uma conclusão sobre mudanças culturais a partir dos modos e personagens envolvidos no ato de cortar o bolo de casamento.[17]

Naturalmente, essa atomização dos objetos clássicos da História despertou reações negativas.[18] Porém, o mais importante aqui é destacar que elas implicaram, necessariamente, a profunda alteração do uso e conceito de documento histórico.

Todos esses caminhos parecem indicar que o século XX estimulou a ampliação de objetos históricos e cumpriu o desejo de Bloch às vésperas de sua execução, que anelava dar o estatuto de "documento histórico" a tudo que contivesse a possibilidade de vislumbrar a ação humana.

O que teria provocado tal ampliação? Podemos identificar o surgimento de novos campos aos quais a História tradicional (Política) dava pouca atenção. Há uma história oral, há uma história das imagens (distinta de história da arte), há uma história da criança, uma história das mulheres, uma história do corpo e muitas outras.[19] Tais objetos tão amplos dialogam mais com os campos da Antropologia e da Sociologia do que a História tradicional fazia. Necessariamente, a ampliação de temas levou à ampliação da noção de documento.

Longe de ser um esforço conservador, como se poderia deduzir da obra de François Dosse, as ampliações do objeto e do documento atingem os analistas associados à esquerda. Historiadores da vida escrava, por exemplo, demonstram crescente preocupação com o cotidiano dos negros na América. A resistência à escravidão, antes centrada nas rebeliões clássicas como Palmares ou Malês, estendeu-se à manutenção de hábitos cotidianos, à sexualidade e ao mundo material que acompanhava a vida escrava.[20] Também analistas da vida operária passaram a avaliar um leque mais amplo de evidências de lutas de classe para além das greves.

Seria leviano fazer uma associação automática entre as transformações do conceito de fonte para o historiador e a ampliação do objeto no mesmo período. Porém, não escapa ao observador que também o mundo das artes plásticas perdeu campo definido, que separava o objeto artístico do não-artístico. Assim, se até o século XIX o objeto de arte era bastante definido, a partir das vanguardas do século XX ampliou-se não apenas o debate tradicional sobre o que era Belo ou não, mas sobre o que vinha a ser uma obra de arte. Obras como a do dadaísta francês Marcel Duchamp (1887-1968), utilizando um secador de garrafas comprado num mercado, ou acrescentando bigodes a uma imagem da *Mona Lisa* de Leonardo da Vinci, chocaram o público, exigindo uma redefinição do que vinha a ser a criação do artista. Mesmo não sendo idênticas, as reações suscitadas pelos artistas sobre a validade ou relevância de certas produções aproximam-se do debate sobre a validade ou relevância de documentos ou objetos novos em História.[21]

Em síntese, a noção de documento ampliou-se muito mais do que os historiadores tradicionais queriam, mas, igualmente, não atingiu o patamar de "qualquer coisa" que certos vulgarizadores do pós-modernismo pregavam. Ocorreu, por certo, um esgarçamento do conceito.

É importante ressaltar que nem sempre uma mudança radical do objeto implica uma mudança radical do documento. Em outras palavras, ter por temática a estruturação do poder monárquico em Israel ou o discurso sobre práticas sexuais femininas judaicas pode significar, em ambos os casos, o recurso à Bíblia como fonte principal. A grande diferença reside na leitura distinta do mesmo corpo documental. Muda mais o olhar sobre a fonte do que a fonte em si.

Talvez a mudança mais expressiva do documento não esteja num novo objeto, mas num novo estatuto epistemológico da "verdade" (ou do verossímil) no documento. Na visão tradicional de História, um documento falso era considerado nulo para o exercício da interpretação. Falsidade equivalia, na prática, a nulidade. Da mesma forma, não era considerado útil um documento obviamente fantasioso, mítico ou pouco preocupado com a visão empírica do mundo.

O primeiro ataque a essa concepção de documento procedeu da necessidade. Muitas vezes a fonte mítica era a única disponível. Que arqueólogo da península Balcânica poderia prescindir da *Ilíada* ou da *Odisséia* de Homero para iluminar suas escavações? Que especialista em Mesopotâmia poderia abrir mão da *epopeia de* Gilgamesh?[22] Que historiador da Alta Idade Média poderia simplesmente conferir o apodo de fantasiosas a todas as narrativas hagiográficas? O *Popo Vuhl*[23] poderia ser eliminado como fonte histórica sobre os maias? Todas são narrativas tidas como míticas e todas são hoje indispensáveis à análise histórica.

A valorização da fonte não tradicional também implicou uma vasta reflexão sobre a relativização da fonte clássica. Um olhar agudo como o de Euclides da Cunha e um prolongado estudo sobre a campanha de Canudos não conferem ao livro *Os sertões* o estatuto de árbitro supremo para julgar a personagem Antônio Conselheiro ou o sertanejo brasileiro do fim do século XIX.

O historiador Jacques Le Goff traz importantes exemplos de como trabalhar temas que, a rigor, não são o objeto direto da documentação disponível. Na obra *Por uma outra Idade Média,* encontramos reflexões sobre trabalho e técnica em regras monásticas e em narrativas hagiográficas. Uma história piedosa sobre auxílio divino à perda de um simples instrumento agrícola de ferro pode trazer muitas luzes sobre a escassez metalúrgica da Alta Idade Média.[24]

Por vezes, a necessidade contemporânea valoriza certos ordenamentos que inexistiam no período tratado. Hoje, por exemplo, a História Econômica trabalha densamente sobre estatísticas. Porém, quando devemos fazer a História Econômica de Roma ou de outros períodos passados, não temos estatísticas romanas no sentido que o século XXI dá a essa palavra.[25]

Da mesma forma, historiadores como Carlo Ginzburg na obra *O queijo e os vermes*[26] tiveram que extrair uma voz muito mediada por outras já que a fonte que tornou possível o estudo é um processo inquisitorial. Para fazer falar um moleiro italiano com ideias muito importantes sobre as forças criadoras do universo, Ginzburg teve de resgatar essa voz em meio a uma documentação hostil ao réu. Esforço similar fazem os historiadores do cotidiano, do crime nas metrópoles, especialistas em vida cotidiana nos campos de concentração da Segunda Guerra Mundial ou pesquisadores de gênero em História. Todos eles enfrentam documentação ou adversa ou inteiramente silenciosa sobre o objeto desejado. O documento histórico é raramente "dócil", "aberto" ou "fácil". Como escreveu o já citado Ginzburg, o método histórico aproxima-se muito do método de um detetive ou de um médico que, à força de esforços titânicos, deve extrair coisas que só aparecem de forma indireta.[27] Paradigmas indiciários são mais familiares ao historiador experiente do que uma clara informação documental adaptada de forma harmônica a sua hipótese de trabalho.

Le papier souffre tout...

Os franceses têm um ditado popular: "*le papier souffre tout*" ("o papel aguenta qualquer coisa"). Com isso, a sabedoria popular francófona quer expressar certo ceticismo permanente com a autenticidade daquelas folhas de papel que, usualmente, simbolizamos como exemplo de documento histórico. O papel aguenta qualquer ideia, sofre calado qualquer discussão e jamais se rebela contra a pena do autor, contra os dedos do digitador ou contra a tinta rápida da impressora. O que garante a autenticidade de um documento, especialmente dos documentos escritos?[28]

Por mais que tenhamos evidenciado que documentos "fantasiosos" possam servir para a análise histórica, a busca de autenticidade continua sendo fundamental. Os famosos *Diários de Hitler*, por exemplo, foram apresentados com estardalhaço à imprensa pela revista alemã *Stern*, em abril de 1983. O repórter Gerd Heidemann comprara os diários de Konrad Kujau e a *Stern* vendeu os direitos de reportagem para muitos outros prestigiados órgãos da imprensa internacional, como *Newsweek*, *Paris Match* e *Sunday Times*. O respeitado historiador Hugh Trevor-Roper deu seu aval acadêmico ao incrível achado. A impressionante saga daqueles cadernos, que teriam sido subtraídos ao caos da Alemanha do fim da Segunda Guerra e levados para a Suíça, incendiou a imaginação mundial. Mal eles começaram a sair em público e a farsa se desfez como um castelo de areia: foram forjados! Demonstrada a falsificação, desmoronou a fama da *Stern*, abalou-se a carreira de Trevor-Roper e os falsários foram presos.

Muitos indícios permitiram derrubar a ideia de autenticidade do material atribuído a Hitler. A análise química do material (caderno, colas etc.) revelou que tudo era posterior à Segunda Guerra Mundial. Os diários seriam um registro muito estranho, já que era sabida a aversão de Hitler a escrever e que ele sempre ditava textos para secretárias. Até a letra serviu para a demolição do achado, pois, depois do atentado de junho de 1944, a mão de Hitler ficou trêmula e a letra dos diários não registrava essa mudança. Análises de fatos históricos narrados pelos diários e outros indícios acabaram por colocar uma pá de cal nas pretensões da revista alemã e revelaram como a ambição por documentos bombásticos, aliada à má-fé de falsários, pode produzir o engodo.

A falsificação atinge todo objeto de valor, com objetivos variados. Nazistas falsificavam objetos arqueológicos para demonstrarem falsas teses sobre a ocupação "ariana" da planície germano-polonesa. Faraós ordenavam que se raspasse o nome de antecessores de monumentos e mandavam aplicar o seu por cima do verdadeiro construtor. Stalin ficou famoso pela prática de mudança em fotografias que registravam a história soviética, apagando adversários como Trotsky das imagens oficiais. O cristianismo ainda era uma religião nova e já pululavam evangelhos apócrifos por todo o Mediterrâneo, criados por autores que tentavam justificar determinadas concepções teológicas. As falsificações são tão antigas como a própria existência da História.

A Química e a Física contemporâneas podem ajudar bastante um historiador na determinação da autenticidade de um documento. Porém, nem todo o progresso científico fez ainda superar os critérios de validação que nasceram no Renascimento e se desenvolveram nos séculos XVII e XVIII.

O humanista Lorenzo Valla (1406-57) dedicou-se a estudar um consagrado documento histórico: a *Doação de Constantino*. O texto tinha uma importância extraordinária, pois justificaria uma doação do imperador romano Constantino ao papa sobre territórios da Itália, e era invocado como base da pretensão temporal da Igreja católica. Lorenzo não dispunha da possibilidade de datação química, logo, só poderia trabalhar com o próprio texto. Trabalhando para Alfonso de Aragão e da Sicília, o humanista destruiu a autenticidade por meio da filologia, demonstrando que o latim utilizado pelo documento era muito mais um latim medieval "barbarizado" do que o latim do Império Romano. O texto-denúncia de Valla *(De falso Credito et Ementita Constantini Donatione Declamatio)* foi largamente aproveitado pelos reformadores protestantes, como o amigo de Lutero, Ulrich von Hutten, que publicou a obra em 1517.[29]

A importância do método de Lorenzo Valla é indiscutível. Porém, de alguma forma, o nascimento da moderna crítica histórica está associado ao abade Mabillon (1632-1707), chamado na obra de Burguière de "o Galileu da História Erudita".[30] Tendo de responder a ataques dos chamados bolandistas,[31] que duvidavam da autenticidade de documentos guardados por beneditinos e por reformadores da Trapa[32] que atacavam o estudo entre o clero, Mabillon estabeleceu o moderno método de crítica documental.[33]

A publicação da obra *De Re Diplomatica*, de Mabillon, em 1681, é o marco de uma nova postura diante dos documentos. Os textos agora são submetidos a inquéritos que envolvem paleografia e filologia, estabelecendo, de fato, a moderna Diplomática.[34] Os cuidados com o trato de um documento continuaram crescendo, mas seria absolutamente correto estabelecer uma similaridade entre algumas preocupações da obra de Mabillon no século XVII com as propostas de críticas internas e externas ao documento que os positivistas pregavam no século XIX.[35]

O entusiasmo pela manutenção, autenticidade, coleta e conservação dos documentos parece ter sido muito incrementado pela Revolução Francesa e pelo nacionalismo crescente do século XIX. A ascensão da História e do Documento no mundo intelectual ocidental é fulgurante. Em 1826, começam a surgir os volumes da *Monumenta Germaniae Historica*, com o objetivo de divulgar e conservar as fontes da Idade Média alemã. Na França, em plena efervescência da Revolução Francesa, são criados os *Archives Nationales*. Mais tarde, durante a Restauração, foi fundada a *École Nationale des Chartes* (1821), que forma (até hoje) especialistas na manutenção de arquivos, classificação de bibliotecas, paleógrafos etc. Na Itália, o rei Carlos Alberto decreta a publicação da obra *Monumenta Historiae Patriae*. Os historiadores como Michelet são tidos como grandes escritores e romances históricos, como os de Walter Scott, disputam vendas com obras com outras temáticas. De muitas formas, o século XIX é o século da História e do Documento, ambos ligados à emersão de Estados nacionais. No Brasil, igualmente, o Instituto Histórico e Geográfico nasce com a Regência, verdadeiro momento de afirmação nacional. Coerentemente, o Estado, que desde o início da escrita foi um grande produtor de documentos, torna-se o organizador de arquivos e publicações para preservar documentos históricos. Conservar e organizar documentos passam a ser uma função muito ligada ao poder do Estado.

Conclusão em aberto: o que é um documento histórico?

Ficou evidente nos parágrafos anteriores que um documento é tudo aquilo que um determinado momento decidir que é um documento. Porém, ainda que verdadeira, a afirmação pode ser classificada como tautologia, vício no qual a repetição ocupa o lugar do argumento.

Mas partamos deste aforismo: um documento é dado como documento histórico em função de uma determinada visão de uma época. Isso introduz no conceito de documento um dado importantíssimo: o documento existe em relação ao meio social que o conserva.

Em segundo lugar, mesmo que ampliemos o conceito de documento ao limite do possível, devemos saber que há fatores que tornam um documento mais importante do que outro. Esses fatores também variam no tempo e no espaço, mas sempre existem. Quais poderiam ser os fatores que aumentam a importância de um documento para o analista?

Um documento com mais dados pode ser mais importante do que um documento com poucos dados. Não estamos pensando que a lista telefônica de uma metrópole seja um documento a rigor mais importante do que uma carta do seu fundador. Estamos dizendo que, num mesmo objeto e recorte, um recibo passageiro do fundador da metrópole é menos importante do que uma longa carta sua explicando os objetivos de fundação daquela que virá a ser uma metrópole.

O item raridade do documento é mais ambíguo para definir seu valor. Uma informação fundamental continua sendo válida para análise se constar num ou em mil documentos. Se os membros do Segundo Congresso Continental da Filadélfia tivessem, em 1776, feito quinhentas cópias da Declaração de Independência, e assinado todas, elas continuariam sendo, pelas suas afirmativas, uma referência do pensamento liberal contemporâneo e da História dos EUA. Porém, o mercado costuma valorar de forma distinta. O interesse de colecionadores não coincide, de forma perfeita, com o interesse dos historiadores.[36] Para caracterizar essa diferença, podemos tomar o seguinte exemplo: uma simples assinatura de John Lennon pode ter valor alto no mercado de autógrafos, mas, para o historiador, o objeto a ser destacado é a própria *beatlemania* que valoriza a assinatura como relíquia preciosa, e não o documento em si. Assim, para o historiador, o documento atinge valor pela teia social que o envolve e pelo que revela de mais amplo de uma época e de uma sociedade.

Comprovando que tais critérios são relativos no tempo e no espaço, um pequeno tablete cuneiforme, que mostrasse um simples registro de venda de ovelhas para Abraão em Ur, seria um documento extraordinário, porque daria encarnação histórica a uma personagem que é invocada como patriarca de três religiões e que tem uma existência histórica cediça.

Da mesma forma, a carreira de uma personagem redimensiona a documentação. Um boletim de escola com a nota em Artes do menino Pablo Ruiz Picasso tem, hoje, o estatuto de um documento pela importância que o autor da *Guernica* adquiriu. Se a nota do boletim fosse alta, veríamos a precocidade da vocação plástica do catalão. Se a nota fosse muito baixa, poderíamos questionar a capacidade do sistema educacional espanhol em avaliar vanguardas.

Mas um documento é um registro de alguém famoso? *O retorno de Martin Guerre*, de Natalie Zemon Davis,[37] responde a essa questão com um sonoro "não". Por meio do processo judicial movido pela esposa do suposto Martin Guerre, podemos penetrar no universo jurídico francês e nas questões das relações entre a religião católica e a protestante. Assim, o que o torna relevante é a análise que se faz dele, não o documento em si. Voltando ao exemplo de Picasso: sem a carreira do pintor, o boletim seria uma curiosidade pessoal com interesse principal para o próprio. Porém, poderíamos dizer que, mesmo que não tivesse feito muito sucesso como artista, o boletim de Picasso poderia ser usado num estudo serial, mostrando as concepções de educação na Espanha. Da mesma forma, mesmo que fosse uma personagem anônima, Picasso poderia ser usado para estudar a vida cotidiana na Espanha monárquica do fim do século XIX.

A expansão documental não diz respeito apenas a novos objetos ou à inclusão de personagens comuns, mas ao próprio caráter holístico do trabalho. Assim, o documento escrito clássico passou a ser somado ao documento arqueológico, à fonte iconográfica, ao relato oral (quando possível), a análises seriais e a todo e qualquer mecanismo que possibilite uma interpretação. Não foi apenas a noção de documento impresso que ficou ultrapassada; foi o próprio trabalho de um historiador que apenas lia livros sobre um tema e ilustrava com fontes documentais.

O "fetiche" da fonte primária é uma verdadeira operação de distorção do processo de produção da História, tal como definiu Keith Jenkins.[38] Esse "fetiche" corresponde a uma visão de que o documento seria uma lente transparente capaz de magnificar o passado real e torná-lo, novamente, visível como o foi aos olhos dos seus contemporâneos. A base dessa crença talvez esteja alicerçada em outro equívoco, a da autonomia documental, de que o documento "falaria por si" ou que ao historiador caberia um silêncio respeitoso diante de suas fontes inquestionáveis. Em oposição radical a essa postura, abundaram as explicações que enfatizam apenas o aleatório na documentação, o arbítrio total do historiador e a subjetividade absoluta da construção histórica.

Vejamos um exemplo concreto de documento: uma carta do imperador Pedro II a sua irmã, Januária, datada de 24 de março de 1870. A carta, manuscrita e autógrafa, fala do fim da Guerra do Paraguai, de questões relativas ao surto de febre amarela no Brasil e de assuntos familiares e pessoais. Sendo D. Pedro II um homem que reteve grande poder durante quase meio século, ele tem uma importância pessoal extraordinária. Assim, essa carta é mais importante do que uma simples assinatura de D. Pedro II numa nomeação oficial, ainda que tanto uma simples assinatura quanto essa carta estejam preservadas pelo mesmo motivo.

Uma carta com a letra do imperador conserva, sem dúvida, o fetiche do único, do irrepetível. Analisamos cada curva daquela letra e supomos a mão do imperador molhando a pena e registrando fatos marcantes. Criamos a "aura" que Walter Benjamin identificava para a arte. No cruzamento desse plano, encontramos como ordenada a figura histórica de D. Pedro II e como abscissa a própria história do Brasil que passou pela Guerra do Paraguai e por epidemias de cólera. Mas observe-se como o jogo de espelhos reproduz ao infinito: a importância de D. Pedro II e da Guerra do Paraguai é anterior ao documento. O documento não prova essa importância, não a cria, não constitui a "aura", pois tudo isso preexiste ao documento. Assim, a concepção do processo histórico foi anterior ao documento e dizemos que o texto é importante porque, antes de qualquer acesso a ele, já concebemos que D. Pedro II e a Guerra do Paraguai são importantes. Porém, a importância da memória de D. Pedro II nasceu de outros documentos históricos que associam seu nome a muitas decisões no século XIX. Assim, outros documentos colaboraram para criar a "aura" que este em questão apenas confirmou. Encerremos o jogo de espelhos por ora: documentos criam importâncias que contaminam outros documentos que formam historiadores que passam a buscar aqueles documentos com hipóteses prévias.

Porém, o documento pode trazer um dado que nenhum outro traz e criar uma nova visão. Imaginemos se surgissem as cartas da condessa de Barral para D. Pedro II e ela comentasse fatos desconhecidos até então.[39] O documento histórico é um texto no meio do caminho entre o arbítrio de um historiador (e de uma sociedade) e seu próprio conteúdo. Assim, não é tão autônomo como sonhavam positivistas, nem tão submisso como defende parte do pós-estruturalismo.

Por vezes, uma massa documental pode ser sufocada por postura ideológica. O imperador tinha 10 anos quando estourou, na Bahia, o Movimento dos Malês. O caso foi intensamente retratado na época, mas seu conteúdo negro e revolucionário foi sendo escamoteado nos livros de História brancos e conservadores. Lendo o texto de João José Reis, de 1986,[40] fica fácil supor porque os livros oficiais preferiram retratar tanto outro movimento de 1835 – a Guerra dos Farrapos no Rio Grande do Sul – e tentaram tanto ignorar os negros muçulmanos da Bahia.

Combinamos, nos dois últimos exemplos, o aleatório e o ideológico consciente. A opção da condessa de Barral de contrariar a decisão de queimar as cartas possibilitou conhecer bastante sobre o imperador; a decisão de não tratar do Levante dos Malês por tantos anos revelou bastante do caráter conservador e branco da historiografia oficial. A existência de um documento é, em geral, uma combinação delicada da fortuna e da consciência. Nenhum historiador decidiu que Vesúvio soterraria três cidades romanas no século I e.c., mas muitos historiadores e arqueólogos decidiram ser importante escavá-las e analisar os documentos encontrados. Nenhum historiador ou arqueólogo tentou despistar ladrões de tumbas para que não encontrassem o rico sarcófago de Tutancamon, mas a descoberta de Howard Carter e lorde de Carnarvon foi fruto de uma busca deliberada e que trouxe muitas novidades para os conhecimentos sobre o Egito. Todo documento que chega às mãos de um analista é um duplo milagre.

Em síntese, documento histórico é qualquer fonte sobre o passado, conservado por acidente ou deliberadamente, analisado a partir do presente e estabelecendo diálogos entre a subjetividade atual e a subjetividade pretérita.

Levando-se em conta tudo o que foi dito antes, seria importante ressaltar que, atrás de cada documento conservado, há milhares destruídos. Podemos supor que o grande limite da função do historiador seja o limite do documento. Dócil ao arbítrio quase absoluto, o documento é, igualmente, senhor de quem o quer submeter. Na sobreposição de centenas de subjetividades e acasos, ele encerra a chave de acesso ao conhecimento do passado. Reafirmando seu senhorio dialético, criador/criatura, o documento, em si, torna-se uma personagem histórica, com a beleza da contradição e da imprevisibilidade, com as marcas do humano.

[Uma versão anterior deste texto foi publicada no catálogo da exposição *A escrita da memória* organizado por Leandro Karnal e por José Alves de Freitas para o Instituto Cultural Banco Santos em 2004.]

Notas

1 Capistrano de Abreu, *Capítulos de História Colonial: 1500-1800*, Rio de Janeiro/Brasília, Civilização Brasileira/INL, 1976. O caso é narrado por José Honório Rodrigues na Introdução aos *Capítulos de História Colonial*, a partir de uma carta de Capistrano ao Barão de Studart. O objetivo do curioso gesto foi expresso na frase: "[...] quando quiserem estudar História do Brasil hão de recorrer às minhas obras."

2 Não queremos entrar no debate de escolas filosóficas que trazem à arena a questão da existência depender da percepção ou do choque entre Platão/Aristóteles ou Hume/Descartes. Apenas vamos reafirmar: para um historiador saber sobre uma civilização, ele necessita de documentos.

3 Observável na maioria dos historiadores dos séculos XIX e XX: Fustel de Coulanges, Saraman, Langlois/Seignobos, Lefebvre e outros. A ideia foi sintetizada por Coulanges: "*pas de documents, pas d'Histoire*" ("sem documentos, sem História").

4 Ver a Carta de Pero Vaz de Caminha, em *Catálogo da Mostra de Redescobrimento*, São Paulo, Associação Brasil 500 anos Artes Visuais, 2000. Em especial, o texto de Paulo Roberto Pereira: "A Carta de Caminha e a Utopia do Brasil", pp. 36-49.

5 Megaexposição comemorativa dos 500 anos do Descobrimento do Brasil, realizada em São Paulo, no ano 2000.

6 Carta de Pero Vaz de Caminha, *Catálogo da Mostra de Redescobrimento*, São Paulo, Associação Brasil 500 anos Artes Visuais, 2000, p. 86.

7 Idem.

8 Um documento pode ser lentamente esquecido numa memória oficial ou familiar (como uma carta de amor zelosamente guardada pela avó, guardada com certa indiferença pela filha e, enfim, queimada pela neta) ou pode ser vítima de um ato deliberado e violento de eliminação de memória, como as preciosas Torás que os nazistas usaram para forrar sapatos durante o Holocausto.

9 Georges Duby, *O domingo de Bouvines*, Rio de Janeiro, Paz e Terra, 1993.

10 Jacques Le Goff, *História e memória*, 4. ed., Campinas, Unicamp, 1996, p. 536 ss. O termo documento *(documentum)*, segundo o mesmo verbete, deriva de *docere*, ensinar, e transformou-se primeiro para o sentido jurídico de "prova" e, posteriormente, de texto histórico.

11 Ch. V. Langlois; Ch. Seignobos, *Introdução aos estudos históricos*, São Paulo, Renascença, 1946, p. 15. O original francês começou a ser redigido em 1896 e foi publicado em 1898. O livro I, que trata de documentos, foi escrito por Langlois. Para observar que a essência dessa ideia permanece atual, basta consultar obras que buscam a precisão de termos da pesquisa histórica. O *Vocabulário*, de Gustavo de Freitas, define documento como um escrito servindo de prova de algum ato ou fato; em sentido lato, os vestígios que ficaram do passado: monumentos, obras de arte, utensílios etc. e, principalmente, textos escritos ou impressos. Gustavo de Freitas, *Vocabulário* de *História*, Lisboa, Plátano, s.d., p. 101. O *Dicionário das ciências históricas* conclui: "Escreve-se a história com documentos, afirma com razão o positivismo triunfante". André Burguière (org.), *Dicionário de ciências históricas*, Rio de Janeiro, Imago, 1993, p. 243. A conceituação mais ampla pode ser encontrada no *Dicionário breve de História*, que define documento como "todo e qualquer tipo de vestígio que nos chegou do passado e que testemunha a presença e actividade dos homens de outras épocas, permitindo ao historiador reconstituir a vida desses períodos". António Domingues de Almeida (et al.), *Dicionário breve de História*, Lisboa, Presença, 1996, p. 72. Assim, cem anos depois de Langlois/Seignobos, continua a ênfase sobre o documento como base do fazer histórico, ainda que se amplie seu conceito.

12 "É preciso escolher, deliberadamente e com pleno conhecimento de causa, certos assuntos históricos de preferência a outros, tendo sempre em conta os seguintes fatores: a existência ou não de repertório de documentos ou repertórios bibliográficos; o fato de gostarmos ou não do trabalho de gabinete ou do trabalho de exploração nos depósitos; de podermos ou não frequentar com comodidade certos depósitos." Ch. V. Langlois; Ch. Seignobos, op. cit., p. 30.

13 "Por trás dos grandes vestígios sensíveis da paisagem, os artefatos ou as máquinas, por trás dos escritos aparentemente mais insípidos e as instituições mais desligadas daqueles que as criaram, são os homens que a História quer capturar. Quem não conseguir isso será apenas, no máximo, um serviçal da erudição. Já o bom historiador se parece com o ogro da lenda. Onde fareja carne humana, sabe que ali está sua caça." Marc Bloch, *Apologia da História ou o ofício de historiador*, Rio de Janeiro, Jorge Zahar, 2001, p. 54. Como todos sabem, a obra referida foi deixada inacabada por Bloch, fuzilado pelos nazistas a 16 de junho de 1944. O próprio Bloch foi um exemplo vivo da utilização de novas fontes documentais, como a paisagem rural francesa que ele demonstrou ser muito antiga e o registro de milagres reais como fonte para conhecer as concepções históricas sobre poder político.

14 André Burguière (org.), op. cit., p. 244.

15 Dominique G. Laporte, *Histoire de la Merde*. Paris, Christian Bourgeois Editeur, 1978.

16 Simon R. Charsley, *Wedding Cakes and Cultural History*, London, Routledge Press, 1992.

17 O autor observa que, lentamente, a partir do século XIX, a noiva passa a cortar o bolo (dispensando empregados da tarefa) e ela distribui aos familiares, mostrando, com isso, um aumento do papel da mulher como participante ativa no processo do casamento. Simon R. Charsley, op. cit., pp. 139-40.

18 Ver, por exemplo, a crítica de François Dosse, *A História em migalhas: dos Annales à Nova História*, Bauru, Edusc, 2003. Em outro texto, Ronaldo Vainfas destaca que existiriam três variantes de História das Mentalidades. A primeira seria herdeira direta de Febvre, a segunda seria a História das Mentalidades com perspectiva marxista e a terceira, para qual o autor reserva a crítica mais feroz, seria a meramente narrativa, preocupada com microtemas como o "imaginário do onanismo". Ronaldo Vainfas, "História das Mentalidades e História Cultural", em Ciro Flammarion Cardoso e Ronaldo Vainfas (orgs.), *Domínios da História*, 4. ed., Rio de Janeiro, Campus, 1997, p. 144.

19 Peter Burke (org.), A *escrita da História: novas perspectivas*, São Paulo, Unesp, 1992, p. 11. "[...] a Nova História começou a se interessar por virtualmente toda atividade humana."

20 Veja-se, por exemplo, o texto de Robert W. Slenes, *Na senzala, uma flor*, Rio de Janeiro, Nova Fronteira, 1999.

21 Mas toda comparação é perigosa. Aqui se corre o risco de associar a Escola Positivista com a referência neoclássica das artes, como se o positivismo fosse para a História o que Ingres é para a pintura e que o marxismo representaria o que Courbet representou para as artes plásticas, ou que a Nova História seria um novo "pontilhismo" ao enfatizar a forma a partir de pontos agrupados. Todas essas ilações seriam muito exóticas.

22 Epopeia mesopotâmica descoberta no século XIX.

23 Poema maia que narra a criação do mundo.

24 Jacques Le Goff, *Pour un autre Moyen Âge*, Paris, Gallimard, 1977, p. 121. A perda de instrumentos de trabalho é equiparada, na Regra de São Bento, a um sacrilégio similar ao extravio de objetos sacros. Há narrativas sobre intervenções taumatúrgicas em função de objetos de artesanato e uma atuação sagrada em função da perda de um instrumento de ferro no fundo de um poço. Assim, temos claro que o olhar do historiador para o documento pode variar em função das perguntas e necessidades do historiador naquele momento. Uma mesma fonte pode dar muitas respostas.

[25] Essa seria, segundo A. H M. Jones, uma "*ignominieuse vérité*" (uma "verdade vergonhosa ou constrangedora"). A expressão é citada por Moses I. Finley num artigo da Revista *Annales*. Moses I. Finley, "Le Document et I'Histoire Economique de l'Antiquité", em *Annales Économies Sociétés Civilisations*, 37e année n. 5/6 septembre/décembre 1982, pp. 697-711, Paris, Armand Collin, 1982.

[26] Carlo Ginzburg, *O queijo e os vermes*, São Paulo, Companhia das Letras, 1987.

[27] O autor Carlo Ginzburg desenvolveu a ideia de que a escrita e a pesquisa históricas estão profundamente associadas a certas intuições que se aproximam das do médico, por exemplo. Essa ideia está desenvolvida em Carlo Ginzburg, *Mitos, emblemas, sinais: Morfologia e História*, São Paulo, Companhia das Letras, 1989. O texto em particular é o capitulo: "Sinais - Raízes de um paradigma indiciário" (pp. 143-79), no qual os métodos de Morelli, de Freud e da personagem Sherlock Holmes são desenvolvidos em forma comparativa com o método do historiador.

[28] Trabalharemos, neste item, com a ideia de autenticidade de documentos escritos tradicionais, mas poderíamos pensar, igualmente, que a pedra aguenta qualquer inscrição, que a tela sofre qualquer pintura e a fotografia presta-se a quaisquer manipulações anteriores e posteriores. Todo tipo de documento histórico é passível de falsificação.

[29] cf. Jacques Le Goff, *História e memória*, cit., 1966, p. 543.

[30] André Burguière (org.), op. cit.

[31] Grupo de estudiosos que procurava construir a narrativa sobre a vida de santos em bases menos fantasiosas, especialmente Daniel Papenbrochen, que atacou famosos documentos da abadia de Saint-Denis.

[32] Especialmente Armand Jean Bouthiliers, que acreditava na restauração do espírito trapista (ordem particularmente rigorosa) e na recusa dos estudos que afastavam do sagrado e buscavam a glória da erudição terrena.

[33] "O *De Re Diplomatica* provava que, numa história impossível de reduzir-se ao uso exclusivo das fontes narrativas, a verdade pode ser distinguida do erro, se a apoiarmos em regras objetivas e desde que se utilize razoavelmente a dúvida metódica. [...] O ano de 1681, portanto, não corresponde apenas à fundação de uma de nossas 'ciências auxiliares', mas representa, também, este 'momento decisivo' na história do método critico, como já o reconheceu Marc Bloch." Jean Glénisson, *Iniciação aos estudos históricos*, Rio de Janeiro/São Paulo, Difel, 1977, pp. 92-3.

[34] Entendida aqui como o estudo sobre a elaboração e forma dos documentos legais e administrativos.

[35] A seguinte opinião do Manual de Langlois/Seignobos não poderia ser um elogio a Mabillon? "A opinião brutal dos que menosprezam as análises minuciosas da critica externa e delas escarnecem, não merece, sequer, refutação. Só há um argumento para firmar a legitimidade dos exaustivos trabalhos da erudição e torná-los dignos de respeito, mas este, sendo um só, é decisivo: eles são indispensáveis." Ch. V. Langlois; Ch. Seignobos, op. cit., p. 80.

[36] Veja-se um exemplo curioso: um obscuro assinante da Declaração de Independência dos EUA teve seu simples autógrafo leiloado, em 1929, por US$ 51 mil, que, atualizado, estaria próximo da casa de um milhão de dólares. Caso narrado por Pedro Corrêa do Lago, *Documentos autógrafos brasileiros na Coleção Pedra Corrêa do Lago*, Rio de Janeiro, Sextante Artes, 1997, p. 13.

[37] Natalie Zemon Davis, *O retorno de Martin Guerre*, São Paulo, Paz e Terra, 1987.

[38] Keith Jenkins, *A História repensada*, São Paulo, Contexto, 2001, p. 79.

[39] A condessa de Barral foi amante de D. Pedro II. A longa correspondência deles conteve uma promessa de destruição das cartas, o que ele teria feito e ela nunca fez. Assim, conhecemos as cartas de D. Pedro a ela e não sabemos das dela para ele.

[40] O livro foi republicado com acréscimos: João José Reis, *Rebelião escrava no Brasil: a história do Levante dos Malês em 1835*, São Paulo, Companhia das Letras, 2003.

FOTOGRAFIAS

Usos sociais e historiográficos

Solange Ferraz de Lima
Vânia Carneiro de Carvalho

Fotografia e sociedade

Para compreender a fotografia como fonte histórica é importante levar em conta os usos sociais que agenciaram o invento fotográfico ao longo dos séculos XIX e XX e consolidaram acervos importantes para a pesquisa.

Quando a fotografia ingressou no mercado, em versões técnicas variadas, lançadas em pequenos lapsos de tempo entre 1839 e 1850,[1] rapidamente nela se identificou a capacidade de atender às mais diferentes demandas sociais. A rapidez da produção em série e o baixo custo tornaram-se pré-requisitos em uma sociedade com crescente industrialização. Conquistar novos mercados e incutir na população o valor do maquinismo foram práticas que se retroalimentaram com as pesquisas em busca da imagem produzida mecanicamente. O crescimento dos segmentos médios e suas expectativas de ascensão incentivaram novas formas de representação de identidade e distinção que estavam em sintonia com os esforços de um diversificado grupo de homens das ciências, artistas e comerciantes que transformaram a fotografia em um grande negócio. A fotografia foi pouco a pouco substituindo a pedra litográfica.

Invenção burguesa por excelência, a fotografia popularizou o retrato e levou aos recantos mais distantes do mundo essa "caixa de pandora", contendo paisagens de lugares exóticos, de monumentos, de tipos humanos, retratos com apelos eróticos, paisagens urbanas das metrópoles, imagens chocantes de guerras e de conquistas científicas. No campo da arte, a fotografia ampliou o acesso de alunos, profissionais e leigos a modelos e a obras de arte antes fruídas somente *in loco* ou "reinterpretadas" por gravuristas[2] em publicações. Enquanto a nobreza cultivava seus valores e costumes para serem consumidos pelo seu próprio grupo, a burguesia se extrovertia em um afã cosmopolita e imperialista. As coberturas fotográficas dos mais variados temas pregavam a viagem e o conhecimento por meio da imagem.

A sociedade do século XIX desenvolveu uma paixão especial pela exatidão, qualidade requisitada tanto no âmbito científico como naquele pertinente ao senso comum. O periódico francês *Gazeta Literária* publicou os seguintes comentários a respeito de seis imagens de Daguèrre, o inventor oficial da fotografia: as imagens possuem

> extraordinária minúcia [...] multiplicidade de detalhes [...] o menor efeito acidental do sol, dos barcos, do mercando, dos bancos e do rio [...] os mais delicados objetos [...] os diferentes graus de transparência [...] tudo é reproduzido com exatidão inacreditável. O mais espantoso é quando aplicamos na imagem um microscópio. A imensa quantidade de detalhes, de extrema fineza e que o melhor olhar não poderia medir, são descobertos [...].[3]

As grandes celebridades, antes observadas de longe pela população, podiam "ser colecionadas" em casa, colocadas nos álbuns para promover a conversação em encontros sociais. A fotografia possibilitou o acesso virtual às pessoas da alta sociedade. Reduzidas a imagens do mesmo formato, colocadas lado a lado nos famosos álbuns de celebridades, pessoas antes inacessíveis podiam ser comparadas. Defeitos e qualidades físicas eram ressaltados, suas expressões, postura corporal e roupas eram avaliadas. Se por um lado a fotografia esvazia a experiência, como afirma Susan Sontag,[4] ensaísta e crítica americana dedicada aos temas da fotografia, ela democratiza a informação, mudando a percepção do mundo e ampliando as referências de populações que antes dela tinham suas vidas circunscritas ao seu local de moradia e trabalho.

Retratos

Os ateliês fotográficos, muitos deles ambulantes, produziram milhões de retratos nos mais diferentes segmentos sociais. O hábito de retratar a si, ao casal, aos filhos, à família, privilégio antes restrito à nobreza e aos comerciantes ricos, tornou-se possível com a fotografia, que barateou os custos de sua produção. Colados em papéis rígidos de vários formatos,[5] o retrato fotográfico circulava entre os parentes substituindo ausências, sugerindo propostas de casamento, informando e garantindo a reprodução dos rituais de passagem (morte, batismo, crisma, casamento), apresentando novos integrantes, documentando as mudanças do corpo social familiar com o passar do tempo e ativamente registrando a sua unidade. Com os retratos, foram organizadas narrativas familiares e pessoais que atravessaram gerações fixadas em álbuns confeccionados com finos materiais e de riqueza hoje inimaginável, como capas de alabastro, madeira entalhada, incrustações de metais e pedrarias, lombada folhada a ouro etc. No século XX, com os retratos amadores, a riqueza dos álbuns diminuiu, mas sua quantidade e variedade aumentaram. A fotografia propiciou aquilo que o sociólogo José de Souza Martins chamou de "cultura popular da imagem". Apesar de ser símbolo de modernidade e urbanidade, a fotografia foi absorvida por sociedades tradicionais, que a transformaram em instrumento de atualização "moderna" de antigos valores, normas e costumes.[6]

Fora do circuito dos ateliês fotográficos que atendiam famílias e indivíduos interessados em constituir uma autorrepresentação social, os retratos serviram de instrumento de documentação em distintas áreas de investigação científica. Eles foram utilizados para catalogar a variedade de tipos físicos humanos, o cotidiano e os rituais dos povos ditos então primitivos. No meio médico, os retratos desdobraram-se em registros de deformações físicas, distúrbios mentais, procedimentos cirúrgicos, acompanhamento de doentes e manifestações físicas de suas enfermidades.[7]

Para as instituições do Estado, a fotografia foi instrumento eficaz no aprimoramento do controle da população por instituições, especialmente a polícia – uma das primeiras fotografias de revoltosos foi feita na Comuna de Paris em 1871. Em 1851 sugeriu-se o uso da fotografia nas licenças de habilitação para a direção de veículos a tração animal; em 1853 pensou-se na fotografia de passaporte; em 1854 o inspetor responsável pelo sistema penal francês idealizou um projeto de fotografar os criminosos mais perigosos de diversas penitenciárias, procedimento que vai realmente acontecer anos depois.[8]

Objetos da natureza

No mesmo ano de divulgação do invento, em 1839, a fotografia se difundiu entre as ciências. Iniciaram-se os estudos do espectro solar e de acompanhamento dos eclipses usando-se material fotográfico. Antes da fotografia, o estudo da radiação solar era feito por meio da observação a olho nu. Um daguerreótipo, feito em 1851, foi considerado a melhor representação da superfície lunar até então realizada. John Adams Whipple recebeu pelo feito medalha de ouro na Exposição Universal do mesmo ano, no Palácio de Cristal, em Londres. Organizada em Chicago, em 1893, a *World's Columbian Exposition* era praticamente uma exposição de fotografias, que, nas palavras de Julie K. Brown, "funcionavam como réplicas dos objetos ausentes, informavam, persuadiam, documentavam e ilustravam ideias".[9]

A fotografia seria útil em todas as atividades que envolviam a observação visual. Para desenhar plantas, o biólogo tinha de ter qualidades de desenhista, o que tornava o trabalho de campo uma tarefa mais difícil e demorada. O importante nessas descrições visuais eram a exatidão e o detalhe produzidos por um suporte confiável, comparado ao olho no seu processo de formação. Lâminas microscópicas foram fotografadas para constituir compêndios com centenas de espécies de botânica. Os sistematas (taxonomistas) usavam a fotografia para a classificação de plantas e animais em sistemas hierárquicos baseados na forma e medida dos corpos – nessas discussões o documento visual era parte fundamental das justificativas e a fotografia era vista como um instrumento neutro, mais que o desenho, no fornecimento de evidências. As chamadas "vistas"[10] eram produzidas para estudos de Geologia relacionados também a objetivos militares como a definição de fronteiras nacionais em disputa entre países e coleta de informações estratégicas para defesa, ataque e colonização de territórios. Mas as vistas e paisagens merecem um comentário à parte.

Vistas e paisagens

Nos primórdios da fotografia, produzir uma vista da cidade ou do campo era uma tarefa árdua. Fazia-se necessário levar consigo um laboratório para o processamento imediato do negativo de vidro. Incrementos na tecnologia da máquina e dos suportes fotográficos foram, paulatinamente, facilitando a fotografia em ambiente externo ao estúdio e a prática amadora.

Em termos financeiros, a produção de vistas passou a ser um negócio extremamente lucrativo. Editoras financiavam a viagem de fotógrafos para todas as partes do mundo a fim de produzir estereoscopias acomodadas em estojos temáticos e vendidas para o grande público que as utilizava como entretenimento em saraus, jantares ou encontros familiares.[11] A paisagem incentivou o colecionismo entre os amantes da fotografia e muitos fotógrafos amadores integraram fotoclubes onde encontravam-se regularmente, promoviam concursos, discussões e organizavam exposições.[12]

A fotografia serviu de instrumento para a prática preservacionista crescente na Europa da segunda metade do século XIX. Reconhecido como um meio eficaz de preservar o passado, grupos ligados ao movimento de conservação cresceram com as sociedades de fotografia. Assim como ocorreu com o retrato, os álbuns fotográficos foram os primeiros difusores da imagem de cidade do século XIX. Inicialmente, temos a documentação patrocinada por associações de preservação do patrimônio arquitetônico em Londres, Paris e Glasgow, com registros rua a rua, da antiga arquitetura que desapareceria com a implantação dos novos planos urbanísticos.[13] Posteriormente, surgiram os registros dos modelos urbanos implantados. Em 1897, no Museu Britânico foram depositadas fotografias consideradas de interesse para o conhecimento do passado. A iniciativa foi da *National Photographic Record Association*. A relação entre fotografia e preservacionismo estendeu-se aos Estados Unidos, Bélgica e Alemanha.[14] Intervenções urbanas passaram a ser documentadas por fotógrafos comissionados pela prefeitura. O caso mais conhecido foi o de Charles Marville que ao final da década de 1850 foi contratado pela prefeitura de Paris para fotografar os bairros medievais do centro da cidade que desapareceriam com a reforma urbanística do então prefeito da cidade de Paris, o barão Georges-Eugènes Haussmann.

A trajetória da fotografia no Brasil também seguiu por esse caminho. No caso de São Paulo, em meados do século XIX, a produção que melhor exemplifica essa vertente documentarista é a de Militão Augusto de Azevedo.[15] No que se refere aos objetivos, os registros de São Paulo feitos por Militão aproximam-se da produção de Charles Marville. O enfoque nos aspectos topográficos, nas estruturas de circulação, na tipologia das construções fez da produção de Militão um dos pontos de partida para o conhecimento da cidade antes das transformações que eliminaram suas características coloniais. A partir do início do século xx, o fotógrafo suíço Guilherme Gaensly, que chegou a São Paulo depois de ter atuado em Salvador, desempenhou papel fundamental na documentação urbana. Com um estilo distinto do de Militão, seus registros abordaram, em vasta produção, as feições *modernas* de São Paulo, ou seja, desprovidas justamente dos traços coloniais do oitocentismo. A produção de Gaensly reunida no álbum *Lembrança de São Paulo* (s. d.) e *Álbum de vistas de São Paulo* (1914) e em séries de cartões postais, em parte estudada por Boris Kossoy em seu livro *São Paulo 1900*,[16] pode ser considerada a grande difusora da arquitetura eclética que começava a se disseminar na capital paulista. Esses conjuntos de paisagens urbanas produzidos entre meados do século XIX e início do século xx foram e ainda são mobilizados intensamente por historiadores urbanos e da arquitetura, constituindo um dos principais usos das fontes fotográficas desde seus primórdios. No entanto, o uso da fotografia nesse caso é voltado para os elementos do conteúdo, ou seja, aquilo que foi fotografado e que não se encontra em nenhuma documentação de outra natureza.

Ao longo do século xx, o mercado fotográfico ampliou-se e especializou-se. A prática fotográfica de caráter documentarista tornou-se a marca da produção fotográfica destinada aos meios de comunicação impressa, especialmente as revistas ilustradas. Fotógrafos como Jean Manzon, Pierre Verger, Marcel Gautherot, Eduardo Medeiros, Walter Firmo, Thomaz Farkas, Alice Brill, Hans Gunther Flieg, Hildegard Rosenthal e muitos outros passaram a construir uma história do fotojornalismo e da fotografia autoral, eternizando certas imagens em ícones da cultura brasileira e paulistana. A revista *O Cruzeiro*, fundada em 1928, pode ser considerada um marco no uso da fotografia na imprensa. O perfil editorial da revista privilegiava a imagem como discurso e o Brasil como tema em matérias fartamente ilustradas.[17]

Como podemos constatar, a fotografia difundiu-se de forma capilar na sociedade contemporânea, sendo presença constante nas mais diversas esferas públicas e privadas. Utilizar as fontes fotográficas para a pesquisa histórica, portanto, significa inicialmente entender que tamanha diversidade de usos gerou arquivos[18] e coleções[19] que podem ser encontrados não somente em instituições de guarda (arquivos, museus, bibliotecas etc.), mas também nos seus locais de origem de produção ou no final do caminho de sua circulação.

É necessário ainda deixar claro que tais circuitos precisam ser compreendidos de modo que a fotografia não seja descolada de seus contextos de produção, circulação, consumo, descarte e institucionalização. O contexto da imagem fotográfica não é o seu conteúdo, mas o modo de apropriação da imagem como artefato. Objeto que troca de mãos, é reproduzido em revistas de grande circulação, integra álbuns, deixa o arquivo de uma agência para ilustrar uma matéria jornalística, transforma-se em cartão postal, em obra de arte nas paredes de galerias e museus, fica para sempre guardado em armários mofados até a sua deterioração, é redescoberto por curadores, é restaurado etc. É nesse vasto manancial de documentos que os historiadores terão de se movimentar.

Fotografia e História

Os usos tradicionais

No campo da historiografia sabemos que os documentos textuais eram as fontes privilegiadas, senão exclusivas da disciplina. A imagem, mesmo a fotografia, mantinha-se em segundo plano e, em alguns nichos do ofício historiográfico, como veremos, havia espaço para uma mistura de realidade e ficção. O valor de prova ou testemunho da fotografia, quando lastreada pelas fontes textuais, servia como documento complementar para a construção de narrativas de cunho positivista, baseada no encadeamento factual e biográfico.[20] Nesses casos, a fotografia de Luiz Gama (1830-82) que encontramos na coleção de retratos de Militão Augusto de Azevedo serviria apenas como documento complementar dos textos que ofereciam ao historiador informações episódicas ou os fatos da vida do personagem.

A vasta produção historiográfica sobre São Paulo de autoria de Afonso de Escragnolle Taunay esteve articulada à sua atuação como diretor do Museu Paulista entre 1917 e 1945. Ele foi certamente o primeiro profissional de História a fazer uso intenso das fontes visuais, não apenas como documento complementar de temas ainda pouco estudados e de parca documentação textual como "usos e costumes",[21] mas como recurso didático na construção de narrativas visuais que pudessem alcançar o público popular e heterogêneo que visitava as galerias do edifício do Ipiranga.

O trecho abaixo, extraído do artigo "A mais velha iconografia brasileira do café", escrito por Taunay no *Diário do Comércio*, em 1944, serve aqui de exemplo do uso que historiadores fizeram das imagens, entre elas, as fotografias.

> Como seria do maior interesse se tivéssemos algum desenho reproduzindo o aspecto de uma dessas casas de sorvetes, chocolates, chá e café... Quão precioso este flagrante de costumes onde víssemos o ambiente dos nossos cafés primitivos e pudéssemos ter idéia do que era a assistência de seus freqüentadores.[22]

Contando com uma descrição textual de uma sorveteria do século XIX, Taunay lamenta a ausência de fontes visuais para a História de São Paulo. Para Taunay, o desenho "reproduziria" um aspecto das casas de sorvetes, chocolates, chá etc. e o "flagrante", entendido como um recorte casual que escapou aos textos, ofereceria o acesso ao ambiente e aos tipos humanos que frequentavam o local. A noção de "reprodução" é indicativa da prática historiográfica de Taunay. Seu objetivo, fortemente descritivo, era a reconstituição de "quadros" passados da vida social, compreendidos em um encadeamento histórico linear e evolutivo. Em consonância com a sua geração de estudiosos da sociedade, Taunay acreditava que o documento era o portador da própria história. Desse ponto de vista, o importante era atestar a sua autenticidade e plausibilidade.[23] Seguindo tal raciocínio, poderíamos supor que o documento visual tinha o mesmo estatuto do documento textual. No entanto, a crítica às fontes textuais era feita com confronto interno entre os diversos documentos, buscando-se contradições ou inverossimilhanças. No caso das imagens, a sua autenticidade vinha da confirmação de documentos textuais (inventários, crônicas, relatos), que lastreavam a imagem ou a desqualificavam.

Outro critério complementar utilizado por Taunay para qualificar suas imagens é a identificação das qualidades plásticas do documento – desenho preciso, detalhista, filiado às representações de cunho realista, ou seja, próximo da composição tradicional fotográfica. Para Taunay, o potencial do desenho, lamentavelmente inexistente, estaria na sua capacidade plástica de descrever a ponto de "reproduzir" um aspecto "dos nossos cafés primitivos". Não seria exatamente um decalque da realidade, como a experiência da fotografia instantânea almejaria de maneira crescente no avançar do século XX, mas um suporte visual capaz de nos conduzir a uma ideia plausível da realidade dos cafés naquela época em São Paulo.

Taunay aponta para aquilo que devemos ter sempre em mente quando incluímos as fontes visuais na pesquisa histórica: suas especificidades, o que as tornam insubstituíveis. Para Taunay, o valor do flagrante está no fato de que só por meio da imagem seria possível obter informações que os textos de época não foram capazes de fornecer, ou não tiveram interesse, nem era sua função ou objetivo descrever. Já se vê que, apesar da subordinação da imagem ao texto, Taunay a utilizava não somente como ilustração (como muitos ainda o fazem), mas como um documento complementar de uma historiografia dos costumes. A relação de Taunay com as fontes visuais era ambígua. Ele parecia reconhecer o potencial dos documentos visuais, mas somente quando submetidos aos textos. No entanto, o pioneirismo de Taunay estava na percepção do potencial pedagógico da imagem.

Para os historiadores do início do século XX, a familiaridade com as imagens foi constituída, em grande parte, pelos seus usos nos museus. A pintura histórica, largamente praticada na Europa no século XIX, ocupava lugar de destaque nos museus comprometidos com a consolidação de memórias nacionais. Nesse caso, as imagens desempenhavam papéis pedagógicos, de acentuado caráter narrativo e alegórico. Usos estrategicamente planejados pelos historiadores no afã de tornar hegemônicas representações de identidade nacional vinculadas a interesses de grupos políticos e econômicos. Um bom exemplo é o processo de construção da representação do bandeirante Domingos Jorge Velho para figurar no Museu Paulista. Em troca de correspondências com o pintor Benedito Calixto,[24] Teodoro Sampaio deixa clara a função exemplar que as imagens, no caso a pintura histórica, deveriam desempenhar. Ao responder a uma dúvida de Calixto sobre como apresentar Domingos Jorge Velho, que viria a ser o primeiro retrato a óleo de um bandeirante (1903), Teodoro Sampaio esclarece que não importa como, na realidade, se vestiam os bandeirantes. Estes deveriam ser representados de modo a favorecer a solenidade que a eles devia ser atribuída. O caso demonstra como o retrato tinha a função não de ser fiel à realidade e sim de, pedagogicamente, incutir no público visitante do museu o respeito e culto ao personagem histórico.[25]

No caso das fotografias, sua presença nos museus de história nunca foi de destaque. Mobilizadas como fontes, cumpriram funções opostas àquelas atribuídas à pintura histórica. O que pode parecer um paradoxo, já que a fotografia, mais que o desenho e a pintura, trazia gravada na sua superfície sensibilizada pelos sais de prata a marca da literalidade do real. Nada mais autêntico e plausível do que uma fotografia. No entanto, as fotografias, nos usos historiográficos, inclusive na História da Arte, tiveram uma vida coadjuvante. Foram maciçamente adquiridas por museus europeus, e, no seu rastro, pela Escola de Belas Artes (RJ) para servirem de modelo aos estudantes na prática da pintura,[26] ou para servirem de referência àquelas obras de que a instituição não dispunha. O próprio Taunay utilizou amplamente a fotografia para reproduzir documentos que o Museu Paulista não possuía.

Se Taunay lamentava a ausência de imagens da casa de sorvetes oitocentista, é de se supor que, para as exposições sobre São Paulo que idealizou para as comemorações do primeiro centenário da Independência no Museu Paulista, ele conseguiria preencher a lacuna visual. Graças à produção de Militão Augusto de Azevedo, nunca a cidade fora tão documentada antes de 1862. Taunay deveria estar satisfeito em poder contar com tantas imagens da cidade. Porém, assim como para a figura de Domingos Jorge Velho, não é a literalidade documental da fotografia que interessava, não como produto final. A fotografia, como o documento textual, conferia o lastro necessário para a montagem do documento pictórico, ela substituía aquilo que o artista não podia fazer *d'après nature* (observando a natureza). Porém, tratava-se de usar a fotografia para com ela e demais informações produzir uma representação "sintética", um quadro histórico capaz de ultrapassar a literalidade de um momento para tornar-se o tipo significativo de uma sociedade.

E foi isso que Taunay tinha em mente quando forneceu a pintores como José Wasth Rodrigues, Benedito Calixto, Henrique Manzo entre outros, fotografias de Militão. A partir delas foram feitas pinturas, que alteraram o conteúdo fotográfico com o objetivo de representar uma cidade embrião da metrópole: figuras como o tropeiro, introduzidas na pintura, faziam a ligação entre o pequeno núcleo urbano e as terras interioranas. A fotografia serviu de base para a construção de representações cuja função era fornecer os elementos idealizados de uma suposta fundação da identidade cultural paulistana, paulista e nacional.

A partir da década de 1920, os livros didáticos de História passaram a utilizar reproduções fotográficas de obras encontradas em museus e arquivos. O uso complementar, técnico ou narrativo, mencionados anteriormente, no livro didático se reduz ao meramente ilustrativo, no sentido de oferecer ao aluno uma ideia visual do acontecimento apresentado no texto didático.

Ao longo do século XX, o aprimoramento das lentes, o aumento da sensibilidade dos filmes, a agilidade das pequenas câmeras e a possibilidade do instantâneo instrumentalizaram circuitos como o fotojornalismo e as ciências, inclusive a Sociologia e a Antropologia,[27] que faziam uso técnico da fotografia. Nesses nichos, a fotografia gozava de um alto grau de confiabilidade, tida como documento testemunhal. No caso dos museus de história, muito embora as fotografias sempre tenham integrado coleções e arquivos pessoais (ao lado de correspondências, diplomas, diários e demais documentos textuais), não havia a preocupação de dispensar a elas quaisquer tratamentos específicos, de descrição e tão pouco de conservação. Seria simplista justificar tal situação como fruto do descaso ou incompetência dos profissionais dos museus. Ela é fruto do estatuto que a fotografia gozava no âmbito das ciências humanas, que viam a imagem como expressão periférica de fenômenos sociais produzidos na dimensão política e econômica.

A fotografia como obra de arte

As primeiras reivindicações de integração da fotografia aos acervos de museu de arte surgiram associadas às reflexões que buscavam reconhecer nela o estatuto de obra de arte. Movimento iniciado desde os primórdios do invento no século XIX, ganhou impulso graças a um grupo de fotógrafos liderado por Alfred Stieglitz, no início do século XX. Stieglitz organizou uma revista, a *Camera Work* (1902), e posteriormente duas galerias em Nova York (1905, 1908). A *291*, como a galeria era conhecida, reunia a vanguarda do movimento moderno não só na fotografia, mas também nas artes plásticas. Esses espaços garantiram à fotografia a participação ativa nos movimentos de cunho moderno. Sua linguagem apresentava, então, recursos que contrariavam os cânones da arte acadêmica como a fragmentação do objeto fotografado, rotações de eixo e enquadramentos inusitados. O movimento teve seu reconhecimento com a criação do Departamento de Fotografia do Museu de Arte Moderna de Nova York, em 1937, por iniciativa de Beaumont Newhall. Newhall foi um dos pioneiros na sistematização de uma História da Fotografia pautada pelas categorias da História da Arte. O catálogo da exposição que inaugurou o Departamento de Fotografia no MoMa transformou-se em livro e alcançou inúmeras edições revisadas.[28]

A inserção legitimada da fotografia no campo das artes plásticas movimentou o mercado de artes e de antiquariato. Ao longo da segunda metade do século XX, assistiu-se a uma crescente valorização da fotografia, que impulsionou ações preservacionistas, mas também promoveu o desmantelamento de conjuntos fotográficos, contrariando princípios caros ao historiador no tratamento de fontes. As categorias oriundas da História da Arte não absorviam a complexa dinâmica de produção e circulação da fotografia. As políticas de coleta dos museus de arte privilegiavam objetos únicos, escolhidos segundo princípios estéticos, desprezando dados de proveniência ou circuito. Igualmente, no mercado de antiguidades, a fotografia passa a ser valorizada pela raridade do processo, pelo inusitado, pela originalidade do conteúdo.

No Brasil, a preocupação com o patrimônio fotográfico brasileiro, que começava a despertar interesse de colecionadores estrangeiros, impulsionou atividades de mapeamento que culminaram em descobertas de coleções, especialmente de paisagens do século XIX. Tal interesse mobilizou pesquisadores da fotografia para a produção de obras marcadamente documentárias. Foram publicados conjuntos fotográficos reunidos segundo a lógica colecionista ou temática, acompanhados de um investimento na sua identificação e contextualização. Essas iniciativas alcançaram um *boom* extraordinário entre meados dos anos 1970 e 1980. Tratava-se ainda de conhecer a matéria-prima com que os pesquisadores, especialmente aqueles interessados na constituição de uma História da Fotografia, poderiam contar. Até hoje, o mercado para a produção dos chamados livros de arte continua aquecido.[29]

O tema predominante nesses repertórios é a cidade. A importância da temática urbana para várias disciplinas como Arquitetura, Urbanismo, Sociologia, além da História, está a mais tempo reconhecida, inclusive dentro das universidades. A utilização do termo "memória" é corrente nesse tipo de publicação acompanhado de noções tais como "conservação, recuperação, resgate, preservação", pressupondo-se um tipo de registro único da realidade passada. Novamente aqui nos deparamos com a concepção da fotografia como evidência ou testemunho. A abordagem conteudística é característica dessas obras.

O trabalho pioneiro de mapeamento sistemático dos fotógrafos atuantes no Brasil, escrito por Boris Kossoy em 1980,[30] inaugurou um período marcado pela preocupação em conhecer a produção fotográfica brasileira em suas várias inserções sociais. Ainda nos anos 1980, destacam-se, no Rio de Janeiro, autores como Gilberto Ferrez e Pedro Vazquez,[31] também estudiosos da fotografia do século XIX, e Maurício Lissovsky e Paulo César Azevedo, que organizam uma coletânea sobre a presença de retratos de escravos na fotografia brasileira.[32] Em São Paulo, a historiadora Miriam Moreira Leite começa a publicar artigos sobre retratos de família e casamento[33] e no Recife é lançado o catálogo que divulga pesquisas iniciais sobre o retrato a partir da coleção Francisco Rodrigues, pertencente à Fundação Joaquim Nabuco.[34] São desse período também artigos voltados para o processamento técnico (tratamento de classificação e catalogação) e de conservação física da fotografia, sobretudo no Rio de Janeiro.[35]

Tal quadro trouxe renovados insumos nas ações de preservação física de coleções de museus, galerias e arquivos e alimentaram uma promissora vertente editorial de catálogos. A fotografia deixou de ser desprezada nas políticas de organização de memórias e centros culturais privados. Como parte desse processo, investiu-se na construção de uma História nacional e internacional da fotografia, com ênfase na atuação de inventores que aprimoraram o meio e na atuação de fotógrafos que renovaram a sua linguagem plástica.

A partir dos anos 1990, o interesse de historiadores, antropólogos e sociólogos pela fotografia alargou-se. Confluíram os usos sociais e científicos que a fotografia vinha recebendo com os novos paradigmas das ciências humanas. Tais paradigmas colocavam a dimensão visual e material da sociedade de consumo ocidental no centro das reflexões epistemológicas. Nessa década, a produção de dissertações e teses acadêmicas abordando aspectos da produção fotográfica é intensa. Pesquisadores da fotografia cujos trabalhos são referências na atualidade como Helouise Costa, Maria Inês Turazzi, Nadja Peregrino, Ricardo Mendes e Antônio Oliveira Junior expandiram o campo de investigação sobre as práticas fotográficas para o século XX abordando temas como o fotoclubismo, as exposições universais, o fotojornalismo.[36]

Outras Histórias da fotografia começaram a ser escritas, de um ponto de vista que procura entender o *como* e seus *efeitos* naqueles que produzem e naqueles que consomem a fotografia. Esse movimento acadêmico suscitou novas demandas para as instituições de guarda. Trata-se agora de entender o papel social da fotografia na construção da cultura visual contemporânea.

A fotografia como prática de significação

A introdução de Victor Burgin à coletânea de ensaios *Thinking Photography* (Pensando a fotografia), editada em 1982, apresenta-nos um quadro em ebulição teórica envolvendo a fotografia.[37] Na década de 1970, Roland Barthes publica *Câmara clara*, em uma espécie de homenagem e busca da mãe recém-falecida. Barthes discute a natureza da fotografia trazendo em suas reflexões as inspirações teóricas de linguistas como Saussurre e Roman Jakobson. A análise semiológica oferece à fotografia um arcabouço teórico sólido que fortalece a relação entre a imagem e a *realidade* que um dia esteve em frente à câmera fotográfica.

A abordagem semiológica coloca em outros termos aquilo que a própria sociedade identificava como prova, verdade ou testemunho. A fotografia passa a ser compreendida não como verdade, mas como marca, isto é, índice. O índice é um tipo de signo que se define como vestígio do objeto que lá esteve – o referente. Essa forma de classificar a técnica fotográfica como indicial se deu em virtude da característica mecânica de formação da imagem – incidência da luz solar sobre um suporte emulsionado (o negativo). Tal abordagem poderia ter reforçado o caráter de verdade da imagem fotográfica, mas não o fez por causa da ideia de que o signo e seu referente (aquilo que está em frente à câmera) interagem com aquele que interpreta o signo. A interpretação do signo desloca a ideia de realismo que a fotografia inspirou desde os seus primórdios e que nos usos sociais aprofundou-se com a possibilidade do instantâneo.

Para compreendermos o papel do interpretante na abordagem semiótica basta nos perguntarmos por que entre tantas fotografias da mãe, em apenas uma delas Barthes encontra aquilo que "procurava"? Ou ainda, por que Barthes não publica nenhuma imagem da mãe? A resposta está no significado que uma mesma imagem pode ter para cada um, para cada cultura, para cada segmento social. Barthes sabe que o seu sentimento ao olhar a fotografia de sua mãe não poderá ser compartilhado da mesma forma por outros. Em 1983, a obra de Philippe Dubois,[38] que investiga igualmente a fotografia no quadro teórico da semiologia, conduz às últimas consequências epistemológicas a natureza indicial da fotografia, demonstrando que a marca do referente não pressupõe a verossimilhança. A "marca" do referente pode ser tão somente um traço abstrato.

Outra contribuição da semiologia para as reflexões a respeito da natureza da fotografia foi a ideia de que a imagem constitui um discurso. Se a imagem é um discurso podemos pressupor que a literalidade da fotografia não é algo natural, mas cultural. Seu código precisa, portanto, ser aprendido. O discurso visa à comunicação e para que isso ocorra outro pressuposto é que a fotografia possui uma linguagem que deve ser compartilhada para que ocorra a troca de informação. A terceira decorrência da noção de discurso é a assimetria social da troca. Toda troca de informação é interessada e acontece numa arena de poder.[39]

Desse ponto de vista, já se vê que também é possível analisar a fotografia como parte atuante na reprodução do sistema, ou seja, como ideologia. O foco na fotografia como um meio ideologicamente eficaz está relacionado ao surgimento, nos anos 1960, de estudos voltados para os meios de comunicação de massa e para a indústria cultural. As abordagens se bifurcam, mas procuram tomar distância da noção simplista de ideologia como simples manipulação ou obliteração da "verdadeira" realidade, capaz de anular o sujeito ao aliená-lo da realidade.

John Tagg, baseado na ideia de *aparelhos do Estado* de Althusser, mas também recorrendo a Michel Foucault e Umberto Eco, procura entender a fotografia e o estatuto de veracidade que a ela é atribuído como o resultado de práticas de significação que ocorrem dentro de estruturas institucionais responsáveis pela produção de consensos que têm como eixo interesses dominantes associados ao Estado.

Vemos o foco sobre a natureza da fotografia deslocar-se da relação entre referente e imagem (da ideia de representação como presentificação do ausente) para os mecanismos socialmente estruturados de produção de sentidos.[40] Para Pierre Bourdieu, sociólogo que produziu um trabalho pioneiro nos anos 1960 sobre o tema, as práticas fotográficas devem ser entendidas dentro de um campo de forças, em que cada indivíduo ou grupo se posiciona e, a partir deste lugar, apropria-se da fotografia como um marcador social (construção de identidades, exclusões, aspirações, *status* etc.).

A tendência, já nos anos 1980, é a de relativizar a noção monolítica de linguagem ou código. O esforço teórico caminha no sentido de compreender a fotografia como um conjunto variado de possíveis códigos sociais. Sua força representacional é constituída no momento da produção de sentidos e não anteriormente a ela. Assim, não se trata de entender a fotografia como uma representação que apenas "reflete" interesses estabelecidos anteriormente à prática da significação.

No Brasil, quem melhor traduziu essas questões e pressupostos teóricos da fotografia como linguagem e prática de significação foi Arlindo Machado,[41] em sua obra *A ilusão especular*. No campo historiográfico, merece menção a análise de séries de retratos familiares feita por Ana Maria Mauad, em sua tese de doutorado em 1990 intitulada *Sob o signo da imagem*, onde propõe uma metodologia que procura aliar uma abordagem semiótica a uma perspectiva histórica no tratamento de séries documentais.

A fotografia como artefato, exemplos de análises

A preocupação com a construção de sentidos, ou, nos termos de John Tagg, de práticas de significações, colocou a fotografia em um novo patamar documental, reconhecendo nela uma capacidade constitutiva das categorias, estruturas e práticas sociais. No entanto, dois atributos da fotografia (e da imagem em geral) foram deixados de lado nesses estudos – as suas qualidades visuais e as suas qualidades materiais. A fotografia foi tratada como algo abstrato, ou somente como conteúdo, sem corpo e sem especificidade.

Um estudo exemplar da fotografia que parte da análise morfológica do documento visual foi realizado pelo historiador Ulpiano T. Bezerra de Meneses.[42] Meneses toma como objeto a fotografia de Robert Capa retratando um miliciano no momento em que este recebe um tiro e morre, durante a Guerra Civil Espanhola, em 1936. A fotografia foi publicada inicialmente na revista *Vu* (1936), depois na *Life* (1937), *Paris-Soir* (1937), *Regards* (1937) e não parou por aí, causando impacto até hoje.

O historiador parte de uma pergunta simples e essencial. Por que essa, e não outra fotografia de guerra, do próprio Capa, alcançou tamanha fortuna, transformando-se em um símbolo da luta pela liberdade? Ao identificar os atributos formais, compositivos e icônicos dessa imagem, Meneses demonstra que o documento traz potencialmente características que podem torná-lo especial. Em um segundo momento da análise, Meneses demonstra que o potencial da imagem não basta, mesmo sendo um ponto de partida indispensável. Foi no circuito de consumo de imagens veiculadas pelas principais mídias impressas da época que a fotografia de Capa realizou o seu potencial. Fora do circuito ela não teria sido o que foi.

Um terceiro ponto de destaque no estudo de Meneses é a ideia de que a trajetória de consumo da imagem é autônoma de seu referente, das motivações do fotógrafo e da produção. A discussão sobre a autenticidade da fotografia de Capa não comprometeu o sucesso da imagem. Aqui lidamos com a suspensão da crença na literalidade da imagem. A solidão do soldado só pode ser entendida como um artifício do fotógrafo, já que sabemos (mas ignoramos propositadamente) que ele estava pelo menos com o fotógrafo e com o seu grupo de milicianos. Finalmente, ao colocar a fotografia em sua situação de uso, de apropriação, Meneses logra demonstrar a fertilidade da abordagem da fotografia não mais como um "abstrato emissor semiótico", mas como um *artefato*.[43] Trata-se então de refletirmos sobre a trajetória do artefato, traçar sua biografia.

Os níveis da análise

Para o historiador que mobiliza fontes fotográficas na sua investigação sobre a sociedade, as análises raramente se restringem a uma única imagem. Trabalha-se, em geral, com séries documentais, pois só por meio da recorrência é possível aferir o alcance de determinadas soluções formais e temáticas socialmente adotadas. Em outras palavras, trata-se de identificar aqueles elementos que constituem padrões visuais em funcionamento na sociedade. Assim, diante de fontes fotográficas, o historiador não pode prescindir de métodos de análise que partam das especificidades da imagem, mas que devem alcançar sempre uma perspectiva plural, quer dizer, relacionando-a com outras. Além disso, as fontes fotográficas sozinhas não se bastam. A problemática histórica é que deve guiar a abordagem das fontes.

Apresentamos a seguir alguns exemplos de pesquisa com imagens e um exercício de análise.

A primeira leitura – a análise morfológica – diz respeito ao que é próprio desse tipo de fonte visual – seus atributos formais expressos bidimensionalmente e assentados em um sistema de representação, no caso, o sistema perspectivo. A segunda leitura, tal como proposta por Meneses no texto anteriormente comentado, diz respeito aos contextos de produção e circulação e envolve inúmeros aspectos, desde as motivações do fotógrafo, condições materiais da imagem produzida (equipamentos, se realizada em estúdio ou não, se feita por amador ou profissional, destinada a que tipo de circulação) até os desdobramentos da circulação – as formas de apropriação que sempre implicam resignificações. O estudo da apropriação da imagem é um desafio ao historiador interessado em mobilizar fontes visuais em suas pesquisas. Como aferir o impacto e os usos de uma imagem na dimensão visual de uma dada sociedade?

Contextos de circulação

Perseguir a trajetória dos documentos visuais, ou seja, registrar suas biografias como artefatos mobilizados pelos agentes sociais desde o momento em que foram produzidos é uma estratégia. No caso de fotografias do contexto jornalístico, a aferição desse impacto é facilitada: o número de repetições da imagem em veículos de difusão distintos deve ser levado em conta, assim como as referências textuais ou verbais a ela (desde críticas de cunho estético até especulações acerca da produção ou do tema registrado). Essas foram as pistas que permitiram a Meneses, por exemplo, levantar as hipóteses sobre a *iconização*[44] da imagem do miliciano abatido, de autoria de Robert Capa.

Imagens que gozam de outro tipo de difusão como os cartões postais já apresentam maiores dificuldades para essa aferição. Na impossibilidade de obter dos próprios editores dados sobre quais os temas mais procurados e vendidos, outros dois caminhos podem ser seguidos, ambos partindo da especificidade deste tipo documental. O primeiro deles é analisar, além da imagem de que é suporte, textos e inscrições. Em pioneiro estudo que revela o potencial do cartão postal para entender atribuição de valores a lugares e práticas, Gilberto Freyre detém-se, além das imagens, também nas mensagens dos cartões postais. Tendo como base um conjunto de postais enviado por portugueses radicados no Amazonas para seus parentes em Portugal, Freyre identifica na escolha do tema iconográfico e no texto escrito um impulso de valorizar a escolha imigrante.[45] No caso, a modernidade de Manaus e a riqueza natural da Amazônia, elementos para que o emissor chama a atenção em suas

Fotografia do vale do Anhangabaú de autoria de Werner Haberkorn, década de 1950. As imagens desse fotógrafo serviram de matrizes para a confecção de cartões postais e ajudaram a construir, por pelo menos duas décadas, importantes referências simbólicas da cidade de São Paulo.

mensagens servem também para qualificá-lo, ou melhor, qualificar a sua escolha. Outra maneira de aferir o impacto e usos de imagens disseminadas por meio de cartões postais ou álbuns turísticos é identificar recorrências temáticas e de composição na série de documentos. Os padrões visuais que emergem das recorrências podem ser entendidos como construções de sentidos bem sucedidas e vinculadas às práticas sociais.

Um bom exemplo dessa eficácia é aquele em que imagens são reapropriadas em esferas de circulação distintas daquelas para as quais foram produzidas. Em 2003 fizemos um estudo tomando por base uma representação fotográfica muito recorrente em cartões postais e álbuns impressos na década de 1950.[46] A imagem é uma panorâmica do vale do Anhangabaú tirada do alto de um dos edifícios da "margem" do vale (acima). O enquadramento privilegia o viaduto e os importantes edifícios que figuram no seu entorno: o edifício Martinelli, do Banco do Brasil e Altino Arantes (torre do antigo Banco do Estado de São Paulo). A tomada é diagonal e garante planos que se sucedem desde o viaduto Santa Ifigênia até o viaduto do Chá. A recorrência do tema com esse tipo de tratamento formal entre as representações fotográficas da cidade de São Paulo denota uma valorização do vale do Anhangabaú. O vale era o "cartão postal" da cidade, como nos anos 1980 o foi a avenida Paulista. Então, como aferir os sentidos atribuídos à representação visual desse espaço de expressiva carga simbólica, por congregar várias funções: centro financeiro e comercial, cívico, e de atividades de lazer? E mais importante, quais os efeitos dessa atribuição de sentidos para as práticas urbanas?

A imagem do vale do Anhangabaú sofreu uma espécie de iconização, em moldes distintos daquela apontada por Meneses para o caso da fotografia do miliciano. Ela passou a ser sinônimo da modernidade de São Paulo. A imagem de metrópole moderna para a capital paulista construiu-se em grande parte graças à circulação de fotografias dessa natureza, nas quais a verticalização e a infraestrutura para a circulação de veículos aparecem associadas ao tratamento paisagístico do vale. Pois bem, esta hipótese é confirmada, por um lado, pela recorrência desse tipo de fotografia em produções de ampla difusão, como os cartões postais e álbuns turísticos ou comemorativos, muitos deles vendidos em bancas de jornal. Por outro, essa representação fotográfica aparece estilizada, ou seja, com seus traços mínimos e básicos, no *Desenhocop*,[47] publicação de caráter paradidático surgida nos anos 1960 e que se pretendia um auxiliador do aluno para a ilustração de seus trabalhos escolares. Os temas presentes nos cadernos *Desenhocop* acompanhavam a grade curricular e eis que, no quesito cidades brasileiras, aparecem duas imagens, claramente extraídas de fotografias, representando São Paulo e Rio de Janeiro. A legenda explicativa da paisagem estilizada do vale do Anhangabaú, no desenho que é uma simplificação da fotografia, reafirma a natureza simbólica da imagem: "São Paulo, a maior cidade brasileira, caracterizada pela sua grande área edificada e intensa vida econômica."

Nesse caso, a estratégia adotada para entender tal processo partiu da análise de séries (de postais e álbuns) para identificar padrões recorrentes de temas e composição formal. Em seguida, por meio de uma leitura horizontal de outras fontes visuais produzidas no período, constatou-se uma "migração" da fotografia originalmente produzida para o circuito comercial e turístico para o circuito escolar. O tratamento estilizado dado à fotografia na versão para desenho elimina os elementos móveis (carros, pessoas), mas mantém aqueles traços capazes de identificar a cidade: o viaduto e os edifícios. A síntese é suficiente para que o leitor reconheça o conteúdo e, mais do que isso, os sentidos atribuídos a ele – São Paulo é sinônimo de verticalização e a verticalização é sinônimo de metrópole moderna. Entender como essas imagens são incorporadas ao imaginário urbano depende do acompanhamento de sua trajetória por diversos circuitos.

E no caso de um retrato de família, cuja circulação é muito mais reduzida do que a de uma fotografia de cunho jornalístico ou de um cartão postal? É possível levantar hipóteses para a sua recepção e possíveis efeitos nas práticas sociais?

Muito embora o retrato de família restrinja-se à esfera privada, ele não deixa de cumprir trajetórias. A construção da memória familiar por meio de narrativas visuais como os álbuns de família acontece também graças a um conjunto de ações normativas designado pelo termo *retratística*. A historiadora da arte inglesa Marcia Pointon, estudiosa do retrato no século XVIII, define a retratística como os meios pelos quais diferentes grupos sociais se autorrepresentam.[48] O "retratar-se" é uma prática cultural que integra uma rede de comunicação e atua, como tantos outros processos, na regulagem da sociedade. Essa perspectiva de análise leva em conta o seu teor simbólico, na medida em que ele é um gênero pictórico (e mais tarde também fotográfico) orientado por convenções na escolha da cenografia e da pose. Por se tratar de uma forma simbólica de representação pública dos sujeitos, é importante que se considerem as expectativas sociais e individuais, ou seja, o olhar do espectador.

Os retratos e as narrativas que compõem os álbuns familiares cumprem funções afetivas e didáticas ao materializar as regras e a etiqueta do viver urbano. Susan Sontag afirmava ser o ato de retratar-se um acontecimento que gera inúmeros outros na sua trajetória social. Um exemplo bem-sucedido de análise de retratos fotográficos que considera este circuito para entender as práticas de reprodução da ordem familiar é o estudo da historiadora Mariana Muaze.[49] Trabalhando no âmbito da micro-História, Muaze aborda o tema família sob o Império fazendo uso da documentação de foro íntimo do núcleo Ribeiro de Avellar. Detém-se na circulação de retratos e nas menções a eles feitas em correspondência para daí construir as hipóteses acerca do ideal de família e das funções da fotografia nesse contexto.

No caso do retrato, as séries possíveis de serem analisadas são de dupla natureza. Por um lado é possível comparar álbuns de família e deles derivar recorrências reveladoras. O sociólogo colombiano Armando Silva[50] analisou um amplo conjunto de álbuns de família, de dois países – Colômbia e Estados Unidos – por um viés metodológico quantitativo que lhe permitiu constatar a importância do papel da mulher na construção da memória familiar. Observou igualmente como o álbum é depositário de muito mais do que apenas fotografias (pequenos objetos, cabelos, os fetiches familiares). Mais do que registrar os ritos sociais (casamentos, batizados, crismas, aniversários etc.), os álbuns participam ativamente da sua produção. Em sua pesquisa, análises morfológicas são pontuadas por depoimentos orais e fontes textuais, em um bom exemplo da necessária leitura horizontal que envolve distintas tipologias de fontes.

Uma análise morfológica

O Arquivo Militão Augusto de Azevedo, pertencente ao Museu Paulista da USP e que reúne cerca de 12 mil retratos no formato cartão de visita e gabinete, permitiu-nos o encaminhamento de uma pesquisa sobre os padrões do retrato e suas funções na nascente sociedade de consumo burguesa paulistana, na segunda metade do século XIX.[51] Ao contrário das pesquisas de Muaze e Silva, que trabalharam com famílias e sujeitos identificados, os retratos feitos por Militão eram, na sua esmagadora maioria, de anônimos. As hipóteses foram construídas, portanto, tendo como principal escopo a análise morfológica e, posteriormente, o cruzamento dos padrões de pose e ambientação do estúdio com demais espaços de práticas de caráter público da sociedade oitocentista – da sala de visitas aos consultórios e escritórios de trabalho.

A série documental mobilizada reunia aproximadamente três mil retratos no formato cartão de visita. Um tratamento quantitativo foi aplicado com o controle unitário dos elementos da composição formal por meio de descritores. Assim, quantificamos o tipo de enquadramento da figura humana (corpo inteiro, meio corpo, busto etc.); a gestualidade que compunha a pose (sentado, em pé, apoiado etc.); o tipo de elemento cenográfico mobilizado (cadeira, poltrona, painel pintado, objetos de decoração); além do gênero e faixa etária.

Homem em posição ereta frontal, apoiado em poltrona, tendo ao fundo um painel simulando o ambiente doméstico. Fotografia, no formato *carte de visite,* de autoria de Militão Augusto de Azevedo (Photographia Americana, 1879-1885. Acervo Museu Paulista da Universidade de São Paulo).

Com a tabulação dos atributos formais, verificamos no retrato individual a predominância da presença masculina adulta. Se se fotografar era um gesto socialmente significativo, o homem contava, mais do que a mulher, com o privilégio da construção de uma imagem pública (ver imagem na página anterior).

As funções militares e religiosas, de grande prestígio, estão presentes e as atividades intelectuais e artísticas são explicitamente representadas com o porte de livros e palhetas. Encontramos apenas raros exemplares que ousaram associar a sua imagem a instrumentos de trabalho como a pá, a panela ou o serrote. Parece-nos que, numa cidade onde a grande massa da população masculina era pobre, flutuante e ligada aos trabalhos manuais (comércio ambulante, artesanato e serviços urbanos e domésticos em geral),[52] produzir um retrato usando terno, colete e calça como partes de um mesmo conjunto, além de complementos como cartola, guarda-chuva, bengala e óculos significava distanciar-se dos segmentos sociais desprestigiados e construir uma imagem (real ou ficcional) de respeito e dignidade, que era sinônimo de homens cuja profissão e situação financeira permitiam a adoção da indumentária urbana europeia.

No caso dos retratos de corpo inteiro, os homens apresentam-se em posição ereta, de frente, com leve rotação do corpo ou do rosto para a esquerda ou direita, e apoiados em objetos que também dão às suas imagens significados específicos, como veremos. Essa tipologia de postura e gesto não se restringe ao retrato de estúdio e é possível verificarmos a sua recorrência nas fotografias de parques e jardins, espaços de visibilidade do homem no século XIX e cuja frequência exigia posturas corporais definidas pela etiqueta da convivência em espaços públicos abertos. Ao isolarmos determinadas posturas e enquadramentos e associarmo-los aos gêneros masculino e feminino, cercamos os elementos de uma sintaxe cujo sentido se completa no âmbito de uma cultura visual que envolve não só a circulação própria do retrato, mas de um modelo masculino de fruição da cidade. Assim, o retrato é resultado e ao mesmo tempo gerador de uma linguagem corporal que dá materialidade para práticas sociais específicas.[53]

Nos retratos femininos de corpo inteiro em que a cadeira serve de apoio, observamos que o enquadramento salienta os quadris, criando um peso maior nos dois quadrantes inferiores da imagem (ver imagem a seguir). Tal volume compete com os elementos que figuram nos quadrantes superiores, especialmente com o rosto. É apenas entre os retratos femininos que observamos a pre-

Página de álbum com fotografia ao centro no formato *cabinet*, apresentando mulher em posição ereta, corpo com rotação de ¾ à direta, mãos apoiadas em poltrona, tendo ao fundo um painel simulando o ambiente doméstico. Notar a similaridade entre a ornamentação da poltrona e do vestido. Fotografia de Militão Augusto de Azevedo (Photographia Americana, 1879-1885. Acervo Museu Paulista da Universidade de São Paulo).

sença de poses completamente laterais, em que se destacam as linhas do corpo como as curvas da nuca e da lombar, elementos que também competem com o rosto. Nesses retratos é possível identificar os mesmos atributos presentes na noção de mulher-ornamento, difundida nos manuais de economia doméstica e etiqueta dos séculos XIX e XX, ou seja, da mulher de sala, refinada e de bom gosto, capaz de qualificar a posição social supostamente elevada do marido.[54]

Nos retratos de corpo inteiro, os elementos cênicos são claramente escolhidos em função da postura adotada. Essa, por sua vez, é escolhida pelo retratado segundo motivações diversas, mas sempre, como já sublinhado, associada à sua imagem pública. Excetuando-se os objetos emblemáticos, ou seja, aqueles com significações controladas (o livro, a coruja, símbolos do intelecto, ou a paleta, símbolo das artes), que papel cumpririam os ornatos arquitetônicos?

Na segunda metade do século XIX, a emergência e a complexificação das cidades colocaram em evidência o poder da ornamentação arquitetônica em distinguir edifícios no tecido urbano e, mais do que isso, explicitar o poder econômico dos proprietários de residenciais luxuosas e decoradas nos preceitos do que se considerava de bom gosto nesse período, ou seja, o neoclássico. São Paulo, no último quartel do século XIX, começa a ter suas feições alteradas por loteamentos e residências de alto padrão. Para essas residências, a ornamentação das fachadas baseava-se em colunatas, frisos e vasos, emoldurando janelas e portas e criando, visualmente, enquadramentos semelhantes àqueles do retrato fotográfico. Na cultura visual de uma sociedade emergente como a que tratamos, a visibilidade pública do indivíduo se faz representar por elementos arquitetônicos presentes nas fachadas das residências burguesas, transmutados em cenografia de estúdio. Por outro lado, a pose sentada é predominantemente associada ao interior residencial, dada a presença de mobiliário próprio da sala de visitas.[55]. O interior burguês transforma-se em uma experiência possível a partir do estúdio fotográfico numa época em que quase nenhuma casa havia assimilado a ideia de sala de visitas como espaço de representação de *status*, ostentação e negociação social.[56]

Por fim, é importante atentar para as matrizes desse tipo de retrato. A pose e a ambientação cênica não são criações da prática fotográfica do século XIX, mas remontam à tradição retratística de séculos atrás. A cenografia guarda semelhanças com aquela dos retratos pintados do século XVIII, sobretudo no caso dos elementos arquitetônicos vinculados à gramática clássica, como a coluna, o pedestal ornado com vasos.[57] A presença da ornamentação clássica remete a uma associação cultivada pela aristocracia europeia que a faz equivaler às noções de requinte e bom gosto. No retrato fotográfico, esses ornamentos permanecem como significantes (elementos plásticos, formas), cumprindo, no entanto, outras funções e sendo resignificados por novas práticas urbanas e grupos sociais burgueses em ascensão – distinção entre trabalho manual e intelectual, introdução ao mundo cosmopolita e moderno, elegância etc.

Procuramos aqui apresentar alguns exemplos de análises representativas das muitas possibilidades de mobilização das fontes fotográficas para a pesquisa histórica, enfatizando certos pressupostos teórico-metodológicos que salvaguardaram a especificidade da linguagem fotográfica sem, contudo, apartá-la de uma cultura visual mais ampla.

Acervos disponíveis

A fotografia, como vimos, integra muitos setores da vida social urbana. Ela está nas mídias impressas de notícias, no circuito turístico, nas publicações escolares, faz parte da esfera privada, com sua presença nos álbuns que narram a trajetória familiar e cumpre sua vocação documental em inúmeras áreas técnicas e das ciências exatas e biológicas. Isso significa que praticamente todos os arquivos institucionais detêm acervos fotográficos. Essa conjuntura apresenta vantagens ao historiador no que diz respeito à disponibilidade de fontes para o século XX, mas traz desvantagens também. Em função da relativamente recente valorização da fotografia como fonte de pesquisa, muitos desses acervos carecem dos cuidados essenciais – desde problemas de conservação física até de documentação. Não são poucos os casos de acervos fotográficos que foram apartados de seus arquivos e, assim, tiveram a referência à sua proveniência prejudicada. Problemas de identificação do conteúdo e dos dados de produção e circulação também são frequentes. Indicamos, a seguir, instituições em São Paulo que reúnem acervos de grande porte, especializados ou não em fotografia e que dispõem de instrumentos de pesquisa confiáveis, além de instituições em outros estados cujos acervos têm abrangência nacional.

Na esfera pública, o Arquivo Estadual e o Museu da Cidade de São Paulo (ligado à Divisão de Iconografia e Museus do Departamento de Patrimônio Histórico da prefeitura de São Paulo) reúnem coleções e fundos importantes.

Além da produção fotográfica gerada nos vários órgãos da administração estadual direta e indireta, o Arquivo Estadual abriga fundos e coleções privadas, entre elas, o fundo do jornal *Última Hora*, fundado em 1951 no Rio de Janeiro e que circulou até 1971. Além dos exemplares, o fundo reúne 160 mil cópias fotográficas e aproximadamente setecentos mil negativos produzidos para alimentar o jornal diário em suas diversas editorias. O Museu de Cidade de São Paulo, cumprindo funções semelhantes ao Arquivo do Estado, reúne a documentação produzida na administração municipal direta e indireta. No caso do Museu da Cidade, o acervo fotográfico é precioso para aqueles interessados nas imagens relativas à capital paulista produzidas a partir de fins do século XIX.

Ainda na esfera pública de administração direta, não podemos deixar de mencionar o Museu da Imagem e do Som. O Museu reúne coleções de fotografias e, principalmente, de aparelhos fotográficos, fornecendo subsídios para entender a trajetória técnica da fotografia. Merecem destaque, ainda, os depoimentos de profissionais fotógrafos contemporâneos, fundamentais para entender a estruturação do mercado no Brasil e a participação da fotografia na cultura artística.

A Fundação Patrimônio Histórico da Energia de São Paulo abriga acervos provenientes das antigas empresas de luz e gás da capital. Criada em 2003, a Fundação foi uma alternativa para salvaguardar os acervos materiais das empresas de abastecimento que passaram, na década de 1990, por processos de privatização. O acervo reúne cerca de 250 mil fotografias em variados suportes oriundos, principalmente, de três companhias (Eletropaulo, Cesp e Comgás) e da Sabesp, parceria recente que estende a ação da Fundação também para o campo da memória do saneamento básico de São Paulo. A documentação fotográfica encontra-se articulada aos fundos e coleções e conta com catálogo on-line.

No âmbito da Universidade de São Paulo, o Museu Paulista reúne um acervo fotográfico de mais de 25 mil unidades proveniente, sobretudo, de doações. As coleções abrangem uma diversidade de técnicas e formatos fotográficos do século XIX e início do século XX. Os retratos fotográficos e as paisagens urbanas, com destaque para a cidade de São Paulo, têm predominância entre as coleções.

Na esfera privada, o destaque é para o Instituto Moreira Salles, criado em 1990. No caso da fotografia, sua política de acervo privilegia coleções autorais, contemplando os mais importantes fotógrafos que atuaram no Brasil. Reúne fotografias relativas ao aos primeiros paisagistas do século XIX, ao patrimônio artístico e arquitetônico brasileiro, à industrialização e ao cotidiano urbano.

Algumas coleções de expressão nacional merecem ser conhecidas dos historiadores interessados em trabalhar com fontes fotográficas. Uma coleção de rara importância encontra-se na Biblioteca Nacional (Rio de Janeiro), doada por D. Pedro II, então já ex-imperador, em 1891. O conjunto ganhou a denominação Coleção Teresa Cristina Maria e reúne paisagens de fotógrafos pioneiros internacionais e é um dos pilares para a constituição da história da fotografia no Brasil. São mais de vinte mil fotografias.

Em Recife, a Fundação Joaquim Nabuco, criada em 1949, graças aos esforços do sociólogo Gilberto Freyre, abriga um acervo fotográfico de mais de duzentos mil documentos entre arquivos e coleções, na sua maioria oriundos de doações de membros da sociedade local, com temas variados relativos à história do Nordeste, destacando-se os temas da cultura do açúcar, as manifestações folclóricas e os retratos de famílias.

Além das instituições acima listadas, é importante o historiador ter claro que a capilaridade da fotografia na sociedade contemporânea garante acervos em praticamente todas organizações públicas e privadas. Aquelas que aqui foram selecionadas primam por contarem com instrumentos de pesquisa e cobrirem amplos setores de atuação da fotografia na sociedade brasileira, especialmente a paulista.

Notas

1 Para conhecer os diversos processos fotográficos que se sucederam na trajetória da fotografia, cf. Patrícia di Filippi, Solange Ferraz de Lima, Vânia Carneiro de Carvalho, *Como tratar coleções fotográficas*, 2. ed., São Paulo, Arquivo do Estado de São Paulo/Imprensa Oficial, 2000.

2 Annateresa Fabris, "A invenção da fotografia: repercussões sociais", em Annateresa Fabris (org.), *Fotografia: usos e funções no século XIX*, São Paulo, Edusp, 1991.

3 Beaumont Newhall, *The History of Photography*, New York, The Museum of Modern Art, 1988, p.23.

4 Susan Sontag, "O Mundo-Imagem", em *Sobre fotografia*, São Paulo, Companhia das Letras, 2004, pp. 169-96.

5 Formatos produzidos e circulados na segunda metade do século XIX e alguns até as primeiras décadas do século XX: cartão de visita (5,7x10,8 cm.), o mais popular entre os formatos; gabinete (10,8x16,5cm.); vitoria (8,3x12,7cm.); *promenade* (10,2x17,8cm.); imperial (20x25,1cm.); *boudoir* (12,7x20,6cm.). Para maior detalhamento, ver Patrícia di Filippi, Solange Ferraz de Lima, Vânia Carneiro de Carvalho, op. cit.

6 José de Souza Martins, *Sociologia da fotografia e da imagem*, São Paulo, Contexto, 2008, p. 17. Ver também Pierre Bourdieu, *Un Art moyen: essai sur les usages sociaux de la photographie*, Paris, Minuit, 1965.

[7] Sobre a retratística fotográfica ver Heinz Henisch e Bridget Henisch, *The Photographic Experience 1839-1914: Images and Attitudes, Pennsylvania*, The Pennsylvania University Press, 1994, e Elizabeth Anne McCanley, *A. A E. Disdéri and the Carte de Visite: Portrait Photograph*, New Haven, London, Yale University Press, 1985.

[8] Helmut Gernsheim, *The Rise of Photography: 1850-1880 – The Age of Collodion*, London, Thames and Hudson Press, 1981, p. 115.

[9] Julie K.Brown, *Contesting Images: Photography and the World's Columbian Exposition*, Tucson, University of Arizona Press, 1994.

[10] A distinção entre vista e paisagem se deve a espaços discursivos diferenciados, o primeiro do comércio e o segundo das artes. Ver Rosalind Krauss, "Os espaços discursivos da fotografia", em *O fotográfico*, Barcelona, Gustavo Gili, 2002, pp. 40-59.

[11] Gavin Adams, *A mirada estereoscópica e sua expressão no Brasil*, São Paulo, 2004, Tese (Doutorado) – Escola de Comunicação e Artes, Universidade de São Paulo.

[12] Helouise Costa, *A fotografia moderna no Brasil*, São Paulo, Cosac Naify, 2004.

[13] Beaumont Newhall, *The History of Photography*, New York, The Museum of Modern Art, 1988, p. 103.

[14] Kevin Walsh, *The Representation of the Past: Museums and Heritage in the Post-modern World*, London, Routledge Press, 1992.

[15] Militão Augusto de Azevedo (1837 -1905) era carioca e radicou-se em São Paulo no início da década de 1860. Empregou-se no atelier de Carneiro & Gaspar, que viria a adquirir anos depois, sob a denominação Photographia Americana. Militão é o autor do *Álbum Comparativo da Cidade de São Paulo, 1862-85*, um dos poucos registros fotográficos da cidade no período imperial.

[16] Boris Kossoy, *São Paulo 1900*, São Paulo, CBPO/Kosmos, 1988.

[17] Sobre a trajetória da revista *O Cruzeiro* e o contexto fotojornalístico dos anos 1930, 1940 e 1950 ver Helouise Costa, *Aprenda a ver as coisas: fotojornalismo e modernidade na revista* O Cruzeiro, São Paulo, 1992, Dissertação (Mestrado) – Escola de Comunicações e Artes, Universidade de São Paulo; Nadja Peregrino, *O Cruzeiro: a revolução da fotorreportagem*, Rio de Janeiro, Danzibao/Agil, 1991.

[18] Um documento de arquivo é aquele que faz parte de um "conjunto de documentos que, independentemente da natureza ou do suporte, são reunidos por acumulação ao longo das atividades de pessoas físicas ou jurídicas, públicas ou privadas". Ana Maria de Almeida Camargo e Heloísa Liberalli Bellotto (coords.), *Dicionário de terminologia arquivística*, São Paulo, Associação de Arquivistas Brasileiros – Núcleo Regional de São Paulo, 1996, p. 5.

[19] A coleção, ao contrário do arquivo, seria uma "reunião artificial de documentos". Ana Maria de Almeida Camargo e Heloísa Liberalli Bellotto (coords.), op. cit., p. 17.

[20] Sobre fotografia e história ver Maria Inez Turazzi, "Quadros de História Pátria: fotografia e cultura histórica oitocentista", em Annateresa Fabris e Maria Lúcia Bastos Kern (org.), *Imagem e conhecimento*, São Paulo, Edusp, 2006, pp. 231-53.

[21] Vânia Carneiro de Carvalho e Solange Ferraz de Lima, "São Paulo Antigo, uma encomenda da modernidade: as fotografias de Militão nas pinturas do Museu Paulista", *Anais do Museu Paulista: História e Cultura Material*, São Paulo, Museu Paulista/USP, 1994, nova série, n.1, v.1., pp. 147-74.

[22] Vânia Carneiro de Carvalho e Solange Ferraz de Lima, op. cit., p. 149.

[23] Idem, p.148.

[24] Benedito Calixto de Jesus (Itanhaém, SP, 1853 – São Paulo, SP, 1927). De tradição acadêmica, dedicou-se nos últimos anos de sua vida à pintura histórica. Ver Miyoko Makino, "Biografias dos pintores e catalogação das obras citadas", em *Anais do Museu Paulista: História e Cultura Material*, nova série, v. 1, 1993, p. 175.

[25] Paulo César Garcez Marins, "Nas matas com pose de reis: a representação de bandeirantes e a tradição retratística monárquica europeia", em *Revista do Instituto de Estudos Brasileiros*, v. 44, 2007, pp. 77-104.

[26] Beaumont Newhall. *The History of Photography* from 1839 to the present, New York, Museum of Modern Art, 1982, p. 31; Francis Melvin Lee, *Henrique Bernardelli*, São Paulo, 1991, Dissertação (Mestrado) – Faculdade de Arquitetura e Urbanismo, Universidade de São Paulo, 1991, pp. 21-4.

[27] José de Souza Martins, op. cit.; Étienne Samain, "Quando a fotografia [já] fazia os antropólogos sonharem: o jornal *La Lumière* (1851-60)", em Annateresa Fabris e Maria Lúcia Bastos Kern (orgs.), *Imagem e conhecimento*, São Paulo, Edusp, 2006, pp. 193-227.

[28] Beaumont Newhall, cit.; Beaumont Newhall, *The History of Photography*, cit., 1988.

[29] Repertórios anteriores a 1993 ver em Vânia Carneiro de Carvalho, Solange Ferraz de Lima, Maria Cristina Rabelo de Carvalho e Tânia Francisco Rodrigues, "Fotografia e história: ensaio bibliográfico", em *Anais do Museu Paulista*, São Paulo, nova série, v. 2, pp. 253-300, jan./dez. 1994. Nesse ensaio, estão citados mais de quatrocentos títulos nacionais sobre fotografia e história, inclusive aqueles de natureza repertorial.

[30] Boris Kossoy, *Origens e expansão da fotografia no Brasil*, Rio de Janeiro, Funarte, 1980.

[31] Gilberto Ferrez, *A fotografia no Brasil, 1840-1900*, Rio de Janeiro, Fundação Nacional de Arte/Fundação Nacional Pró-Memória, 1985; Pedro Vazquez, *Dom Pedro II e a fotografia no Brasil*, Rio de Janeiro, Index/CIS/Roberto Marinho, 1985.

[32] Paulo César Azevedo e Maurício Lissovsky (orgs.), *Escravos brasileiros do século XIX na fotografia de Christiano Jr.*, São Paulo, Ex-Libris, 1988.

[33] Miriam Moreira Leite, *Fotografias de família: potencialidades e limitações da documentação fotográfica*, Cadernos Ceru, São Paulo, n. 18, pp. 79-89, maio 1983.

[34] *O retrato brasileiro: fotografias da Coleção Francisco Rodrigues 1840-1920*, Rio de Janeiro, Funarte/Fundação Joaquim Nabuco, 1983.

[35] Ana Maria de Lima Brandão, *O acervo fotográfico do CPDOC/FGV*, Rio de Janeiro, CPEDOC, 1980; Sergio Burgi, *Introdução à preservação e conservação de acervos fotográficos: técnicas, métodos e materiais*, Rio de Janeiro, INfoto/Funarte, 1985; Aurea Maria de Freitas Carvalho, *Fotografia como fonte de pesquisa: histórico, registro, arranjo, classificação e descrição*, Rio de Janeiro, Fundação Nacional Pró-Memória/Museu Imperial, 1986.

[36] Helouise Costa, *Aprenda a ver as coisas: fotojornalismo e modernidade na revista* O Cruzeiro, cit.; Nadja Peregrino, Antônio R. de Oliveira Jr., *Do reflexo à mediação: um estudo da expressão fotográfica e da obra de Augusto Malta*, Campinas, 1994, Dissertação (Mestrado) – Instituto de Artes, Unicamp; Maria Inez Turazzi, *Poses e trejeitos*, Rio de Janeiro, Funarte/Rocco, 1995; Ricardo Mendes, *A Revista S. Paulo: a cidade nas bancas*, Campinas, Imagens, n. 3, pp. 91-7, dez. 1994.

[37] Victor Burgin, *Thinking Photography*, London, MacMillan Education Ltd, 1990 (1. ed. 1982).

[38] Philippe Dubois, *O ato fotográfico*, São Paulo, Papirus, 1993.

[39] Allan Sekula, "On the Invention of Photographic Meaning", em Victor Burgin, op. cit., pp. 84-109.

[40] John Tagg, "The Currency of the Photograph", em Victor Burgin, op. cit., pp. 110-41.

[41] Arlindo Machado, *A ilusão especular*, Rio de Janeiro, Brasiliense/Instituto Nacional de Fotografia, 1984.

[42] Ulpiano T. Bezerra de Meneses, "A fotografia como documento – Robert Capa e o miliciano abatido na Espanha: sugestões para um estudo histórico", em *Tempo*, n. 14, 2003, pp. 131-51.

[43] Analisar a fotografia como artefato significa considerá-la um objeto que é produzido e circula entre grupos sociais, sendo reapropriado, resignificado, modificado materialmente (p. ex., a fotografia sai da carteira, vai para o porta-retrato, depois para um álbum, depois para um antiquário que a vende sem o álbum, depois para um museu, é publicada etc.).

[44] Quando a imagem é alçada à situação de emblema ou símbolo.

[45] Gilberto Freyre, "Informação, comunicação e cartão postal", em *Alhos e bugalhos*, Rio de Janeiro, Nova Fronteira, 1978, pp. 146-61.

[46] Solange Ferraz de Lima e Vânia Carneiro de Carvalho, "Desenhocop – o ensino através de imagens", em *História da Educação* (ASPHE), Pelotas, v. 14, 2003, pp. 7-28.

[47] Processo de cópia baseado no decalque do desenho feito com tinta carbono.

[48] Marcia Pointon, *Hanging the Head: Portraiture and Social Formation in Eighteenth Century England*, London/New Haven, Yale University Press, 1993.

[49] Mariana de Aguiar Ferreira Muaze, "Os guardados da viscondessa: fotografia e memória da coleção Ribeiro de Avellar", em *Anais do Museu Paulista*, São Paulo, n. ser., v. 14, n. 2, jul.-dez. 2006, pp. 73-105.

[50] Armando Silva, *Álbum de família, a imagem de nós mesmos*, São Paulo, Edições Sesc/Senac, 2008.

[51] Publicado na sua íntegra em Solange Ferraz de Lima e Vânia Carneiro de Carvalho, "Individuo, género y ornamento en los retratos fotográficos, 1870-1920", em Fernando Aguayo e Lourdes Roca (orgs.), *Imágenes e investigación Social*, México, 2005, v. 1, pp. 271-91.

[52] Cf. Maria Inez Machado Borges Pinto, *Cotidiano e sobrevivência: a vida do trabalhador pobre na cidade de São Paulo, 1890-1914*, São Paulo, Edusp/Fapesp, 1994.

[53] Cf. Solange Ferrraz de Lima, *Ornamento e cidade: ferro, estuque e pintura mural em São Paulo, 1870-1930*, São Paulo, 2002, Tese (Doutorado) – Faculdade de Filosofia, Letras e Ciências Humanas, Universidade de São Paulo.

[54] Cf. Vânia Carneiro de Carvalho, *Gênero e artefato: o sistema doméstico na perspectiva da cultura material – São Paulo, 1870-1920*, São Paulo, Edusp, 2008.

[55] Carlos Lemos, "Ambientação ilusória", em Carlos Eugênio Marcondes de Moura (org.), *Retratos quase inocentes*, São Paulo, Nobel, 1983, p.61. Nesse seu artigo, Lemos chama a atenção para o fato do mobiliário dos estúdios brasileiros ser, na maioria, rebuscado – poltronas de veludo, entalhados ao gosto mais europeu.

[56] Carlos Lemos, op. cit., pp. 57-8.

[57] O contexto para a introdução da arquitetura clássica como aparato ornamental do retratado é bem específico e tem como matriz principal os retratos produzidos por Pompeu Batoni (1708-87). Em meados do século XVIII, a Itália torna-se uma grande escola para a formação clássica da nobiliarquia europeia. As recentes descobertas arqueológicas de Pompeia e Herculano atraíam milhares de nobres, principalmente ingleses e alemães. Esse turismo cultural rendeu toda sorte de cultura material na forma de *souvenirs* – desde fragmentos arqueológicos até retratos pintados por artistas que tinham seus ateliês em Nápoles, Roma e Florença e os produziam no espírito de lembrança de viagem. Batoni tornou-se o retratista preferido entre nobres ingleses. Seu estilo consagrou-se com o retrato de corpo inteiro composto com a paisagem das ruínas arqueológicas e partes da arquitetura clássica. Ver Anthony Clark, *Pompeo Batoni – a Complete Catalogue of his Works with an Introductory Text*, London, Phaidon, 1985 e David Irwin, *Neoclassicism*, London, Phaidon, 1997, p. 26.

LITERATURA

A fonte fecunda

Antonio Celso Ferreira

Afirmar que a literatura integra o repertório das fontes históricas não provoca hoje qualquer polêmica, mas nem sempre foi assim. Mais do que isso, nas últimas décadas os textos literários passaram a ser vistos pelos historiadores como materiais propícios a múltiplas leituras, especialmente por sua riqueza de significados para o entendimento do universo cultural, dos valores sociais e das experiências subjetivas de homens e mulheres no tempo. Dessa perspectiva resultaram numerosos trabalhos históricos que abrangem tanto os estudos aplicados quanto as análises teórico-metodológicas sobre a exploração desse tipo de fonte.

Afinal, como o historiador concebe a fonte literária e a distingue das outras? Como a literatura interage nos contextos sociais e culturais e que papéis lhe foram atribuídos historicamente? Como se constituíram e se modificam suas formas? De que maneira se relaciona com outras linguagens? Quais são as metodologias apropriadas a tal modalidade de pesquisa e interpretação? A essas questões acrescente-se outra, de maior alcance, que envolve o conhecimento das semelhanças, diferenças e relações entre a narrativa histórica e a narrativa literária: o que é História e o que é literatura?

As respostas a essas perguntas, embora não sejam consensuais, podem ser buscadas em ensaios filosóficos, sociológicos e humanísticos em geral, mas, principalmente, em duas áreas correlatas: de um lado, na História da Literatura e na Teoria Literária e, de outro, na História do próprio conhecimento histórico, isto é, a Historiografia, e na Teoria da História.

Sem pretender responder em toda a amplitude a tais questões ou estender demasiadamente a reflexão teórica sobre o assunto, que abrange uma vasta bibliografia, às vezes carregada de jargões obscuros, neste capítulo busco oferecer ao leitor algumas orientações básicas para o tratamento da fonte literária na pesquisa histórica. A atenção principal será dada aos textos em prosa, uma vez que a abordagem da poesia, por sua especificidade, demanda um esforço adicional para além dos limites destas páginas.

A fonte literária na historiografia

Para introduzir o tema é necessário conhecer as várias acepções da palavra *fonte* e, especificamente, como a *fonte literária* figura nesse rol. Dentre aquelas indicadas nos dicionários, sobressaem dois sentidos distintos, não exatamente opostos, mas nem por isso complementares: "a) água viva que sai da terra, nascente, princípio, origem; b) a causa primária de um fato, a sua verdadeira origem, autoridade competente".[1]

O primeiro remonta à épocas imemoriais e remete tanto à imagem do fluir da água como elemento de origem, fecundidade e renovação da vida, quanto às nebulosas e impalpáveis narrativas mitológicas sobre o princípio do cosmo e dos homens. Embora no decorrer dos séculos tenha se desdobrado em diversas outras metáforas, esse sentido aberto e fluido da palavra *fonte* ainda hoje guarda alguns dos seus atributos originários. O segundo sentido corporificou-se na história das civilizações em íntima relação com as lições da Teologia e do Direito, uma vez que alude às noções de *fato*, *verdade* e *autoridade*. Portanto, enquanto um se nutre das imagens (e ideias) de *fluidez* e *indeterminação*, o outro se apoia nas noções de *determinação* e *fixidez*. E como veremos no decorrer do capítulo, a noção de *fonte literária* aproxima-se, muito mais, do primeiro sentido.

Encontra-se, na historiografia, o emprego da palavra *fonte* em ambos os sentidos, algumas vezes de maneira ambígua. No entanto, desde a segunda metade do século XIX, quando a História tornou-se disciplina acadêmica, o termo passou a ser usado predominantemente como sinônimo de *documento* e expressão de *autoridade* e *verdade*. Numa época de enorme avanço e prestígio das ciências naturais, a História, como parte de uma tendência mais ampla no interior das Humanidades, também buscou alcançar o estatuto científico. A Escola Metódica francesa encarregou-se de estabelecer os parâmetros metodológicos orientadores da crítica interna e externa das fontes com o objetivo de assegurar a autenticidade documental para reconstituir objetivamente o passado "numa correlação explicativa de causas e consequências".[2] Foi nessas circunstâncias que as fontes escritas, preferencialmente oficiais, ganharam o *status* de documentos verdadeiros para uma historiografia preocupada, sobretudo, com o encadeamento cronológico dos acontecimentos políticos nacionais. Nessa perspectiva, os textos literários, assim como outras fontes artísticas, não eram considerados documentos fidedignos para atestar a verdade histórica.

A ampliação do repertório das fontes históricas e a metamorfose do próprio conceito de fonte inseriram-se no crescente movimento de renovação da historiografia no século XX, ocorrido primordialmente na França, mas com repercussões em vários outros países, incluindo o Brasil. Tiveram importância indiscutível nessa empreitada os historiadores ligados à revista *Annales d'Histoire Économique et Sociale*, fundada em 1929 por Lucien Febvre e March Bloch.[3] Contrapondo-se à historiografia político-factual da Escola Metódica, eles colocaram em pauta uma *História-problema*, orientada para a compreensão da complexidade e da totalidade das experiências humanas. É assim que passaram a dar ênfase aos processos sociais e econômicos, e, nas décadas seguintes, também aos aspectos mentais das civilizações. Tamanha ambição exigiu uma postura interdisciplinar, que os levou a se aproximarem das áreas de conhecimento vizinhas, como a Geografia, a Sociologia, a Economia e a Psicologia. Outra decorrência desse horizonte intelectual foi a utilização de novas fontes de pesquisa – necessárias ao conhecimento do clima, do solo, das espécies naturais, da agricultura, do artesanato, das formas de trabalho, das tecnologias, do comércio, das crenças e ideologias etc. –, portanto, não mais circunscritas aos documentos políticos oficiais.

A História das Mentalidades, particularmente, abriu espaço para a investigação dos textos literários. Lucien Febvre, precursor de tal abordagem, demonstrou grande sensibilidade para com esse tipo de fonte, em especial no seu estudo da obra de Rabelais (1483[?]-1553), publicado em 1942.[4] Mas já em escritos anteriores, como no *Exame de consciência de uma história e de um historiador*, ele sustentava que à pesquisa histórica interessam:

> Os textos, sem dúvida: mas todos os textos. E não só os documentos de arquivos em cujo favor se cria um privilégio [...]. Mas também, um poema, um quadro, um drama: documentos para nós, testemunhos de uma história viva e humana, saturados de pensamento e de ação em potência.[5]

Desde a década de 1970, as novas gerações de historiadores franceses alargaram o leque de *problemas, objetos e abordagens* da disciplina, termos esses que figuraram como subtítulo da obra que seria chamada de manifesto da *Nova História – Faire de l'histoire* –, organizada por Jacques Le Goff e Pierre Nora.[6] Ao proporem a dilatação do território temático do historiador – que passou a abranger objetos tais como o inconsciente, o cotidiano, a língua, a literatura, o mito, a infância, a juventude, a festa, os meios de comunicação, entre outros –, os novos historiadores também estimularam a pesquisa de novos documentos – escritos, sonoros, visuais. O capítulo de *Faire de l'histoire* dedicado à literatura foi escrito por Jean Starobinsky, que discutiu questões metodológicas essenciais da relação entre o texto literário (como objeto autônomo) e seu intérprete (o historiador, sua subjetividade e intenções).[7]

Com a Nova História, enfim, o *documento*, em todas as suas formas, deixou de ser entendido como expressão de verdade e transparência para ser analisado como um *monumento*

> dotado do seu próprio sentido, a que não se pode recorrer sem precaução. Cumpre então restituí-lo ao contexto, apreender o propósito consciente ou inconsciente mediante o qual foi produzido diante de outros textos e localizar seus modos de transmissão, seu destino, suas sucessivas interpretações.[8]

O trabalho com fontes literárias na pesquisa histórica era também realizado nessa época por alguns historiadores ingleses preocupados em renovar a historiografia marxista, que até então enfatizava os estudos das estruturas econômicas e sociais. Ao dedicarem atenção especial à cultura para a compreensão das relações sociais, eles encontraram na produção literária uma das fontes mais significativas. Raymond Williams, um dos principais representantes desse grupo, escreveu obras fundamentais sobre o tema, com boa repercussão internacional.[9]

No Brasil, a importância da literatura na pesquisa das ciências humanas, sobretudo na Sociologia, já vinha também sendo debatida por muitos intelectuais, entre eles, Antonio Candido, que afirmou em 1950: "diferentemente do que sucede em outros países, a literatura tem sido, aqui, mais do que a filosofia e as ciências humanas, o fenômeno central da vida do espírito".[10] No entanto, com a exceção de para alguns poucos, como Sérgio Buarque de Holanda e Nelson Werneck Sodré,[11] ela não era objeto especial de interesse dos historiadores. Isso só ocorreria desde a década de 1980 com as novas propostas de abordagem da Historia Social e Cultural, que ganharam relevo em países da Europa e nos Estados Unidos. A partir de então, essa linha de estudos tornou-se profusa entre nós, gerando trabalhos relevantes.[12]

Afinal, o que é literatura?

Para se interpretar o texto literário é imprescindível compreender o que particulariza tal modalidade de expressão escrita,[13] seja em relação à própria narrativa histórica seja na comparação a outros tipos de textos. Isso pressupõe refletir sobre o que é que é literatura, questão permanentemente controversa à qual já foram dedicadas páginas e páginas por filósofos, linguistas, críticos e teóricos em geral.

É certo que a conceituação dessa arte, do modo como a conhecemos, é um produto dos processos históricos ocorridos no Ocidente a partir da sua matriz europeia. Como bem esclarece Massaud Moisés, em seu *Dicionário de termos literários*, primitivamente o termo "designava o ensino das primeiras letras", passando tempos depois a significar "arte das belas letras" e, por fim, "arte literária". Desde o século XIX, porém, "literatura entrou a ser empregada para definir uma atividade que, além de incluir os textos poéticos, abrangia todas as expressões escritas, mesmo as científicas e filosóficas".[14]

Essa abrangência semântica desafiou literatos e teóricos a estabelecerem critérios para uma definição mais precisa da manifestação artístico-literária em seus aspectos intrínsecos. Aristóteles, um dos primeiros pensadores a estudar o tema, cujos escritos foram retomados em diferentes momentos históricos desde o Renascimento, formulou o conceito de *mimese*, isto é, da obra literária como *representação* (ou *imitação*) do mundo.[15] Os românticos do século XIX acrescentaram a isso a ideia de que o artista, além de representar, também cria universos ainda não vistos, utópicos e imaginários. Para os defensores da *arte engajada*, no século XX, a representação literária deveria envolver uma tomada de posição, crítica e ideológica, do escritor diante da realidade.

A partir da segunda metade do século XX, sob o influxo dos estudos linguísticos, uma nova conceituação começou a ser empregada para caracterizar a especificidade da criação literária. Passou-se a enfatizar não tanto o conteúdo das obras, mas o modo *como* a literatura se realiza, ou seja, as formas de linguagem utilizadas para a criação artística. O termo inventado para essa definição é *literariedade*, segundo o qual a literatura se distingue de outras expressões escritas pela utilização de signos verbais *polivalentes*, isto é, por *metáforas* que "representam a realidade, à semelhança de todo signo, mas representam-na deformadamente".[16] Poderá ser acrescentado a essa distinção, seguindo o pensamento de Mikhail Bakhtin, que a literatura de ficção contemporânea também revela o *plurilinguismo* e o *dialogismo*, ou seja, diferentes vozes em interlocução, além da voz do narrador.[17]

Compreendida dessa maneira, a literatura não documenta o real nem constitui representação semelhante aos discursos científico, filosófico, político, jurídico ou outros. Nestes últimos, as metáforas e outros recursos imaginativos são controlados ou mitigados pela intenção de objetividade, que se manifesta no discurso referencial, isto é, comprometido com a veracidade da realidade exterior. Há, por exemplo, textos designados genericamente como *literários*, mas que não cabem nessa definição estrita, como as narrativas de viagem, as crônicas e os diários. Até mesmo em casos como *Os sertões*, de Euclides da Cunha (1866-1909), obra que tem suscitado polêmica quanto à sua natureza híbrida, segundo alguns críticos situada nos limites entre a ficção e a ciência, há certo consenso de que os recursos de linguagem científicos imperam sobre os demais.[18]

Segundo tal perspectiva, portanto, o texto literário é sinônimo de *ficção* – ou *fingimento* –, destinado a entreter ludicamente o leitor, transportando-o para universos imaginários, como sugere o escritor Mario Vargas Llosa:

> Condenados a uma existência que nunca está à altura de seus sonhos, os seres humanos tiveram que inventar um subterfúgio para escapar de seu confinamento dentro dos limites do possível: a ficção. Ela lhes permite viver mais e melhor, ser outros sem deixar de ser o que já são, deslocar-se no espaço e no tempo sem sair do lugar, nem de sua hora e viver as mais ousadas aventuras do corpo, da mente e das paixões, sem perder o juízo ou trair o coração.[19]

Se esse tipo de expressão é capaz de constituir algum conhecimento do mundo e alargar a visão do leitor, é por meio da *transfiguração* da realidade. No entanto, toda ficção está sempre enraizada na sociedade, pois é em determinadas condições de espaço, tempo, cultura e relações sociais que o escritor cria seus mundos de sonhos, utopias ou desejos, explorando ou inventando formas de linguagem. Antonio Candido sintetiza bem essas principais faces da literatura:

> ela é uma construção de objetos autônomos com estrutura e significado; ela é uma forma de expressão, isto é, manifesta emoções e a visão do mundo dos indivíduos e dos grupos; ela é uma forma de conhecimento, inclusive como incorporação difusa e inconsciente.[20]

Na atualidade, entretanto, uma das tendências marcantes entre os especialistas é a rejeição das definições universalistas acerca das mais variadas manifestações culturais (Literatura, Arte, Filosofia, História, Ciência), atitude que tanto pode desaguar num relativismo radical e estéril, como suscitar formulações mais abertas e férteis. Um bom exemplo das dificuldades de conceituação em nosso tempo se encontra no livro sobre literatura e leitura, de Márcia Abreu, escrito para os jovens do ensino médio e os ingressantes na universidade, no qual a autora afirma:

> o conceito de *Literatura* foi naturalizado [...]. Apresenta-se a *Literatura* como algo universal, como se sempre e em todo lugar tivesse havido literatura, como se ela fosse própria ao ser humano. [...] Nós temos que discutir o que é literatura, pois ela é um fenômeno cultural e histórico e, portanto, passível de receber diferentes definições em diferentes épocas e por diferentes grupos sociais.[21]

Mas, se não é possível encontrar uma definição canônica de literatura, válida para qualquer tempo e circunstância, nem por isso se deve diluir sua significação, concluindo que todos os textos, discursos e linguagens assemelharam-se no passado ou equivalem no presente. Seja na Índia ou na Grécia da Antiguidade, nos reinos medievais europeus ou árabes, seja nas metrópoles e suas colônias da Época Moderna, a literatura e as artes sempre constituíram formas de expressão próprias, associadas ao belo, ao trágico, ao sublime e ao sagrado, ou ao profano, ao transgressivo e ao utópico. Entre seus criadores encontram-se personagens de tipo social e cultural variado, homens em sua maioria, pelo menos até as portas da Época Contemporânea: poetas, pensadores, cientistas, loucos, criminosos, viajantes, aventureiros, religiosos, guerreiros, nobres, burgueses ou populares. Talvez não seja tarefa simples identificar tais formas de arte na aldeia global de consumo dos nossos dias, dentre os *best-sellers* e na infinidade de quinquilharias culturais expostas nas vitrines e nas telas, mas isso não quer dizer que inexistam ou que não possam ser nomeadas.

A pesquisa histórica tem contribuído justamente para a compreensão dos modos como a literatura foi concebida, particularizada em relação a outras expressões orais ou escritas, transmitida, lida, compartilhada ou apropriada pelos diferentes grupos sociais das diversas épocas e sociedades. E, sobretudo, para o entendimento dos distintos papéis que, ao longo tempo, ela desempenhou na existência dos seres humanos, em suas várias dimensões sociais ou subjetivas.

Clássicos, populares ou malditos?

Muito se debateu, e ainda se debate, acerca do valor estético, social ou linguístico da literatura. Mede-se pela capacidade de transpor para a ficção a complexidade de uma dada sociedade num determinado momento histórico, como o fez Balzac (1799-1850), em sua monumental *A comédia humana*, ao *retratar* as cenas da vida privada e burguesa da França após a Revolução? Ou pela renovação nos modos de narrar, como em *Ulisses*, obra modernista em que James Joyce (1882-1941) experimenta diversas formas, como a imitação da epopeia de Homero, a escrita teatral e o monólogo? O que consagra algumas obras, tornando-as *clássicas*, e outras não? Por que alguns livros continuam a ser lidos hoje e ainda conseguem seduzir o leitor, embora tenham sido escritos em tempos remotos?

Retrato de Émile Zola, considerado "o príncipe do naturalismo" e um dos "clássicos da literatura" (*Portrait de Émile Zola*, obra de Manet, 1868).

As respostas a tais questões são numerosas e contêm uma imensa variedade de argumentos. Em *Por que ler os clássicos*, Ítalo Calvino (1923-85) arrisca uma delas, que pode não ser definitiva, mas é bastante convincente: "Os clássicos são livros que exercem uma influência particular quando se impõem como inesquecíveis e também quando se ocultam nas dobras da memória, mimetizando como inconsciente coletivo ou individual."[22]

Algumas correntes da crítica contemporânea, contudo, têm procurado demonstrar que noções como essa revelam as mesmas crenças universalistas presentes nas definições tradicionais de literatura e, além disso, trazem consigo a ideia de transcendência e atemporalidade da obra artística. Contrapondo-se a isso, asseguram que os critérios para a valorização das obras são estabelecidos por certas instâncias de legitimação, em cada sociedade e período histórico: por exemplo, a Igreja, na Idade Média e mesmo depois; as instituições do Estado nacional e as academias da elite letrada, nos séculos XVIII e XIX; ou a universidade, a crítica especializada e a indústria cultural desde o seguinte. Em suma, que rigorosamente não há obras clássicas por si mesmas, nem obras boas ou ruins. "O que há são escolhas – e o poder daqueles que as fazem. Literatura não é apenas uma questão de gosto: é uma questão política."[23]

Deve o historiador adotar o primeiro ou o segundo ponto de vista? Creio que não se deve tomá-los como absolutos e irreconciliáveis. As obras clássicas estão aí, e, embora possa haver algumas divergências entre os críticos quanto à maior ou menor importância de umas ou outras, elas integram o acervo da cultura mundial, dentre várias razões, por aquelas expostas por Ítalo Calvino. Afinal, quem haveria de negar a Cervantes (1547-1616), a Dostoievski (1821-81), a Kafka (1883-1924) ou a Machado de Assis (1839-1908), dentre inúmeros outros, a condição de autores clássicos?

Por outro lado, é também indiscutível que o valor atribuído às obras depende das instâncias de legitimação, tanto as externas já referidas, quanto os círculos informais (grupos de convívio e sociabilidade) dos próprios homens de letras. Isso significa que os critérios de valor estético não estão isentos de juízos religiosos, políticos ou até mesmo do jogo de disputa ou solidariedade no interior dos grupos de escritores desde o século XIX, quando se constituiu o *campo* artístico e literário.[24] Aliás, vários dos escritores que hoje figuram entre os mais importantes da literatura universal – e da literatura brasileira, em particular – nem sempre obtiveram reconhecimento no seu tempo: alguns foram perseguidos, estigmatizados ou ignorados em vida e só consagrados postumamente. Não foram poucos os livros banidos pelo *Index* da Igreja Católica ou censurados por governos tirânicos. O inverso também é verdadeiro: muitas obras elogiadas no passado perderam prestígio tempos depois.

Clássicas seriam, por assim dizer, aquelas obras que se impuseram no tempo por seu valor intrínseco, o que implica admitir que as apreciações de bom e ruim tornem-se inevitáveis no terreno da literatura e da arte. A despeito de terem sido louvadas ou vetadas em sua época, do maior ou menor peso das instâncias de legitimação, e até mesmo das oscilações da crítica contemporânea, elas são importantes não apenas para o público leitor em geral, mas também para os historiadores. Até mesmo para aqueles que não as elejam como objeto de estudo ou que pesquisem sociedades distintas do período em que foram escritas. Simplesmente porque aguçam a imaginação e a sensibilidade, aspectos essenciais em nosso ofício.

No entanto, o estabelecimento dos juízos estéticos não cabe numa pesquisa histórica. É facultado ao historiador, isso sim, procurar compreender como tais avaliações são constituídas no interior das sociedades, de que maneira se formam e disseminam os gostos, como repercutem no coletivo e permanecem ou não historicamente. Afora tal propósito específico, perseguido também pela Sociologia, devem interessar à pesquisa histórica todos os tipos de textos literários, na medida em que sejam vias de acesso à compreensão dos contextos sociais e culturais: *literatura maior* ou *literatura menor*, escritos clássicos ou não, eruditos ou populares, bem-sucedidos no mercado ou ignorados, incensados ou amaldiçoados.

A historiografia e a crítica trazem numerosos exemplos de obras, consideradas malditas em sua época, que contribuem para o entendimento de determinadas conjunturas históricas, a despeito do seu valor estritamente estético. Além das sátiras religiosas e escatológicas *Pantagruel* e *Gargantua*, de Rabelais (1483[?]-1553), que o já citado Lucien Febvre estudou para interpretar aspectos da mentalidade na época das reformas protestantes, outros textos desse tipo poderiam ser lembrados: os escritos libertinos do Marquês de Sade (1740-1814), já recorrentemente analisados por historiadores e psicanalistas para a sondagem dos recalques morais e sexuais da França na época revolucionária; o romance *O amante de Lady Chatterley*, de D. H. Lawrence (1885-1930), que pode ser uma porta de entrada ao conhecimento do crepúsculo da rígida moral vitoriana e das tensões sociais na sociedade inglesa; as obras de Jean Genet (1910-86), que descortinam o universo da criminalidade e do homoerotismo em meados do século xx francês;[25] ou o livro *A carne*, de Júlio Ribeiro (1845-90), igualmente condenado em seu tempo, mas que possibilita ao historiador entender os valores sociais e morais dominantes no fim do Segundo Reinado brasileiro.

Outra modalidade de textos, classificados como populares, muitos deles originários da tradição oral, fornecem, igualmente, chaves para interpretação de contextos diversos: as novelas de cavalaria do medievo europeu, a literatura de cordel do Nordeste brasileiro, os folhetins publicados entre nós pela imprensa do século xix; ou os contos de enorme sucesso, desde então divulgados em revistas e livros para adultos, jovens e crianças. Isso sem falar dos livros atuais de *autoajuda* e entretenimento, muitos deles escritos na forma ficcional.

No seu combate aos cânones literários, a crítica universitária contemporânea tem procurado, ainda, dar relevo a algumas séries textuais identificadas como *literatura feminina*, *literatura étnica* ou *literatura de orientação sexual alternativa*. Derivada da militância de alguns grupos norte-americanos defensores do *multiculturalismo* e de uma *ciência politicamente correta*, essa tendência promove nova segmentação no universo literário, que pode acarretar anacronismo se projetada para um passado distante. É certo que conteúdos dessa natureza estão presentes em numerosos escritos, de maneira explícita ou não, consciente ou inconsciente. Contudo, a intencionalidade desse tipo de produção ficcional é manifestação que só se pode depreender a partir do século xix.

Como considerar os diversos gêneros, escolas e movimentos literários

O historiador deve também estar atento à diversidade das formas literárias no tempo e às circunstâncias em que se constituíram, perpetuaram ou mudaram suas convenções. Na história da literatura há um debate secular a respeito dos *gêneros*, questão que remonta à Antiguidade greco-latina. Platão identificou três modelos de mimese: a *tragédia* e a *comédia* (teatro), a *poesia lírica* e a *poesia épica*. Aristóteles dedicou interesse especial à *epopeia*, à *tragédia* e à *comédia*. Na Idade Média, apesar do surgimento de novas formas, orais ou escritas – como a *novela* –, foi mantida a classificação dos gêneros feita pelos gregos, que permaneceria praticamente inalterada até o século xviii.

Essa estratificação, no entanto, sofreu sérios abalos com o advento do *romance*, em fins da Época Moderna – gênero em constante mudança e avesso às convenções clássicas. O impulso de transformação nas formas literárias acentuou-se a partir do romantismo e, mais tarde, com as vanguardas modernistas, que experimentaram novos recursos sob o impacto das modernas tecnologias e do surgimento da cultura de massa.

Desde então predomina a ideia de que os gêneros não são puros, ao contrário, mesclam-se com outras linguagens da vida social, gerando novas configurações. A tendência dos especialistas é identificar, na Época Contemporânea, a hegemonia de duas modalidades de textos literários: a *poesia* e a *prosa*, nesta última incluindo-se o *conto*, a *novela* e *romance*, tipos mais frequentes.[26]

Sabe-se, hoje, que os gêneros literários estão intimamente relacionados às condições sociais e históricas que determinam a formação do público leitor, com seus gostos e sensibilidades e que, por outro lado, eles também se alteram de acordo com a mudança do suporte material dos textos, como o demonstra a História dos manuscritos, dos impressos e das recentes experimentações digitais.[27] Exatamente por isso, não se deve contentar com as classificações teóricas tradicionais, que tendem a subtrair a historicidade das manifestações artísticas.

Os gêneros clássicos, por exemplo, enraizaram-se no mundo greco-latino, desempenhando papéis específicos na sociedade. A epopeia louvava a grandeza dos heróis, dos pais, dos primeiros e melhores, numa cultura que cultuava a tradição como sagrada e ainda não tinha "consciência da relatividade do passado".[28] Ela perdurou até a Renascença com enredos baseados nos mitos ou na história, obedientes à mesma convenção formal. A tragédia e a comédia, surgidas naquele mesmo universo, eram encenadas, igualmente, de acordo com uma estrutura formal rígida. Seus conteúdos giravam em torno do destino do homem, personagem extraído de uma tipologia assentada em padrões morais previstos nas narrativas míticas. Tanto a epopeia quanto o teatro eram de natureza oral e declamatória, tendo a finalidade de produzir no público a *catarse* – para os gregos, purgação e purificação dos sentimentos.

Ambos diferem radicalmente da ficção romanesca, cujos enredos tratam do indivíduo em sua experiência particular, criador do próprio destino e desprovido de guias morais duradouros: os mitos, os heróis, as religiões, os ancestrais, a tradição e a história. O romance, além disso, não possui convenções formais rígidas. Sem ossatura, ele passou por grandes mutações desde suas origens, adaptando-se às transformações históricas. Sua matéria é a atualidade viva, mesmo quando se volta ao passado (no romance histórico, por exemplo) ou quando parodia os gêneros clássicos. A sua ascensão na modernidade ajustou-se a um novo público (já) de leitores que

> [...] ao se libertarem da oralidade medieval, adquiriram novos hábitos. O romance criou núcleos não sujeitos ao púlpito, veículo privilegiado de ideias e centro de coesão social. A leitura, restrita a um reduzido número de clérigos letrados, conquistou novos espaços. Lido isoladamente, o romance abalou a vida em comunidade, exigida pelas outras artes (pintura, teatro, canto, arquitetura, oratória). Dirigindo-se ao indivíduo fora da sociedade, o romance favoreceu o tratamento de problemas reservados, de conflitos interiores. O romance nos leva ao individualismo que amadurece em fins do século XVIII.[29]

Daquele século ao atual, a ficção romanesca acompanhou (e, algumas vezes, tentou prever) o ritmo vertiginoso de mudanças da Era Contemporânea, com seus novos públicos e sensibilidades. Antes mesmo do aparecimento do cinema já se falava da morte do romance como gênero e há quem ainda diga que ele desaparecerá no cenário do século XXI, dominado por tipos inusitados de textos que se espalham mundialmente pela mídia eletrônica e pelos satélites artificiais. Vertentes da crítica nos nossos dias designam-no como *pós-moderno*, a nova classificação encontrada.

O historiador não deve se deixar seduzir facilmente por tais rótulos. Cabe àqueles que trabalham com a fonte literária, em vez de enquadrá-la em algum gênero pressuposto, interrogar a que público ela se destina e que papel cumpre nas condições sociais e culturais de uma época. Isso não significa, contudo, ignorar as contribuições que desde a Antiguidade foram estabelecidas para o conhecimento da diversidade literária. Elas podem ser úteis para se evitar o anacronismo, quer de explicar a ficção atual pelas convenções do passado, quer de projetar naquele as formas textuais do presente.

Os riscos da rigidez classificatória aparecem também na abordagem das escolas literárias e dos movimentos artísticos em geral. A História da Literatura, nos moldes tradicionais, estabelece uma linha evolutiva de correntes e escolas, nelas ressaltando os seus precursores, principais representantes, obras e características gerais: classicismo, romantismo, realismo, modernismo. Esse tipo de tratamento pode resultar na fixação de padrões que nem sempre valem para todas as manifestações, disso resultando a exclusão de escritores e livros menos ajustados a eles. A crítica contemporânea, da qual também participam os historiadores, tem revisado tal modo de abordagem. No caso brasileiro, por exemplo, algumas obras antes ignoradas ou classificadas como *pré-modernistas* foram redimensionadas à luz das novas pesquisas. Semelhante perspectiva vale, ainda, para as demais escolas em escala global.

O historiador deve ter cuidado, finalmente, ao considerar os movimentos literários e as vanguardas artísticas que, ao legarem sua própria memória e versão dos embates culturais, promovem a autoconsagração e criam marcos periodizadores estanques na história da literatura, subordinando seus significados históricos a uma visão unilateral. É nossa tarefa colocá-los à prova.

Presença da história na ficção, narrativa literária e narrativa histórica

O romance contemporâneo está inteiramente entranhado na história e de história, não só porque integra os modos de produção, circulação e consumo da cultura em épocas determinadas, mas também por ter o tempo como elemento básico de sua estrutura narrativa. Afinal, antes de tudo, o romance conta uma história, como costumava lembrar o escritor inglês Edward Morgan Foster (1879-1970), autor de *Passagem para a Índia:*

> [...] no romance há sempre um relógio. O autor pode não gostar do seu relógio: Emily Bronte, em *Wuthering Heigts* tentou escondê-lo; Sterne, em *Tristan Shandy*, virou-o de cabeça para baixo; Marcel Proust, ainda mais engenhoso, alterava constantemente o ponteiro [...]. Todos os expedientes são legítimos, mas nenhum deles contradiz a nossa tese: a base de um romance é a história, e a história é uma narrativa de acontecimentos dispostos em sequência no tempo.[30]

Além disso, a história – entendida seja como desenrolar dos grandes acontecimentos da humanidade, seja como múltiplas experiências coletivas ou processos sociais no tempo – tem sido tema frequente nos enredos romanescos. Como diz Roger Chartier, "algumas obras literárias moldaram, mais poderosamente que os historiadores, as representações coletivas do passado".[31]

Razão a mais para eles não negligenciarem os laços, atados ou soltos, entre a narrativa histórica e a narrativa literária.

O *romance histórico* foi um gênero prolífico na literatura desde as obras *Ivanhoé*, de Walter Scott (1771-1832), *Os três mosqueteiros*, de Alexandre Dumas (1802-70), ou *Guerra e paz*, de Leon Tolstoi (1828-1910). Difundiu-se também no Brasil com José de Alencar (1829-77), em *Guerra dos mascates* e Júlio Ribeiro, em *Padre Belchior de Pontes*, livro pouco conhecido atualmente. Os enredos dessas obras, ora mais fantasiosos ora mais realistas, obedeciam a um modelo comum no qual a história, tratada com certa fidelidade aos acontecimentos e personagens reais, bem como colorida com alguma glória, era o pano de fundo para a ação dos personagens ficcionais.

Ao longo do século xx, tal modelo sofreu grandes alterações formais e de conteúdo nas obras críticas e engajadas de escritores, entre os quais Ernest Hemingway (1899-1961), em *Por quem os sinos dobram?* e *Adeus às armas*; André Malraux (1901-76), em *A condição humana*; ou John dos Passos (1844-1917), em *U.S.A.* – autores que transpuseram para a ficção as profundas mudanças e os fatos trágicos ocorridos na primeira metade do século, da Primeira Guerra à Revolução Chinesa.

A crítica contemporânea, no entanto, identifica a partir das últimas décadas do século xx o surgimento de uma nova literatura, chamada de *metaficção historiogáfica* ou *pós-moderna*, cujas obras refletiriam

> [...] conscientemente sobre sua condição de ficção, acentuando a figura do autor e o ato de escrever, e até interrompendo violentamente as convenções do romance, mas sem recair na mera absorção técnica. (Elas) tomam como tema ostensivo personagens e eventos da história conhecida, mas os submetem à distorção, à falsificação e à ficcionalização [...] o ponto essencial é que esses textos expõem a ficcionalidade da própria história; eles negam a possibilidade de uma distinção claramente sustentável entre história e ficção ao darem relevo ao fato de que só podemos conhecer a história como mediação de várias formas de representação ou de narrativa. Nesse sentido, toda história é uma espécie de narrativa.[32]

A safra de romances pós-modernos poderia ser exemplificada com livros como *História do cerco de Lisboa*, de José Saramago (1922-), *Os cus de Judas*, de Antonio Lobo Antunes (1942-), *O nome da rosa*, de Umberto Eco (1932-), ou *Boca do inferno*, de Ana Miranda (1951-), lista que não para de crescer nas apreciações dos críticos universitários.

Nas mesmas décadas de difusão da crítica literária *pós-modernista*, a ideia de que toda História é fundamentalmente narrativa foi, também, defendida por parte da crítica historiográfica. Com base em argumentos da linguística, da hermenêutica e da semiologia, os historiadores ligados ao *linguistic turn* colocaram em dúvida os limites convencionalmente aceitos entre artes, ciência e filosofia, ficção e verdade, narrativa histórica e narrativa literária.[33] Hayden White foi quem levou mais longe esse movimento de diluição das fronteiras entre os discursos, ao propor que as narrativas históricas são "ficções verbais, cujos conteúdos são tão inventados como descobertos, e cujas formas têm mais em comum com suas contrapartidas na literatura do que na ciência".[34]

Na atualidade, tais proposições tendem a arrefecer no mesmo ritmo em que o relativismo e a desconstrução, característicos do horizonte intelectual no fim do século XX, perdem intensidade. Segundo as ponderações de alguns historiadores a respeito das relações entre a narrativa histórica e a narrativa literária, embora se deva reconhecer a presença de traços literários na primeira,[35] não se pode deixar de lado as operações específicas que a tipificam como disciplina: construção e tratamento dos dados, produção de hipóteses, crítica e verificação de resultados, validação da adequação entre o discurso do conhecimento e seu objeto.[36]

Essa lembrança é essencial para o pesquisador que trabalha com textos literários, sobretudo os de ficção histórica. É certo que o caráter polifônico destes, pelo diálogo que estabelecem entre as diferentes vozes das personagens, além da voz do narrador, possibilita a investigação da complexidade do imaginário histórico, da diversidade das ideologias e dos modos como os diferentes indivíduos ou grupos sociais se inserem dentro dele em determinadas épocas. Contudo, tais representações constituem sempre um universo ficcional, por mais verossímil que seja. O papel do historiador é confrontá-las com outras fontes, ou seja, outros registros que permitam a contextualização da obra para assim se aproximar dos múltiplos significados da realidade histórica.

Literatura e outras linguagens

Desde suas origens, o romance constrói suas formas e conteúdos no intercâmbio com outras linguagens escritas, visuais e sonoras.[37] Os teóricos designam essa condição literária de *intertextualidade*, assunto que tem motivado numerosos estudos acerca da interação entre ele e diferentes estruturas narrativas.

Dentre os diversos intercâmbios, destaca-se sua relação com as artes plásticas até meados do século xx, cobrindo um vasto leque de manifestações que vão da pintura clássica à arte fragmentada das vanguardas, e do romantismo ao modernismo literário. A literatura romântica, especialmente, é repleta de recursos pictóricos. Um exemplo disso foi estudado por Stephen Bann em seu ensaio sobre os experimentos plásticos e literários de Victor Hugo (1802-85). Ao investigar alguns "borrões de tinta" do consagrado autor de *Os miseráveis*, ele notou a migração de temas e formas de uma arte para outra. A presença obsessiva de castelos medievais envoltos em brumas, tanto nos romances quanto nas pinturas, revelaria a tentativa do escritor de criar um passado mítico para si mesmo e para sua nação num período de grandes turbulências desde a derrocada do Antigo Regime e seus ideais aristocráticos.[38] Cem anos depois, mas já então imersos no imaginário desencantado do mundo tecnológico, escritores como Alain Robbe-Grillet (1922-2008), expoentes do *noveau roman* francês buscariam recriar as formas literárias inspirando-se na pintura cubista (e no método da associação livre da psicanálise), como meio de representação da fragmentada sociedade contemporânea.[39]

O intercâmbio entre literatura e cinema é também bastante conhecido. Desde a origem da *sétima arte* são incontáveis os enredos romanescos transpostos para as telas. Além disso, por longo tempo a cinematografia seguiu de perto a narrativa literária: recursos tais como *plano/contra-plano, plano-sequência, close-up* e *flashback* são correlatos às formas textuais de descrição da paisagem, do cenário e do contexto; de caracterização dos personagens; de composição do fluxo de consciência e recordação do passado. A esses recursos devem ser somadas as técnicas de suspense nos filmes, que derivaram do romance-folhetim.[40] Mas o inverso também não deve ser desprezado, pois a literatura tem-se embebido de cinema, seja na forma seja no conteúdo. Exemplos disso se encontram nas obras de John dos Passos, já citado, ou de Oswald de Andrade (1890-1954), dentre muitíssimos outros.

Além da pintura, da fotografia e do cinema, as novas linguagens visuais – como a televisão e a internet – também têm suscitado intensas trocas com a literatura. As maneiras de comunicação coloquial recentes e as técnicas cada vez mais sofisticadas de lidar com o ritmo veloz de nosso tempo, típicos desses meios virtuais, já são exploradas nos textos literários, o que certamente redundará na formação de um campo fértil de estudos.

Outra área de análise envolve a relação entre a literatura e os demais textos impressos gerados no ambiente técnico moderno. No livro *Cinematógrafo das letras*, Flora Sussekind tratou desse assunto ao investigar as mudanças na técnica literária de escritores e jornalistas brasileiros, em fins do século XIX, em decorrência do uso de equipamentos como a máquina de escrever e dos impactos provocados pelo cinema.[41]

Merecem atenção, igualmente, os laços entre a literatura e as linguagens de natureza diversa: científica, religiosa, jurídica ou política. Abre-se aqui um enorme leque de possibilidades de estudo. Em *O Brasil não é longe daqui: o narrador, a viagem*, a mesma autora investiga a formação da prosa de ficção brasileira seguindo os rastros narrativos dos naturalistas e etnógrafos que descreveram nosso país no início do século XIX.[42] Sabe-se, enfim, como os romances realistas e naturalistas daquele século estão impregnados de discursos científicos originários do saber médico, assunto meticulosamente estudado pelos críticos. A ficção científica, gênero igualmente fértil à época, também instiga a pesquisa sobre as trocas entre literatura e ciência. Os romances sobre crimes poderiam, à sua vez, ser compreendidos na interface com a emergência dos estudos sociológicos e jurídicos sobre as multidões urbanas.[43] Literatura e religião ou mesmo literatura e pedagogia educacional são, ainda, assuntos que trariam grandes benefícios para a compreensão histórica do século XIX e meados do século seguinte.

Essas sugestões não esgotam as pistas que se abrem aos pesquisadores. Convém lembrar a eles, todavia, que diferentemente dos críticos e teóricos da literatura, cujo foco de preocupação maior é a análise dos aspectos narrativos apropriados de outras linguagens e internalizados na composição das obras romanescas, cabe ao historiador compreender e explicar como tais permutas ocorrem em determinados contextos sociais e culturais. Nestes se incluem os meios de produção e difusão da cultura e do saber, bem como suas instituições reguladoras, e que devem ser concebidos em permanente mudança.

Método, bom senso e sensibilidade

É comum o iniciante na pesquisa histórica questionar quais são os métodos específicos da disciplina para a abordagem da fonte literária. Na verdade, a historiografia não dispõe de metodologia, teoria e conceitos particulares para tal, ainda que já tenha acumulado experiência razoável nesse tipo de investigação. Aliás, como bem demonstra Michel de Certeau, o método histórico, longe de ser puramente empírico, consiste exatamente numa maneira de testar e submeter à crítica as teorias e os conceitos criados por outras disciplinas, pela explicitação da diferença e do heterogêneo, aspectos descobertos nos processos sociais temporalmente localizados.[44] Portanto, as sugestões a seguir expostas não devem ser vistas como receitas ou modelos prontos.

Não raras vezes os jovens pesquisadores demonstram interesse em estudar a obra de autores consagrados da literatura ou de escritores recentemente resgatados do limbo pela crítica, conforme a moda da estação. No caso brasileiro, ultimamente as escolhas recaem sobre Machado de Assis, mas já houve fases de preferências unânimes por Guimarães Rosa, Lima Barreto ou Clarice Lispector. Quando indagados sobre qual o problema que os incita ao estudo, eles geralmente não respondem de maneira satisfatória, quando muito se limitam a repetir alguns argumentos da crítica literária mais recente. Noutras palavras, nem sempre a escolha de fontes literárias decorre de questões historiograficamente formuladas. O mais das vezes, é determinada pelo *glamour* e pela suposta novidade que as envolvem na comparação com outros textos e documentos. Para se evitar esse tipo de opção aleatória ou inconsciente é necessário delimitar com clareza o problema a ser estudado e por que as fontes literárias podem ser canais promissores para a busca de respostas.

Como é sabido, o método de trabalho do pesquisador depende da problemática que o leva à investigação. Pode-se partir de perguntas elementares tais como: quem eram os escritores selecionados para a pesquisa, como se relacionavam entre os letrados e com outros segmentos sociais da sua época? Que papéis a literatura e as artes então desempenhavam? Em que realidade social, econômica, política e cultural eles viviam, como e por que se lançaram à criação ficcional? Dentre as disponíveis em seu tempo, a que formas de construção narrativa recorreram e por que? Que significados atribuíram à literatura e que significados históricos podem ser lidos em suas obras? Que representações do mundo social eles criaram? Que desejos, angústias, utopias ou frustrações expressaram e o que isso tinha a ver com a vida coletiva da época? Que funções seus livros desempenharam na sociedade, como circularam, foram lidos ou apropriados?

Mas a formulação do problema não nasce no vazio, ao contrário, emerge no horizonte cultural e intelectual em que vive o próprio pesquisador, o que também deve ser objeto de reflexão: por que quero estudar história com fontes literárias, como concebo a literatura, como minha sociedade a vê? Além disso, o projeto de pesquisa deve ser definido a partir do conhecimento daquilo que já foi dito ou escrito sobre o assunto, nas diversas áreas de saber e, principalmente, na historiografia. Acima de tudo, será imprescindível conhecer a recepção crítica dos autores escolhidos e a bibliografia sobre a história do período focado.

Diferentemente dos pesquisadores de Letras, que muitas vezes se limitam a estudar a estrutura interna das obras literárias, já que existe certa tradição para isso em seus cursos, os historiadores, ainda que também possam elegê-las como centro de atenção, devem compreendê-las em seus contextos históricos e sociais, o que requer a consulta a outras fontes da época. Toda fonte pode ser legítima na medida em que contribua para o entendimento do objeto específico de estudo e se tenha em conta sua natureza: política, econômica, científica, religiosa, artística, técnica ou outra. É preciso, contudo, estar atento aos ambientes socioculturais do período analisado para se evitar o tratamento anacrônico da fonte. Indagações básicas servem para começar esse trabalho: como um texto antigo, medieval ou mais recente era produzido? Como se difundia e a que fins se destinava? Quais as suas convenções?

Como também há aqueles em dúvida se devem ou não utilizar métodos e teorias da Linguística, da Semiótica ou da Hermenêutica – dependendo das oscilações acadêmicas –, além do que já foi dito sobre as teorias em geral, é preciso argumentar que, na maioria das vezes tais recursos são artificiais numa pesquisa histórica. Embora não se deva ignorá-los, o fato é que eles pouco acrescentam à investigação, a não ser quando indispensáveis para responder questões pontuais. Na interpretação do conteúdo dos romances e de suas formas narrativas é essencial, porém, conhecer e testar alguns conceitos da Teoria Literária acerca de aspectos como foco narrativo, linguagem metafórica, composição de personagens, tempo e espaço na narrativa, efeitos de verossimilhança, entre outros.[45] A História Cultural, que mantém diálogo estreito com diversas áreas, dentre elas a História da Literatura e da Arte, oferece também algumas possibilidades de se trabalhar com textos literários.[46] Nenhuma delas servirá, entretanto, como modelo a ser reproduzido. O método será sempre construído pelo pesquisador no contato com seu objeto. Em face do cipoal de teorias hoje existentes, o que deve prevalecer é o bom senso.

Uma dúvida que frequentemente atormenta o historiador dedicado ao estudo de fontes literárias diz respeito à opção pela *análise textual* (interna) ou pela *contextual* (externa). Trata-se de um falso dilema, embora, dependendo da problemática construída, dar-se-á maior ou menor ênfase a cada uma. Mas, na verdade, o que caracteriza a operação historiográfica é a interpretação das fontes em determinadas circunstâncias sociais, isto é, nos contextos, que só podem ser reconstruídos, ainda que de modo parcial, lacunar ou aproximado, pela mediação de outros textos. De acordo com essa concepção, texto e contexto não configuram polos incomunicáveis, ao contrário, é possível ler as marcas da sociedade e da cultura no interior dos escritos, e de outro lado, compreender o significado deles na sociedade. Um trabalho exemplar nessa perspectiva foi realizado no ensaio "Histórias que os camponeses contam: o significado de mamãe ganso", em que Robert Darnton analisa alguns contos populares narrados entre os camponeses da França no século XVIII, articulando-os ao mundo social e cultural da época.[47] Conclui-se, dessa maneira, que a análise interna das obras é permitida ao historiador, mas seu objetivo não deve ser o mesmo da crítica literária e da teoria estética, que muitas vezes se restringem à lógica dos textos.

Sendo assim, é imprescindível criar estratégias para estabelecer o diálogo entre textos e o mundo circundante. Isso leva aos modos de interação entre as várias dimensões culturais numa determinada sociedade (oral, letrada, popular, erudita, religiosa, científica, política, jurídica ou de gênero, caso se queira), problema que tem sido abordado com muita pertinência pela historiografia contemporânea. Nas últimas décadas, desde os trabalhos precursores de Carlo Ginzburg,[48] as pesquisas em História Cultural têm apontado que tais dimensões não se fecham em si mesmas. Diferentemente disso, se aceita hoje a noção de *circularidade cultural*, ou seja, de que há um intenso intercâmbio de ideias, imagens e formas de expressão entre grupos dominantes e subalternos, entre a cultura letrada e a cultura oral e mesmo entre estas e as demais segmentações citadas. Mas essas trocas não podem ser interpretadas de maneira uniforme, como indicativas da imposição de umas sobre as outras, ou da assimilação dos padrões culturais hegemônicos pelas culturas subalternas, já que pode haver relações de apropriação ou de confronto entre elas.

A historiografia contemporânea abriu espaço para uma grande quantidade de temas e problemas que demandam o auxílio da literatura. Alguns deles abrangem a investigação dos diferentes papéis desempenhados por ela através do tempo, seus agentes e vínculos com os modos de produção e circulação da cultura. Ressaltam-se nessa linha os estudos sobre a formação das instituições literárias: academias e outros círculos letrados, sua sociabilidade interna e seu envolvimento com as instâncias do poder;[49] os trabalhos a respeito das formas de difusão dos textos e das práticas de leitura na sociedade,[50] dos suportes materiais de difusão dos escritos (manuscritos, impressos, textos digitais);[51] as investigações a respeito das empresas e instituições responsáveis pela produção, difusão ou apropriação da literatura (gráficas, editoras, livrarias, conglomerados da mídia, jornais, revistas, escolas, Ministérios da Cultura e da Educação); as análises acerca da censura ou do estímulo governamental à literatura e do seu uso para fins militantes em partidos, associações étnicas, feministas ou de orientação sexual alternativa. Em todos esses casos, geralmente se nota uma menor preocupação com a análise interna dos textos literários, uma vez que o enfoque se assemelha ao da Sociologia da Literatura, exceto pela maior importância dada ao material empírico e pela recusa aos modelos excessivamente abstratos, aspectos que caracterizam o método historiográfico.

Outra linha de estudos pode envolver as relações entre literatura, cinema, pintura, jornalismo, cultura de massa, televisão, internet, da maneira já comentada anteriormente.

Uma vertente que também é abundante busca analisar como são criadas nos textos as representações sociais, nacionais, regionais, morais, ideológicas, científicas, religiosas, sexuais ou de gênero e etnia; as visões da cidade e do campo, da natureza e da técnica, do passado e da modernidade, das lutas sociais, do mundo profissional, da riqueza e da miséria, do trabalho e do lazer, da norma e do desvio; as manifestações do imaginário histórico coletivo e da subjetividade de homens e mulheres.[52] Essa linha requer, necessariamente, a interpretação da forma e do conteúdo das obras, ou seja, exige que sua análise interna seja articulada aos contextos históricos e sociais.

Mas, seja lá qual for o assunto escolhido pelo historiador, a interpretação dos textos literários exige algo além do método: um modo especial de sensibilidade, que só é possível alcançar quem gosta de ler esse tipo de escritos.

Futuros historiadores

A historiografia levou algum tempo para admitir que a literatura pudesse contribuir para o conhecimento das experiências individuais e coletivas de homens e mulheres no tempo. Foi preciso compreender que a história também comportava dimensões subjetivas, imaginárias, oníricas e ficcionais, tão importantes quanto os acontecimentos políticos, sociais e econômicos. Afinal, que outras fontes a não ser as artísticas, dentre as quais sobressai a literatura, deixariam registros tão preciosos e plurissignificativos desse universo humano recôndito, frequentemente recalcado noutros documentos?

É verdade que o apelo aos textos literários ocorreu, inicialmente, em face da carência de outros documentos escritos que possibilitassem reconstruir a história das sociedades mais antigas. Contudo, logo os historiadores perceberam que eles também poderiam ser de grande valor para o estudo das culturas mais bem documentadas, justamente pelo fato de iluminarem terrenos obscurecidos nas demais fontes.

Uma pergunta, entretanto, me vem à mente de vez em quando: a literatura tem ainda hoje ou terá no futuro essa mesma propriedade para os historiadores? Não indago se ela permanecerá como gênero ou se o romance acabará. Questiono que papel terá na era do excesso documental.

Olho ao meu redor e constato como a sociedade atual está saturada de equipamentos que proporcionam o registro de quase toda a atividade humana. Câmeras de vigilância nas ruas e nos edifícios seguem passo a passo cada um de nós. Computadores armazenam informações de praticamente tudo o que parece ser a vida social, econômica, política, administrativa, religiosa, tecnológica, educacional, científica, criminal e cultural. A televisão arquiva imagens de todos os recantos do planeta e induz celebridades ou anônimos a se expor e falar da sua intimidade em tempo real num interminável *talk show*. Celulares clicam minuto por minuto infinitos instantâneos do cotidiano. Máquinas de ultrassonografia percorrem a profundeza do nosso corpo e filmam cada dispositivo dos nossos cérebros, pretendendo até mesmo substituir os psicanalistas na sondagem do ignoto inconsciente. Milhões de textos, enfim, circulam velozmente em blogs, e-mails, *orkuts* e *wikipedias*, parecendo dizer tudo o que há para ser dito. Diante desse gigantesco *Big Brother*, desse estonteante *Google* que já superou em muito a ficção futurista de George Orwell (1903-50), de quais documentos lançará mão o historiador do futuro?

Vasculho as estantes das livrarias à procura de alguma obra da atualidade que me restitua, em visão prospectiva, a força da literatura para a pesquisa histórica. Algumas vezes me surpreendo com algum escrito: um que me chamou atenção dias atrás foi o romance *Tenho algo a te dizer*, do anglo-indiano

Hanif Kureishi (1954-), publicado no Brasil no início de 2009 e com o qual me identifiquei de imediato. Talvez por tratar da experiência da minha geração, embora vivida noutras plagas, sua ficção tenha me dito algo a mais do que leio na maioria dos textos. Não sei se ela fará algum sentido para gerações posteriores, mas creio que certamente o pesquisador do futuro descobrirá em suas linhas coisas diferentes das que são ditas em outras páginas ou telas sobre nossa sociedade.

Creio que é essa força da literatura a razão de sua singularidade como fonte histórica. O que me faz lembrar da canção "Futuros amantes", de Chico Buarque – ele mesmo um romancista-compositor –, sobre o Rio de Janeiro, cidade imaginada submersa num tempo que não é o hoje, e invadida por escafandristas que "virão explorar sua casa, suas coisas, sua alma, desvãos". E onde os sábios, ainda que tentem em vão "decifrar o eco de antigas palavras, fragmentos de cartas, poemas, mentiras, retratos, vestígios de estranha civilização", encontrarão apenas o amor que o poeta deixa para a posteridade.

Isso me conforta. Assim como os escafandristas da canção, os futuros historiadores talvez descubram alguma coisa semelhante nos textos literários, essa fonte fecunda dos desejos que, inundando a materialidade das coisas, também constituem a história.

Exemplo: Um trecho de *A carne*, de Júlio Ribeiro

> Uma tarde, achando-se só em sua sala, Lenita sentiu-se tomada de uma languidez deliciosa, sentou-se na rede, fechou os olhos e entregou-se à modorra branda que produzia o balanço.
> Em frente, sobre um consolo, entre outros bronzes que trouxera, estava uma das reduções célebres de Barbedienne, a da estátua de *Agasias*, conhecida pelo nome de *Gladiador Borthése*.
> Um raio mortiço de sol poente, entrando por uma frincha da janela, dava de chapa na estátua, afogueava-a, como que fazia correr sangue e vida no bronze mate.
> Lenita abriu os olhos. Atrai-lhes as vistas o brilho suave do metal ferido pela luz.
> Ergueu-se, acercou-se da mesa, fitou com atenção a estátua: aqueles braços, aquelas pernas, aqueles músculos ressaltantes, aqueles tendões retesados, aquela virilidade, aquela robustez, impressionaram-na de modo estranho. [...]
> Lenita não se podia arredar, estava presa, estava fascinada.
> Sentia-se fraca e orgulhava-se de sua fraqueza. Atormentava-a um desejo de coisas desconhecidas indefinido, vago, mas imperioso, mordente. Antolhava-se que havia de ter gozo infinito se toda

> a força do gladiador se desencadeasse contra ela, pisando-a, machucando-a, triturando-a, fazendo-a em pedaços.
> E tinha ímpetos de comer de beijos as formas masculinas, estereotipadas no bronze. Queria abraçar-se, queria confundir-se com elas. De repente corou até a raiz dos cabelos.
> Em um momento, por uma como intuscepção súbita, aprendera mais sobre si mesma do que em todos os seus longos estudos de fisiologia. Conhecera que ela, a mulher superior, apesar de sua poderosa mentalidade, com toda a sua ciência, não passava, na espécie, de uma simples fêmea, e o que sentia era o desejo, era a necessidade orgânica do macho.
> Invadiu-a um desalento imenso, um nojo invencível de si própria. Robustecer o intelecto desde o desabrochar da razão, perscrutar com paciência, aturadamente, de dia, de noite, a todas as horas, quase todos os departamentos do saber humano, habituar o cérebro a demorar-se sem fadiga na análise sutil dos mais abtrusos problemas da matemática transcendental, e cair de repente, como os arcanjos de Milton, do alto do céu no lodo da terra, sentir-se ferida pelo aguilhão da CARNE, espolinhar-se nas concupiscências do cio, como uma negra boçal, como uma cabra, como um animal qualquer... era a suprema humilhação. [...]
> Jazeu imóvel largo espaço.
> Uma umidade morna, que se lhe ia estendendo por entre as coxas fê-la erguer-se de súbito, em reação violenta contra a modorra que a prostrara.
> Com movimentos súbitos, nervosos, atirou o xale, desabotoou rápida o corpete, arrebentou os coses da saia preta e das anáguas, ficou em camisa.
> Uma larga mancha vermelha, rútila, viva, maculava a alvura da cambraia.
> Era a onda catamenial, o fluxo sanguíneo da fecundidade que ressumava de seus flancos robustos como da uva esmagada jorra o mosto rubejante.[53]

Esse é um fragmento do livro *A carne*, editado originalmente em 1888. Foi escrito por Júlio (César) Ribeiro, autor mal recebido pela crítica literária tanto da sua época quanto de momentos posteriores. Sua obra romanesca é pequena: além desse livro, ele também escreveu o romance histórico *Padre Belchior de Pontes*, publicado em 1876, como os folhetins daqueles tempos, num jornal de Sorocaba. Mas Júlio Ribeiro dedicou-se ainda aos estudos de filologia, retórica, ciências físicas e naturais, tendo sido reconhecido por suas obras de Gramática, muito elogiadas por Rui Barbosa. Jornalista, publicista e professor de escolas afamadas – Colégio Culto à Ciência de Campinas, Curso Anexo à Faculdade de Direito e Instituto de Educação Secundária em São Paulo – foi um homem de letras e ciências típico do final do século XIX.

De sua breve vida (1845-90) sabe-se pouco, apesar da sua intensa participação no debate político e intelectual do período, que o tornou figura emblemática e maldita do movimento abolicionista e republicano de São Paulo. Conhecido polemista, ele divulgou seus textos militantes em jornais e revistas da capital e do interior. Nascido em Sabará (MG), seu pai era um artista de circo norte-americano e sua mãe uma brasileira. Com os esforços desta, já que não teve contato com o pai, chegou a estudar na Escola Militar do Rio de Janeiro, mas não terminou o curso. Mudou-se para Sorocaba, onde iniciou sua carreira no magistério e filiou-se ao Partido Republicano Paulista, com o qual rompeu anos depois, denunciando seu conservadorismo. Quando mais novo, aderira ao culto presbiteriano, tendo logo depois abandonado a crença e se tornado agnóstico. Erudito e leitor obsessivo das novidades científicas, combateu o obscurantismo religioso, assim como as superstições populares, e defendeu ardorosamente o divórcio, tema que se pode notar em *A carne.*

O romance, dedicado ao "príncipe do naturalismo Émile Zola", revela uma tensão interna em razão da presença de duas ênfases narrativas distintas: a ostensiva linguagem científica, como se lê no trecho citado, e os recursos próprios da ficção. Provocou enorme escândalo à época de sua publicação. Chamado de "a carniça", foi considerado pornográfico por longo tempo, tendo sido listado no *Index* português, ainda na década de 1930. O crítico literário brasileiro José Veríssimo considerou-o o "parto monstruoso de um cérebro artisticamente enfermo", outros disseram que o livro era ridículo e seus personagens inverossímeis. No entanto, alcançou imenso sucesso popular numa época em que crescia o público de leitores, tanto masculino quanto feminino. Contendo cenas de sexo narradas sem maiores subterfúgios, passou a ser uma espécie de livro de educação sexual e formação moral, lido às escondidas.

Como o historiador pode analisar o romance? Em *A epopeia bandeirante,*[54] no qual estudo uma série de textos dos letrados da terra, entre 1870 e 1940, interpreto-o como representativo da invenção de personagens ideais paulistas, ao mesmo tempo evoluídos pela ciência e enraizados na natureza, aptos, portanto, para construir o futuro de São Paulo. Lenita, a heroína da trama, seria o exemplo da mulher assim idealizada: fêmea como qualquer outra, mas conhecedora das leis da natureza. Ela vive uma relação intensa com Manuel Barbosa, sertanejo desquitado de sua primeira mulher, que se dedica a experiências científicas em sua fazenda. Alguns críticos a chamaram de uma "Spencer de saias", mas Lenita conquistou o público leitor, especialmente o feminino. No seu livro *Erudição e ciência: as procelas de Júlio Ribeiro*,[55] Célia Regina da Silveira realiza uma investigação da trajetória política, intelectual e literária do autor, o que contribui para a compreensão do romance num quadro mais abrangente.

O livro, no entanto, abre outras portas ao investigador disposto a compreender o ocaso do Segundo Reinado brasileiro. Os interessados em práticas de leitura, por exemplo, podem analisá-lo como formador de conceitos morais, seja tomando-o individualmente seja no interior de séries textuais. Ele também oferece diversas outras pistas: as visões sobre a sexualidade em diferentes segmentos da sociedade; a difusão dos postulados científicos no interior dos círculos letrados brasileiros e seus modos de enxergar os grupos subalternos, especialmente os escravos (perceba o leitor a comparação estabelecida entre a personagem Lenita e as "negras boçais"); as concepções políticas, filosóficas e científicas dos republicanos e abolicionistas; as distintas representações sobre a mulher; as formas de crítica e censura aos livros à época.

Enfim, outras problemáticas e temas poderiam ser despertados pela leitura de um simples romance, que pode ser uma preciosa via de acesso à história em seus dados de realidade e suas projeções subjetivas.

Notas

1 Cf. *Novo Dicionário Aurélio*. Em francês, a palavra *source* tem o significado de *fonte, nascente, manancial*.

2 Maria de Lourdes Janotti, "O livro fontes históricas como fonte", em Carla Bassanezi Pinsky (org.), *Fontes históricas*, São Paulo, Contexto, 2005, p. 11. Ver também O. Dumolin, "Documento", em A. Burguieri, *Dicionário de ciências históricas*, Rio de Janeiro, Imago, 1993, p. 244.

3 A respeito do assunto, consultar Peter Burke, *A escola dos Annales (1929-1989): a Revolução Francesa da Historiografia*, trad. Nilo Odália, São Paulo, Ed. Unesp, 1991; Guy Bourdé e Hervé Martin, *As escolas históricas*, Portugal, Publicações Europa-América, s. d.

4 Lucien Febvre, *O problema da incredulidade no século XVI*, São Paulo, Companhia das Letras, 2009.

5 Lucien Febvre, *Combates pela História I*, Lisboa, Editorial Presença, s. d., p. 31.

6 Publicada em três volumes originalmente em 1974, foi editada no Brasil com o título: *História: novos problemas; novas abordagens; novos objetos*, trad., respectivamente, de Theo Santiago, Henrique Mesquita e Terezinha Marinho, Rio de Janeiro, Francisco Alves, 1976.

7 Jean Starobinsky, "A literatura: o texto e seu intérprete", em *História: novas abordagens*, op. cit., pp. 132-43.

8 O. Dumolin, op. cit. Ver também: Michel Foucault, *Arqueologia do saber*, 5. ed., Rio de Janeiro, Forense Universitária, 1997.

9 Dentre elas: Raymond Williams, *Marxism and Literature*, Oxford, Oxford University Press, 1977 e *O campo e a cidade: na história e na literatura*, São Paulo, Companhia das Letras, 1989. Originalmente publicada na Inglaterra em 1973.

10 Antonio Candido, "Literatura e cultura de 1900 a 1945 (panorama para estrangeiros)", em *Literatura e sociedade*, 7. ed., São Paulo, Editora Nacional, 1985, p. 130.

11 Além de conviver com escritores e artistas, desde o movimento modernista brasileiro, Sérgio Buarque de Holanda pesquisou fontes literárias, por exemplo, em suas obras *Visão do paraíso* (1958) e *Antologia dos poetas brasileiros da fase colonial* (1952). Na mesma década, Nelson Werneck Sodré publicou *História da literatura brasileira.*

12 Um dos primeiros trabalhos dessa safra é de Nicolau Sevcenko, *Literatura como missão*, São Paulo, Brasiliense, 1983, livro que, embora ainda revele marcas indeléveis da Sociologia da literatura (pelo menos na segunda parte, que trata das obras de Lima Barreto e Euclides da Cunha), tornou-se referência para outras pesquisas. Daí em diante, diversos estudos foram realizados e, atualmente, há várias linhas de pesquisa sobre o assunto. Não foi feito, contudo, um balanço equilibrado dessa produção, o que justifica a ausência de referências mais amplas a títulos e autores dessa tendência neste capítulo.

13 A História literária também aborda, de passagem, a *literatura oral*, cujos exemplos se encontram na poesia épica grega, transmitida oralmente de geração a geração, e só ulteriormente registrada em textos escritos, ou mesmo a literatura de cordel brasileira, originalmente cantada ou declamada. Retomarei o assunto mais à frente.

14 Massaud Moisés, *Dicionário de termos literários*, 5. ed., São Paulo, Cultrix, 1988, p. 311.

15 Ou capacidade de recriar, com instrumentos próprios, a realidade. Ver Aristóteles, *Poética*, trad. Eudoro de Souza, São Paulo, Abril Cultural, 1973, t. IV, pp. 443-71, col. Os pensadores.

16 Massaud Moisés, op. cit., p. 314.

17 Mikhail Bakhtin, *Questões de literatura e estética: a teoria do romance*, São Paulo, Ed. Unesp/Hucitec, 1988.

18 Dentre outros ensaios interpretativos da obra: Luiz Costa Lima, *Terra ignota*, Rio de Janeiro, Civilização Brasileira, 1977.

19 Mário Vargas Llosa, apud Márcia Abreu, *Cultura letrada: literatura e leitura*, São Paulo, Editora Unesp, 2006, pp. 29-30.

20 Antonio Candido, "O direito à literatura", em *Vários escritos*, São Paulo, Duas Cidades, 1995.

21 Márcia Abreu, op. cit., p. 41.

22 Ítalo Calvino, *Por que ler os clássicos*, São Paulo, Companhia das Letras, 1993.

23 Márcia Abreu, op. cit., p. 112.

24 A respeito da gênese e do funcionamento do campo social da literatura, ver Pierre Bourdieu, *As regras da arte: gênese e estrutura do campo literário*, São Paulo, Companhia das Letras, 1996.

25 Obra magnificamente interpretada por Sartre. Ver Jean-Paul Sartre, *Saint Genet: ator e mártir*, Petrópolis, Vozes, 2002.

26 Cf. Massaud Moisés, op. cit., pp. 241-50. Sobre o surgimento do romance, suas características como gênero e diferenças em relação às formas tradicionais, ler Ian Watt, *A ascensão do romance*, São Paulo, Companhia das Letras, 1990; Mikhail Bakhtin, op. cit.

[27] Ver Frédéric Barbier, *História do livro*, São Paulo, Paulistana, 2008.

[28] Cf. Mikhail Bakhtin, op. cit., p. 407.

[29] Donaldo Schuler, *Teoria do romance*, São Paulo, Ática, 1989, p. 6.

[30] E. M. Foster, *Aspectos do romance*, 2. ed., São Paulo, Globo, 1998, pp. 27-61. Conjunto de ensaios publicado pela primeira vez em 1927. A tradução do título do livro de Emily Bronte é *O morro dos ventos uivantes*.

[31] Roger Chartier, *A história ou a leitura do tempo*, Belo Horizonte, Autêntica, 2009, p. 25.

[32] Steven Connor, *Cultura pós-moderna: introdução às teorias do contemporâneo*, São Paulo, Loyola, 1992, p. 106. O trecho parafraseia uma das principais linhas teóricas dessa vertente literária: Linda Hutcheon, *A Poetics of Poóstmodernism: History, Theory, Fiction*, Nova York/Londres, Routledge Press, 1988.

[33] Cf. Antonio Celso Ferreira, "História e literatura: fronteiras móveis e desafios disciplinares", em *Pós-História – revista de pós-graduação em História*, Unesp, Assis, v. 4, 1996, pp. 23-44: tratei, neste artigo, da polêmica sobre a narrativa histórica como correspondente à narrativa literária, noção que passei a ver de maneira mais nuançada anos depois. Dentre os autores resenhados no texto, destacam-se: Lawrence Stone, "O ressurgimento da narrativa: reflexões sobre uma velha história", em *Revista de História*, Campinas, 1991, n. 2-3, pp. 13-37; Roland Barthes, *O rumor da língua*, São Paulo, Brasiliense, 1988 e Paul Veyne, *Como se escreve a história: Foucault revoluciona a história*, Brasília, Editora da UnB, 1982.

[34] Hayden White, *Trópicos do discurso: ensaios sobre a crítica da cultura*, São Paulo, Edusp, 1994, p. 98. Ver também, do mesmo autor, *Meta-História: a imaginação histórica do século XIX*, São Paulo, Edusp, 1992.

[35] Sobre o assunto, consultar: Peter Gay, *O estilo na história*, São Paulo, Companhia das Letras, 1990 e Peter Burke, "A história dos acontecimentos e o renascimento da narrativa", em *A escrita da história: novas perspectivas*, São Paulo, Ed. da Unesp, 1991, pp. 327-34.

[36] Cf. Roger Chartier, "A história hoje: dúvidas, desafios, propostas", em *Estudos históricos*, Rio de Janeiro, 1994, n. 7, pp. 97-113.

[37] Não se propõe neste capítulo o tratamento da relação entre literatura e linguagem sonora, o que exigiria um texto à parte em razão não só da sua complexidade como também da sua presença mais sutil no romance.

[38] Stephen Bann, "Os borrões de tinta de Victor Hugo: indeterminação e identificação na representação do passado", em *As invenções da história: ensaios sobre a representação do passado*, São Paulo, Ed. Unesp, 1994, pp. 109-28.

[39] A propósito do romance e suas relações com as experiências da vanguarda literária, consultar Anatol Rosenfeld, "Reflexões sobre o romance moderno", em *Texto/contexto*, São Paulo, Perspectiva, 1973, pp. 75-96.

[40] Sobre a difusão do folhetim na Europa e no Brasil, ler Marlyse Meyer, *Folhetim: uma história*, São Paulo, Companhia das Letras, 1996.

[41] Flora Sussekind, *Cinematógrafo das letras: literatura, técnica e modernização no Brasil*, São Paulo: Companhia das Letras, 1987.

[42] Flora Sussekind, *O Brasil não é longe daqui: o narrador, a viagem*, São Paulo, Companhia das Letras, 1990.

[43] Sobre o assunto, ler Maria Stella M. Bresciani, *Londres e Paris no século XIX: o espetáculo da pobreza*, 6. ed., São Paulo, Brasiliense, 1990.

[44] Para o autor, a História permite uma crítica radical dos conceitos operatórios de várias disciplinas, como o Urbanismo, a Sociologia, a Demografia ou a Economia, uma vez que pode medir os *desvios*

da realidade social em relação a essas construções formais: "a História não deixou de manter a função que exerceu por séculos por razões bem diferentes e que convém a cada uma das ciências constituídas: a de ser uma crítica". Michel de Certeau, *A escrita da História*, 2. ed., Rio de Janeiro, Forense Universitária, 2000, p. 90.

45 Além dos livros de D. Schuler e E. M. Foster, já citados, alguns paradidáticos da área de teoria literária podem ser úteis para tal finalidade, a exemplo de: Domício Proença Filho, *A linguagem literária*, 2. ed., São Paulo, Ática, 1987; Ligia Chiappini de Moraes Leite, *O foco narrativo*, 3. ed., São Paulo, Ática, 1987 e Beth Brait, *A personagem*, 3. ed. São Paulo, Ática, 1987 e Benedito Nunes, *O tempo na narrativa*, São Paulo, Ática, 1988.

46 Consultar a respeito do assunto Lynn Hunt (apresentação e organização), *A Nova História Cultural*, São Paulo, Martins Fontes, 1992, especialmente os capítulos escritos por Lhoyd S. Kramer e Roger Chartier.

47 Robert Darnton, *O grande massacre dos gatos e outros episódios da História Cultural Francesa*, Rio de Janeiro, Graal, 1986, pp. 21-102.

48 Ver Carlo Ginzburg, *O queijo e os vermes*, São Paulo, Companhia das Letras, 1986. Para a formulação do conceito de *circularidade cultural*, Ginzburg inspirou-se na obra de Bakthin sobre Rabelais: Mikhail Baktin, *A cultura popular na Idade Média e no Renascimento: o contexto de François Rabelais*, São Paulo, Hucitec, 1987.

49 Entre vários outros exemplos: João Paulo C. de S. Rodrigues, *A dança das cadeiras: literatura e política na Academia Brasileira de Letras (1896-1913)*, Campinas, Editora da Unicamp, 2001.

50 A vertente de estudos sobre história e práticas da leitura, bem como sobre a história do livro rendeu inúmeros frutos na atualidade. Dentre outros autores, vale lembrar: Roger Chartier, *Leituras e leitores na França do Antigo Regime*, São Paulo: Ed. Unesp, 2004; Roger Chartier, *A aventura do livro: do leitor ao navegador*, São Paulo, Ed. Unesp, 1998; Steven Roger Fischer, *História da leitura*, São Paulo, Editora Unesp, 2006.

51 Ver Fredéric Barbier, op. cit.

52 Seria temerário arrolar aqui os numerosos estudos dessa natureza, mas é possível citar alguns títulos: Raymond Williams, sobre as representações de campo e a cidade na literatura inglesa, op. cit., Jacques Leenhardt, "As luzes na cidade: notas sobre uma metáfora urbana em Jorge Amado", em Sandra Jatahy Pesavento (org.), *Escrita, linguagem, objetos: leituras de História Cultural*, Bauru, Edusp, 2004, pp. 147-64; Maria Stella Bresciani, "O literato, o cronista e o urbanista. Imagens de São Paulo nos anos 1910-1920", em Sandra Jatahy Pesavento, op. cit., pp. 115-60; Antonio Celso Ferreira, *Um eldorado errante: São Paulo na ficção histórica de Oswald de Andrade*, São Paulo, Ed. Unesp, 1996; Antonio Celso Ferreira, *A epopeia bandeirante: letrados, instituições, invenção histórica (1870-1940)*, São Paulo, Editora Unesp, 2002; Antonio Celso Ferreira e Marcelo Lapuente Mahl (orgs.), *Letras e identidades: São Paulo no século XX, capital e interior*, São Paulo, Annablume, 2008; Marcos Martinelli, *Antonio Callado, um sermonário à brasileira*, São Paulo, Annablume, 2006; Célia Regina da Silveira, *Erudição e ciência: as procelas de Júlio Ribeiro (1845-1890)*, São Paulo, Ed. Unesp, 2008.

53 Júlio Ribeiro, *A carne*, Rio de Janeiro, Ediouro, s. d., pp. 29-30.

54 Antonio Celso Ferreira, *A epopeia bandeirante: letrados, instituições e invenção histórica (1870-1940)*, cit., pp. 177-202.

55 Célia Regina da Silveira, op. cit.

TESTAMENTOS E INVENTÁRIOS

A morte como testemunho da vida

Júnia Ferreira Furtado

Testamentos e inventários são produzidos no contexto da morte de uma pessoa, mas, ao contrário do que possa parecer à primeira vista, esses documentos contêm ricas e variadas informações sobre múltiplos aspectos da vida do morto, bem como da sociedade em que ele viveu. Por isso, nas mãos do historiador, eles podem se transformar em testemunhos sobre a morte, mas acima de tudo sobre a vida, em suas dimensões material e espiritual. Ambos os documentos guardam algumas similaridades, mas são distintos, cada qual com sua própria especificidade. Como ponto de partida para compará-los, pode-se dizer que o testamento é produzido nos momentos que antecedem a morte (o que pode significar alguns instantes, horas ou muitos anos) e nele fica registrada a última vontade do testador relativa ao que ele deseja que seja feito com seus bens. Já o inventário é feito após a morte, também chamado inventário *post-mortem*, e por ele os bens do morto são distribuídos conforme as disposições legais e sua última vontade, no caso de haver testamento. O ponto em comum é que ambos versam sobre os bens da pessoa e são regidos por leis específicas. Portanto, ao utilizar esses dois tipos de documentos como fontes, o historiador deve conhecer as leis vigentes no período e no espaço estudado.

Vejamos, então, os significados dos termos no contexto luso-brasileiro para, em seguida, observarmos de que maneira testamentos e inventários podem ser ricas fontes para o trabalho do historiador.

As *Ordenações Filipinas* vigoraram no Portugal moderno, bem como na América Portuguesa, e no Brasil continuaram em vigor durante todo o Império. Tratavam da questão do testamento no Livro IV, do Título LXXX – *Os testamentos e em que forma se farão* – até o Título LXXXVI. Mais à frente, do Título XCVI até o XCIX, eram previstas as formas de partilha e inventário dos bens entre os herdeiros.

No Brasil, tal ordenamento só foi substituído em 1916, pelo *Código Civil Brasileiro*, que, em seu Livro IV, *Do direito das sucessões*, dividiu o tema em quatro títulos, os dois últimos versando sobre testamentos e inventários, intitulados *Da sucessão testamentária* e *Do inventário e partilha*.[1]

Esse código foi revogado pelo *Novo Código Civil Brasileiro* de 2002,[2] que tramitou no Congresso Nacional por 26 anos e foi finalmente aprovado pela Lei n. 10.406/2002. O Direito das Sucessões passou a constar do Livro V, sendo o Título III o que versa sobre *(D)a Sucessão testamentária* e o Título IV *(D)o Inventário e da partilha*.

Os testamentos

Segundo o primeiro dicionário português, publicado em 1739 pelo padre Raphael Bluteau, *testamento* vem das palavras latinas *testatio mentis*.[3] *Testatio* significa a ação de atestar ou testemunhar, sendo *mentius* ou *mens*, a mente, o espírito, a intenção, a capacidade intelectual, a disposição do espírito, um plano ou projeto.[4] Da conjugação dos dois termos evidencia-se o significado originário contido na palavra testamento que designa uma vontade atestada e testemunhada, segundo um plano ou intenção prévia do autor dotado de suas faculdades mentais. Mais claramente, segundo Bluteau, trata-se de "uma declaração de última vontade e disposição de seus bens depois da morte, lançada em papel por tabelião, em presença de testemunhas, segundo as formalidades do Direito, que as leis ou costumes locais ordenam". Para este autor, trata-se de "um direito particular, cuja força se funda no domínio que o testador tem sobre a fazenda que justamente possui".[5] O *Novo Código Civil Brasileiro*, por sua vez, considera testamento "o ato irrevogável pelo qual alguém, de conformidade com a lei, dispõe, no todo ou em parte, do seu patrimônio, para depois da sua morte".[6] Em ambas as definições evidencia-se o direito do indivíduo de impor sua vontade na partilha de seus bens após sua morte e a importância da lei para sua efetivação, pois as exigências legais devem ser atendidas para que o documento tenha valor jurídico.

São vários os termos derivados de testamento e a ele relacionados. *Testador* e *testadora* designam o homem e a mulher que fazem o testamento; *testamentária* é a execução do testamento; *testamentário* é coisa do testamento ou concernente ao mesmo e *testamenteiro* refere-se à pessoa encarregada de executar a vontade do testador.[7]

Tipos de testamentos

No Brasil, os tipos de testamento possíveis de serem feitos e legalizados pouco variaram ao longo do tempo. Segundo as *Ordenações Filipinas*, o testamento devia ser escrito por ou na presença de um tabelião, acompanhado de mais cinco testemunhas, livres, varões, maiores de 14 anos de idade. Todos, além do testador, tinham que assinar o documento.[8] Porém, não sabendo o testador escrever, assinava por ele uma das testemunhas e ao lado dessa assinatura ele colocava o seu sinal, sendo o mais comum a cruz. Desse costume nasceu a expressão "assinou em cruz". Bluteau designa esse tipo de *testamento nuncupativo escrito* e a legislação brasileira posterior refere-se a ele como sendo *testamento público*, ou seja, feito na presença do tabelião e de todas as testemunhas exigidas pela lei. As legislações ainda preveem que o testador possa manter o conteúdo de seu testamento em segredo absoluto. As *Ordenações* e a legislação brasileira denominam esse tipo de *testamento cerrado* e Bluteau refere-se a ele como *testamento solene*.

Como muitas vezes o testamento é realizado à beira da morte e o testador nem sempre é capaz de cumprir todas essas exigências formais exigidas, foram estabelecidas outras formas de realizar o testamento, como, por exemplo, o *testamento particular*, que podia ser escrito sem o tabelião, apenas na presença das testemunhas. Segundo as *Ordenações* e a legislação brasileira posterior que manteve essa modalidade, para ter valor, o documento deveria ser rapidamente oficializado perante um tabelião, num prazo determinado, logo após a morte do testador. As *Ordenações Filipinas* previam ainda um outro tipo de testamento, o *testamento per palavra*, que era apenas ditado na presença de seis testemunhas, homens ou mulheres, que tinham a obrigação de, logo após a morte do testador, declará-lo e registrá-lo perante um tabelião. O *testamento per palavra* só podia ser feito na hora extrema da morte. Para Bluteau, trata-se do *testamento nuncupativo não escrito*. Segundo as *Ordenações*, esse testamento ficava sem efeito se o testador não viesse a falecer, o que ressalta seu caráter de exceção, garantindo somente as últimas vontades do testador ditadas em seu leito de morte. Esse tipo de testamento não seria previsto pela legislação brasileira posterior.

As legislações preveem algumas situações em que os testamentos podem ser realizados em condições excepcionais, concedendo alguns privilégios ao testador. Era o caso dos soldados mortos em campo de batalha, conforme previsto nas *Ordenações Filipinas*, que "pelos trabalhos e perigos de vida" em favor da República recebiam tratamento privilegiado. Nesse caso, os soldados que fossem *filhofamilías* – sob o pátrio poder, sem limite de idade –, ou os condenados à morte – a quem normalmente não se concedia o direito de testar – podiam fazê-lo. O ato também era mais simples, bastando duas testemunhas, homens ou mulheres, e o testamento podia ser escrito ou oral. Os mesmos direitos se aplicavam a qualquer pessoa morta no campo de batalha, mesmo não sendo soldado.[9] O *Código Civil Brasileiro* também dispunha de categorias excepcionais. Mantinha o *testamento militar*,[10] e introduzia o *testamento marítimo*, realizado em alto-mar, cabendo ao comandante ou ao escrivão de bordo a tarefa de lavrar o documento.[11] O *Novo Código Civil Brasileiro* manteve as duas categorias anteriores e acrescentou mais uma, o *testamento aeronáutico*, realizado pelo comandante do avião ou por pessoa por ele designada.[12]

Limites ao direito de testar

As legislações colocam, entretanto, alguns limites ao direito de testar. O estudo desses impedimentos revela interessantes transformações no seio da sociedade luso-brasileira ao longo do tempo. As *Ordenações Filipinas*, por exemplo, não permitiam que determinadas pessoas fizessem testamento: os homens menores de 14 anos; as mulheres abaixo de 12 anos; os "furiosos", ou loucos;

os mentecaptos, ou "idiotas"; os hereges; os apóstatas; o pródigo ou gastador, cujos bens estão interditados por sentença do juiz; os *filhosfamília*; os religiosos professos;[13] os mudos; os surdos de nascença;[14] as pessoas condenadas à "morte natural"[15] (por ingestão de veneno ou por meio de instrumentos de ferro ou fogo). Havia também uma proibição em relação aos escravos, mas que não foi seguida à risca, excetuando-os quando autorizados por seus senhores.

O *Código Brasileiro* de 1916 definia que os menores de 16 anos; os loucos de todos os gêneros; os que, ao testar, não estivessem em seu perfeito juízo e os surdos-mudos que não puderem manifestar sua vontade estavam excluídos desse direito.[16] O *Novo Código Civil Brasileiro* exige apenas que o testador tenha mais de 16 anos e veda esse direito somente aos incapazes e aos que, no ato de testar, não tiverem discernimento.[17]

As disposições das *Ordenações* sobre a matéria refletiam a organização estamental e hierárquica típica de uma sociedade de Antigo Regime e escravocrata, na qual as pessoas eram e deviam ser desiguais entre si. Assim, além dos mentalmente incapazes, como loucos e mentecaptos, excetuavam-se os menores de idade, os sob pátrio poder e os pródigos, além dos escravos, todos considerados incapazes de discernimento. Concepções e interesses concernentes à religião também estavam em jogo; por essa razão, vedava-se esse direito aos apóstatas, hereges (cujos bens podiam ser sequestrados pela Inquisição) e aos religiosos (cujos bens deviam pertencer à Igreja ou às Ordens religiosas).

As mudanças ocorridas na legislação brasileira posterior revelam as transformações operadas no seio da sociedade ao longo do tempo em direção a uma ordenação mais igualitária e democrática (pelo menos no âmbito da legislação).

O direito de testar e os demais direitos a ele relativos

O direito de testar, fazendo parte de um mesmo ordenamento, está ligado aos demais direitos, como os de sucessão, família etc., e às regras de partilha dos bens, também previstas em lei. As *Ordenações Filipinas*, por exemplo, determinavam[18] que todos os casamentos contraídos no Reino e, por extensão, nas conquistas ultramarinas eram feitos por *carta de ametade*. Isso significava que os cônjuges eram *meeiros* dos bens do casal, a não ser que acordassem previamente de outra forma por meio de um pacto pré-nupcial. Como se entendia que cada um deles era dono de metade do patrimônio do casal,[19] se não houvesse o já citado pacto, normalmente os testamentos dos casados dispunham apenas sobre a metade do total de bens do casal, que era a parte que cabia a cada um. Esse título também estabelecia que se o marido ou a mulher viessem a falecer sem testamento, caso não houvesse parentes até o décimo grau para herdar seus bens, um seria o herdeiro universal do outro.

A respeito, é interessante observar os casos de duas mulheres forras que habitavam o arraial do Tejuco no século XVIII e que redigiram testamentos, Maria Martins Castanheira e Bernardina Maria da Conceição. Ambas não tinham filhos, mas eram casadas e, por isso, na falta de outros herdeiros, os maridos ainda vivos eram, além de detentores da metade do patrimônio do casal, herdeiros legítimos da outra metade. As duas se preocuparam em garantir que seus bens, sobre os quais elas podiam testar, fossem dispostos segundo suas vontades e não caíssem inteiramente nas mãos dos maridos. Na ausência de um testamento, segundo a lei, este seria o destino natural de todos os bens delas, já que elas não possuíam outros herdeiros. Maria Martins Castanheira, negra Benguella, contou em seu testamento que era casada com o negro Francisco Pereira Lima, que gastara os bens do casal e "sempre esteve ausente"; já Bernardina Maria, *cabra*, isto é, que tinha "sangue de índio", era casada com o pardo forro Gonçalo, "que se ausentou, depois de eu cair na sua indignação".[20] Descontentes com o abandono do lar conjugal pelos esposos, ambas procuraram utilizar o testamento para dar outro destino aos seus bens.

Caso em que o testamento visava anular um contrato pré-nupcial existente foi o do sargento-mor João Fernandes de Oliveira, contratador dos diamantes. Poucos dias antes de morrer, sua segunda esposa, Isabel Pires Monteiro, conseguiu que ele alterasse seu testamento, concedendo a ela o direito à metade de seus bens e não apenas ao valor correspondente à avaliação prevista no pacto pré-nupcial. Como ele estava impossibilitado de escrever, "por se achar com grande tremor nos braços", e sua esposa ser analfabeta, assinou a seu rogo uma das testemunhas, o doutor José Pires Monteiro de Oliveira, primo da mesma, possibilidade que estava prevista na legislação, pois ele se encontrava à beira da morte.[21]

No Brasil colonial e em Portugal à mesma época, segundo as *Ordenações Filipinas*, os filhos legítimos eram os herdeiros naturais de seus pais, mas podiam ser deserdados segundo algumas condições, e os filhos ilegítimos podiam ser legitimados e/ou herdar, segundo algumas outras condições.

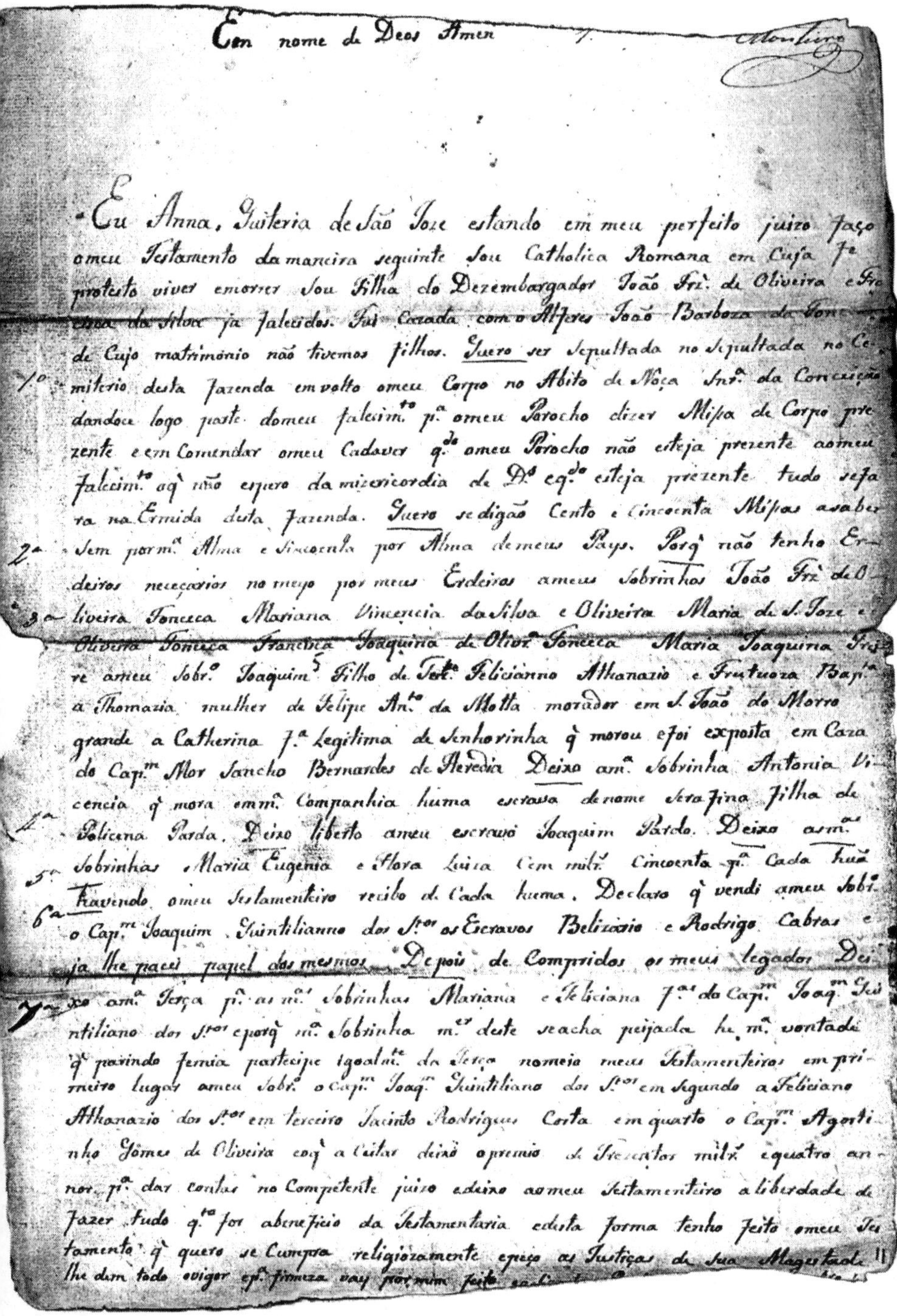
Em nome de Deos Amen

Eu Anna Quiteria de São Jose estando em meu perfeito juizo faço
o meu Testamento da maneira seguinte Sou Catholica Romana em Cuja Fe
protesto viver e morrer Sou Filha do Dezembargador João Frz. de Oliveira e Fra
ncisca da Silva ja falecidos. Fui Cazada com o Alferes João Barboza da Fon[seca]
de Cujo matrimonio não tivemos filhos. Quero ser Sepulltada na Sepulltada no Ce
1º miterio desta fazenda em volto o meu Corpo no Abito de Noça Snra. da Conceição
dandoce logo poste do meu falecimto. pa. o meu Parocho dizer Missa de Corpo pre
zente e em Comendar o meu Cadaver q.do o meu Parocho não esteja prezente ao meu
falecimto. o q' não espero da mizericordia de Ds. e q.do esteja prezente tudo sefa
ra na Ermida desta fazenda. Quero se digão Cento e Cincoenta Missas a saber
2a Sem por m.a Alma e Sincoenta por Alma de meus Pays. Porq' não tenho Er
deiros necessarios no meyo por meus Erdeiros a meus Sobrinhos João Frz. de O
3a liveira Fonceca Mariana Vincencia da Silva e Oliveira Maria de S. Joze e
Oliveira Fonceca Francisca Joaquina de Olivra. Fonceca Maria Joaquina Frei
re a meu Sobr.o Joaquim Filho de Tent.e Feliciano Athanazio e Frutuoza Bapt.a
a Thomazia mulher de Felipe Ant.o da Motta morador em S. João do Morro
grande a Catherina f.a Legitima de Senhorinha q' morou e foi exposta em Caza
do Cap.m Mor Sancho Bernardes de Heredia Deixo a m.a Sobrinha Antonia Vi
cencia q' mora em m.a Companhia huma escrava de nome Serafina filha de
4a Policena Parda. Deixo liberto a meu escravo Joaquim Pardo. Deixo a m.as
5a Sobrinhas Maria Eugenia e Flora Luiza Cem mil r.s Cincoenta p.a Cada huã
havendo o meu Testamenteiro recibo de Cada huma. Declaro q' vendi a meu Sobr.
6a o Cap.m Joaquim Quintilianno dos S.tos os Escravos Belizario e Rodrigo Cabras e
ja lhe passei papel dos mesmos. Depois de Compridos os meus legados Dei
7a xo a m.a Terça p.a as m.s Sobrinhas Mariana e Feliciana f.as do Cap.m Joaq.m Qui
ntiliano dos S.tos e porq' m.a Sobrinha m.er deste se acha peijada he m.a vontade
q' parindo femia participe igoalm.te da Terça nomeio meus Testamenteiros em pri
meiro lugar a meu Sobr.o o Cap.m Joaq.m Quintiliano dos S.tos em segundo a Feliciano
Athanazio dos S.tos em terceiro Jacinto Rodrigues Costa em quarto o Cap.m Agosti
nho Gomes de Oliveira e o q' acceitar deixo o premio de Trezentos mil r.s e quatro an
nos p.a dar contas no Competente juizo e deixo ao meu Testamenteiro a liberdade de
fazer tudo q.to for a beneficio da Testamentaria e desta forma tenho feito o meu Tes
tamento q' quero se Cumpra religiozamente e peço as Justiças de Sua Magestade
lhe dem todo o vigor e firmeza vay por mim feito [illegible]

Fragmento do testamento de Ana Quitéria de São José, uma das filhas da famosa Chica da Silva. O documento inicia com a fórmula: “Em nome de Deos Amen. Eu Anna Quitéria de São José estando em meu perfeito juízo faço o meu testamento da maneira seguinte.” (Biblioteca Antônio Torres/Diamantina. Cartório do 1º Ofício, maço 92).

O instrumento mais comum utilizado pelos progenitores para dispor suas vontades sobre seus descendentes era o testamento, usado para nomear como herdeiros filhos ilegítimos ou para deserdar algum descendente, sempre nos limite da lei.[22] A legislação diferenciava os graus de ilegitimidade, sendo que os chamados *filhos naturais* (aqueles cujos pais não tinham impedimento para o casamento no momento do nascimento) comumente podiam herdar. Assim, o testamento era o instrumento mais adequado para que o pai ou a mãe reconhecessem e nomeassem seus filhos ilegítimos naturais como seus herdeiros.[23] Já os *sacrílegos* (filhos de padres), *adulterinos* (que tinham pelo menos um dos pais casado com outra pessoa) e os *incestuosos* (filhos de pais consanguíneos e/ou com afinidade até o quarto grau) eram impedidos por lei de herdar, mesmo que houvesse um desejo parental.[24] No caso dos padres, por exemplo, um mecanismo para burlar a legislação era afirmar em testamento que o filho ilegítimo havia nascido antes de sua ordenação, configurando-o como natural e não sacrílego – com este estratagema esses filhos podiam herdar.[25] Como esse, são vários os exemplos, no Brasil colonial, do uso do testamento para nomear filhos ilegítimos como herdeiros. Um exemplo ímpar ocorreu com o desembargador João Fernandes de Oliveira que designou como herdeiros todos os seus 13 filhos naturais com a famosa Chica da Silva, em testamento redigido a 28 de novembro de 1770, em Vila Rica, na presença do tabelião Patrício Pereira da Cunha. Somente seu filho mais velho, seu homônimo, foi legitimado posteriormente a seu pedido por D. José I.[26] As *Ordenações Filipinas* preocupavam-se em coibir quem impedisse ou constrangesse alguém de fazer seu testamento, como era o caso, por exemplo, de um filho que pretendesse herdar *ab intestado*, isto é, sem que pai ou mãe deixasse testamento, o que poderia privá-lo de parte dos bens dos pais. A legislação previa que o réu fosse considerado indigno e perdesse o direito sobre toda a parcela que deveria herdar. Também determinava que o juiz local, ao ser notificado de que alguém era constrangido a não fazer seu testamento, fosse pessoalmente ou enviasse um tabelião imediatamente à casa do interessado para que o mesmo pudesse fazer livremente seu testamento.[27]

Os codicilos e as disposições fúnebres

Para além do testamento, o indivíduo podia ainda arrolar algumas disposições finais. Chama-se esse instrumento de codicilo, que se diferencia do testamento por seu tamanho – diminuto – e pela não instituição de um herdeiro. Segundo as *Ordenações Filipinas*, "codicilo é uma disposição de última vontade, sem instituição de herdeiro. E por isso se chama codicilo, ou cédula, por diminuição, que quer dizer pequeno testamento, quando uma pessoa dispõe de alguma coisa, que se faça, depois de sua morte, sem tratar nele de diretamente instituir, ou deserdar a algum, como se faz nos testamentos".[28] Os codicilos, desde sua origem, eram muito utilizados para deixar determinações sobre o funeral ou esmolas aos pobres.

No período colonial, bens como roupas, móveis, joias, objetos de uso pessoal, que na época possuíam muito valor (em Sabará, por exemplo, no início do século XVIII uma sela de cavalo valia o mesmo ou mais que uma casa), eram comumente incluídos nos testamentos. As disposições sobre missas, velas e atos de caridade – importantes para a elevação da alma ao Paraíso segundo a concepção católica –, cujos preços eram elevados, também eram tratadas nos testamentos.

Mais recentemente, tanto bens móveis, quanto determinações sobre o enterro e esmolas são objetos dos codicilos, sendo os testamentos mais utilizados para dispor apenas dos bens de maior valor, como imóveis, dinheiro, investimentos, entre outros. O *Código Civil Brasileiro* de 1916 (Livro IV) e o *Novo Código Civil Brasileiro* (Livro V), nos seus capítulos IV, tratam dos codicilos e determinam que os mesmos sejam utilizados para que o indivíduo disponha sobre seu enterro e sobre esmolas de pouca monta destinadas principalmente aos pobres do lugar.

Ao longo do tempo, houve uma mudança significativa nos objetivos pretendidos com os testamentos. Na América portuguesa, a preocupação com o destino da alma do testador era das questões centrais. A religião católica, ao propagar a existência do Purgatório, apregoava que os ritos após a morte eram fundamentais para que a alma do morto subisse ao Paraíso.[29] Por isso, havia a preocupação de deixar em testamento parte dos bens para esse fim. Desse costume surge a expressão "deixar sua alma por herdeira". Tal estratégia era prevista na legislação que permitia que, quando houvesse herdeiros, o testador dispusesse de até um terço de seus bens especificamente para esse fim. Era a chamada *terça*. Foi o que aconteceu, por exemplo, com as mestiças Maria Martins Castanheira e Bernardina Maria, de quem já se falou, que determinaram nos testamentos que parte de seus bens – a terça – fosse utilizada para garantir os ritos necessários à salvação de suas almas e não tivesse como destino os maridos que as haviam abandonado.

Apenas quando não havia nenhum herdeiro, o testador podia deixar todos os seus bens para garantir sua salvação. Foi o caso de Maria da Encarnação, natural da Costa da Mina, que foi trazida como escrava para a Bahia, onde foi batizada, sendo vendida no Serro do Frio, em Minas Gerais, para Pedro Mendes e depois se amasiado com Domingos Alves Maciel, que a comprou por 105 oitavas de ouro e, em seguida, a libertou. Em seu testamento, ela declarou que nunca se casara nem tivera herdeiros, deixando *sua alma por herdeira* e garantindo, assim, os ritos necessários ao perdão de seus pecados e à elevação de sua alma ao paraíso.[30]

A ascensão do capitalismo juntamente com a progressiva laicização da sociedade e o consequente predomínio da esfera econômica sobre a religiosa, entre outros fatores, exerceram impacto significativo na forma de produção e utilização dos testamentos. O objeto do testamento passou a ser quase exclusivamente a repartição ou a interdição dos bens entre os herdeiros, sendo seu motor predominantemente de natureza econômica, praticamente desaparecendo as disposições sobre ritos religiosos que, quando presentes, ficaram restritas aos codicilos.

Os inventários

Segundo o dicionário de Raphael Bluteau, inventário é "o registro, ou papel, em que estão registrados os móveis, os papéis e várias coisas que há em uma casa", podendo-se "fazer inventário dos bens de alguém".[31] Como se vê, a definição é genérica e abrangente como o próprio termo, por essa razão, costuma-se utilizar a expressão inventário *post-mortem* para se referir especificamente ao arrolamento dos bens de um indivíduo feito após a sua morte para transmissão ou partilha entre os herdeiros. Como em relação aos testamentos, os inventários *post mortem* seguem a legislação em vigor.

Em sua origem, o termo refere-se apenas a uma parte do processo de partilha, aquela que diz respeito ao arrolamento dos bens. Por essa razão, observa-se que as *Ordenações Filipinas*, a não ser em esparsos artigos, não tratam dos inventários e sim da partilha dos bens do falecido e as formas de realizá-la, sendo o inventário parte desse processo.[32]

Os inventários *post-mortem*

Com o tempo e devido à própria legislação, mais comumente, passou-se a utilizar o termo inventário *post-mortem* para se referir, não apenas à listagem dos bens contida no processo de partilha, mas ao processo judicial como um todo que registra por escrito os atos necessários para realizar a divisão dos bens entre os herdeiros. Dessa forma, "o inventário é o registro oficial do patrimônio deixado por pessoa falecida, do qual consta o tipo e o valor monetário dos bens acumulados ao longo da vida, bem como a lista de créditos [dívidas ativas] e débitos [dívidas passivas] pendentes. Esse registro é feito por autoridade pública e o documento tem valor para definir, em caráter final, o que caberá por partilha, aos herdeiros, após honrados os débitos com o Estado e com credores particulares".[33]

O dicionário *Aurélio* relaciona seis significados para o termo inventário, sendo os cinco primeiros mais genéricos e o sexto relativo ao termo em sua concepção judicial, que se refere ao "processo formado em juízo competente com o fim de legalizar a transferência do patrimônio do defunto a seus herdeiros e sucessores na proporção exata de seus direitos mediante a partilha".[34] No inventário *post-mortem* judicial, o ato de partilha dos bens constitui a última parte do processo. Observa-se, assim, ao longo do tempo, uma inversão no significado dos dois termos. Enquanto nas *Ordenações* o inventário é parte dos procedimentos para efetivar a partilha dos bens, na concepção mais recente a partilha é que é uma parte do processo de inventário jurídico, sendo seu último ato. É esse significado de inventário *post-mortem* que interessa aqui, particularmente porque, no que se refere à documentação histórica, na sua quase totalidade, os documentos dessa natureza que chegaram até nós, desde a vigência das *Ordenações Filipinas*, são os resultantes dos processos judiciais, realizados oficialmente pelo juiz competente.

No entanto, as *Ordenações Filipinas* não determinavam, a não ser em caso excepcionais que serão tratados adiante, a obrigatoriedade de realização de inventário judicial, pois quando os herdeiros concordassem com a partilha amigável dos bens do falecido, respeitando o disposto no testamento quando houvesse, o procedimento podia ocorrer de forma privada. Inventários privados são mais raros de serem encontrados pelo historiador, pois a preservação de documentos de origem privada é errática e fortuita. O inventário judicial era obrigatório quando o morto deixasse herdeiros menores de 25 anos. Nesse caso, o procedimento tinha que ser realizado pelo Juiz de Órfãos e Ausentes. Quando o falecido não tinha herdeiro, ou era solteiro e sem herdeiros presumidos, ou quando falecesse fora do seu domicílio também obrigatoriamente se abria um inventário judicial. Quem se encarregava do processo era o Juiz dos Ausentes Capelas e Resíduos.[35] Apesar da obrigatoriedade nesses casos, um inventário judicial não era aberto se não houvesse bens a serem transmitidos, se os bens fossem muito diminutos, ou se o gasto com o inventário fosse mais alto que o rendimento para os herdeiros.[36] A partilha deveria ocorrer até o prazo máximo de um ano após a morte do defunto,[37] do contrário, os bens do falecido deveriam ser sequestrados. Quando a pessoa fosse considerada demente ou incapaz, o inventário judicial era feito ainda em vida para privar a pessoa da administração de seus bens por falta de capacidade ou discernimento.

Esse predomínio da partilha particular extinguiu-se com o *Código Civil Brasileiro* de 1916, que determinava que, em qualquer caso, "proceder-se-á ao inventário e partilha judiciais na forma das leis em vigor no domicílio do falecido".[38] Os artigos 982, 983 e 1.031 do *Novo Código Civil Brasileiro* mantiveram a exigência de que o inventário fosse realizado judicialmente. Porém a Lei 11.441, em vigor desde 2007, criou a possibilidade "da realização de inventário e partilha mediante escritura pública, na forma administrativa, sendo requisito indispensável, a maioridade e capacidade de todos interessados, partilha de bens amigável e não exista testamento deixado pelo falecido".[39] Esse dispositivo faz retornar, de certa forma, a partilha extra-judicial, mas que deve ser formalizada mediante uma escritura em cartório do que foi acordado informalmente entre os herdeiros.

Organização do inventário *post-mortem* judicial

Testamentos e inventários são documentos que se relacionam entre si. Se o morto deixou testamento, ele deve ser respeitado e, ao abrir o inventário, a autoridade competente é obrigada a transcrevê-lo logo no início dos *autos de inventariação* dos bens. Porém, como nem sempre é deixado testamento, o inventário pode prescindir do mesmo. Entre 1729 e 1855, esteve em vigor o *Livro de Provimento dos Órfãos*, que descreve a *Forma como se hão de fazer os inventários* (f.3 v-6).[40] Nessa época, são as partes mais comuns do processo:

1) o termo de abertura, em que, entre outros dados, informa-se o local, a data, o juiz responsável e a data do óbito;
2) a transcrição do testamento, quando há;
3) a designação de tutor, quando há herdeiros menores e o conjugue sobrevivente é mulher, sendo obrigatória quando o espólio é de valor elevado;
4) a inventariação e avaliação dos bens por avaliador designado (bens móveis, destacando-se prata e ouro; bens imóveis; bens semoventes, animais e escravos; dívidas ativas e passivas);
5) partilha dos bens entre os herdeiros;
6) codicilo, quando houver.[41]

Num inventário, o valor total dos bens avaliados é chamado de *monte-mor*. Segundo as *Ordenações Filipinas*, desse total, retiram-se os recursos para pagar as dívidas e os custos com o funeral. Se o defunto era casado, o líquido era dividido em dois, sendo uma metade propriedade do cônjuge vivo. Se há testamento, a outra metade no caso dos casados, ou a totalidade no caso dos solteiros era dividida em três partes: um terço ou *a terça* destinada aos atos pios e caridosos estabelecidos no testamento e dois terços ou *a legítima,* aos demais herdeiros. Se não há testamento, não há desconto da terça, mas separa-se uma quantia (aproximadamente um terço da terça estimada) para a salvação da alma. É a chamada *tercinha*.

Os inventários descrevem o patrimônio de um indivíduo e, por isso, são de natureza predominantemente econômica, sendo ricos testemunhos da cultura material de uma sociedade. Infelizmente, nos últimos tempos, por se restringirem majoritariamente aos bens de maior valor patrimonial, passaram a ter menor interesse para os estudiosos de temas como mobiliário, vestimentas, entre outros, bens que, geralmente, por seu baixo valor, não são mais listados, sendo sua partilha realizada informalmente entre os herdeiros. Do ponto de vista histórico, a gama de informações disponível nesta fonte documental empobreceu ao longo do tempo, ocorrendo uma diminuição dos dados ali registrados.

Testamentos e inventários como fontes para a História

Testamentos e inventários *post-mortem* constituem ricas fontes para o trabalho do historiador.[42] Por sua recorrência, ainda que cada documento seja único, são mais comumente, mas não somente, utilizados de forma serial, apontando aspectos, tendências e valores de uma sociedade, como testemunhos tanto de sua cultura quanto de sua esfera material, ou seja, a *cultura material*. Como adverte a historiadora Beatriz Ricardina de Magalhães, "há restrições quanto ao uso desse tipo de fonte, mas as vantagens as superam".[43]

Cuidados

É necessário, porém, tomar alguns cuidados ao escolher essas fontes como documentos históricos. Um dos mais importantes é estar atento à possibilidade de haver distorções nas informações. Testamentos e inventários são documentos oficiais, redigidos conforme normas e técnicas estabelecidas. Mesmo no caso dos testamentos, até nos muitos escritos às pressas no leito de morte, é comum o uso de um escrivão – especialmente em sociedades em que os índices de letramento são baixos, como é o caso do Brasil até o início do período republicano – que repete fórmulas e padrões pré-definidos. No caso dos inventários, por exemplo, ainda que a legislação obrigue a listagem de todos os bens, conforme os interesses dos herdeiros, muitos bens são omitidos e vários outros são super ou subavaliados. Os testamentos produzidos durante a vigência das *Ordenações Filipinas* comumente referem-se somente à terça e não ao conjunto de todos os bens, pois, quando havia herdeiros, o testador só podia dispor livremente dessa parte de seus bens. Essa é uma das razões que fazem dos testamentos e inventários documentos complementares em uma pesquisa histórica.

Quando ambos são utilizados de maneira serial, é importante averiguar seu grau de representatividade em relação ao conjunto da população estudada. Não é desnecessário relembrar que eles são produzidos apenas por uma parcela da sociedade – aquela que dispõe de bens – e que, enquanto as *Ordenações* estiveram em vigor, foi mais comum a prática de realizar a partilha e o inventário de forma privada, diminuindo o número de documentos dessa natureza preservados para a posteridade.

Outra questão importante para o historiador é que mudanças de mentalidade no seio de uma sociedade só podem ser percebidas a longo ou, pelo menos, a médio prazo. Para tanto, é necessário ter disponíveis séries, de preferência completas, isto é, abarcando todos os anos de um período relativamente extenso, o que nem sempre é possível.

Além disso, é bom saber que as temporalidades desses dois tipos de documentos são distintas. O tempo do testamento é breve e, mais comumente, corresponde aos últimos instantes de vida do testador. Por isso mesmo, testamentos são documentos mais concisos e curtos. Já os inventários, ainda que as legislações procurem delimitar o tempo para encerrá-los, desenrolam-se durante anos. Sua temporalidade é a da *média duração* e, portanto, são, em geral, documentos volumosos e extensos.

Para a pesquisa histórica, embora testamentos e inventários sejam documentos correlatos, por suas particularidades, um se presta mais a uma temática do que o outro e vice-versa. Por exemplo, estudos sobre a religiosidade devem dar preferência à consulta de testamentos em detrimento da de inventários. O inverso é recomendável quando se trata de temas de natureza econômica. Porém, não nos esqueçamos que, como já foi dito, um completa o outro.

A temática religiosa

Entre as temáticas em que o historiador pode utilizar testamentos e inventários como fontes documentais estão as de natureza religiosa. Os testamentos, particularmente os mais antigos, registram várias informações sobre a religiosidade, como os santos e anjos de devoção do testador, as irmandades afiliadas, os ritos de elevação da alma, as cerimônias de enterramento, as esmolas pias, entre outros. Nos inventários, ainda que informações desse cunho apareçam em menor grau, pode-se encontrar anotados os gastos realizados para garantir "a boa morte", isto é, cercada dos ritos (missas, velas, procissões etc.) considerados necessários para encaminhar a alma ao paraíso. Também a listagem, entre os bens móveis, de imagens ou livros religiosos pode fornecer informações sobre a religiosidade do testador. Por exemplo, no inventário de Manoel Mendes da Silva, comerciante em Mariana, aparece o registro de um pergaminho intitulado *Gritos das almas do purgatório*.[44] Já o inventário de José Vieira Couto, naturalista que vivia no arraial do Tejuco em fins do século XVIII, revela que ele não possuía em sua biblioteca nenhum livro de cunho religioso, nem mesmo a Bíblia, ao contrário do que era comum na época.

Uma análise histórica de *longa duração* desses documentos pode revelar as mudanças de concepções, particularmente as religiosas, em torno da morte. O primeiro autor a utilizar com enorme riqueza os testamentos para o estudo dessas transformações foi Michel Vovelle, em seu livro *La mort et l'Occident*, publicado em 1983. Ao pesquisar milhares de testamentos encontrados na região da Provença na França, Vovelle atestou a riqueza desses documentos: "Eles nos oferecem, em um momento em que não se escamoteia a morte, o balanço das atitudes coletivas enquanto o testamento espiritual ainda se mantém como elemento maior do ritual da morte."[45]

O surgimento da crença no Purgatório exerceu impacto importante na forma de redação dos testamentos, que passaram a determinar, cada vez em número maior, os ritos necessários à elevação da alma ao Paraíso. A mensuração da flutuação dos gastos com esses ritos ao longo de um período pode indicar, por exemplo, a importância ou não atribuída a essa crença numa dada sociedade.

A devoção aos santos, que são constantemente invocados no momento da morte, também pode ser percebida pelo estudo desse tipo de documento, que pode revelar as invocações mais comuns e como elas variam ao longo do tempo. A crença no anjo são Miguel, por exemplo, responsável por guiar as almas do Purgatório, esteve diretamente ligada à crença católica de existência de um local de passagem das almas em direção ao Paraíso para purgar os pecados terrenos.[46]

A progressiva laicização da cultura, a partir do século XIX, como já foi mencionado, determinou um impacto inverso, fazendo diminuir progressivamente as determinações religiosas ou de obras de caridade contidas nos testamentos.

As concepções religiosas vigentes no início do século XVIII no Brasil colonial, especialmente no que diz respeito à morte, também se revelam na forma e no estilo em que os testamentos eram redigidos. O culto aos santos e a relação intimista entre o crente e os seres celestiais de sua preferência é a tônica. Um tal Ignácio Dias Cardoso pediu ao "São Miguel Arcanjo e ao Anjo da minha guarda e ao Santo do meu nome e a todos os santos e santas da corte do céu, especialmente a todos os da minha devoção que por mim intercedam a Deus, para que me dêem boa morte e me perdoem os meus pecados e dando-me graça final depois dela". João Gonçalves Batista, por sua vez, deixou encomendadas missas para são Francisco e santo Antônio, devoções também muito comuns na época, especialmente santo Antônio, que era padroeiro de Lisboa. Outra devoção estimulada desde o Concílio de Trento era a relativa a Nossa Senhora em suas várias manifestações. Assim, não é de se estranhar que o mesmo João Gonçalves Batista tenha pedido missas em intenção da Senhora das Tribulações, da Conceição, dos Remédios, do Amparo e do Socorro, e Francisco Roiz de Britto, por Nossa Senhora da Boa Viagem e do Rosário.[47] Essa última era devoção comum entre os negros, que se identificavam com a tonalidade escura da pele da santa, o que aponta para as possibilidades de estudo da intersecção entre devoção e raça.

Como já foi dito, havia fórmulas padrões de redação de testamentos, mas uma ligeira alteração na maneira tradicional de escritura destes pode revelar instigantes alterações no campo da cultura. Por exemplo, no mundo luso-português, também no século XVIII, depois de invocar Jesus, Maria, santos e anjos da corte celestial, em especial os de sua devoção particular, era comum o testador pedir a salvação da alma, "não por meus merecimentos, mas pelos da Santíssima Paixão de Nosso Senhor Jesus Cristo".[48] Essa fórmula procurava traduzir um desprezo pela vida terrena, pelo que o cristão havia realizado em vida, sendo que a salvação da alma seria alcançada pelo sangue que Jesus derramou na cruz para perdão dos pecados da humanidade e não pelo que o testador fizera em vida.

A aproximação entre a ética cristã e a nova mentalidade burguesa que valorizava o lucro, o trabalho e a competição, por essa época, afirmava-se lentamente com a expansão do comércio. A escritura dos testamentos refletiu e deixou transparecer a aproximação entre a ética cristã e a do trabalho, que deixavam de ser antagônicas à medida que a riqueza cada vez mais se originava dos negócios. Reflexo dessa transformação, nas Minas Gerais, foi que os testamentos de comerciantes e outros oficiais mecânicos, em vez de utilizarem a fórmula tradicional de pedir a salvação da alma invocando o sofrimento que Jesus Cristo padeceu na cruz, começam a oferecer os trabalhos realizados em vida, denotando uma valorização da vida terrena e do universo do trabalho.[49] Em Vila Rica, o comerciante Francisco Roiz de Britto, como alguns outros, encaminhou a salvação de sua alma em troca de "meus merecimentos de trabalhador que padeço feito homem". Pediu que levassem sua alma "aonde levou o bom ladrão" e, assim, reconhecia que se equilibrava num estreito fio que separava o espírito caridoso do cristão daquele egoísta do negociante. O boticário Vicente Leal da Silva escreveu no seu testamento que "por não saber o que Nosso Senhor fará de mim", pedia a intermediação das almas do Purgatório, do anjo de sua guarda, dos santos da corte celestial e de santo Antônio, para que lhe dessem, em suas palavras, o "prêmio pelos meus trabalhos, [...] quando minha alma deste corpo sair".[50]

Outra manifestação de religiosidade católica que pode ser estudada a partir dos testamentos e inventários é a participação dos indivíduos e grupos em Irmandades ou Ordens Terceiras, como a franciscana, a jesuíta, entre outras. Essas instituições eram importantes para a manifestação do catolicismo no período colonial. Em cidades do interior do Brasil, muitas delas ainda exercem importante papel. Vários testadores deixavam esmolas ou parte de suas heranças para elas, buscando realizar um ato de caridade, pagar pelos serviços por elas prestados, garantir os sufrágios necessários na hora da morte a que teriam direito como irmãos e, assim, alcançar o perdão de seus pecados. Antônio Pimentel, importante mercador no Rio de Janeiro, deixou vários bens para a Santa Casa de Misericórdia da mesma cidade. O padre Félix da Silveira, de Sabará, deixou esmola para a Bula da Santa Cruzada, confraria católica criada para ajudar a libertar Jerusalém e os lugares santos do domínio dos infiéis. Manoel Gomes de Carvalho, de Vila Rica, afirmou em seu testamento que devia perto de cem oitavas de ouro às irmandades do Santíssimo, Almas, Passos e São Sebastião das quais era irmão. Cristovão Fernandes da Silva, de Caeté, declarou-se devedor da Irmandade de Nossa Senhora dos Pretos de Santa Bárbara. Antonia Nunes dos Anjos, preta forra e comerciante de escravos, pertencia à Irmandade do Rosário em Sabará.[51]

Os testamentos também demonstram a inquietação do testador diante da ameaça de não poder cumprir todos os ritos mortuários, importantes não só para a elevação da alma, mas também para demonstrar publicamente, durante o ritual, o lugar do morto no seio da sociedade. Isto é, quanto maior a pompa e o luxo da cerimônia, manifestado no número de velas, de missas em intenção da alma, de sacerdotes envolvidos e no tipo de hábito com que o morto era enterrado etc., maior era a importância do morto no grupo a que pertencera em vida. Isso era comum, por exemplo, entre os comerciantes volantes que estavam sempre se deslocando de um lugar para outro. Simão Alves Ferreira, apesar de pertencer à Irmandade das Benditas Almas em Morro Vermelho, Minas Gerais, preocupou-se em garantir que "em qualquer parte da América seja meu falecimento, será feito meu enterro do modo e Igreja mais conveniente". Pediu que lhe ministrassem "o Santíssimo Sacramento da penitência, [...] livrando-me das tentações do Demônio" e o enterrassem com o hábito de São Francisco e, "na falta, com outro qualquer". João Pereira Montalvão, viandante da barra do Rio das Velhas, determinou que lhe sepultassem "na matriz ou igreja mais próxima onde for meu falecimento", onde deveria ser rezada uma missa de corpo presente, pagando-se as esmolas aos sacerdotes que fossem encontrados e pudessem acompanhar seu corpo. José Ribeiro Manso, determinou que seu corpo fosse "sepultado na matriz, na paragem onde falecer, ou na capela mais próxima que houver [...] amortalhado com um hábito de Santo Antônio e, na falta deste em um lençol".[52]

As obras pias e a caridade eram importantes mecanismos de elevação da alma e os testamentos podem ser ricos testemunhos das maneiras de praticá-las. O testamento de Vicente Leal da Silva é ilustrativo de formas costumeiras de observância da caridade, como missas pela alma de seus parentes ou entes queridos; velas e esmolas aos pobres e parentes necessitados. Por isso ele deixou vinte oitavas em pagamento de promessa que fizera à santa Rita e uma arroba de cera à Senhora Santana. Determinou ainda missas, acompanhadas das esmolas costumeiras, pela alma de seu pai, sua mãe e "meus defuntos". Pediu ainda que cem missas fossem rezadas em favor de sua alma, ministradas por seu cunhado frei Felipe. Para sua sogra, deixou um vestido de baeta e três dobras de esmola.

A temática da escravidão

Durante a vigência da escravidão no Brasil, era comum as pessoas alforriarem escravos em testamento como forma de caridade, mostra de gratidão por trabalhos ou por terem sido escravas concubinas, ou ainda por ser a prole mulata do próprio testamenteiro. Os testamentos podem ser inquiridos para se conhecer as razões e as formas de alforria concedidas, mas nem tanto sobre o número total de cativos do testador, pois as referências ao conjunto do plantel são raras e esparsas.

João Gonçalves Baptista deixou alforriada sua escrava Maria, com quem tinha uma filha. Lucas Pereira do Lago, que viajava para as Minas a negócio, libertou um escravo. Bonifácio Antunes, português, casado e pai de seis filhas, alforriou, em testamento, sua escrava Antonia mina, que vendia de tabuleiro, e com quem tinha um filho, desde que ela servisse suas filhas por seis anos.[53]

Para o estudo da escravidão, os inventários se revelam instrumentos preciosos, pois o conjunto do plantel escravista do falecido é nomeado, listado e avaliado entre os bens semoventes. Os inventários registram idades, preços, condições de saúde, origem e por vezes ofícios, oferecendo interessantes e instigantes informações sobre o conjunto de cativos do falecido. Se o historiador dispõe de uma série extensa e ampla de inventários para uma dada região, poderá observar as características e acompanhar as transformações e a dinâmica da sociedade escravista analisada. Porém, há que estar atento: testamentos e inventários são retratos instantâneos de um plantel e pouco ou nada revelam sobre a sua dinâmica ao longo da vida do testador.

A temática da família

A História da Família também se beneficia das possibilidades de uso dos testamentos para a pesquisa. Para essa temática, eles se revelam importantes fontes,[54] pois oferecem, entre outras, informações sobre filhos legítimos e ilegítimos, pais, órfãos, parentes e outros antepassados, lugar de nascimento do testador, estado civil, idade etc. Pode-se deparar ainda com detalhes sobre os demais membros da família, como, por exemplo, onde eles se encontram, quais filhos são casados e quais são solteiros. Podem ser citadas pessoas da afeição do testador que extrapolam os laços consanguíneos – como filhos de criação ou afilhados, por exemplo – que apontam para o significado da família extensa no seio daquela sociedade.

Jacinta de Siqueira, umas das primeiras moradoras de Vila do Príncipe, onde morreu em abril de 1751, deixou, em seu testamento, várias informações sobre sua família que ilustram algumas das possibilidades dessa fonte para os estudos sobre as relações familiares. Apesar de ter permanecido solteira, Jacinta possuía quatro filhas ainda vivas, Bernarda, Quitéria, Rita e Josefa, todas elas legalmente casadas com homens brancos. Havia sido companheira de Antônio Quaresma, juiz, para quem deixou dez missas. Para a alma de sua filha falecida, de nome Vitória Pereira, Jacinta deixou o correspondente a outras dez missas, todas com a concessão das esmolas costumeiras. Tinha algumas netas e uma bisneta. As netas herdaram dois escravos e a bisneta, um. No seu testamento, Jacinta tentou homogeneizar a distribuição dos bens entre suas herdeiras, descrevendo minuciosamente o que já havia dado em vida a cada uma, e o que lhes seria destinado após a morte.[55] Percebe-se com esse exemplo que testamentos podem revelar informações sobre a dinâmica da vida familiar nos anos pregressos à morte do testador.

A temática da cultura material

Testamentos, mas principalmente inventários, são valiosos testemunhos da vida material. O historiador Sérgio Buarque de Holanda afirma, por exemplo, que "os [...] de sertanistas, feitos durante as entradas, não levam a acreditar que abundassem notavelmente os calçados em semelhantes expedições",[56] confirmando o que vários cronistas já apontavam sobre as vestimentas dos bandeirantes paulistas. Aliás, estudos sobre indumentárias podem e devem se valer desses documentos, principalmente os mais antigos, que trazem listados todo tipo de vestimentas, fornecendo pistas sobre cores, tecidos, materiais, adornos, joias, sapatos, fivelas, perucas etc., permitindo inclusive perceber os afeitos a cada extrato social. O mesmo pode-se dizer a respeito do mobiliário, da louça, dos utensílios, dos objetos em prata e ouro, das imagens de devoção, das ferramentas de trabalho, como os relativos à mineração, ou a agricultura, ou aos demais ofícios mecânicos.

Meios de transporte também figuram entre os bens inventariados, desde as cadeirinhas e redes do período colonial, chegando aos automóveis e jatinhos atuais.

Estudiosos da estrutura agrária e das atividades agropastoris podem e devem se valer da descrição de imóveis rurais, das benfeitorias e das listas de animais. Estes últimos compõem, ao lado dos escravos, os bens semoventes.

A produção de alimentos ou as atividades comerciais podem ser analisadas pelo estudo dos estoques arrolados. Sobre o consumo de alimentos, inesperadas informações podem vir à tona nessa documentação. Por exemplo, entre julho de 1793 e outubro de 1796, a viúva Ana Perpétua Marcelina da Fonseca anotou meticulosamente o que se consumia em sua casa para acerto com os inventariantes do finado marido, fornecendo um rico testemunho da alimentação corrente de uma família em Minas Gerais no século XVIII.[57]

Desde o estudo inovador de Eduardo Frieiro, *O diabo na livraria do cônego*,[58] os estudos sobre os livros e as práticas de leitura muito têm se valido de testamentos, mas principalmente de inventários. Estes últimos (quanto mais antigos melhores) listam a biblioteca do morto, avaliando os livros um a um ou no seu conjunto. Não raro, fornecem detalhes de todos ou de alguns exemplares, registrando o formato, o estado, o acabamento, além da lista completa dos títulos. Os inventários de mineiros do fim do século XVIII revelaram uma elite sofisticada e intelectualizada, em constante contato com hábitos e ideias que circulavam na Europa, não apenas adaptando as ideias que vinham de fora, mas reinterpretando-as à luz das vivências locais.

O naturalista José Vieira Couto, em sua casa na rua do Bonfim, situada no arraial do Tejuco, possuía uma significativa biblioteca, composta de livros variados e ecléticos. De tamanho significativo para a época, a biblioteca era composta de cerca de 238 títulos dispostos em 601 volumes. Muitos desses livros demonstram sua familiaridade com as ideias iluministas, mas não só. De suas estantes é possível acompanhar a formação de um naturalista e de um médico no limiar no século XIX.

A evolução de uma determinada estrutura urbana é outro tema de estudo que encontra informações nesses documentos valiosos. Nos testamentos e inventários, há referências à localização dos imóveis, sua vizinhança, detalhes sobre a edificação, o número de pavimentos, se se trata de um sobrado ou casebre, se a cobertura é de telha ou palha, se há uma capela anexa ou outras construções complementares etc. Tudo isso influi na avaliação do imóvel e é registrado pelo avaliador. Estudos sobre a evolução de preços, quando dispõem de uma extensa série de inventários ou testamentos, podem também encontrar aí uma fonte preciosa. Sérgio Buarque de Holanda fornece como exemplo a flutuação dos preços da cera, indispensável para a produção de velas que serviam tanto para a iluminação noturna, quanto para os ritos religiosos. Em São Paulo, o arrátel custava cerca de dois vinténs por volta de 1594, conforme o testamento de João do Prado, e chegou a 560 réis, em 1700, de acordo com o testamento de Constantino Coelho Leite.[59]

Outras temáticas

As possibilidades temáticas abertas por esses documentos são amplas e por vezes se revelam inesperadas. Por exemplo, quem se interessa pelo estudo do *movimento de expansão das fronteiras coloniais* para o interior do Brasil, não pode deixar de consultar os testamentos e inventários dos sertanistas paulistas, pois muitos deles trazem informações sobre a composição e formação das bandeiras e até mesmo mapas e roteiros de entrada para o sertão, deixados de herança a seus descendentes, pois o conhecimento secreto dos caminhos constituía sua grande riqueza. A coleção de *Mapas de sertanistas* da Biblioteca Nacional do Rio de Janeiro foi formada em grande parte de mapas retirados desses documentos pertencentes ao acervo da instituição.

Outro tema instigante refere-se às *condições de saúde*. Não só o testador, às portas da morte, fornece informações em seu testamento sobre a doença ou o acidente que lhe aflige, como o notário, ao fazer a avaliação dos escravos de um plantel, registra no inventário alguma doença ou mazela, ou sua boa saúde, fatores que podem levar a sua valorização ou desvalorização no mercado. Gastos com remédios, com carne de galinha para doentes e parturientes, com cirurgiões, boticários ou médicos são outros itens que podem aparecer registrados nesses documentos. Isso sem falar nos testamentos dos profissionais de saúde que revelam listas de instrumentos afeitos à profissão e de medicamentos contidos nas boticas.

* * *

Por esse breve panorama, percebe-se que inventários e testamentos são fontes que podem conter informações ecléticas e segredos inesperados para o trabalho de pesquisa do historiador. Os temas e objetos que revelam para a pesquisa histórica são vastos e abrangentes, tanto no que diz do universo da cultura quanto da vida material. Suas possibilidades para os estudos históricos são quase inesgotáveis. Produzidos no contexto da morte de um indivíduo, ajudam a formar um retrato bastante revelador da vida do falecido e da sociedade que o cercava.

Notas

1 Theotonio Negrão (org.), *Código Civil e legislação em vigor*, 9. ed., São Paulo, Revista dos Tribunais, 1990. As demais são: *Da sucessão em geral* e *Da sucessão legítima*.

2 Arlindo Porto (org.), *Novo Código Civil*, Brasília, Editora do Senado, 2002.

3 Rafael Bluteau, "Testamento", em *Dicionário da língua portuguesa*, ampliado por Antônio de Morais, Lisboa, Oficina de Simão Thadeo Ferreira, 1739, t. 8, p.132.

4 Antônio Martinez de Rezende e Sandra Braga Bianchet, *Dicionário do latim essencial*, Belo Horizonte, Tessitura/Crisálida, 2005, pp. 221-405.

5 Rafael Bluteau, "Testamento", cit.

6 Arlindo Porto (org.), op. cit., p.233.

7 Rafael Bluteau, op. cit., pp. 131-2.

8 Rapael Bluteau refere-se a sete testemunhas, incluindo o tabelião, e oito em caso de o testador não saber assinar.

9 Título LXXXIII – *Dos testamentos dos soldados e pessoas que morrem na guerra.*

[10] Capítulo v, Seção ii, Art. 1.660-1.663.

[11] Capítulo v, Seção i, Art. 1.656-1.657.

[12] Capítulo v, Seção ii, Art. 1.888-1892.

[13] Os que fizeram votos de obediência, castidade e pobreza. No entanto, no Brasil colonial, observa-se o caso de vários clérigos que deixaram testamento, inclusive com o intuito de legitimar sua prole ilegítima. Vanda Lúcia Praxedes, *A teia e a trama da "fragilidade humana": os filhos ilegítimos em Minas Gerais, 1770-1840*, Belo Horizonte, 2003, Dissertação (Mestrado) – Universidade Federal de Minas Gerais.

[14] Excetuados os surdos que, não o sendo de nascença, soubessem ler e escrever.

[15] Título lxxxi.

[16] Capítulo ii, Art. 1.627.

[17] Capítulo ii, Art. 1.860.

[18] no Livro iv, Título xliv.

[19] Título xciv.

[20] Júnia F. Furtado, "Pérolas Negras: mulheres livres de cor no Distrito Diamantino", em *Diálogos oceânicos: Minas Gerais e as novas abordagens para uma história do Império Ultramarino Português*, Belo Horizonte, Ed. UFMG, 2001, p. 94.

[21] Júnia F. Furtado, *Chica da Silva e o contratador dos diamantes: o outro lado do mito*, São Paulo, Companhia das Letras, 2003, p. 217.

[22] Ana Luiza Castro Pereira, *O sangue, a palavra e a lei: faces da ilegitimidade em Sabará, 1712-1770*, Belo Horizonte, 2004. Dissertação (Mestrado) – ufmg.

[23] Comumente, mas nem sempre, pois os filhos da nobreza dependiam de autorização régia para serem legitimados.

[24] Eliane Cristina Lopes, *O revelar do pecado: os filhos ilegítimos na São Paulo do século xviii*, São Paulo, Annablume, 1998, pp. 76 e 96.

[25] Vanda Lúcia Praxedes, op. cit.

[26] Nota-se que os primogênitos nas três gerações foram batizados João Fernandes de Oliveira. O primeiro foi sargento-mor e o segundo desembargador, o terceiro recebeu posteriormente o sobrenome Grijó.

[27] Título lxxxiv.

[28] Título lxxxvi.

[29] Michel Vovelle, "A história dos homens no espelho da morte", em Herman Braet e Werner Verbeke (eds.), *A morte na Idade Média*, São Paulo, Edusp, 1996, pp. 11-26. Para o Brasil colonial ver: Alexandre Pereira Daves, *Vaidades das vaidades: os homens, a morte e a religião nos testamentos da Comarca do Rio das Velhas (1716-1755)*, Belo Horizonte, 1998, Dissertação (Mestrado em História) – UFMG.

[30] Júnia F. Furtado, "Pérolas Negras: mulheres livres de cor no Distrito Diamantino", cit., p. 91.

[31] Rafael Bluteau, op. cit., t. 4, p. 182.

[32] Livro iv, Título xcvi até xcix.

33 Beatriz Ricardina Magalhães e Vera Alice Cardoso Silva, "Evolução da economia e da riqueza na comarca do Rio das Velhas – Capitania de Minas Gerais, 1713-1763", em *10º Seminário sobre economia mineira,* Diamantina, Cedeplar, 2002. Disponível em: <http://www.cedeplar.ufmg.br/diamantina2002/textos/D04.PDF>. Acesso em: 05 outubro 2009.

34 Aurélio Buarque de Holanda Ferreira, "Testamento", em *Novo Dicionário Aurélio – século* XXI, Rio de Janeiro, Nova Fronteira, 1999.

35 Maira de Oliveira Freitas, *Invetários post-mortem: retrato de uma sociedade,* Belo Horizonte, 2006, Dissertação (Mestrado em História) – UFMG, p.113, nota 128; p.115, nota 137.

36 Livro I, Título LXXXVIII, *Dos Juízes dos Órfãos,* §4, *Inventários.* O texto integral é: "E tanto que falecer algum, que tenha filho, ou filhos menores de vinte e cinco anos, o Juiz dos Órfãos terá cuidado do dia do seu falecimento a um mês, fazer inventário de todos os bens móveis e de raiz que por morte do defunto ficarem."

37 Título XCVI, §12.

38 Livro IV, Título IV, Capítulo I, Art. 1770 – grifo meu.

39 Disponível em: <http://www.direitonet.com.br/artigos/exibir/3453/Algumas-consideracoes-praticas-sobre-o-processamento-do-inventario-administrativo-de-acordo-com-a-Lei-11441-07>. Acesso em: 05 maio 2009.

40 Maira de Oliveira Freitas, op. cit., p.113, nota 127.

41 *Ordenações Filipinas,* Livro I, Título LXXXVIII, §4 e 5.

42 Michel Vovelle, "Un Préalable à toute histoire serielle: la representativité sociale du testament" (XVI-XIX siècles), em *Les Actes Notariaés,* Estrasburg, Istra, 1979, pp. 257-77.

43 Beatriz Ricardina Magalhães, "Inventários e sequestros: fontes para a História Social",em *Revista do Departamento de História,* Belo Horizonte, UFMG, n. 9, 1989, pp. 31-45.

44 Mariana. Arquivo da Casa Setecentista (ACS). Cód.22. Auto 586.

45 Michel Vovelle, "Sobre a morte", em *Ideologias e mentalidades,* São Paulo, Brasiliense, 1987, p. 140.

46 Adalgisa Arantes Campos, *Pompa, escatologia e artes na cultura colonial mineira,* São Paulo, 1994, Tese (Doutorado em História) – USP.

47 Sabará. Museu do Ouro (MO). Casa Borba Gato (CBG). Testamento. L2(6), f.98v-103v; Ouro Preto. Museu da Inconfidência (MI). Arquivo Histórico da Casa do Pilar (AHCP). Cód.63. Auto 761; MI.AHCP. Cód.67. Auto 802; Anita Novinsky, *Inquisição; inventários de bens conquistados a cristãos-novos,* Rio de Janeiro, Imprensa Nacional, 1976, p. 224; MI.AHCP. Cód.47. Auto 576.

48 MO. CBG. Testamentos. L2(6). f.70v-76v e L2(6), f.98v-103v.

49 Júnia Ferreira Furtado, *Homens de negócio: a interiorização da metrópole e do comércio nas Minas setecentistas,* São Paulo, Hucitec, 1999, p.135.

50 MI.AHCP. Cód.47. Auto 576; MI.AHCP. Cód.137. Auto 1719.

51 Anita Novinsky, op. cit., p. 166; APM.CMS. Cód.24. f.151-153v; Anita Novinsky, op. cit., p.188; MO.CBG. Testamento. L4(09), f.24-34.

52 MO.CBG. Testamentos. L2(06), f.98v-103v, L2(06), f.111-120v e L7(13), f.104v-112.

53 MI.AHCP. Cód.137. Auto 1719; MI.AHCP. Cód.67. Auto 802; MO.CBG. Testamento. L6(12), f.127-132; Belo Horizonte. Arquivo Público Mineiro (APM). Câmara Municipal de Sabará (CMS). Cód.24, f.86-87.

[54] Para alguns exemplos, ver Alzira Lobo de Arruda Campos, *Casamento e família em São Paulo colonial*, São Paulo, Paz e Terra, 2003; Sheila Siqueira de Castro Faria, *A colônia em movimento, fortuna e família no cotidiano colonial*, Rio de Janeiro, Nova Fronteira, 1998; Ida Lewkowicz, *Vida em família: caminhos da igualdade em Minas Gerais, séculos XVIII e XIX*. São Paulo, 1994, Tese (Doutorado em História) – Universidade de São Paulo; Kátia de Queirós Mattoso, *Família e sociedade na Bahia do século XIX*, São Paulo, Corrupio, 1988; Eni de Mesquita Samara, *A família na sociedade paulista do século XIX*, São Paulo, 1980, Tese (Doutorado em História) – Universidade de São Paulo.

[55] Júnia F. Furtado, op. cit., p. 87.

[56] Sérgio Buarque de Holanda, *Caminhos e fronteiras*, 3. ed., São Paulo, Companhia das Letras, 1994, p. 27.

[57] José Newton C. Menezes, *O continente rústico: abastecimento alimentar nas Minas Gerais setecentistas*, Diamantina, Maria Fumaça, 2000, pp. 106-21.

[58] Eduardo Frieiro, *O diabo na livraria do cônego*, Belo Horizonte, Itatiaia, 1981.

[59] Sérgio Buarque de Holanda, op. cit., p. 45.

PROCESSOS CRIMINAIS

A História nos porões dos arquivos judiciários

Keila Grinberg

O assassinato de Antonio Homem Abranches Brandão

Em uma quarta feira de novembro de 1859, o escravo João Batista levava para a casa de seu senhor uma garrafa de aguardente para entregá-la à sua irmã, Paula, forra, que o esperava. Por volta das seis horas, passou por trás do cemitério da cidade para não ser visto e entrou pelos fundos do sobrado. Depois de dar a garrafa a Paula, ficou esperando por seu sobrinho José, filho de Paula, sentado em uma tábua na cozinha.

Enquanto isso, Paula deu aguardente às crianças Alexandrina e Joaquim, seus outros filhos, e à Monica, agregada – todos, escravos de Abranches Brandão. Nesse dia, dormiriam na cozinha, afastada do resto da casa, não no quarto onde estavam acostumados a ficar com a mãe. José chegou um pouco depois, entrando por dois rachões que tinha feito na cerca do quintal e, encontrando Batista, disse-lhe que fosse ficar na sala do sobrado, enquanto voltava para buscar Manoel Francolino, seu amigo e escravo de Antonio José Dias Carneiro, que havia ficado na horta.

Entraram os dois, descalços, na sala; juntaram-se a Batista e aí ficaram esperando o senhor. Após algum tempo, Paula reuniu-se a eles. Distribuíram-se, então, pela sala: João Batista escondeu-se atrás da mesa perto da porta principal da casa, José e Francolino se colocaram atrás da porta, e Paula ficou recostada numa cama postada junto à janela, para ver quando Abranches fosse abrir o portão.

Por volta das dez horas, as crianças dormiam na cozinha e Paula já estava quase cochilando quando avistou o senhor à entrada. Correu para a porta e, depois de avisar aos outros, ficou em seu lugar, esperando que Abranches batesse. Após breve hesitação, com todas as luzes apagadas, resolveu abrir.

"Onde está aquela cambada de putalhada?", Abranches foi entrando e perguntando a Paula. Esta, de um só fôlego, disse "estão todos doentes e dormindo", e bateu a porta. Era esse o sinal convencionado pelos quatro: José agarrou-o por cima dos braços, Francolino foi direto para o pescoço, e Batista tapou-lhe a boca, de tal forma que Abranches só pôde gritar "estou metido numa corja de ladrões!" e "valha-me Nossa Senhora da Aparecida!". A santa não lhe valeu: José então largou de seus braços e o segurou pelas "partes baixas", até que Abranches caísse no chão, levando consigo os outros três. Continuaram a apertá-lo e segurá-lo, cada vez com mais força, até se certificarem que Antonio Homem Abranches Brandão estava morto.

Paula veio com a candeia, e iluminou o caminho para que os homens levassem o cadáver para o quartinho. Da algibeira do morto, tiraram a chave da porta do quarto, no andar de cima, e o abriram; embaixo do travesseiro, acharam a chave da caixa. Dela, José e Francolino tiraram todo o ouro de dona Angélica, a já falecida esposa de Abranches e antiga senhora de Batista, Paula e José. Manoel Francolino guardou consigo o ouro. Depois, todos foram para a despensa, de onde Francolino pegou um saco de feijão e Batista um de arroz.

Paula estava na sala, iluminando o local, quando Francolino veio dizendo que iria esconder o ouro que, depois, seria repartido com os outros três. Saíram, então, Batista e Francolino, dizendo a José que ele ali esperasse, que eles logo voltariam. Mas demoraram. "Os diabos não voltam", pensou José. Já eram quase onze horas quando os dois entraram de volta em casa e novamente no quartinho.

José recomendou a Paula que, no dia seguinte, removesse alguma nódoa de sangue que tivesse sobrado pelo chão e cobrisse com barro. Pegaram então o corpo de Abranches, passaram com ele pelos rachões da cerca, e amarraram-no pela cintura, pelos ombros e pelas pernas com uma corda de varal de estender roupa. Depois, colocaram-no em cima da perna de um cavalete, e conduziram-no por detrás do quintal. Passaram, no caminho, pelo ribeirão da Sesmaria, e finalmente largaram-no perto do muro do senhor Teixeirinha.

Abandonado o cadáver, José disse a Batista que fosse ao sítio pegar abóboras, cambuquiras, café, para ninguém suspeitar ser ele um dos autores do crime. Assim foi Batista, e voltou à uma hora da manhã; José e Francolino já haviam se recolhido.

No dia seguinte, ao levantar-se, Paula foi ao quartinho para examinar se havia sangue. Nada encontrando, pegou a candeia apagada a um canto e fechou a porta. Varreu a casa, pôs almoço no fogo e deitou-se em sua esteira na cozinha, à espera da notícia da morte de Abranches.

* * *

Assim começa a história que dá origem ao processo criminal de número 1277 da Corte de Apelação do Rio de Janeiro, hoje depositado no Arquivo Nacional.[1] Não na ordem aqui apresentada: retirada do depoimento de dois dos principais suspeitos, a narrativa é uma reconstrução dos acontecimentos descritos ao longo do documento, ocorridos em meados do século XIX, nos arredores da cidade de Resende, na então província do Rio de Janeiro, Império do Brasil.

Não é de hoje que historiadores vêm usando processos criminais como fonte para análise histórica, seja como forma de compreender melhor as relações entre os agentes sociais em outra época ou sociedade, seja para estudar a própria Justiça e seus agentes em diversas temporalidades. O objetivo deste texto é apresentar a maneira como esses processos constituíram-se em fontes, a forma como vêm sendo analisados e alguns procedimentos básicos para aqueles que pretendem se aventurar na leitura desses fascinantes documentos.[2] Mas, antes, é necessário estabelecer com melhor clareza o que são, afinal, essas fontes.

O que são processos criminais

Para trabalhar com qualquer documentação, é preciso saber ao certo do que ela trata, qual é a sua lógica de constituição, bem como as regras que lhe são próprias. No caso dos processos criminais, é fundamental ter em conta o que é considerado crime em diferentes sociedades e como se dá, em diferentes contextos e temporalidades, o andamento de uma investigação criminal, no âmbito do poder judiciário.

O direito penal define os atos proibidos, ou crimes, aos quais são atribuídas penas ou castigos. O direito processual penal, por sua vez, regulamenta o modo como um crime é investigado, as formas de comprovação de verdade (provas, testemunhos etc.) e os critérios de tomada de decisões judiciais. É aqui, portanto, que se estabelecem as regras de andamento dos processos criminais.[3]

De maneira geral, um *processo criminal* origina-se a partir de uma queixa ou denúncia de um crime, quando se institui o *sumário de culpa*. Antes dele, tem lugar um *inquérito policial* (denominado dessa maneira desde 1871), para comprovar a existência do crime. Ato verificado, a denúncia é feita por inspetores de quarteirão, promotores, delegados ou subdelegados de polícia, ou então pela própria vítima, segundo o que estipula a legislação em cada momento. A partir daí, faz-se o *auto de corpo de delito*, a *qualificação do acusado* e as partes envolvidas, bem como as testemunhas por elas arroladas são interrogadas. O sumário termina com o cumprimento de todas essas fases, quando a autoridade responsável (juiz de paz, delegado ou subdelegado de polícia, dependendo da época) considerar que existem informações suficientes para pronunciar o acusado. Caso não existam, ou caso o juiz municipal não aceite as acusações, o processo é encerrado.

Se as acusações forem aceitas, tem início a segunda fase, o *julgamento*, quando o acusado é pronunciado com base na legislação criminal e seu nome é lançado no rol dos culpados. A partir de então, o juiz de direito autoriza e encaminha a sequência do processo, na seguinte ordem: *libelo* crime acusatório redigido pelo promotor público, *contrariedade do libelo* crime acusatório feito pelo advogado defensor do réu, novo *parecer* do juiz de direito. Quando o juiz se dá por satisfeito com os argumentos apresentados por ambas as partes, ele encaminha os autos para a reunião seguinte do júri, composto por pessoas da localidade (dependendo da época e do tipo de crime, o júri é convocado). Quando não, ele pode solicitar mais provas, ou o advogado ou promotor podem recorrer de alguma ação da outra parte, interpondo recursos e fazendo novas petições. Ao fim, a *sentença* é proferida.[4]

Vê-se, portanto, que os processos criminais são aqueles relativos a atos criminosos considerados como tais pelo Estado, cujas definições variaram ao longo do tempo. Os processos, portanto, correm no âmbito da Justiça que hoje seria denominada comum. Na maior parte do período colonial brasileiro, os crimes eram definidos pelo famoso Livro v das *Ordenações Filipinas*, publicadas em 1603, o mais duradouro código legal português – e, por extensão, também brasileiro. No caso da legislação penal, o Livro v foi revogado em 1830, quando da promulgação do *Código Criminal do Império do Brasil*, logo seguido pelo *Código de Processo Criminal*, de 1832.

Em 143 capítulos no Livro v das *Ordenações Filipinas* eram estabelecidas as ações consideradas criminosas, as penas e castigos passíveis de aplicação, bem como as regras processuais penais. Os crimes iam desde os de "lesa-majestade", "assassinato" e "adultério" a outros mais inusitados, como o de "benzer cães ou outros bichos sem autorização" ou "comprar pão para revender". Na época, as penas eram decididas com base no juízo que se fazia sobre a condição do criminoso, a natureza de seu crime e a condição da vítima. Entre as condenações a morte, por exemplo, havia algumas variações, como a pena de "morrer por isso morte natural" (morte por veneno ou instrumentos de ferro ou fogo), "morte natural na forca ou no pelourinho" ou "morte natural na forca para sempre", que se distinguia da anterior por a forca ser montada fora da cidade e, depois do enforcamento ou suplício, deixar-se o cadáver exposto até o dia 1º de novembro, para só então proceder ao sepultamento. Havia ainda outras variações, como a "morte cruel", com suplícios, e a "morte atroz", com confisco de bens, queima do cadáver etc.[5]

No período imperial, já sob a regulamentação do código criminal de 1830, embora a pena de morte continuasse a fazer parte do cotidiano da Justiça brasileira, foram introduzidas algumas mudanças fundamentais. Primeiro, em relação aos tipos de crime, que passaram a ser três: crimes públicos, "contra a ordem pública instituída, o Império e o imperador" (revoltas, rebeliões ou insurreições, dependendo da abrangência); crimes particulares, "contra a propriedade ou contra o indivíduo"; e crimes policiais, "contra a civilidade e os bons costumes" (incluindo vadiagem, capoeira, sociedades secretas, prostituição, crimes de imprensa). Ao contrário do período colonial, em que as penas eram definidas com base não apenas no crime em si, mas também na condição da vítima e do criminoso, no caso do Código de 1830, as penas eram definidas de acordo com a gravidade do crime perpetrado e variavam de prisão temporária à pena de morte.[6] Outra novidade deste código foi a introdução do *habeas corpus* que, desde então, nunca deixou de vigorar no Brasil.

O Código de Processo Penal foi alterado duas vezes durante o período imperial. Na primeira, em 1841, a reforma tirou dos juízes de paz as atribuições de investigar crimes, tarefa então atribuída exclusivamente aos chefes de polícia e seus delegados, o que significava, na época, fortalecimento do aparato repressivo do Estado. A segunda vez foi em 1871, com a criação formal do *inquérito policial* (cuja prática já era antiga), que documenta as investigações do crime realizadas pela polícia.[7]

O Código Criminal de 1830 foi substituído, no início do período republicano, por outro, o Código Penal de 1890, o primeiro compêndio de direito produzido na República e aprovado sem muita discussão, assim como havia acontecido com seu antecessor. O novo Código e a Constituição de 1891 introduziram muitas mudanças na lei e na prática processual. As mais importantes delas são o fim das penas de galés, banimento e morte (esta, com as exceções para a legislação militar em tempo de guerra).

O Código Penal de 1890 e a Constituição de 1891 foram substituídos em 1940, durante o Estado Novo. A principal novidade dessa época, estabelecida um pouco antes, no decreto de 5 de janeiro de 1938, está na alteração dos crimes julgados pelo tribunal do júri; a partir de então, apenas os crimes dolosos contra a vida – infanticídio, induzimento ou auxílio ao suicídio, duelo com morte, latrocínio e homicídio (a lista inclui hoje em dia também o aborto) – iam a júri. Ambos os códigos, mesmo tendo passado por várias reformas, continuam em vigor nos dias de hoje.

Por esse rápido sumário, pode-se perceber que, para estudar processos criminais, um dos pontos de partida é justamente conhecer a legislação em vigor no período, que nem sempre, como vimos, está separada em diferentes *corpus* legislativos. Sem ela, não se entende a lógica do andamento do processo, as sentenças proferidas, as argumentações de advogados e as interpretações de juízes. Para essas últimas, inclusive, não basta conhecer a lei; é preciso agir como o faziam os contemporâneos, ler revistas de jurisprudência, sentenças divulgadas nos jornais, suas repercussões na sociedade, compilações de casos, para saber como eram interpretados e julgados processos semelhantes.

Tão difícil quanto trabalhar com processos criminais é encontrá-los. Sua localização, a princípio, seria óbvia: processos, como outros documentos produzidos no âmbito da Justiça, devem estar localizados em arquivos públicos organizados a partir da atividade do Judiciário; o melhor exemplo nesse caso é o Arquivo Nacional, cujo acervo constituiu-se a partir da documentação existente no Ministério da Justiça. Apesar de estarem sob a guarda de órgãos públicos, localizá-los não é tão simples assim. Geralmente, para fontes como essas, não existem instrumentos de busca, como também não há um procedimento normativo, genérico, a ser adotado para salvaguardar esse tipo de documentação no país. Na prática, portanto, processos criminais podem ser encontrados sob a guarda de várias instituições diferentes. Por exemplo: os processos sobre crimes ocorridos no século XIX na comarca do Rio das Mortes, em Minas Gerais, não estão no Arquivo Público de Minas Gerais, como seria de se esperar, estão no Museu Regional de São João del Rei.[8] E a documentação judicial do vale do Paraíba fluminense? O que não está disperso em cartórios de Valença, Rio das Flores e outros municípios, está sob a guarda do Centro de Documentação Histórica da Universidade Severino Sombra, em Vassouras, uma instituição privada que vem desempenhando papel fundamental na preservação da documentação da região.

Localizar essas fontes, analisá-las interna e externamente, entender sua dinâmica própria e, ao mesmo tempo, cotejá-las com outros documentos para chegar a conclusões mais amplas sobre o contexto histórico em que foram produzidas são apenas alguns dos desafios do trabalho com processos criminais que diversos historiadores enfrentam há bastante tempo.

História e historiografia dos processos criminais

Se for possível delimitar no tempo o início do uso de processos criminais como fonte em análises históricas e antropológicas, o marco provavelmente recairá na década de 1980.[9] Não que processos judiciais não tenham sido usados anteriormente, principalmente como base documental para trabalhos sobre criminologia. Mas foi nesse período que o seu uso se generalizou em diversas abordagens históricas e antropológicas, da História Colonial à Republicana. Para citar apenas três leituras obrigatórias para todos os que pretendem se iniciar no tema, foi em 1984 que Boris Fausto publicou seu *Crime e cotidiano*;

em 1986, saiu *Trabalho, lar e botequim*, de Sidney Chalhoub, e, no ano seguinte, *Crime e escravidão*, de Maria Helena Machado.[10]

Não por acaso, esse foi justamente o momento de difusão da História Social no Brasil, tal como se delineava no plano internacional desde meados dos anos 1960, com a aproximação entre História e Antropologia, principalmente a geertziana,[11] os estudos sobre a Europa setecentista, levados a cabo pelos marxistas britânicos, que cunharam a expressão "história vista de baixo", além do grande impacto da obra de Michel Foucault, cujo livro *Vigiar e punir* foi traduzido para o português em 1977. No caso específico das análises baseadas em processos judiciais, tiveram grande influência na historiografia brasileira as obras de Carlo Ginzburg, Natalie Davis, Michelle Perrot e E.P. Thompson.[12]

No âmbito dos debates teóricos e metodológicos da História Social e das discussões políticas brasileiras havidas na década de 1980, em pleno processo de redemocratização, o interesse em ler e analisar processos criminais veio justamente na expectativa de que flagrassem homens e mulheres, principalmente trabalhadores, "agindo e descrevendo relações cotidianas fora do espaço do movimento operário, do lugar da fala política articulada".[13]

Assim, os processos criminais foram usados nesses primeiros trabalhos como forma de se recuperar o cotidiano dos trabalhadores, seus valores e formas de conduta. Por trabalhadores, aqui, entende-se não só os trabalhadores livres, estudados principalmente no período da Primeira República, mas também os escravos, objeto de análise em livros posteriores do próprio Chalhoub, de Maria Helena Machado, Hebe Maria Mattos, Silvia Lara e tantos outros, interessados nas relações de amizade, parentesco, vizinhança e sobrevivência vislumbrados nos processos criminais.[14]

Os processos criminais são fundamentalmente fontes oficiais, produzidas pela Justiça, a partir de um evento específico: o crime e seu percurso nas instituições policiais e judiciárias. Por conta disso, é fundamental que os processos sejam tomados também como "mecanismos de controle social", marcados necessariamente pela linguagem jurídica e pela intermediação do escrivão. Conforme já alertavam na década de 1980 as antropólogas Mariza Correa e Yvonne Maggie, é impossível analisar processos criminais sem refletir sobre as atividades e crenças dos "profissionais do sistema jurídico-policial", ou, no dizer de Correa, dos "manipuladores técnicos", que decidiam o que devia constar nos autos, de acordo com as regras legais preestabelecidas nos códigos penais.[15]

O debate sobre a forma adequada de uso dos processos criminais foi muito intenso na década de 1980. Entre a recuperação da voz dos "subalternos", como então se denominava, e a reflexão sobre a Justiça, vários estudos, a partir de então, contemplaram as duas dimensões, produzindo análises profícuas e originais sobre temas distintos.

Esse foi o caso, principalmente, dos trabalhos sobre os processos inquisitoriais, gerados a partir de supostas heresias cometidas contra a Igreja Católica, e por ela julgadas no Tribunal da Inquisição do Santo Ofício,[16] e das análises sobre crimes sexuais na virada do século XIX para o XX, em especial as de Martha Abreu e de Sueann Caulfield. Essas autoras produziram trabalhos fundamentais para a construção da abordagem de questões relacionadas a valores morais de diferentes grupos sociais – como o conceito de *honra*, por exemplo –, enquanto discutiam os encaminhamentos desses processos no âmbito da história do direito e das ideias jurídicas. Nesse sentido, as duas abriram novas possibilidades de análise ainda hoje bastante profícuas: a das relações entre os diversos grupos sociais e a das relações destes com as instituições judiciais.[17]

Teoria e metodologia dos trabalhos com processos criminais

O uso inventivo dos processos criminais por historiadores, como os citados acima, não impediu que a fonte fosse vista, à época, com um certo ceticismo por alguns pesquisadores. Afinal, um processo criminal é uma investigação na qual se interrogam a vítima (quando possível), o réu, as testemunhas, e do qual ainda participam advogados, juízes e demais agentes da lei e da ordem. O objetivo primeiro da produção do documento não é reconstituir um acontecimento – o que, de resto, jamais poderia ser – mas buscar ou produzir uma verdade, acusando e punindo alguém. Nessa perspectiva, todos os depoimentos seriam "ficções", papéis desempenhados por personagens, cada qual procurando influenciar o desfecho da história. Além do mais, aquilo que muitos historiadores veem como a possibilidade de recuperar a "fala" de pessoas que, na maioria dos casos, não deixaram registros escritos de suas existências, para outros seria uma conquista impossível, por conta de o depoimento de réus, vítimas e testemunhas ter, sempre, a mediação do escrivão, agente da lei.

As objeções levantadas, todas relevantes, trazem à tona a discussão sobre a própria natureza da fonte, uma vez que, como os processos criminais têm necessariamente contradições, incoerências e mentiras, refletir sobre seu processo de produção é fundamental. Afinal, é impossível descobrirmos, em um processo criminal, "o que realmente se passou".[18] Por maior que seja a tentação, é importante lembrar, sempre, que nós não somos os detetives. Ou melhor, somos um tipo diferente de detetive, cujo objetivo não é descobrir o culpado de um crime. Nossa tarefa é outra.

Sem esquecer que não existem fatos criminais em si, mas um julgamento criminal que os funda, e um discurso criminal que o fundamenta, o que precisamos saber é como esse discurso criminal "funciona e muda, em que medida exprime o real, como aí se operam as diversas mediações".[19] É justamente na relação entre a produção de vários discursos sobre o crime e o real que está a chave da nossa análise. O que nos interessa é o processo de transformação dos atos em autos, sabendo que ele é sempre a construção de um conjunto de versões sobre um determinado acontecimento.

Para ler processos criminais, portanto, é preciso saber trabalhar com as versões, perceber a forma como elas são construídas. Analisar como os diversos agentes sociais apresentam diferentes versões para cada caso e ficar atento, principalmente, às narrativas que se repetem, às histórias nas quais as pessoas acreditam e àquelas nas quais não se acredita. É necessário trabalhar com a verossimilhança. Saber o que é e o que não é plausível em uma determinada sociedade nos leva a compreendê-la melhor. E, nesse caso, até a mentira mais deslavada vira categoria de análise. Como já afirmou Sueann Caulfield:

> É possível encontrar, nas entrelinhas dos depoimentos, evidências de como vítimas, réus e testemunhas descrevem não somente os acontecimentos que os levaram à Justiça, mas também diversos relacionamentos sociais e condutas que eles consideravam corretos ou errados. Mesmo quando mentem ou inventam posturas morais, fazem-no de uma forma que acreditam ser verossímil e, portanto, ajudam a traçar os limites da moralidade comum.[20]

É nesse sentido que a mesma autora ajuda a refutar outra crítica: a de que os processos criminais revelariam apenas experiências de sujeitos considerados marginais em dada sociedade, e não práticas comportamentais consideradas normais. A partir da análise dos perfis de vítimas, réus e testemunhas, ela chega à conclusão, assim como outros autores o fizeram, que os dramas das salas de audiência eram comuns a vários grupos sociais.

Ao adotar esse procedimento, a autora nos faz lembrar, também, que, apesar de os processos criminais serem versões construídas sobre um determinado evento, a respeito do qual nem sempre sabemos sequer se o mesmo realmente aconteceu, as pessoas envolvidas são, ou eram, "de carne e osso", reais, e sobre elas a documentação judiciária nos deixa saber muito. Os processos criminais contêm dados preciosos a propósito de acusados, vítimas e testemunhas, o que possibilita análises quantitativas e qualitativas sobre o perfil dessas pessoas; contêm nomes e atribuições de advogados, juízes, escrivãos e outros agentes da lei de diversas instâncias, o que nos permite avaliar suas atuações em diversos casos, as interpretações recorrentes, legislação citada, o funcionamento da Justiça em várias épocas. Ou seja: através dos dados obtidos em processos criminais, podemos saber onde as pessoas envolvidas viviam, quem eram seus vizinhos, quantas pessoas moravam em uma casa, e daí, com os cuidados necessários, chegar a conclusões mais gerais sobre os vários contextos aplicáveis à cena. Vejamos um exemplo concreto.

O processo criminal – Resende, 1859

Voltemos ao assassinato de Antonio Homem Abranches Brandão. Descoberto o corpo, foi aberto um processo para investigar o caso, tendo como réus João Batista, Paula, José e Manoel Francolino.

Em seu primeiro depoimento, Batista negou qualquer relação com o crime. Disse que

> *no dia antecedente àquele em que apareceu seu senhor morto, este lhe chamara e lhe mandara ao sítio buscar umas abóboras, umas cambuquiras, café e jabuticabas, [...] e de fato ele respondente foi ao mando de seu senhor, [...] e no outro dia às sete horas [...] voltou para esta cidade [...].*

Já na segunda vez em que foi convidado a depor, mudou substancialmente o relato:

> *quando foi interrogado, nada disse ao Senhor Juiz porque estava muito perturbado, mas pretendia dizer e contar tudo quanto fosse interrogado outra vez, e que agora o faz [...].*

Batista então contou a versão do crime que já conhecemos. Paula, ao ser interrogada, agiu como seu irmão: da primeira vez, negou mesmo que soubesse quem havia matado Abranches; da segunda, porém, passou a contar os acontecimentos exatamente como havia feito Batista. Manoel Francolino, por sua vez, disse não saber coisa alguma a respeito do crime.

Enquanto isso, as investigações dos peritos continuavam. Com a vizinha de José, Maria Bárbara, foram encontrados cinco contos de ouro em duas latas pequenas, que lhe haviam sido dadas por Escolástica, mulher de José. Além disso, foi apreendida em casa de Francolino uma porção de arroz e uma de feijão, acondicionadas no mesmo tipo de saco que Abranches usava. Por essas evidências, Francolino também foi enquadrado entre os réus.

E José? Pela preta Escolástica, sua "amiga e companheira de casa", e por Severo, também seu amigo, sabe-se que José estava escondido no cafezal de Inácio. Escolástica dera a Severo ovos fritos e farinha, e este, ao levar a comida para o esconderijo, encontrou o amigo que já sabia da confissão de Batista. José mudou de esconderijo, pegou um cavalo emprestado e fugiu de vez. Dele, nunca mais se teve notícia.

No ponto em que estamos na leitura do processo, já sabemos que José sumiu, Batista e Paula confessaram o crime, Francolino se negou a fazê-lo. Ao mesmo tempo, testemunhas começam a ser chamadas a depor e contam suas versões dos fatos. Já é possível, aqui, iniciar a *análise histórica* propriamente dita, cotejando informações do processo com aquelas disponíveis sobre a região onde o crime ocorreu.

Na primeira metade do século XIX, Resende já era um centro importante da província do Rio de Janeiro, uma "encruzilhada notável", na expressão de Taunay, destacando-se como centro urbano do noroeste fluminense, onde era feito todo o comércio da região.[21] Em linhas gerais, portanto, a região era caracterizada pela existência de grandes fazendas de café, que empregavam mão de obra escrava em larga escala, embora houvesse também muitos sitiantes, pequenos proprietários, que utilizavam, em suas produções, mão de obra escrava e livre.

Se essa é a descrição mais geral e comum sobre Resende no século XIX, vejamos em que ela corresponde às informações de que dispomos no processo. Pela descrição feita pelos réus, sabemos que a casa de Abranches, um sobrado, situava-se dentro da cidade. Sabemos que tem uma horta nos fundos, onde, atrás da cerca, passa um córrego; que há uma porteira e um jardim separando-a da casa. Esta possui um pequeno porão, uma cozinha apartada do resto dos cômodos, um quarto para Paula e seus três filhos, uma sala no andar de baixo e pelo menos um cômodo no andar de cima, que servia de quarto para o senhor. Sabemos também que ele possuía um sítio, onde havia abóboras, cambuquiras, café, mandioca e jabuticabas, e que lá vivia um casal de pessoas livres, Marciano "de tal" e Custódia. Abranches possuía aparentemente apenas um escravo adulto – João Batista – e três crianças, Joaquim, de 10 anos, Monica, de 13, e Alexandrina, de 12, filhos de Paula. Esta, mesmo sendo liberta, continuava a viver na casa de Abranches, fazendo trabalho doméstico.

Deparamo-nos, assim, com o primeiro problema: como inserir a descrição da propriedade de Abranches na caracterização mais geral das propriedades de Resende? As informações colhidas a partir das testemunhas do processo ajudam a compor um quadro ainda mais complexo: Antonio Dias Carneiro, senhor de Manoel Francolino, possuía uma fazenda, distante um quarto de légua do centro da cidade, onde se produzia arroz e feijão com trabalho escravo. Além disso, ele tinha uma casa na cidade onde morava Francolino, escravo alfaiate que trabalhava para seu sustento e ainda mantinha duas crianças como aprendizes. Manoel Conrado Teixeira, o "senhor Teixeirinha", possuía uma pequena propriedade, dentro da cidade e não mencionou possuir escravos. Antonio José Villaça, de 60 anos, morava na cidade e também não constava possuir escravos. O mesmo se passou com Belizário Rodrigues de Vasconcellos, que possuía uma pequena propriedade nos arredores da cidade. Das 22 testemunhas arroladas nesse caso, portanto, apenas quatro possuíam terras. As outras tinham ocupações tipicamente urbanas, tais como sapateiro, alfaiate, negociante, porteiro da Câmara Municipal entre outras.

O que isso quer dizer? Onde estão os barões de café do vale do Paraíba? Aí é que está a necessidade de circunscrever bem a fonte: Resende, na época do crime, era um lugar onde haviam se estabelecido um grande número de pessoas livres, que exerciam as profissões mais diversas. Daí o grande número de alfaiates e sapateiros entre as testemunhas. Além disso, é preciso não esquecer que o crime aconteceu dentro da cidade. Pode-se inferir, então, que as pessoas relacionadas com os réus e a vítima também morassem na cidade, ou em seus arredores, e daí explicar-se-ia a ausência de grandes proprietários entre as testemunhas. Isso não quer dizer que eles não existissem, por certo; apenas demonstra que eles não moravam por perto e que não se relacionavam com a vítima do crime, um pequeno proprietário de terras e escravos.

E quem era esse Abranches? O que ele fazia para sobreviver? Que relações mantinha com seus escravos? Sabe-se que ele tinha um sítio, onde havia frutas e cereais, que Batista é seu único escravo e trabalha alugado em casa de outrem. Os demais, crianças, não trabalham. Não há qualquer referência a outra atividade econômica exercida por Abranches. Daí se pode inferir que ele vivia dos produtos de seu sítio e de parte do dinheiro arrecadado por Batista, como era de praxe na época.

Além disso, pelo testemunho de Paula, sabemos que ela é costureira e trabalha para fora. A situação econômica desse senhor, portanto, se não era ruim, também não era muito boa, pois vivia dos ganhos de seu escravo, da venda de produtos de uma pequena propriedade rural, e tinha que sustentar três crianças, além de Paula, provavelmente. Ela mesma, a respeito disso, dizia que Abranches "[...] os alimentava bem, porém que nunca os vestia".

Cada um dos escravos, então, tinha que buscar meios próprios para conseguir se manter. Para isso, precisavam circular pela cidade, ter contato com outros senhores, com outros escravos, com libertos; tinham certa autonomia, portanto, e podiam exercer profissões diferentes e receber remuneração por elas. Isso não só implica possibilidades de diferenciação dos escravos entre si, como também indica maior proximidade entre estes e os homens livres que habitavam o universo urbano. No nosso caso, Abranches certamente tinha um convívio bastante intenso com seus escravos.

Mas essas informações ainda não explicam muito. O que faria uma parda forra, com dois filhos e uma agregada, na casa de Abranches? Por que ele teria três crianças escravas e não mais adultos? Qual o envolvimento de José com Abranches? O que faz Francolino nessa história toda? As informações sobre essas pessoas estão disponíveis nos próprios depoimentos.

Paula, por exemplo. Pelo seu *ato de qualificação*, sabemos que ela tem 40 anos, é parda, mãe de José, de Alexandrina, de 12 anos, de Joaquim, de 10, e ainda cria Mônica, de 13 anos. Seus pais, Thomé e Joaquina, haviam sido escravos de Rodrigues Correia de Barros. Costureira, foi escrava doméstica do casal Manuel Antonio de Souza e dona Angélica, filha de Rodrigues. João Batista, por sua vez, que diz ser irmão de Paula, é filho de Thomé e Vicência, escravos de Rodrigues Correia de Barros e de sua filha Angélica. Criado como escravo no trabalho de lavrador e carpinteiro, foi cativo de dona Angélica e de Manuel Antonio de Souza Costa até a morte deste.

Assim, considerando que o Thomé pai de João Batista é o mesmo Thomé pai de Paula, estamos diante do seguinte quadro: Rodrigues Correia de Barros possuía os escravos Thomé, Joaquina e Vicência. Sua filha, Angélica, herdou estes escravos e casou-se com Manuel Antonio de Souza Costa. Pelo depoimento do tenente José Gregório Taumaturgo, partidor, solicitador e contador de Juízo, de 50 anos, sabemos ainda que Souza Costa libertou José em testamento, "com ônus deste servir e acompanhar sua viúva enquanto viva". Pouco tempo depois do falecimento de Manuel Antonio de Souza Costa, dona Angélica contraiu segundas núpcias com Abranches. Com a morte de Angélica, os escravos passaram a ser propriedade de Abranches. Caso explicado. Mas e José?

Pelas referências das testemunhas e réus, sabe-se que José é pardo, forro, filho de Paula; é alfaiate, tem uma loja na cidade, e vive com Escolástica. Além disso, consta que teria tentado muitas vezes tirar sua mãe da casa de Abranches, mas que esta, mesmo reclamando sempre, nunca quis sair. Estamos a ponto de reconstituir a trajetória de uma família de escravos e libertos, em três gerações! Assim: Thomé é pai de Batista e Paula; esta, por sua vez, é mãe de José, Alexandrina e Joaquim. José, que vive com Escolástica, obteve alforria condicional de seu senhor e, depois da morte de sua senhora, entrou na posse de sua liberdade. Paula, escrava doméstica de Angélica, também deve ter obtido alforria de sua senhora, mas não seus filhos mais novos, nascidos depois do casamento com Abranches. João Batista, por sua vez, foi escravo de Souza Costa, tendo passado deste a Angélica, e desta a Abranches. Novamente, temos aqui uma importante evidência da constituição de famílias escravas, conforme explorado pela historiografia sobre escravidão desde, pelo menos, os anos 1980.[22]

Nesse caso, embora Paula e João Batista sejam irmãos somente por parte de pai, eles sempre se reconhecem como tal. Uma observação interessante é que em todos os depoimentos em que Paula, João Batista, Alexandrina e Joaquim se referem uns aos outros, o fazem dizendo antes o grau de parentesco. As testemunhas também se referem a eles dessa forma, mencionando, inclusive, que José, o irmão mais velho, seria uma espécie de chefe de família.

Mas temos mais a inferir sobre as relações sociais dessa família, e isso a partir dos depoimentos deles e das testemunhas. Sabemos, por exemplo, que Severo, escravo do padre Marciano, era alfaiate, trabalhava na loja de Antonio Pinheiro, e, não por acaso, era muito amigo de José, também alfaiate. Não por acaso, o escravo Manoel Francolino também era alfaiate. Apesar de seu senhor morar em uma fazenda, ele vivia na cidade e orientava dois aprendizes, crianças, que moravam consigo. Conhecido pela cidade como bom escravo, consta que trabalhou por três meses na loja de José e, depois, costumava trocar serviços com ele. Era seu melhor amigo, e assim todas as testemunhas o reconhecem. Sobre a amizade dos dois, é justamente de Francolino a frase mais intrigante de todo o processo:

> *[...] amigos verdadeiramente não são, porque amigos entendem-se aqueles que são criados juntos, comem juntos, e dormem juntos, e dava-se com ele porque era o único rapaz da rua que por aqui havia com o qual podia fazer união e passearem juntos, o que não podia fazer com negros, nem com brancos[...].*

Várias suposições podem ser feitas sobre essa afirmação. Será que eles não eram mesmo tão amigos, ou Francolino apenas despistava sua forte relação com José? E por que um escravo como Francolino consideraria que o único rapaz da rua que poderia ser seu amigo era um liberto? Difícil, apenas com essas informações, ir além desse ponto. Mas pode-se avançar na leitura do depoimento. Por ele, revela-se que Francolino estava de casamento arranjado com Alexandrina, filha de Paula. Tratava-se, portanto, de um acordo de união entre escravos de senhores diferentes incentivada por José, do qual nem sabemos se os senhores tinham conhecimento; o que é mais um elemento para concluir que, no Brasil do século XIX, principalmente nesta região do vale do Paraíba, os laços familiares entre escravos e libertos podiam muito bem extrapolar o domínio senhorial.

Outro ponto que ainda precisa ser destrinchado é o próprio mote do documento: o motivo do crime. Considerando que, apesar da violência inerente à dominação escravista, o homicídio foi um ato extremo, fora das normas usuais de convivência entre senhores e escravos, cabe a pergunta: o que teria feito Abranches para que resolvessem matá-lo?

Voltemos ao depoimento do tenente Taumaturgo: ele declarou que, quando Angélica estava para se casar com Abranches, José foi a sua casa "pedindo-lhe para ir ao cartório examinar se já podia gozar de sua liberdade, ou se tinha algum ônus a cumprir, pois que sua senhora o queria obrigar [...] a tratar de nhonhô ao dito Abranches", e ele não queria. Paula diz mais sobre isso: "que o mesmo Abranches durante o pouco tempo de casado o tratou mal [a José] a ponto de espancá-lo 3 vezes, e a mesma senhora ordenou a ela ré que nada dissesse".

Agora temos mais claros os motivos do ódio de José por Abranches. Nesse raciocínio, ele tinha razões de sobra para querer matar Abranches. Mas, por que os outros participaram? João Batista, quando perguntado, disse que, além de ser castigado às vezes, seria mandado como escravo alugado para a casa de Domingos Gomes Jardim, lugar para onde não queria ir. Algumas testemunhas também aventaram a possibilidade de o roubo das joias de dona Angélica ter sido o motivo principal do crime, pois, com o dinheiro, poderiam comprar a alforria dos filhos de Paula. Mas por que só a deles, se João Batista e Francolino também eram escravos? E por que teria sido preciso assassinar o senhor, num ato tão minuciosamente programado, apenas para roubar joias que todos sabiam onde estavam?

É João Batista quem, por fim, nos esclarece tudo:

> *na quarta feira da semana finda, seu senhor [...] mandou para casa de Israel Evangelista de Souza, onde ele respondente se achava alugado, e que ele respondente não foi, porque na noite antecedente o dito senhor tinha procurado forçar uma mulatinha escrava [...] de nome Alexandrina, filha da parda Paula, e irmã do pardo José, e sobrinha dele respondente, o que o mesmo seu senhor tentara desde que faleceu a senhora mulher dele, isto tanto de dia como de noite; e até mandou fazer uma cama perto da cama dele, dizendo que era para a dita mulatinha dormir ali, pelo que a dita Paula andava muito zangada, bem como o referido José.*

Enfim, todos têm motivo para cometer o crime. Paula, José e João Batista, familiares de Alexandrina, e Francolino, seu noivo, queriam protegê-la de Abranches. Será que teria sido isso mesmo? Todos concordam que Abranches era um mau senhor, e que, ao tentar deflorar Alexandrina, havia passado do limite do comportamento considerado admissível – mesmo para um senhor. Mas e o roubo? E o ódio de José? Jamais saberemos ao certo. Todas as alternativas levantadas, mesmo que não sejam verdadeiras, fazem sentido no contexto desse crime. São todas verossímeis. Trabalhamos sempre com a dúvida – mas não é esse mesmo o sabor da tarefa do historiador?

* * *

Não se pode esquecer que desvendar o caso não é o fim do processo. Resta saber o paradeiro dos réus. O promotor, no libelo crime, acusa os réus Paula, João Batista e Manoel Francolino, presos, e José, fugido, de terem assassinado violentamente Antonio Homem Abranches Brandão. Defende que João Batista deve ser incurso no art. 1° da lei de 10 de junho de 1835, José e Manoel Francolino devem ser julgados no âmbito da mesma lei, o art. 192 combinado com o de n° 5. E assim foi o caso a julgamento.

João Batista foi condenado à morte. Paula cumpriu pena de prisão perpétua na Casa de Correção da Província. Apelou da sentença, mas não sabemos se obteve sucesso. Não sabemos também a sorte de Manoel Francolino, já que José nunca mais apareceu. O processo foi enviado à Corte de Apelação do Rio de Janeiro, e de lá não voltou.

Não é à toa que hoje ele está arquivado, junto com outros processos cíveis e criminais, no fundo Corte de Apelação do Arquivo Nacional, órgão do Ministério da Justiça, no Rio de Janeiro, disponível para consulta, para quem quiser conferir.

* * *

Aqui acaba nosso caso, mas não é o fim da história. É hora de se perguntar se, ao agir o historiador como um detetive – guardadas as devidas especificidades – terá sido bem sucedida a sua investigação. Afinal, não temos certeza do desfecho do caso, restam muitas dúvidas sobre as motivações do crime, e mesmo sobre os supostos criminosos. Mas uma investigação bem-sucedida não é igual a caso encerrado: tão importante quanto desvendar o caso e extrair dele todas as informações possíveis e disponíveis, é ter a sensibilidade de perceber onde estão as ausências, os pontos obscuros, as entrelinhas. E buscar suprir o silêncio, na medida do possível, com outras informações e documentos, fazendo as devidas – e as possíveis – inferências.

Mas é claro que tudo isso só faz sentido se a leitura da fonte não ficar restrita ao universo do próprio processo. Sua análise é pertinente na medida em que pode ajudar a iluminar um contexto mais amplo, bem como a discutir a produção historiográfica mais geral sobre um período ou uma questão. É justamente na relação entre o particular e o geral, entre a micro e a macro-história, que está a arte do historiador.[23]

Notas

1 Processo 1277, Galeria C, Maço 139, ano 1859. Corte de Apelação – Escravos. Arquivo Nacional – RJ.

2 Estou excluindo processos judiciais cuja motivação é deliberadamente política, tais como devassas, que geraram importante historiografia desde o período colonial – para citar apenas um livro, veja-se o *A devassa da devassa*, de Kenneth Maxwell (São Paulo, Paz e Terra, 1977), por considerar que, embora classificados formalmente como crimes em suas épocas, são análises de características diferentes daquelas que motivam estudos sobre o tema da criminalidade ou do uso dos processos criminais como fontes para a História Social.

3 Paula Bajer, *Processo penal e cidadania*, Rio de Janeiro, Jorge Zahar, 2002.

4 Maria Cristina Cortez Wissenbach, *Sonhos africanos, vivências ladinas: escravos e forros em São Paulo (1850-1888)*, São Paulo, Hucitec, 1998, pp. 38-43.

5 Silvia H. Lara (org.), *Ordenações Filipinas - Livro v*, São Paulo, Companhia das Letras, 1999, pp. 22-4.

6 Nessa ordem, a gradação das penas no *Código Criminal* de 1830 era a seguinte: prisão temporária; prisão temporária com trabalhos forçados; prisão perpétua; prisão perpétua com trabalhos forçados; banimento; condenação à morte. Infelizmente, o "espírito liberal" que muitos identificaram neste *Código Criminal*, ao não distinguir as pessoas de acordo com a sua condição, mas a partir dos crimes que cometeram, não durou muito: em 1835, foi estabelecida a pena de morte para os escravos que cometessem crimes contra seus senhores. Ver, sobre a referida lei, João Luis Ribeiro, *No meio das galinhas as baratas não têm razão - A Lei de 10 de junho de 1835 - Os escravos e a pena de morte no Império do Brasil (1822 - 1889)*, Rio de Janeiro, Renovar, 2005.

7 Paula Bajer, op. cit., pp. 27-8.

8 Ivan de Andrade Vellasco, *As seduções da ordem: violência, criminalidade e administração da justiça – Minas Gerais, século 19*, São Paulo, Edusc/Anpocs, 2004.

9 Seguem alguns marcos da historiografia brasileira e internacional no trato com processos criminais. Não se trata, porém, de revisão crítica da literatura especializada, mas de identificar referências que contribuíram para consolidar o uso do documento como fonte histórica.

[10] Boris Fausto, *Crime e cotidiano: a criminalidade em São Paulo: 1880-1924*, São Paulo, Brasiliense, 1984; Sidney Chalhoub, *Trabalho, lar e botequim: o cotidiano dos trabalhadores no Rio de Janeiro da Belle Époque*, São Paulo, Brasiliense, 1986; Maria Helena Machado, *Crime e escravidão: trabalho, luta e resistência nas lavouras paulistas, 1830-1888*, São Paulo, Brasiliense, 1987.

[11] Um dos principais antropólogos do século XX, Clifford Geertz (1926-2006) ficou conhecido principalmente por seu livro *A interpretação das culturas* (de 1973, publicado no Brasil pela editora Zahar em 1978), marco da chamada Antropologia Interpretativa, ou Hermenêutica, quando cunhou o termo "DESCRIÇÃO DENSA", no qual uma ação ou situação é descrita a partir dos termos dos próprios envolvidos.

[12] Michel Foucault, *Vigiar e punir*, Petrópolis, Vozes, 1977; Carlo Ginzburg, *O queijo e os vermes*, São Paulo, Companhia das Letras, 1986; Natalie Zemon Davis, *O retorno de Martin Guerre*, São Paulo, Paz e Terra, 1987; Michelle Perrot, *Os excluídos da História: operários, mulheres e prisioneiros*, São Paulo, Paz e Terra, 1988. E. P. Thompson, *Senhores e caçadores: a origem da Lei Negra*, São Paulo, Paz e Terra, 1987. Sobre História Social, ver Hebe Mattos [de Castro], "História Social", em Ronaldo Vainfas e Ciro Cardoso, *Domínios da História: ensaios de teoria e metodologia*, Rio de Janeiro, Campus, 1997.

[13] Sidney Chalhoub, "Prefácio à 2ª edição" de *Trabalho, lar e botequim*, Campinas, Editora da Unicamp, 2001, p. 7.

[14] Além do já citado *Crime e escravidão*, de Maria Helena Machado, ver Sidney Chalhoub, *Visões da liberdade: uma história das últimas décadas da escravidão na Corte*, São Paulo, Companhia das Letras, 1990; Hebe Maria Mattos [de Castro], *Das cores do silêncio: os significados da liberdade no Sudeste escravista – Brasil século XIX*, Rio de Janeiro, Arquivo Nacional, 1995; Silvia H. Lara, *Campos da violência: escravos e senhores na capitania do Rio de Janeiro*, Rio de Janeiro, Paz e Terra, 1988. Mais recentemente, foram publicados: Ricardo Alexandre Ferreira, *Senhores de poucos escravos: cativeiro e criminalidade num ambiente rural (1830-1888)*, São Paulo, Ed. Unesp, 2005; Maria de Fátima Novaes Pires, *O crime na cor: escravos e forros no alto sertão da Bahia (1830-1888)*, São Paulo, Annablume/Fapesp, 2003; Alysson Luiz Freitas de Jesus, *No sertão das Minas: escravidão, violência e liberdade no norte de Minas (1830-1888)*, São Paulo, Annablume, 2007.

[15] Mariza Correa, *Morte em família: representações jurídicas de papéis sexuais*, Rio de Janeiro, Graal, 1983. Yvonne Maggie, *Medo do feitiço: relações entre magia e poder no Brasil*, Rio de Janeiro, Arquivo Nacional, 1992. Para um resumo da posição das duas, ver Carlos Augusto Costa Ribeiro, *Cor e criminalidade: estudos e análise da justiça no Rio de Janeiro (1900-1930)*, Rio de Janeiro, Ed. UFRJ, 1995, p. 9.

[16] É importante esclarecer que o crime de heresia, embora constasse das *Ordenações Filipinas*, era de responsabilidade do Tribunal do Santo Ofício, estabelecido em Portugal em 1536 e extinto em 1821. A Igreja só não aplicava as penas – por não poder aplicar execuções "de sangue" –, que eram mandadas executar pelos desembargadores da Justiça comum. A historiografia sobre processos inquisitoriais, que já possui larga tradição no Brasil, é vastíssima. Para um arrazoado da historiografia sobre Inquisição, ver, de Bruno Feitler, Ronaldo Vainfas e Lana Lage (orgs.), *A inquisição em xeque: temas, debates, estudos de caso*, Rio de Janeiro, Ed. UERJ, 2006.

[17] Martha Campos Abreu, *Meninas perdidas: os populares e o cotidiano do amor no Rio de Janeiro da Belle Époque*, Rio de Janeiro, Paz e Terra, 1989. Sueann Caulfield, *Em defesa da honra: moralidade, modernidade e nação no Rio de Janeiro (1918-1940)*, Campinas, Unicamp, 2000. De ambas as autoras, "50 anos de virgindade no Rio de Janeiro: as políticas de sexualidade no discurso jurídico e popular (1890 a 1940)", em *Caderno Espaço Feminino*, Uberlândia , v. 1-2, 1995.

[18] Sidney Chalhoub, *Trabalho, lar e botequim*, 2. ed., op. cit., p. 39 ss.

[19] Michelle Perrot, apud Ricardo Alexandre Ferreira, op. cit., pp. 244-5.

[20] Sueann Caulfield, op. cit., p. 39.

[21] Visconde de Taunay, *História do café no Brasil*, v. V, Rio de Janeiro, 1939. Sobre Resende, ver Ilmar de Mattos e outros, "A ocupação do território fluminense", em *Série de Estudos* PUC, v. 4., Rio de Janeiro, PUC, 1981, pp. 9-34.

[22] Para citar apenas um exemplo, ver Robert Slenes, *Na senzala uma flor: esperanças e recordações na formação da família escrava – Brasil sudeste, século* XIX, Rio de Janeiro, Nova Fronteira, 1999.

[23] Neste sentido, a obra de Ginzburg é fundamental. Ver dele, além do já citado *O queijo e os vermes*, o livro *El juez y el historiador. Consideraciones al margen del proceso Sofri* (Madrid, Anaya & Mario Muchnik, 1993) e o texto "O inquisidor como antropólogo", em *O fio e os rastros* (São Paulo, Companhia das Letras, 2006, pp. 280-93). Sobre a obra de Ginzburg e a micro-História italiana de modo geral, ver Henrique Espada Lima, *A micro-história italiana: escalas, indícios, singularidades* (Rio de Janeiro, Civilização Brasileira, 2006, especialmente o capítulo 4).

REGISTROS PAROQUIAIS E CIVIS

Os eventos vitais na reconstituição da história

Maria Silvia Bassanezi

Vicente
Aos desoito de setembro de mil oitocentos e cetenta annos, nesta Frequesia da Franca baptizei e pus os Santos Oleos a Vicente de desoito dias, filho legítimo de Benedito de Nação e de Celestina criola, escravos de José Bernardes Pinto. Padrinhos José Bernardes Pinto Junior e Maria Cristina dos Reis. Todos desta frequesia. O Vig. Frei Roque Yábar.

(Arquivo da Cúria Diocesana de Franca, Paróquia Nossa Senhora da Conceição de Franca, Livro de Baptisados, n. 6, p. 659, 3º registro.)

Joanna – antes denominada Aranhoê
Aos seis dias do mes de outubro do anno de mil oitocentos e doze, na Capella desta Povoação do Atalaya nos Campos de Guarapuaba, baptisei e pus os santos oleos a JOANNA, antes denominada Aranhoê, paruula de anno e meio pouco mais ou menos de idade, filha que dizem ser de Engraiê, e de Vanheran, hoje casada, ou agregada com Yecain, Indios selvagens que a pouco sahirão do sertoens vizinhos, onde

residião, para esta Povoação. Foi Padrinho Tenente Coronel Diogo Pinto de Azevedo Portugal, casado, e actual commandante desta Expedição. O vigário Francisco das Chagas Lima.

(Diocese de Guarapuava - PR, Arquivo da Catedral Nossa Senhora de Belém. Livro de assentos de baptismo de pessoas livres de nascimento, n.1, 13 de março de 1810 a 4 de setembro de 1867, 1812, folha 12v.)

Jozefa

Aos dezoito dias do mês de Fevereiro de mil e sete centos se setenta annos baptizei e puz os santos óleos a inocente Josefa, filha legitima de Jose da Silveyra natural da Cidade de Valencia do Reyno de Castella, e de Maria Luiza Syqueyra natural da Villa de Curytyba do Bispado de Sam Paulo: neta paterna de João da Silveyra e de Maria [ilegível] *naturais da cidade de Valencia do dito Reyno, e da parte materna de Joam Fernandes de Syqueyra e de Joanna Soares Barbosa naturais da Curytyba: foram padrinhos João Gonçalvez Barreyros, casa, e Gertrudes* [ilegível] *filha de Jose dos Santos todos moradores desta Freg*ª*. e para constar fiz este assento. O Vigr*º*. João da Sylva Reis.*

(Arquivo da Paróquia de Santo Antonio da Lapa - PR, Freguesia de Santo Antonio da Lapa. Baptizados, 1769-1797.)

O leitor atento das transcrições de documentos que abrem este texto, e de outras que se seguirão,[1] rapidamente ganha uma ideia da riqueza de informações e das muitas possibilidades de pesquisa contidas nos chamados registros dos eventos vitais – nascimento/batismo, casamento e óbito – elaborados e conservados pela Igreja ou pelo Registro Civil de Pessoas Naturais.

Em princípio, toda a população pode ser recuperada através desses registros. Por isso, os livros que os contêm são considerados fontes democráticas. Mesmo que, para determinados momentos e locais, uma parcela dos nascimentos, das uniões conjugais e dos óbitos, por algum motivo, não tenha sido anotada, esses livros incluem de fato todos os setores da sociedade. Homens e mulheres, ricos e pobres, brancos, negros e índios, nacionais e estrangeiros, filhos legítimos e ilegítimos/naturais, crianças expostas ou enjeitadas[2] e também escravos e libertos (antes de 1888) tiveram (e têm) os seus eventos vitais registrados. A universalidade dessas fontes é uma das coisas que mais atrai os historiadores.

Além disso, as informações que trazem, além de vastas e variadas, se prestam tanto a análises de caráter quantitativo como qualitativo. Os registros paroquiais e civis permitem desvendar o passado brasileiro não só de uma perspectiva demográfica (estrutura e dinâmica da população[3]), mas também sociocultural (relações sociais e de poder, práticas e mentalidades).

Por se tratar de *fonte nominativa* (documentos que trazem nomes de pessoas), esses registros se prestam a cruzamentos entre si e com outras fontes nominativas. Aos historiadores persistentes, possibilitam, por exemplo, a reconstituição de famílias[4] e de redes sociais e a identificação de diversos aspectos que marcaram as vidas de pessoas e grupos, relacionados, por exemplo, às hierarquias sociais, às práticas religiosas, aos sistemas de compadrio.

Pela sua abrangência temporal, os registros vitais ajudam também no entendimento dos processos sociodemográficos, das permanências e mudanças. Que tendências seguiram no decorrer do tempo, ou seja, como evoluíram as taxas de natalidade, nupcialidade e mortalidade,[5] a disseminação de doenças, o celibato, as escolhas matrimoniais, a idade ao casar, as migrações, as relações sociais.

O Registro Paroquial

Os livros de registro de batismo, casamento e óbito da Igreja "formam o corpo de dados mais importante existente para fundamentar os estudos da dinâmica e também do estado das populações modernas de tradição cristã".[6] São imprescindíveis principalmente para o conhecimento de uma época em que não existia o Registro Civil – em que não havia a separação entre Estado e Igreja – ou seja, o Brasil do início da colonização portuguesa à Proclamação da República. Nesse período, o Registro Paroquial possuía um caráter religioso com força de um ato civil para cada indivíduo, servindo, inclusive, de base legal para operações seculares, como, por exemplo, os processos de herança.

> O Brasil nasceu católico [...]. A população publicamente professava o catolicismo. Com isso, os sacramentos da Igreja, e em especial o batismo das crianças e adultos pagãos, eram bastante procurados, pois, segundo as Constituições Primeiras do Arcebispado da Bahia, "o batismo é o primeiro de todos os sacramentos e porta por onde se entra na Igreja Católica" (Da Vide, 1707, Livro 1, Título x, § 33). *Entrar na Igreja Católica, dada a junção Igreja e Estado, era condição sine qua non para ingressar por inteiro na sociedade lusa, seja ela na península ou em suas colônias.*[7]

Faz tempo que as potencialidades do registro paroquial para o entendimento da sociedade brasileira chamam a atenção de estudiosos como o destacado Gilberto Freyre. Genealogistas, biógrafos e pessoas interessadas em comprovar parentesco para efeito de herança e obtenção de cidadania também se voltam com grande ímpeto para essa fonte. Entretanto, foram os historiadores-demógrafos os que, pela primeira vez no Brasil, se aventuraram a explorá-la com maior rigor – com abordagens, métodos e técnicas específicos – e em maior escala, para o que muito contribuíram os avanços da informática e o seu acesso pelos estudiosos da história.

A partir dos anos 1960, acompanhando de perto estudos realizados na Europa que deram origem a uma nova área do conhecimento, a Demografia Histórica, historiadores-demógrafos brasileiros passaram a se utilizar desse corpo documental, primeiramente, para calcular e conhecer as tendências históricas da reprodução de segmentos populacionais e identificar as interações entre essas e os processos socioeconômicos e culturais vigentes.

Debruçando-se sobre o conhecimento da estrutura e dinâmica das populações do passado, preocupada em construir medidas de fecundidade,[8] nupcialidade, mortalidade e observar o crescimento populacional e a formação das famílias, a Demografia Histórica acabou por desencadear "uma verdadeira revolução" na historiografia brasileira, principalmente no que diz respeito às pesquisas sobre o século XVIII e a primeira metade do século XIX. No decorrer do tempo, os estudos empreendidos tendo como fonte o Registro Paroquial extrapolaram largamente o caráter puramente demográfico.

> A análise demográfica deixou de ser apenas um fim em si, para alicerçar, de modo profundamente generoso, um projeto de penetrar no fugidio universo de uma maioria silenciosa, despossuída, que, mais do que preocupada em viver seu cotidiano, esforçava-se em sobreviver à miséria, aos rigores do clima e aos obstáculos sociais.[9]

A partir de então, ampliaram-se os temas e multiplicaram-se os estudos de História Social e Cultural, que acabaram por revelar inclusive realidades sociais antes pouco ou nada conhecidas,[10] como:

- a dinâmica demográfica diferenciada por cor/condição social e/ou por atividade econômica constatando a forte presença do controle social na reprodução humana;[11]

- os movimentos sazonais dos nascimentos, casamentos e óbitos, que refletem costumes, tradições, mentalidades religiosas, atividades econômicas, condições climáticas e biológicas;[12]
- disseminação de relações extraconjugais e de elevados índices de ilegitimidade e de abandono de crianças, abrindo, inclusive, novas perspectivas para a compreensão da sociedade do passado e de seus mecanismos de exclusão social de uma grande maioria;[13]
- a existência da família e de casamentos legalizados de escravos, o que ajudou a ampliar e refinar a visão da historiografia sobre a escravidão no Brasil;[14]
- a ocorrência de padrões de compadrio – descoberta que colaborou para uma compreensão maior das relações sociais, de ajuda mútua e de poder entre pessoas, comunidades e estratos sociais e do funcionamento de certas redes sociais estabelecidas e reproduzidas ao longo do tempo;[15]
- a ocorrência de padrões de nominação ou nomeação dos indivíduos – através dos quais se observam: origens remotas das famílias; alianças com outros grupos sociais, étnicos e familiares; o ingresso de imigrantes nas sociedades e as decorrentes modificações ou transformações importantes nos usos, costumes, na organização social, política e religiosa da comunidade;[16]
- as escolhas matrimoniais – onde exercem papel importante questões relativas à etnia, à preservação do patrimônio, ao estabelecimento de alianças, à união de capacidades de trabalho;[17]
- vários outros aspectos ligados à instrução, à religião, à moral, às mentalidades. A presença ou ausência de assinaturas nas atas de casamento e sua escrita, por exemplo, podem dar indicações sobre o nível de instrução dos indivíduos ou grupos envolvidos.

O mundo da infância, da família de livres e escravos, da mulher, assim como, o das condições de saúde e das mortes, doenças e epidemias descortinou-se para os pesquisadores com base nas informações contidas nos registros paroquiais e civis. A movimentação espacial das populações também pôde ser visualizada com bastante clareza a partir dessa documentação. O entusiasmo dos historiadores cresceu. "Não se tratava mais de fazer História com um ou dois documentos testemunhais: era a sociedade inteira que surgia aos nossos olhos através de análises bem estabelecidas."[18]

Origem

É muito importante que o pesquisador conheça a origem dos documentos e a evolução histórica de sua confecção, administração e armazenamento. Com isso, poderá definir melhor os caminhos de seu trabalho e as perguntas que fará às fontes.

A prática de registrar os sacramentos do batismo e do matrimônio já existia antes do século XVI em uma ou outra diocese de países europeus. Porém, foi o Concílio de Trento (1560-1565) que tornou obrigatório e padronizou o registro de batismo e o de casamento. Posteriormente, através do *Rituale Romanum* (1614) a Igreja estendeu a obrigatoriedade ao registro de óbito e estabeleceu normas mais rigorosas de como fazer os assentamentos dos chamados sacramentos que marcavam a passagem dos diversos momentos do ciclo de vida dos cristãos católicos. Desse modo, ela instituiu formas para conhecer e controlar a população católica; fixou, regulamentou e generalizou a prática do registro nas paróquias de toda a Catolicidade (no que foi seguida por algumas das igrejas reformistas, como a luterana, por exemplo). A expansão colonialista contribuiu para que a Igreja estendesse esse seu controle a outras partes do mundo, ampliando a cobertura espacial dos Registros Paroquiais, cuja guarda (e conservação) deveria permanecer nas respectivas paróquias, sob a responsabilidade do vigário.

Em Portugal, as *Constituições de Coimbra* (1591) confirmaram o registro obrigatório dos eventos vitais, determinaram a confecção, em cada paróquia, de livros separados para batismos, casamentos e óbitos e estenderam estas ordens às suas colônias de além mar já no século XVI. Em 1707, as *Constituições primeiras do arcebispado da Bahia*, também seguindo as determinações do Concílio de Trento, estabeleceram as normas e a obrigatoriedade dos registros para o Brasil, que duraram até o final do século XIX, quando a Constituição Republicana de 1891 determinou a separação entre o Estado da Igreja nesse país.

A prática obrigatória e padronizada deu a esses registros universalidade e representatividade, um caráter serial e cronológico, além de sua qualidade dupla de serem, ao mesmo tempo, uma documentação individual e coletiva. "Cada indivíduo é registrado com suas características pessoais e em cada momento da sua existência e cada um deles integra uma série cronológica de eventos, que cobrem uma localidade fisicamente bem demarcada – a paróquia"[19] (o historiador pode, portanto, refazer os percursos, reconstruir trajetórias).

No decorrer do tempo, a legislação eclesiástica foi aperfeiçoando os registros com a inclusão de novas informações e a padronização das fórmulas da escrita.

> Normas foram impostas para assegurar sua autenticidade, sua integridade, seu controle e, sobretudo, sua conservação. A medida decisiva no sentido da uniformização consistiu na obrigação que, na prática, se generalizou a partir do século XVII. Bispos, vigários gerais e decanos encarregados de visitas canônicas deviam verificar a manutenção dos livros de registros das paróquias e seu estado de conservação [...]. Havia, para os párocos contraditores e os omissos, ameaças de sanções espirituais ou pecuniárias, pelos bispos [...] sempre houve negligências de vigários às prescrições episcopais. Mas no conjunto, o sistema foi observado em todas as paróquias da Igreja Católica, nos cinco continentes.[20]

No entanto, a abrangência das informações contidas nos registros de batismo, casamento e óbito ficava na dependência do zelo do vigário ao anotar, ampliar ou suprimir dados. Por exemplo, no Brasil, os registros para as pessoas livres e de camadas sociais mais elevadas, consideradas "gente mais importante", eram mais cuidados, completos e precisos que os relativos aos cativos ou pessoas livres das camadas mais inferiores, demonstrando preconceitos e valores de uma sociedade que hierarquizava as pessoas de acordo com sua condição social.

Conteúdo

Batismo

Um livro especial e exclusivo deveria servir para o assento dos Registros de Batismo da Paróquia. De acordo com as normas estabelecidas pelo Concílio de Trento, na ata de batismo deveriam constar: data do evento, nome completo do batizando, nome dos pais, filiação legítima ou ilegítima, local de residência dos pais ou responsáveis, o nome de pelo menos um padrinho (melhor dois), a assinatura do sacerdote. Vários outros aspectos também eram considerados importantes e dignos de menção: se a criança havia sido concebida dentro ou fora de um casamento oficial; se os pais eram conhecidos ou não, quando então

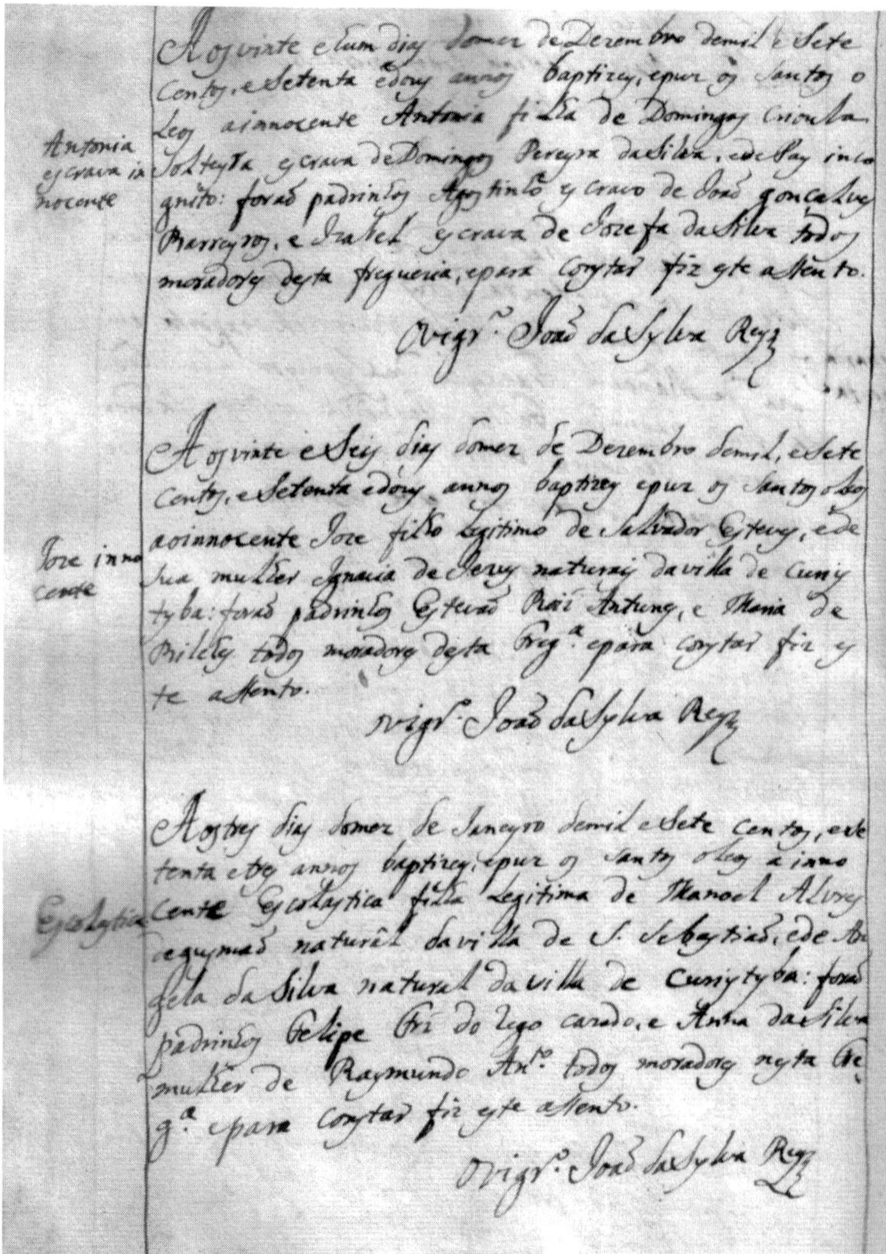

Antonia escrava in nocente

Aos vinte e hum dias do mez de Dezembro de mil e Sete
Centos, e Setenta e dous annos baptizey, e puz os Santos o
leos a innocente Antonia filha de Domingas Crioula
Solteyra escrava de Domingos Pereyra da Silva, e de Pay inco
gnito: foraõ padrinhos Agostinho escravo de Joaõ gonçalves
Barreyros, e Izabel escrava de Jozefa da Silva todos
moradores desta freguezia, e para constar fiz este assento.

O Vigr.º Joaõ da Sylva Reys

Joze inno cente

Aos vinte e Seis dias do mez de Dezembro de mil, e Sete
Centos, e Setenta e dous annos baptizey e puz os Santos oleos
a o innocente Joze filho legitimo de Salvador Esteves, e de
sua mulher Ignacia de Jesus naturaes da villa de Curiy
tyba: foraõ padrinhos Estevaõ Roiz Antunes, e Maria de
Bitelez todos moradores desta Freg.ª e para constar fiz es
te assento.

O Vigr.º Joaõ da Sylva Reys

Escolastica

Aos tres dias do mez de Janeyro de mil e Sete Centos, e Se
tenta e tres annos baptizey, e puz os Santos oleos a inno
cente Escolastica filha legitima de Manoel Alvres
Seguimaõ natural da villa de S. Sebastiaõ, e de An
gela da Silva natural da villa de Curiytyba: foraõ
padrinhos Felippe Roiz do Rego casado, e Anna da Silva
mulher de Raymundo Ant.º todos moradores nesta Fre
g.ª e para constar fiz este assento.

O Vigr.º Joaõ da Sylva Reys

Registro paroquial de batismo produzido na segunda metade do século XVIII (imagem obtida pela historiadora Maria Luiza Andreazza no acervo da Paróquia Santo Antônio da Lapa, no Paraná).

se anotava "filho de pais incógnitos"; se a criança fora "exposta", onde estava sendo criada; se era escrava, de qual senhor. Casos de criança "adulterina" (fruto de relacionamento adúltero) ou de criança "sacrílega" (filha de padre) também deveriam ser especificados no registro (é bom lembrar que ambos os rótulos constituíam estigmas sociais). Se a criança havia sido batizada "em casa", por estar em perigo de morte, pelas mãos de qualquer pessoa que dizia a fórmula: "eu te batizo em nome do Pai, do Filho e do Espírito Santo" e usava para isso a "matéria: água e sal", o fato deveria obrigatoriamente ser comunicado ao vigário da paróquia para que tudo fosse devidamente registrado,[21] não só porque a Igreja fazia questão de ter controle sobre seu rebanho, mas também porque na mentalidade das pessoas estava arraigada a ideia de salvação da alma pelo batismo.

No caso brasileiro, geralmente o batizando aparece registrado só com o pré-nome. Em muitos registros são incluídas informações como o local do batizado, a condição social dos pais (escravo, forro, crioulo), a naturalidade dos pais e os nomes de avós paternos e maternos. Às vezes – fazendo a alegria dos historiadores – podemos encontrar anotações sobre a naturalidade, o estado conjugal, a ocupação dos padrinhos e, quando era o caso, o título honorífico ou patente militar dos mesmos.

Casamento

Aos quatorze dias do mez de Junho de mil oitocentos e quarenta annos nesta Matriz da Franca feitas as Admoestações canonicas e não resultando impedimento com licença minha o Reverendo Manoel Coelho Vital assistio, e em sua presença receberão em Matrimonio os contraentes Joao e Clemencia prêtos escravos de Vicente Martins de Moraes e deo-lhes as Benções Nuptiaes na forma do Ritual Romano sendo testemunhas presentes Luiz Joze Fradique, e João Joze Ferreira sendo todos desta Frequesia e para constar faço este assento que assigno. O Vig. Pedro Celestino Dias Fanê.

(Arquivo da Cúria Diocesana de Franca,
Livro de Casamentos, n. 2, p. 86 verso, 4º registro.)

Aos vinte quatro do mez de Agosto de mil oitocentos e doze annos nesta Matriz da Franca as dez horas do dia feitas as Admoestaçoens Canônicas, com Dispensa do impedimento de Affinidade por copula illicita, em primeiro gráo de linha transversal, concedida por despacho do Reverendissimo Vizitador Antonio Paes de Camargo, em prezença do Reverendo Joze Joaquim Rodrigues Aranha, de licença minha receberão em Matrimonio por palavras de prezente João preto forro, e Maria escrava de Luiza Maria de São Joze, logo lhes forão conferidas as Bençoens nupciais na forma do Ritual Romano. Forão testemunhas Antonio Lopes da Silva, e Joze Martins Rodrigues, cazados, todos desta Frequesia. [Assinam] *Antº Lopes da As, Jose Miz` Roiz.*

(Arquivo da Cúria Diocesana de Franca, Paróquia Nossa Senhora da Conceição de Franca, Livro de Casamentos n. 1, p. 21, 2º registro.)

Aos vinte e sete dias do mez de Fevereyro de mil e sete centos e setenta e sinco annos feytas as denunciaçõins como manda o Sagrado concilio Trid. e Constituição do Byspado e sem descobrir impedimento algum e nem eu até o presente o saber como me constou da licença q. se me aprezentou do Reverendo vigário da vara Francisco de Meyra Colaça sendo presentes por testemunhas Manoel [ilegível] *de Medeyros e Joze Rodrigues Antunes em presença de mim Parocho receberão in facia Eclésia de manhan Antonio Machado Cardoso natural da Villa de Curytyba filho legitimo de Jeronymo Machado Cardoso e de sua mulher Maria Pereyra Cardozo já defunta com Thereza Barbosa de Jezus natural desta Frequezia filha legitima de Francisco Barbosa Leite já defunto e de sua mulher Joanna Barboza ambos os contraentes moradores nesta Frequezia e logo lhes dey as bençõins conforme o rito da Santa Madre Igreja, e para constar fiz este assento.* [Assinam] *O Vigrº João da Sylva Reys. Manoel* [ilegível] *de Medeyros. Cruz de Joze + Rodrigues Antunes.*

(Arquivo da Paróquia de Santo Antônio da Lapa [PR], Freguesia de Santo Antonio da Lapa, Casamentos [1769-1812], 1778, folha 015.)

Aos nove dias do mes de Janeyro de mil e sete centos e setenta annos, feytas as denunciaçoins como manda o Sagrado Concilio Tridentino e Constituição do Byspado, e sem se descubrir impedimento algum e nem eu até o presente o saber como constou me da licença q se me apresentou do Reverendo Vigário da vara Francisco de Meyra Colaça, estando presentes por testemunhas Jose dos Santos Pacheco Lima e Domingos Pereyra da Sylva se receberão in facie Eclésia de manhan Francisco Gonçalves Dias Senra viúvo q ficou de Maria Domingues, natural e baptizado na frequesia de Santa Maria do Abade [ilegível] *da Vila de Barcellos Arcebispado de Braga e filho legitimo de Francisco Gls Castello Branco natural e baptizado na dita frequezia de Santa Maria e de Domingas Dias natural de Santa* [ilegível] *de Alheyro, neto por parte Paterna e Materna ignora. Com Anna Pereyra da Silva natural da Villa de Curytyba filha legitima de João Pereyra Braga natural da Frequezia de Santa Maria de Covas termo da Villa da Barca Arcebispado de Braga e de Josefa da Sylva natural do Couto de S. Joam da foz Byspado do Porto, neta por parte materna de Jose Martins e de Esperança Pereyra naturais da mesma Freqª de Stª Maria das Covas e de materna de João da Sylva Reys e de Maria [Ro]driques naturais do*

> *dº Couto, e isto perante mim Parocho e não recebrão as bençions p. serem ambos viúvos e para constar fiz este assento.* [Assinam] *O. Vigar. João da Sylva Reys. Domingos Pereyra da Silva. [Joze dos Santos Pacheco]*
>
> (Arquivo da Paróquia de Santo Antônio da Lapa [PR], Freguesia de Santo Antônio da Lapa, Casamentos [1769-1812], 1770 Folha 003.)

Pelas normas tridentinas, o registro de casamento deveria conter: a data do casamento, o nome de cada cônjuge e sua filiação, residência, naturalidade e a assinatura do sacerdote. No caso de casamento de viúvo ou viúva, a declaração de viuvez do cônjuge, com o nome do(a) primeiro(a) esposo(a); era ainda necessário mencionar se os cônjuges estavam incursos nos impedimentos "graves" ou "leves" determinados pelo *Código Canônico da Igreja Católica* (como, por exemplo, parentescos consanguíneos ou espirituais). Nesse caso, o casamento só ocorreria depois de "um dispendioso processo de solicitação de dispensa dos impedimentos, dada pelo bispo local. Essa dispensa devia ser mencionada no registro de matrimônio, assinalando-se os graus de parentesco entre os cônjuges".[22] No segundo exemplo de registro de casamento reproduzido anteriormente, os nubentes foram dispensados do impedimento de "affinidade por copula illicita em primeiro grau transversal", ou seja, o homem havia tido relação sexual com alguma irmã da noiva.

> O impedimento de afinidade por cópula ilícita surgia com muita frequência na Capitania de São Paulo entre as camadas populares, quer se tratasse de brancos, quer de libertos ou escravos. Os homens em geral tinham relações sexuais com alguma irmã da noiva, ou mesmo com a mãe desta; e, nesses grupos mais desinibidos sexualmente, também era de uso as mulheres copularem com parentes daqueles com quem pretendiam casar-se. [...] a razão mais frequente invocada era a pobreza, o desamparo em que se encontrava a mulher ou mesmo a existência de filhos ilegítimos.[23]

Muitas vezes, eram assinalados também: o local de realização do casamento, a idade dos cônjuges, a condição social dos nubentes, os nomes das testemunhas acompanhados de alguma de suas características, como, por exemplo, o estado civil e o título. Em se tratando de nubentes escravos, sempre era anotado o nome do proprietário.[24] Quando os cônjuges pertenciam às categorias sociais e econômicas mais elevadas (como no quarto exemplo de registro de casamento), as anotações eram mais completas, incluíam os nomes de avós maternos e paternos de cada cônjuge, a paróquia e as dioceses de nascimento e moradia[25] e, além do vigário e das testemunhas, outras pessoas presentes assinavam o registro.

Os assentos relativos a imigrantes traziam a nacionalidade e, muitas vezes, a sua paróquia de origem. No caso de filhos de imigrantes nascidos no Brasil, anotava-se a nacionalidade dos pais. Isso permite aos historiadores verificar, por exemplo, a existência de certos padrões específicos de comportamento demográfico ou sociocultural entre os imigrantes, com relação à ilegitimidade, ao compadrio, às escolhas matrimoniais e mesmo à mortalidade.[26]

Os historiadores que trabalham com esses documentos devem estar atentos não só ao seu *conteúdo informativo* mais direto e evidente (por exemplo, a possibilidade de casamento entre uma escrava e um alforriado, como no segundo documento citado nesse item), mas também às fórmulas usadas, ou seja, ao *como é dito*. Nos assentos de casamento,

> [...] chama a atenção à menção invariável às "admoestações canônicas" e a expressão "matrimônio por palavras" ou "casamento por palavras". É possível que tais expressões refiram-se às exigências *sine qua non* para a realização do casamento católico: a inexistência de impedimentos, dado a natureza sagrada do casamento e a necessidade de os noivos expressaram seu livre consentimento, no cumprimento da norma tridentina da livre escolha do cônjuge.[27]

Óbito

Juliana
Aos vinte hum do mez de janeiro de mil oitocentos e quatorze annos nesta frequezia da Franca faleceu de maligna com todos os sacramentos, Juliana preta de trinta e sette annos, cazada com Francisco Preto escravos do capitão Hippolyto Antônio Pinheiro, seu corpo envolto em panno branco jaz no cemitério desta matriz, feita a encomendação competente [Assina] *Vigrº. Joaquim Miz Roiz*

(Arquivo da Cúria Diocesana de Franca, Paróquia Nossa Senhora da Conceição de Franca Livro de Óbitos, n. 1, p. 17 v, 1º registro.)

João Crioulo

Aos quinze de maio de mil oitocentos e cinquenta e quatro nesta freguezia de Franca faleceu de idropesia com todos os sacramentos João Crioulo idade de trinta e cinco annos cazado com Carlota Affricana escravos de João Ribeiro de Almeida. Seu corpo envolto em panno preto jaz no adro desta Matriz feita a encomendação competente. [Assina] *Vigr°*

(Arquivo da Cúria Diocesana de Franca, Paróquia Nossa Senhora da Conceição de Franca, Livro de Óbitos, n. 2, p. 4 verso, 8° registro.)

João Rodrigues

Aos quinze dias do mês de Agosto de mil e sete centos e setenta e sete annos faleceu da vida presente João Rodrigues de Aguiar, natural de Minas Gerais, casado com Julianna Rodrigues Antunes, com o sacramento da Penitencia e extrema unção por não ser capaz de receber o viático por morrer de estupor e ficar sem fala tinha de idade sincoenta e cinco annos faleceu ab intestado foi sepultado na Matriz desta Frequesia e fiz os sufrágios que dispõem a constituição e para constar fiz esse assento. [Assina] *O Vigr° João da Sylva Reys.*

(Arquivo da Paróquia de Santo Antonio da Lapa [PR], Freguesia Santo Antonio da Lapa. Óbitos [1769-1814], 1777, folha 11v.)

Maria

Aos vinte e nove dias do mês de novembro de mil oitocentos e dez nesta Frequezia da Villa do Príncipe faleceo Maria da Conceição, casada com Bento da Costa Falcão com idade de vinte e dois annos de parto, recebeo os sacramentos da Penitencia e Extrema Unção, foi encomendada com acompanhamento sem cantoria e sepultada nesta Matriz e para constar mandei fazer este assento. [Assina] *O Vigr° Luiz Jose de Carvalho.*

(Arquivo da Paróquia de Santo Antonio da Lapa [PR], Freguesia Santo Antonio da Lapa. Óbitos [1769-1814], 1812, folha 140.)

Felicidade

Aos sete dias do mez de Janeiro de mil oito centos e nove nesta Frequezia da Villa do Príncipe faleceo Felicidade filha de Mathias Domingues e de Maria Barboza já defunta de idade de um anno e de garrotilho, foi encomendada e sepultada no adro desta matriz e para constar faço este assento. [Assina] *O Vigr° Luiz Vaz de Carvalho.*

(Arquivo da Paróquia de Santo Antonio da Lapa (PR), Freguesia Santo Antonio da Lapa. Óbitos [1769-1814], 1809, folha 114v.)

Como é fácil observar, os registros de óbito eram mais simples e as normas não eram tão rigorosas. Registravam-se a data do falecimento, o nome do morto e seu estado civil. No caso de solteiros, os pais eram nomeados, ou ainda o fato de ter sido "exposto" ou ser filho "natural". Para os(as) falecidos(as) casados(as) e viúvos(as) também anotava-se o nome do esposo(a). Em muitas paróquias assinalavam-se a naturalidade do morto (a nacionalidade, em se tratando de estrangeiro), sua idade, a atividade ocupacional ou profissão exercida, a causa da morte e se o morto havia deixado testamento. Sendo escravo, registrava-se também o nome do proprietário. Em várias paróquias, as condições do sepultamento vinham por vezes mencionadas: tipo e cor da mortalha ou do caixão (século XIX), local do enterramento, algum detalhe cerimonial, como no quarto registro de óbito transcrito: "com acompanhamento e sem cantoria."[28]

No que diz respeito à causa da morte, muitas vezes aparecem termos muito difíceis de serem classificados pelos historiadores, pois são imprecisos ou indicam apenas sintomas, tais como "febres" ou "dores". A imprecisão do diagnóstico devia-se muitas vezes ao pouco ou nenhum conhecimento que o pároco ou familiar possuía sobre o assunto. Para se aprofundar no tema e compreender os nomes dados às "doenças" e demais *causa mortis*, como as que aparecem nos exemplos anteriores – mortes por maligna, idropesia, garrotilho e parto –, os historiadores recorrem a antigos dicionários, dicionários médicos especializados, a teses de Medicina do passado ou a especialistas na área. Cruzando as informações, conseguem obter muitos dados sobre as condições de saúde e a mortalidade no período estudado.

O Registro Civil

O Registro Civil de nascimentos, casamentos e óbitos, com raras exceções, não atraiu ainda a atenção dos historiadores, embora traga informações semelhantes às do Registro Paroquial, acrescidas de outras mais, como a ocupação e grau de alfabetização. Como este, o Civil oferece inúmeras possibilidades para a reconstrução da história demográfica e sociocultural brasileira, principalmente a partir da Proclamação da República, embora sua origem remonte ao início do século XIX.

Origem

Um dos primeiros atos oficiais que dizem respeito ao Registro Civil no Brasil data de 1814, quando foi proibido o enterramento sem certidão passada por "médico ou outro facultativo". Mais tarde, já na segunda metade do século, uma série de propostas e discussões no Parlamento resultou na Lei n.1.144 de 1861 e no Decreto de n. 3.069 de 1863, que regulamentaram os registros de nascimentos, casamentos e óbitos das pessoas que professavam religião diferente da do Estado, os denominados "acatólicos".

Em setembro de 1870, D. Pedro II –"Por Graça de Deus e Unânime Aclamação dos Povos, Imperador Constitucional e Defensor Perpétuo do Brasil" – sancionou a Lei n. 1.829 que determinou a realização do recenseamento da população do Império de dez em dez anos e a organização por parte do governo do registro dos nascimentos, casamentos e óbitos. No que tange ao registro dos eventos vitais, essa lei determinou à Diretoria Geral de Estatística, criada na capital do Império no mesmo momento, a incumbência de "organizar os quadros annuaes dos nascimentos, casamentos e óbitos", continuando as funções de coleta e assentamento nas mãos das autoridades eclesiásticas. O Decreto n. 5.604 de 1874 que regulamentou o Registro Civil foi posteriormente substituído, em 1888, pelo Decreto n. 9.886, que criou o Registro Civil de Pessoas Naturais. Em 1889, novo Decreto alterou algumas disposições do regulamento anterior.

> Até então, a responsabilidade da Diretoria Geral de Estatística tinha se limitado à sistematização e divulgação dos dados coletados pela Igreja e a regulação dos óbitos e casamentos daqueles que não professavam a religião católica. Mesmo depois da secularização, demorou para que a população fosse conscientizada da necessidade do registro, até certo ponto pela influência dos próprios párocos, que frequentemente desestimulavam o registro de nascimentos e casamentos perante as autoridades civis.[29]

Um oficial do Cartório do Registro de São Cristovão, em carta datada de 1909, manifestou seu descontentamento com relação à má vontade dos religiosos para com as leis republicanas:

> *[...] para regularizar os registros precisa-se de auxilio das diversas autoridades a fim de evitar abusos vindos dos párocos; estes com o fim de ridicularizar as leis republicanas procuram sempre fazer convencer ao povo que pouca necessidade há de registros civis; o povo, que ainda não está educado nesta lei, cede a estes caprichos cometendo abusos. É bem verdade que a lei impõe uma multa, mas esta sem a menor garantia, tornando-se uma coisa voluntária.*[30]

Mas não eram apenas párocos que obstaculizavam a implantação do registro civil. Em muitas regiões do Brasil, a grande distância geográfica, entre as localidades onde viviam as pessoas e aquelas onde ficavam os cartórios, dificultava a ida das pessoas aos estabelecimentos ou a ida do oficial do cartório até elas para realizar os registros. Portanto, esses serviços não chegaram a ser de fato universais e totalmente republicanos; e os registros vitais realizados pela Igreja continuaram tendo efeito legal ainda por vários anos durante a República. Os próprios órgãos governamentais, muitas vezes, atribuíam mais confiança ao registro religioso de batismo, casamento ou óbito. Este atingia mais pessoas e localidades devido à infraestrutura montada pela Igreja no decorrer da Colônia e Império. Párocos e missionários periodicamente visitavam o território das localidades sob sua responsabilidade para administrar os sacramentos. As paróquias estavam também sujeitas a visitas pastorais ou diocesanas que avaliavam o desempenho dos próprios párocos, pelo menos uma vez ao ano, contribuindo dessa forma para a maior abrangência dos registros da Igreja.

No decorrer do século XX, uma série de decretos e leis trouxe novas modificações jurídicas em termos de Registro Civil, mas sem alterações significativas no quadro das informações exigidas para o registro dos eventos vitais, pelo menos até meados da segunda metade daquele século.[31]

Conteúdo

As informações contidas nas atas do registro civil de **nascimento** podem ser agrupadas em:

- **dados do registro:** número, data e local.
- **dados sobre o nascido**: nome e prenome, data do nascimento, lugar do nascimento (geográfico e funcional), sexo, natureza do parto (gêmeos ou não), filiação (legítima ou ilegítima), cor (depois de 1928), nasceu vivo ou nasceu morto, morreu no ato ou logo depois do parto.
- **dados sobre os pais:** nome, naturalidade, profissão, residência, local do casamento, idade da mãe no momento do parto (pós 1974).
- **outros dados:** ordem de filiação de outros irmãos de mesmo prenome, nome de avós materno e paterno, nome, prenome, profissão e residência das testemunhas.

Nos registros de **casamento**, encontram-se basicamente:

- **dados do registro:** número, data e local.
- **dados dos cônjuges:** nome, filiação (legítima ou ilegítima), idade, naturalidade, residência, profissão.
- **dados sobre os pais:** nome e, às vezes, a data de nascimento, profissão, domicílio e residência.
- **dados da testemunha:** nome, idade, profissão, residência e assinatura; "assinatura a rogo" da testemunha, quando um ou os dois cônjuges não sabiam ler e escrever.
- **outros dados:** se for o caso, os filhos tidos antes do casamento, seus nomes e idades; se forem parentes, o grau de parentesco; se viúvo, o nome do cônjuge falecido. Nome e assinatura da autoridade que preside o casamento e oficial do registro. Pelo Decreto n. 181 de 24 de janeiro de 1890 (artigos 30° e 31°), se um dos contraentes tiver manifestado o seu consentimento por escrito, isso e sua razão também devem ser mencionados. O regime de casamento, citando a data e o cartório em "cujas notas foi passada a escriptura ante nupcial, quando o regimen não for o comum, ou o legal estabelecido por lei para certos cônjuges".

Nos registros de **óbitos**, as informações também podem ser agrupadas em:

- **dados do registro:** número, data e local.
- **dados sobre o óbito:** nome e prenome, data do falecimento, lugar do falecimento (geográfico e funcional), sexo, idade, cor (depois de 1928), estado civil, profissão, naturalidade, domicílio ou residência do morto.
- **dados sobre os pais:** nome e prenome, naturalidade, profissão, residência.
- **dados sobre os filhos:** nome e prenome, idade.
- **outros dados:** tipo de morte, causa da morte, lugar do sepultamento, nome do cônjuge e cartório do casamento, se deixou bens ou herdeiros menores e interditos (depois de 1928).[32]

Com os exemplos que se seguem, o leitor poderá facilmente comparar as fórmulas usadas pelos padres nos registros paroquiais com a escrita dos escrivãos nos documentos civis.

Nascimento (1888-1978)

Sebastião

Aos nove de Dezembro de mil noive centos e cinco, nesta Cidade, em meu cartório compareceram David José Antonio declarando que a dois do corrente mez as nove horas da noite, na Fazenda Casacata nasceu a creança de cor parda do sexo masculino que terá o nome de Sebastião, filho legitimo delle declarante, amnistrador agrícola e de Emilia Maria dos Santos, brasileiros naturaes nesta deste Estado e aquelle do Rio de Janeiro casados nesta Cidade e residentes na referida fazenda, avós paternos José Antonio e Clemencia e maternos Bento da Cunha e Anna Maria dos Santos. Nada mais declarou. O que para cponstar lavrei esta acto que lido, assigno [ilegível] *João da Rocha Campos, a rogo do declarante por não saber escrever e testemunhas. Eu Escrivão e Official escrevi.* [assinam] *Manoel Carlos de Toledo Leite, João da Rocha Campos, Arlindo Teixeira Nogueira.*

(Arquivo Histórico do Centro de Memória da Unicamp, Coleção Registro Civil, rolo 1390750, registro n. 1045.)

Amelia

Aos treze de Dezembro de mil novecentos e cinco nesta Cidade em meu cartório compareceu Nardi Fiori Giovanni declarando que a onze do corrente mez as cinco horas da manhã, no bairro da Guanabara, casa numero oito da Rua Raphael Sampaio, nasceu a creança do sexo feminino que ligo digo que terá o nome de Amelia, filha legitima do declarante, negociante, e de Henriqueta Pintor, esta Hespanhola e italiano aquelle, casados nesta Cidade e residentes na referida casa, avos paternos Jorge Nardi e Lucia Guarnieri e maternos Antonio Pintor e Rosalia Meirelles. Nada mais declarando que para constar lavrei este acto declarou digo acto que lido assigno com o declarante e testemunha. Eu Escrivão e Official [Assinam] *Manoel Carlos de Toledo Leite, Giovanni Fiori Nardi, Lily Danny, Josino Rodrigues Martins de Cunha.*

(Arquivo Histórico do Centro de Memória da Unicamp, Coleção Registro Civil, rolo de microfilme 1390750, registro n. 1052.)

Casamentos

Acta de casamento de José Gonçalvez da Cunha e Augusta da Silva Gomes

Aos dez de Agosto de mil novecentos e três nesta Cidade de Campinas, districto de Santa Cruz em á sala do Cartorio de Paz a rua Sacramento numero cinco as quatro horas da tarde perante o Juiz de Casamento Doutor João de Assis Lopes Martins comigo Escrivão e Official seu cargo e satisfeitas as exigências legaes ao acto receberam-se em matrimonio segundo a regimen commum os contraentes Jose Gonçalvez da Cunha e Augusta da Silva Gomes, aquelle português com 25 annos de idade, negociante e esta com vinte e dois annos brasileira natural desta Cidade, ambos solteiros e residentes neste districto de Paz, ambos filhos legítimos o primeiro de Antonio Gonçavez da Cunha e de Maria Carolina Paes e a segunda de Antonio da Silva Gomes e Maria das Dores Gomes, falecidos. Testemunharam o prezente acto Antonio ferreira da cunham com cincoenta e um annos de idade, casado, negociante residente nesta districto e Sergio Amaral Silva, com vinte e cinco annos de idade, solteiro, commerciante, residente em São Carlos do Pinhal. Em firmeza do que Eu Manoel Carlos de Toledo Leite Escrivão e Official lavrei este acto que vai por todos assignados depois de lido e achado conforme.

[Assina] João de Assis Lopes Martins, José Gomes Alves Cunha, Augusta da Silva Gomes, Antonio Ferreira da cunha, Sergio Amaral Silva, Manoel Carlos de Toledo Leite.

(Arquivo Histórico do Centro de Memória da Unicamp, Coleção Registro Civil, rolo de microfilme 1390761, registro n. 75.)

Acta de casamento de [Mansan] Giovanni e Baldin Giovanna.
Aos vinte e três dias de Abril de mil nove centos e quatro nesta Cidade de Campinas, districto de Santa Cruz, em á sala do Cartorio de Paz a rua Sacramento as oito horas da manhã, perante o Juiz de casamento Doutor João de Assis Lopes Martins, comigo escrivão e official seu cargo adiante nomeado e satisfeitas as exigências legaes ao acto receberam-se em matrimonio segundo o regimen commum os contraentes [Mansan] Giovanni e Baldin Giovanna aquele com vinte e dois annos de idade, natural de Venezia, colono agricola e esta com vinte annos italianos solteiros e residentes neste districto sendo filhos legítimos de [Mansan] Nicola e Morigno Santa e a segunda de Baldin Fillippo e Bellaro Roza, estes e aqueles residentes neste districto. Testemunharam o presente acto Grediotto Giuseppe com trinta annos de idade, sapateiro. Antonio Baiolla, com vinte e sete annos de idade, negociante e Gregato Vicenzo com vinte e oito annos de idade, colono agrícola, todos residentes neste districto. Em firmeza que Eu Manoel Carlos de Toledo Leite, Escrivão e Official laurei este acto que vai por todos assignado fazendo a rogo da contraente que não sabe escrever a ultima testemunha mencionada depois de lido e achado conforme. [Assinam] João de Assis Lopes Martins, [Mansan] Giovanni, Vicente Gregato, Grediotto Giuseppe, Antonio Baiolla, Manoel Carlos de Toledo Leite.

(Arquivo Histórico do Centro de Memória da Unicamp, Coleção Registro Civil, rolo de microfilme 1390761, registro n. 43.)

Óbitos (1888-1978)

Gabriel de Souza Nitheroy
Aos onze de Julho de mil nove centos e dois, nesta Cidade, em meu cartório compareceu Luis Manoel Correa e declarou que hoje as trez horas da manhã na Santa Caza falleceu Gabriel de Souza Nitheroy, com quarenta e cinco annos de idade, brasileiro, trabalhador, casado com

Clara, causa morte febre thyphoide. Atestado pelo Doutor Euphasio digo Angelo Simões e vai ser sepultado no Cemiterio Municipal. E para constar lavrei este termo que lido assigno com o declarante. Eu Escrivão Official escrevi [Assinam] Manoel Carlos de Toledo Leite, Luis Manoel Correa.

(Arquivo Histórico do Centro de Memória da Unicamp, Coleção Registro Civil, rolo de microfilme 1390769, registro n. 442.)

Maria

Aos dezoito dias de Julho de mil nove centos e dois, nesta Cidade, em meu cartório compareceu Barcci Angelo declarando que hontem as seis horas da tarde no Bairro Taquaral faleceu a menor Maria com catorze mezes de idade, italiana filha de Domingos Pagetta e Luzia. Causa Morte entereocolitte. Attestado pelos Doutor Cunha Motta e vai ser sepultada no Cemiterio Municipal. E para constar lavrei este termo que lido assigno com Luis Manoel Correa, a rogo do declarante por não saber escrever. Eu Escrivão Official interino escrevi. [Assinam] Domingos Leite da Silva e Luis Manoel Correa.

(Arquivo Histórico do Centro de Memória da Unicamp, Coleção Registro Civil, rolo de microfilme 1390769, registro n. 453.)

A pesquisa

Os historiadores podem obter informações particulares importantes a partir da análise de um ou outro registro vital isolado. Porém, mais interessante com relação a esse tipo de fonte são, sem dúvida, as inúmeras possibilidades que ela abre para pesquisas e conclusões baseadas em dados quantitativos. Assim, optamos por destacar aqui essa vereda historiográfica.

Embora a coleta e o manejo de grandes quantidades de documentos apresentem um grau maior de dificuldade e exijam, hoje, além das ferramentas comuns da disciplina histórica, certa familiaridade com estatísticas e computadores – e talvez por isso os trabalhos quantitativos sejam menos "populares" entre os historiadores –, o investimento nesse tipo de pesquisa vale o esforço!

A exploração "quantitativa" dos dados dos registros vitais lança mão de metodologias, técnicas e determinados cuidados que também têm, eles mesmos, sua história. Tal história, nos dias atuais, avança em grande parte

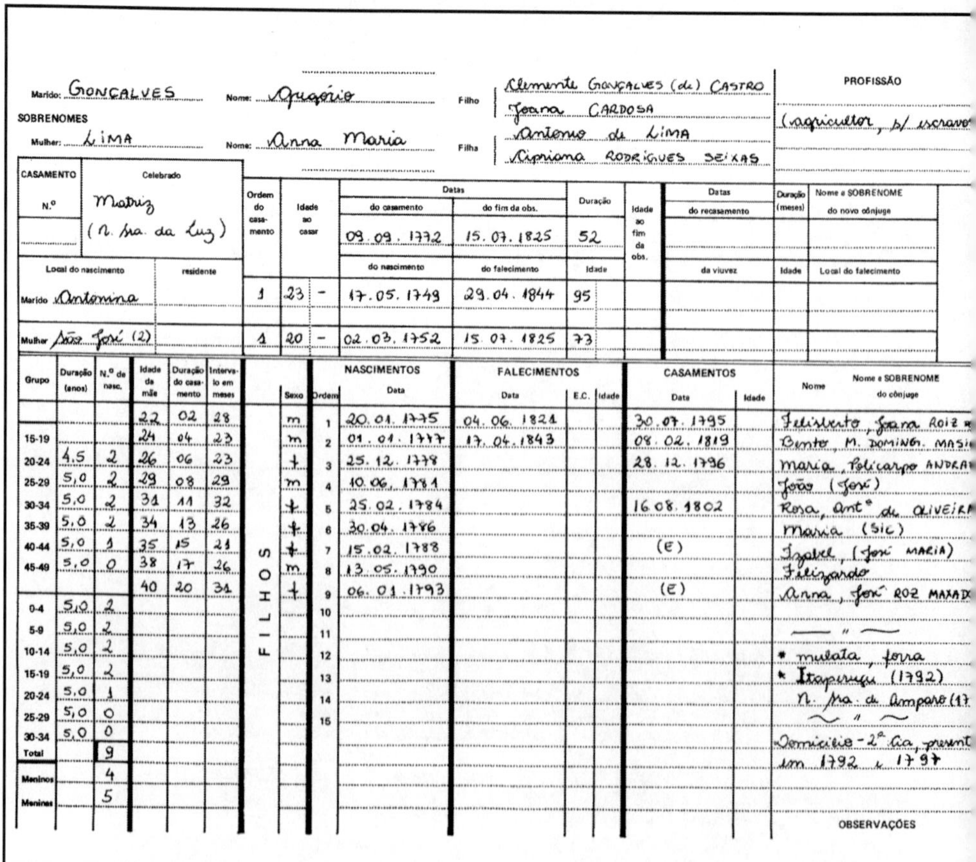

Marido: SOBRENOMES GONÇALVES — Nome: Gregório
Mulher: LIMA — Nome: Anna Maria

Filho: Clemente Gonçalves (de) Castro; Joana Cardosa
Filha: Antonio de Lima; Cipriana Rodrigues Seixas

PROFISSÃO: (agricultor, s/ escravo)

CASAMENTO — N.º — Celebrado: Matriz (N. Sra. da Luz)

Ordem do casamento	Idade ao casar	Datas do casamento	do fim da obs.	Duração	Idade ao fim da obs.
		09.09.1772	15.07.1825	52	

	Local do nascimento	residente	Ordem	Idade	Datas do nascimento	do falecimento	Idade
Marido	Antonina		1	23	17.05.1749	29.04.1844	95
Mulher	São José (2)		1	20	02.03.1752	15.07.1825	73

Grupo	Duração (anos)	N.º de nasc.	Idade da mãe	Duração do casamento	Intervalo em meses	Sexo	Ordem	Nascimentos Data	Falecimentos Data	Casamentos Data	Nome	Nome e SOBRENOME do cônjuge
			22	02	28	m	1	20.01.1775	04.06.1824	30.07.1795	Felisberto	Joana Roiz
15-19			24	04	23	m	2	01.01.1777	17.04.1843	08.02.1819	Bento	M. Domingos Mas…
20-24	4,5	2	26	06	23	f	3	25.12.1778		28.12.1796	Maria	Policarpo Andra…
25-29	5,0	2	29	08	29	m	4	10.06.1781			João (José)	
30-34	5,0	2	31	11	32	f	5	25.02.1784		16.08.1802	Rosa	Ant.º de Oliveira
35-39	5,0	2	34	13	26	f	6	30.04.1786			Maria (sic)	
40-44	5,0	1	35	15	21	f	7	15.02.1788		(E)	Izabel	(José Maria)
45-49	5,0	0	38	17	26	m	8	13.05.1790			Felizardo	
			40	20	31	f	9	06.01.1793		(E)	Anna	José Roz Maxado
0-4	5,0	2					10					
5-9	5,0	2					11					
10-14	5,0	2					12					
15-19	5,0	2					13					
20-24	5,0	1					14					
25-29	5,0	0					15					
30-34	5,0	0										
Total		9										
Meninos		4										
Meninas		5										

OBSERVAÇÕES: * mulata, forra; * Itapeuçu (1792); N. Sra. do Amparo (17…); Domicílio – 2ª Cia, present em 1792 e 1797

Um exemplo de *ficha de família* preenchida, produzida em pesquisa do historiador Sergio Odilon Nadalin (imagem gentilmente cedida pelo pesquisador; também está reproduzida em: S. O. Nadalin, *História e demografia*: *elementos para um diálogo*. Campinas: Abep, 2004.)

pautada pelo ritmo do desenvolvimento tecnológico atrelado aos trabalhos individuais e, sobretudo, os de equipe e aos recursos disponíveis nas universidades e centros de pesquisa.

Em meados do século xx, Louis Henry, pesquisador do Ined (L'Institut National D'Etudes Démigraphiques)/França, criou uma metodologia para a coleta e análise das informações contidas nos registros paroquiais franceses. Henry propunha a coleta individual por *ato* (batismo, casamento e óbito) e o posterior cruzamento das informações em uma ficha chamada *ficha de família* (ver exemplo acima). Essa metodologia, que inclui a *reconstituição de família*, está minuciosamente descrita em um manual publicado na França, em coautoria com Michel Fleury, e em outro, já traduzido para o português, sobre técnicas de análise demográfica.[33]

A *metodologia de Fleury-Henry* alcançou sucesso em várias partes do mundo, sendo adotada por muitos pesquisadores. No Brasil, foi aplicada, primeiramente, por estudiosos da Universidade Federal do Paraná, sob a liderança de Altiva P. Balhana, e na Universidade São Paulo, por Maria Luiza Marcílio e seus orientandos. Essa metodologia permitiu estender a análise demográfica às populações do passado, ao substituir a análise transversal desenvolvida sobre os censos da população – que dá conta apenas de uma parte da história das pessoas, grupos ou populações – pela análise longitudinal, que acompanha a trajetória dos eventos vitais de pessoas, grupos ou populações,[34] o que permitiu aos historiares observar mudanças e permanências na história.

Posteriormente, com a expansão do uso de microcomputadores, criaram-se novas metodologias e técnicas tributárias da metodologia de Fleury-Henry. Em Portugal, na Universidade do Minho, Maria Noberta Amorim desenvolveu a chamada *reconstituição de paróquias*, que efetua o cruzamento e a identificação dos indivíduos no ato do levantamento.

Essa proposta deu as bases para o programa SRP (Sistema de Reconstituição de Paróquias).[35]

> A *reconstituição de paróquias* é o passo, facilitado pela Informática, que se segue à *reconstituição de famílias*. Através da reconstituição de paróquias poder-se-á em maior aproximação não só estudar os fenômenos da Fecundidade e da Nupcialidade, mas também os da Mortalidade e Mobilidade, ao mesmo tempo que se oferece à análise social uma plataforma segura de inserção.[36]

Pensando em cruzamento de dados, imagine, por exemplo, poder detectar nos registros dos eventos vitais informações sobre um mesmo indivíduo quando de seu nascimento, casamento e óbito; observar se ele migrou, com quem estabeleceu relações sociais através do compadrio e do casamento, que atividade ocupacional exerceu; a que grupo social pertencia (se foi escravo, liberto ou livre; se era lavrador, operário, proprietário etc.), se aprendeu a escrever (pelo menos o nome), se teve filhos etc. Agora, imagine fazer isso para um grande número de pessoas em uma determinada época, agregar informações oriundas de outras fontes documentais, e considere as possibilidades de formar um retrato bastante aproximado da sociedade de então.[37] Foi isso que fez, por exemplo, Sheila Siqueira de Castro Faria em *A colônia em movimento: fortuna e família no cotidiano colonial* (Sudeste, século XVIII).[38]

Softwares de análise estatística como Excel, Acess, SPSS (Statistical Package for the Social Sciences), SAS (Statistical Analysis System) já fazem parte do trabalho cotidiano da maioria dos historiadores que se animam a explorar os registros vitais. Outros *softwares*, criados especialmente para atender as exigências dos pesquisadores no trabalho com tais registros (e/ou com as demais listas nominativas), como o utilizado pela Universidade do Minho, ainda são pouco conhecidos e trabalhados no Brasil. Entre eles, citam-se o SYGAP (Système de Gestion et d'Analyse de Population)[39] e NACAOB (este nome resulta da união das duas primeiras letras das palavras nascimento, casamento e óbito).[40] Outras tantas ferramentas podem estar sendo criadas no momento da publicação dessas linhas.

E para os que se queixam das dificuldades com a leitura de fontes manuscritas, uma novidade: já existem programas de computador capazes de tornar documentos antigos, amarelados e castigados pelo tempo mais legíveis e nítidos.

Sem dúvida, a informática permitiu à pesquisa histórica feita com os registros vitais, como escreveu Maria Norberta Amorim, "tratar com novo fôlego a informação histórica massiva". Em outros termos, essa ferramenta facilitou o trabalho do pesquisador, permitindo a ele, por vezes com a ajuda de outros profissionais como matemáticos e estatísticos, trabalhar com "massas documentais" que antes dormiam nos arquivos. E mais: permitiu-lhe o cruzamento de fontes nominativas e de grandes volumes de informação, possibilitou a realização cálculos e análises de processos e tendências com maior precisão, tudo em menor espaço de tempo.

Com tudo isso, os historiadores puderam revelar aspectos ainda desconhecidos de nossa história, além de ampliar a representatividade dos eventos analisados e dar às análises historiográficas uma base documental muitíssimo maior.

Dicas de procedimento

No que diz respeito ao Brasil, antes de iniciar qualquer trabalho em que a fonte privilegiada é o registro paroquial ou civil dos eventos vitais, uma série de cuidados devem ser tomados.

Localização das fontes

O pesquisador precisa realizar um trabalho prévio para descobrir onde se acham os livros da paróquia/localidade privilegiada pelo seu estudo. Na maioria das vezes não existem catálogos ou inventários que possam nortear a busca. É preciso paciência e boa vontade.

No caso da Igreja, muitos livros ainda se encontram armazenados nas próprias paróquias, outros nos arquivos das catedrais ou das diversas Cúrias Diocesanas; vários simplesmente desapareceram ou se encontram em mau estado de conservação devido ao descuido, à ação de insetos e do tempo. Os relativos ao Registro Civil estão armazenados nos respectivos cartórios.

O acesso a essas fontes nem sempre é fácil, depende de autorização, e, em muitos casos, "da boa vontade e do grau de cultura histórica de seus responsáveis".[41]

A Igreja de Jesus Cristo dos Santos dos Últimos Dias (mórmons) microfilmou os registros das paróquias e dos cartórios de uma parcela ponderável de localidades brasileiras, o que, de modo geral, abrange o período que vai da criação das respectivas freguesias ou paróquias à década de 1930. Cópias desses microfilmes foram entregues aos responsáveis pelos livros e, dessa forma, é possível que muitas paróquias, acervos das dioceses, cartórios ou arquivos históricos guardem estes microfilmes e possam disponibilizá-los para os pesquisadores interessados.[42]

O acervo do Centro de Memória da Unicamp (Universidade Estadual de Campinas), por exemplo, possui rolos de microfilme relativos ao registro civil de nascimento, casamento e óbitos de vários municípios paulistas, disponíveis à pesquisa.

Análise

Localizado o corpo documental, é preciso verificar se a coleção abrange todo o período a estudar, se está bem conservada, se não faltam muitos registros e se eles estão legíveis. Como recomenda Carlos Bacellar:

> a análise quantitativa requer, a priori, um número mínimo de casos para garantir uma margem aceitável de segurança, abaixo da qual os resultados são comprometedores. [...] documentos isolados têm seu valor, mas não se pode arriscar a generalizar suas informações para o restante da sociedade.[43]

Assim, é preciso fazer uma análise crítica rigorosa da documentação existente, de seus dados, em bases científicas e utilizar metodologias adequadas para evitar comprometer a pesquisa e seus resultados, em função de eventuais lacunas ou conclusões apressadas e equivocadas.[44] Ter noções de Estatística, capacidade de construir e "ler" tabelas e porcentagens e conhecimentos de determinados programas de computador (conforme as questões de cada pesquisa) são fundamentais.

É preciso não esquecer a possibilidade de existência de subnumeração dos eventos vitais. Crianças nasciam e/ou morriam, por exemplo, sem que houvesse algum registro de sua existência, assim como muitos adultos não legalizavam suas uniões ou não tiveram sua morte anotada. Em relação ao Registro Civil, a subnumeração dos eventos vitais era bem maior nos primeiros anos de sua implantação que nos dias atuais, em virtude dos problemas já apontados. Porém as omissões ainda continuam ocorrendo, na maioria das vezes não definitivas, mas atrasadas. De um modo geral, a cobertura do Registro Civil melhorou desde que a responsabilidade pela administração do sistema passou para o IBGE, em 1972.[45]

No caso de a pesquisa não trabalhar com o *universo*, mas com uma *amostra*, esta deve ser selecionada com todo rigor estatístico, cujas regras o pesquisador deve obedecer. Além disso, é preciso estar alerta para os respectivos desdobramentos territoriais das freguesias e municípios,[46] para evitar que a realidade reconstruída não apresente vieses vinculados a esses desdobramentos territoriais e aos documentos que sobreviveram e que estão disponíveis.

Há também questões discursivas a serem consideradas na análise, como já apontei anteriormente. É preciso lembrar, por exemplo, que os registros paroquiais refletem as relações da Igreja com o Estado, expressam a subjetividade do pároco e o seu relacionamento com as esferas superiores da Igreja, sua relação com a sociedade local, com as elites e as camadas populares. "Estariam estas relações presentes, na divisão dos livros tal como ocorrem algumas vezes, uns destinados a escravos, mulatos e bastardos e outros aos 'casados brancos'?"[47]

Da mesma forma, o Registro Civil expressa o que o Estado julga importante coletar – para controle da população, para implementação de medidas e políticas públicas – e também expressa a subjetividade das pessoas que coletam ou prestam as informações, da importância que elas dão aos dados.

Outro aspecto a considerar diz respeito aos nomes das pessoas que aparecem nos registros dos eventos vitais, principalmente se o estudo utiliza cruzamentos nominativos. Como em Portugal, no Brasil a adoção dos sobrenomes, ou nome de família, nem sempre seguiu uma única regra de transmissão. Em se tratando de estrangeiros, o "aportuguesamento" do nome ou a grafia errada apresentam-se como empecilhos ao trabalho do pesquisador. Nesse caso, é preciso cruzar informações em outros registros ou fontes nominativas para obter a informação de que se trata do mesmo indivíduo ou grupo familiar.

No caso de populações indígenas, quando existem os registros, o estudioso deve, primeiramente, considerar essas pessoas, grupos ou famílias, no momento do registro, pois

> [...] já estão num processo de transformação, que varia de "civilização", catequização, escravização, educação etc... São pessoas que saíram de suas comunidades tradicionais, de seus territórios tradicionais, em geral através de guerras ou de processos forçados, para aldeamentos e com os batismos "entram" em um mundo novo, em novos grupos sociais, novas regras, e têm que se adaptar e criar novas maneiras de ser, novos significados para suas vidas.[48]

Algo semelhante certamente ocorreu com os africanos aqui desembarcados como cativos e os mesmos cuidados devem ser tomados na pesquisa.

Atento aos problemas acima mencionados, manejando com destreza as ferramentas metodológicas próprias das pesquisas quantitativas e do trabalho em arquivos,[49] o pesquisador estará pronto para prosseguir no trabalho de cruzar informações e interpretar os dados.

Agora, ao trabalho!

As várias e diversificadas transcrições de registros dos eventos vitais colocadas propositadamente neste texto buscaram não só ilustrar, mas, sobretudo, estimular o leitor a identificar por si só o amplo leque de possibilidades de trabalho historiográfico que esse corpo documental oferece para a reconstituição do passado brasileiro, e a utilizá-lo em suas atividades de pesquisa e ensino.

Essa reconstituição, no entanto, será mais completa confrontando e cruzando informações dos registros vitais com outras fontes documentais, como têm feito diversos pesquisadores que se debruçaram no estudo de temas como: estrutura e dinâmica populacional, escolhas matrimoniais, domicílio e família, ilegitimidade e exposição de crianças, relações de gênero, relações de parentesco, compadrio e amizade, nominação. Em trabalhos que contemplaram segmentos diversos da população brasileira: livres e escravos, nacionais e estrangeiros, crianças, mulheres e adultos, em uma perspectiva histórico-demográfica, social e/ou cultural.[50]

Muitos dos estudos que se valeram do registro de eventos vitais já se encontram mencionados nas notas. Outras referências o leitor poderá encontrar em periódicos especializados – *Revista Brasileira de Estudos Populacionais*, *Anais dos Encontros Nacionais de Estudos Populacionais*, *Estudos Econômicos*, *Revista Brasileira de História*, *Varia História*, *População e Família*, *História: Questões e Debates*, entre outros – e no *Boletim de História Demográfica* (BHD), editado on-line pelo Núcleo de História Demográfica (NEHD/FEA/USP), no Unibiblio, que reúne o acervo das bibliotecas das universidades estaduais paulistas, e nas bibliotecas das demais universidades brasileiras.

Como se vê, muito já foi feito na área, mas não menos existe para se fazer. Cada leitor pode ser um pesquisador. Que tal começar agora?

Notas

1 Agradeço a Sérgio Odilon Nadalin, Maria Luiza Andreazza e Maísa Faleiros da Cunha pela gentileza de cederem as transcrições dos registros paroquiais de batismo, casamento e óbito que ilustram este texto. Também sou grata a Ana Silvia V. Scott, Carlos de A. P. Bacellar, Maria Luiza Andreazza, Cacilda Machado a quem recorri buscando informações durante a elaboração deste capítulo.

2 *Expostas* ou *enjeitadas* eram termos usados no passado mais remoto para se referir às crianças abandonadas.

3 A *estrutura* refere-se às características estáticas de uma população em um momento específico: tamanho, distribuição territorial e composição por sexo, idade, cor ou características socioeconômicas. A *dinâmica populacional* refere-se a eventos que modificam estas características: nascimentos, casamentos, óbitos, migração e mobilidade socioeconômica.

4 A *reconstituição de família* consiste em transportar sobre uma ficha especial, chamada "ficha de família", informações datadas como estado civil, nascimento, casamento e óbito e outras relativas aos membros de uma mesma família conjugal, cônjuges e filhos. As informações são principalmente aquelas que figuram nos registros de nascimento/batismo, casamento e óbito. As informações suplementares podem ser tiradas das *listas nominativas de habitantes*, dos *rol de confessados* e outras fontes de caráter nominativo. Ver: M. Fleury e L. Henry, *Nouveau Manuel de dépouillement et d'exploitation de l'etat civil ancien*, Paris, Ined, 1985, p.115.

5 *Taxa de natalidade* (ou *taxa bruta de natalidade*) indica o número de nascidos vivos por mil habitantes em um determinado período de tempo [(número de nascimentos/população total)*1000]. *Taxa geral de fecundidade* indica o número de nascidos vivos por mil mulheres compreendidas entre 15 e 49 anos de idade em um determinado período de tempo [(número de nascimentos/número de mulheres entre 15 e 49 anos)*1000]. *Taxa de nupcialidade* indica o número de casamentos por mil habitantes em um determinado período de tempo [(número de casamentos/população total)*1000]. *Taxa bruta de mortalidade* indica número de óbitos por mil habitantes em um determinado período de tempo [(número de óbitos/população total)*1000].

6 M. L. Marcílio, "Dos registros paroquiais à demografia histórica no Brasil", em *Anais de História*, Assis, 1983, n. 2, p. 83.

7 M. D. Hameister, *Para dar calor à nova povoação: estudo sobre estratégias sociais e familiares a partir dos registros batismais da vila do Rio Grande (1738-1763)*, Rio de Janeiro, 2006, p.189, Tese (Doutorado em História Social) – IFCS, Universidade Federal do Rio de Janeiro (Destaque meu.).

8 *Fecundidade* é a procriação real de um indivíduo, casal, grupo ou população (não deve ser confundida com *fertilidade*, que é a capacidade fisiológica de uma mulher, homem ou casal para gerar um filho vivo). Atenção: em inglês, o termo para a fecundidade é *fertility* e para fertilidade é *fecondity*.

9 C. de A. P. Bacellar, *Viver e sobreviver em uma vila colonial: Sorocaba, séculos XVIII e XIX*, São Paulo, Annablume/Fapesp, 2001, p. 17.

10 M. L. Marcílio, "A demografia histórica brasileira nesse final de milênio", em *Revista Brasileira de Estudos Populacionais*, Brasília, 14(1/2), 1997, pp. 125-43; M. L. Marcílio, "Os registros paroquiais e a História do Brasil", em *Varia História*, Belo Horizonte, n. 31, jan. 2004.

11 Pesquisas têm mostrado que as taxas brutas de fecundidade e nupcialidade eram mais baixas entre os escravos que entre os livres, enquanto a taxa de mortalidade era maior entre os escravos. Mesmo entre os livres, os pardos e pretos também apresentavam taxas diferentes das relativas a brancos seus contemporâneos. Imigrantes europeus no Brasil, no final do século XIX e início do século XX, casavam-se mais cedo e tendiam a ter um maior número de filhos que seus compatriotas que permaneceram no país de origem.

12 A pesquisa que fiz sobre os colonos de uma importante fazenda de café paulista 1895 a 1930 revelou que os colonos evitavam se casar no período da Quaresma, mas não observavam com tanto rigor o "tempo proibido" do Advento; evitavam também casar-se no mês de agosto (neste mês a colheita era mais intensa e nas sociedades europeias, de onde vinham os imigrantes para o café; agosto era também um mês tradicionalmente de poucos casamentos; além disso, agosto, em várias sociedades, é um mês cercado de superstições e preconceitos populares). A realização dos casamentos entre os colonos também refletia a natureza sazonal do trabalho na fazenda: casava-se mais no final da colheita, no final do ano agrícola. No núcleo urbano próximo à fazenda, no entanto, a maioria dos casamentos era realizada nos meses de junho, julho, setembro e outubro. M. S. C. B. Bassanezi, "O casamento na colônia no tempo do café", em *Anais do VI Encontro Nacional de Estudos Populacionais*, Belo Horizonte, ABEP, v. 1, pp. 109-54, 1988; M. S. C. B. Bassanezi, "As escolhas matrimoniais no Velho Oeste Paulista", em *Anais do VII Encontro Nacional de Estudos Populacionais*, Belo Horizonte, Abep, v. 1, pp. 241-57, 1990. No que diz respeito à mortalidade, as pesquisas sobre o mesmo período constataram que: no verão as enterites apareciam como as grandes vilãs em ceifar vidas, principalmente de crianças, enquanto no inverno aumentavam as mortes por problemas no aparelho respiratório.

13 Hoje, os historiadores sabem que a sociedade colonial brasileira reproduziu práticas de enjeitamento de crianças, permitindo que um grande número de pequenos fossem criados distantes de seus pais biológicos. No Brasil, diferentemente da Europa, embora o abandono tenha sido uma prática marcante e difundida, não ocorreu majoritariamente em função de instituições especializadas pelo simples motivos de que essas eram muito poucas e, em sua maior parte, surgiram somente no século XIX. Carlos Bacellar, comparando estudos sobre expostos, buscou demonstrar que em áreas de predomínio do tropeirismo haveria nos abandonos um padrão regional de evolução distinto do de outras regiões, sendo diretamente relacionado a uma economia específica, de transporte e comercialização do gado. C. de A. P. Bacellar, op. cit., p. 17.

14 C. Machado, *A trama das vontades: negros, pardos e brancos na construção da hierarquia social do Brasil escravista*, Rio de Janeiro, Apicuri, 2008; T. R. Botelho, *Famílias e escravarias: demografia e família escrava no Norte de Minas Gerais no século XIX*, São Paulo, 1994, Dissertação (Mestrado) – Faculdade de Filosofia, Letras e Ciências Humanas, Universidade de São Paulo.

[15] C. Machado, *A trama das vontades: negros, pardos e brancos na construção da hierarquia social do Brasil escravista*, Rio de Janeiro, Apicuri, 2008; M. L. Andreazza, *Paraíso das delícias: estudo de um grupo ucraniano*, Curitiba, 1996, Tese (Doutorado) – Universidade Federal do Paraná.

[16] M. D. Hameister, op. cit.; S. O. Nadalin, "João, Hans, Johann, Johannes: dialética dos nomes de batismo numa comunidade imigrante", em *Revista História Unisinos*, São Leopoldo, 2007.

[17] No caso dos colonos de uma grande fazenda de café do Velho Oeste Paulista, o casamento visava, sobretudo, unir duas capacidades de trabalho. O homem devia ser muito trabalhador, labutar de sol a sol. A mulher, por sua vez, devia ser muito prendada, capaz de cuidar e educar os filhos, realizar todas as atividades domésticas, cuidar da criação e da horta e ainda ajudar o marido na trabalho do cafezal e da roça. Por isso, a escolha do parceiro matrimonial devia ser feita entre gente de "boa família", o que significava gente trabalhadora, sem vícios, fisicamente saudável e que soubesse aproveitar as vantagens oferecidas pelo sistema de colonato. (M. S. C. B. Bassanezi, "O casamento na colônia no tempo do café", em *Anais do VI Encontro Nacional de Estudos Populacionais*, Belo Horizonte, ABEP, 1988).

[18] M. L. Marcílio, "Os registros Paroquiais e a História do Brasil", em *Varia História*, n. 31, jan. 2004, p. 19.

[19] Idem, p. 16.

[20] M. L. Marcílio, "Registros Paroquiais como fontes seriais que escondem realidades sociais inusitadas", em A. S. V. Scott e E. C. D. Fleck (orgs.), *A Corte no Brasil: população e sociedade no Brasil e em Portugal no início do século XIX*, São Leopoldo, Oikos, Unisinos, 2008.

[21] M. L. Marcílio, "Os registros paroquiais e a História do Brasil", em *Varia História*, n. 31, jan. 2004, p. 14.

[22] Idem.

[23] M. B. N. Silva, *Sistema de casamento no Brasil colonial*, São Paulo, T. A. Queiroz/Edusp,1984, p. 137.

[24] Era o nome do proprietário que o identificava, uma vez que dependia juridicamente do senhor, inclusive para formalizar ou não suas uniões conjugais, embora as *Constituições primeiras do arcebispado da Bahia* fossem bem claras: "Conforme direito divino, e humano, os escravos, e as escravas, podem casar com outras pessoas cativas, ou livres, e seus senhores não podem impedir o matrimônio, nem o uso dele em tempo e lugar conveniente, nem por esse respeito os podem tratar pior, nem vender para outros lugares remotos."

[25] M. L. Marcílio, "Os registros paroquiais e a História do Brasil", cit.

[26] Em minhas pesquisas observei, por exemplo, que no município de Rio Claro (SP) no final do século XIX e primeiras décadas do século XX, a ilegitimidade entre os imigrantes era bem mais baixa que entre os brasileiros. Vi que, em relação aos casamentos, havia uma forte homogamia por nacionalidade entre os imigrantes italianos, ou seja, italianos casando-se com italianas, e, na ausência de noivas italianas no *mercado de casamento*, os italianos davam preferência às brasileiras descendentes de italianos. No que tange à idade, os imigrantes casavam-se aqui no Brasil em idades mais precoces do que aqueles seus compatriotas que permaneceram na terra natal.

[27] E. D. Bilac, "A sociologia e os registros paroquiais", em M. S. B. Bassanezi e T. R. Botelho (org.), *Linhas e entrelinhas: as diferentes leituras das atas paróquias dos setecentos e oitocentos*, Belo Horizonte, Editora PUC-Minas/FAPEMIG (prelo).

[28] S. C. Faria, "A morte de livres e escravos em registros católicos, séculos XVIII e XIX", em *População e família*, São Paulo, CEDHAL/USP/Humanitas, n. 3, pp. 181-206, 2000.

29 R. Hakkert, *Fontes de dados demográficos*, Belo Horizonte, Abep, 1996.

30 Carta de Eugênio P. das Fontes, oficial do Cartório do Distrito de São Cristovão, datada de 12 de Janeiro de 1909, citada por A. M. Goldani Altmann e C. E. de C. Ferreira, "Evolução do censo demográfico e registro civil como fontes de dados para análise da fecundidade e mortalidade no Brasil", em *Revista Brasileira de Estatística*, Rio de Janeiro, v. 40, n. 160, out./dez. 1979, pp. 339-454.

31 A. M. Goldani Altmann e C. E. de C. Ferreira, op. cit., pp. 339-454.

32 Idem.

33 M. Fleury e L. Henry, op. cit. L. Henry, *Técnicas de análise em demografia histórica,* trad. Altiva P. Balhana e Jayme A. Cardoso, Curitiba, UFPr, 1977.

34 M. N. Amorin, *Uma metodologia de reconstituição de paróquias*, Braga, Universidade do Minho, 1991, p. 3.

35 Idem. M. N. Amorin (coord.), *Informatização normalizada de arquivos: reconstituição de paróquias e História das populações – um projeto interdisciplinar,* Braga, Universidade do Minho, 1995.

36 M. N. Amorin, *Uma metodologia de reconstituição de paróquias*, cit., p. 3.

37 É claro que há sempre limites para a História – não sejamos ingênuos –, mas é certo que quanto mais informações, mais nítidas podem ser as reconstituições históricas.

38 S. S. C. Faria, *A colônia em movimento: fortuna e família no cotidiano colonial*, Rio de Janeiro, Nova Fronteira, 1998.

39 PROGRAMME Rhône-Alpes Recherches em Sciences Humaines. SYGAP Système de Gestion et d'Analyse de Population, 1991. Pesquisadores que utilizaram este *software* no Brasil: Sergio Odilon Nadalin e Maria Luiza Andreazza (ambos da UFPr) e Paulo Eduardo Teixeira (Unesp, Campus de Marília)

40 D. Scott e A. S. V. Scott, *Nacaob*, Firenze, 1992. A. S. V. Scott, Reconstituição de famílias e reconstituição de paróquias - uma comparação metodológica. Reconstituição de famílias e outros métodos microanalíticos para a história das populações. Estado actual e perspectivas para o futuro. Actas do III Congresso da ADEH. D. Reher. Porto: Afrontamento 1:89-100. A. S. V. Scott e D. Scott, *Cruzamento nominativo de fontes: desafios, problemas e algumas reflexões para a utilização dos registros paroquiais*, 2007 (mimeo).

41 M. L. Marcílio, "Os registros paroquiais e a História do Brasil", em *Varia História*, n. 31, jan. 2004.

42 O site para buscar informações sobre microfilmes é: http://www.familysearch.org/Eng/Library/fhlcatalog/supermainframeset.asp?display=localitysearch&columns=*,0,0 . O site para buscar informações sobre famílias (bases de dados já digitadas) é: http://search.labs.familysearch.org/recordsearch/#p=0 .

43 C. Bacellar, "Uso e mau uso dos arquivos", em C. B. Pinsky (org)., *Fontes históricas*, São Paulo, Contexto, 2008, pp. 61-2.

44 Um exemplo de equívoco é, ao encontrar vários indivíduos que assinam o nome no documento, concluir que "a população tinha um alto grau de alfabetização", quando na realidade sabiam apenas escrever ou "garatujar" seu nome.

45 R. Hakkert, op. cit.

46 É bom lembrar que é bastante comum na história brasileira que, no decorrer do tempo, municípios se desmembrem ou desapareçam e vários entre esses últimos sejam recriados. Por exemplo, o município de Santo Amaro, criado em 1832, foi extinto e incorporado ao município de São Paulo em 1935.

[47] E. D. Bilac, "A sociologia e os registros paroquiais", em M. S. B. Bassanezi e T. R. Botelho (orgs.), *Linhas e entrelinhas: as diferentes leituras das atas paróquias dos setecentos e oitocentos*, Belo Horizonte, Editora PUC-Minas/FAPEMIG (prelo).

[48] M. Azevedo, "Os registros de batismo e casamentos como fontes de informações para os estudos indígenas", em M. S. B. Bassanezi e T. R. Botelho (orgs.), op. cit.

[49] Sobre o trabalho com material de arquivos, ver as preciosas dicas de Carlos Bacellar – sobre cuidados com a consulta e coleta de material, a rotina da leitura documental e da edição de material, a reprodução de documentos, os critérios e vieses da documentação e a identificação de indivíduos em fontes nominativas – "Uso e mau uso dos arquivos", em Carla B. Pinsky (org)., op. cit.

[50] Além dos já citados nas notas anteriores acrescentam-se outros exemplos: A. P. Balhana, *Famílias coloniais: fecundidade e descendência*, Curitiba, 1977, Tese (apresentada ao Concurso para Professor Titular de História da América) – UFPr/SCHLA/Departamento de História; C. de A. P. Bacellar, *Os senhores da terra: família e sistema sucessório entre os senhores de engenho do Oeste Paulista, 1765-1855*, Campinas, Centro de Memória/Unicamp, 1997; M. S. C. B. Bassanezi, "Considerações sobre os estudos do celibato e da idade ao casar no passado brasileiro", em *Anais do V Encontro Nacional de Estudos Populacionais*, Belo Horizonte, Abep, 1994. S. M. J. Brügger, *Minas patriarcal: família e sociedade (São João Del Rei – séculos XVIII e XIX)*, São Paulo, Annablume, 2007. A. M. Burmester, *Population de Curitiba au XVIIIe. Siècle*, 1981, Tese (Doutorado) – Universidade de Montreal. I. Del N. Costa e H. Gutiérrez, "Notas sobre casamentos de escravos em São Paulo e no Paraná (1830)", em *História: questões e debates*, Curitiba, v. 5, n. 9, pp. 313-21, dez. 1984; M. F. Cunha, *Fogos e escravos da Franca do Imperador no século XIX*, Campinas, 2005, Dissertação (Mestrado) – Faculdade de Filosofia e Ciências Humanas, Unicamp; M. F. Cunha, *Demografia e família escrava. Franca -SP, século XIX*, Campinas, 2009, Tese (Doutorado) Unicamp; H. Gutiérrez, "Demografia escrava numa economia não-exportadora: Paraná, 1800-1830", em *Estudos Econômicos*, São Paulo, v. 17, n. 2, 1897; F. Kühn, "Rio Grande do Sul Colonial: população e sociedade na segunda metade do século XVIII", em *II Seminário de História Quantitativa e Serial*, Belo Horizonte, PUCMinas, 2001; C. M. Rocha, *Histórias de famílias escravas: Campinas, século XIX*, 2004, Dissertação (Mestrado) – Faculdade de Filosofia, Ciências Humanas, Unicamp; M. L. Marcílio, *A cidade de São Paulo: povoamento e população: 1750-1850*, São Paulo, Pioneira, 1974; M. L. Marcílio, *Caiçara: terra e população*, São Paulo, Paulinas, Cedhal, 1986; S. O. Nadalin, *Une Paroise germanique au Brésil: La Communauté Évangelique Luthériènne à Curitiba entre 1866 et 1969*. Paris, França, 1978, Tese (Doutorado) – École dês Hautes Études em Sciences Sociales; A. S. V. Scott, *Família, formas de união e reprodução social no noroeste português (séculos XVIII e XIX)*, Guimarães, NEPS; Universidade do Minho, 1999; P. Teixeira, *A formação das famílias livres e o processo migratório*: Campinas (1774-1850), São Paulo, 2005, Tese (Doutorado) – Faculdade de Filosofia, Letras e Ciências Humanas, Universidade de São Paulo.

ARQUIVOS DE REGIMES REPRESSIVOS

Fontes sensíveis da história recente

Caroline Silveira Bauer
René E. Gertz

A história republicana brasileira: fontes do autoritarismo e da repressão política

A utilização de arquivos policiais na pesquisa histórica é antiga. Como aqui se enfocará esse tema numa perspectiva brasileira, cabe destacar que, sobretudo, historiadores sociais recorreram a essa fonte para obter informações sobre criminosos e outros grupos marginalizados da sociedade.[1] Ainda que, evidentemente, desde o início do Império a polícia tivesse, além da repressão social, também um papel de repressão política, foi com o regime centralizador e autoritário iniciado em 1930 que ela adquiriu um novo papel e uma reorientação dentro do aparelho estatal. Por isso, para falar sobre os arquivos produzidos pela repressão, é imprescindível fazer referência à repressão propriamente dita, ou, ao menos, aos sistemas de informações, pois foi essa estrutura burocrática que produziu tais documentos. E, na história da

República brasileira, destacam-se, nesse sentido, dois períodos: um durante o assim chamado primeiro governo Vargas (1930-45), o segundo durante a ditadura militar instaurada em 1964. Isso não significa que os órgãos responsáveis fossem desativados no interstício dessas datas nem que antes e depois sua atuação estivesse ausente, mas em momentos mais ou menos democráticos essas instâncias sofrem maior controle em seu funcionamento e, consequentemente, na produção dos citados documentos.

Autores que se dedicaram à História da polícia e a órgãos correlatos depois de 1930 destacam que, nesse momento, foi feito, por assim dizer, um *upgrade* em relação a períodos anteriores, com maior profissionalização e melhor aparelhamento material, incluindo uma ampliação dos contatos com e da influência de instâncias equivalentes em outros países.[2]

Grosso modo, pode-se dizer que as fontes desse período tratam de dois objetos: num primeiro momento, sobretudo, da esquerda, cuja representação mais expressiva foi a Aliança Nacional Libertadora (ANL), fechada em julho de 1935, e que, então, optou por uma tática insurrecional, que culminou no levante de novembro do mesmo ano. A partir daí, iniciou o período "áureo" da perseguição policial, que originou uma primeira leva de documentação sobre repressão política. Reportando-se ao Tribunal de Segurança Nacional, que julgou grande parte daqueles cujas ações foram registradas por essa documentação, um autor caracterizou essa fase de "vermelha". Na época da decretação do Estado Novo, em novembro de 1937, tanto para os órgãos repressores quanto para o próprio tribunal já não havia mais muito "público" a ser enquadrado. O citado autor afirma que os órgãos de repressão e o tribunal passaram, então, para uma fase "verde", que se estendeu do levante integralista de maio de 1938 até o final da Segunda Guerra Mundial, e visou, primeiro, aos integralistas, para atingir, depois, nazistas e fascistas, quando não toda a população qualificada de "alienígena" ou "adventícia", isto é, os cidadãos do Eixo e seus descendentes.[3]

Naquilo que tange à pesquisa sobre a esquerda, o livro de R. S. Rose, intitulado *Uma das coisas esquecidas: Getúlio Vargas e o controle social no Brasil – 1930-1954*, constitui exemplo de utilização desse tipo de fonte.[4] *Memórias de uma (outra) guerra: cotidiano e medo durante a Segunda Guerra em Santa Catarina*, de Marlene de Fáveri, é uma obra que, por sua vez, utilizou documentação policial sobre os "súditos do Eixo".[5]

Uma segunda fase de produção densa desse tipo de documentação iniciou com a implantação das ditaduras civil-militares que vigoraram da década de 1960 até a de 1980, não só no Brasil, mas em todo o Cone Sul da América Latina, quando a geração de informações passou a ter importância fundamental, pois, através dos dados armazenados em arquivos militares e policiais, orientavam-se as operações repressivas. Um indício da importância das informações e de suas redes de circulação foi a criação, pela ditadura militar brasileira, do Serviço Nacional de Informações (SNI), apenas três meses após o Golpe de 31 de março de 1964, com o objetivo declarado de "superintender e coordenar, em todo o território nacional, as atividades de informação e contra informação, em particular as que interessem à Segurança Nacional".[6]

De maneira resumida, pode-se afirmar que a ditadura brasileira – como as demais do Cone Sul – atuou de duas formas simultâneas: através da atividade burocrática, seguindo cadeias de hierarquia e mando, e dividindo responsabilidades entre as diferentes instituições (Forças Armadas, órgãos de informação, polícia etc.) e através de ações clandestinas. A primeira modalidade enquadrava-se numa cultura burocrática de "cumprimento de ordens". Implicava em registros e arquivos organizados, caracterizando o tipo de documentação proveniente de instituições policiais e serviços de inteligência. A ação clandestina, por sua vez, obviamente, utilizava as informações desses arquivos, mas não se tem registros oficiais sobre essas operações, em parte por sua natureza, em parte pela impossibilidade de acessar os arquivos das Forças Armadas para verificar esses fatos.[7] As duas formas pressupõem estruturas hierárquicas, com organização burocrático-militar, cuja prática implicava em criar registros, redigir informes, organizar prontuários e arquivos. Manter e alimentar esses registros, acumulá-los e ordená-los, fazia parte das tarefas habituais das ditaduras sul-americanas.[8]

Os arquivos resultantes da repressão

Naquilo que tange à documentação do primeiro governo Vargas, não houve preocupação especial com ela, quando o Estado Novo entrou em decadência e acabou caindo. Durante a assim chamada "redemocratização" de 1945, não se falou no tema. Clamores pela "ausência de alguém em Nuremberg"[9] não repercutiram de forma suficientemente profunda para fomentar uma política expressa de lidar com os resultados da ação policial no período anterior, e uma preocupação com a documentação que registrava essa ação. Houve reações locais que poderiam ter surtido efeitos, mas também podiam desembocar, justamente, no desaparecimento total dessas fontes. Um exemplo emblemático, nesse sentido, ocorreu no Rio Grande do Sul. Em 1947, o procurador João Bonumá apresentou um processo com 12 quilos de papel denunciando 52 policiais que, durante a Segunda Guerra Mundial, teriam cometido "peculato doloso e culposo" por apreensão de objetos "que nenhuma relação tinham com a finalidade das diligências, tais como objetos de arte, máquinas de escrever, livros científicos, coleções de selos, rádios e até joias e dinheiro, cujo destino foi desviado em benefício próprio e de terceiros". Encaminhado ao Tribunal de Justiça do Estado, o processo foi arquivado sob alegação de que os fatos arrolados aconteceram sob estado de exceção (a guerra), motivo pelo qual o tribunal de tempos normais se considerou incompetente para julgar o caso.[10] Mas – ainda que não haja provas – essa situação, provavelmente, explica por que, nos anos seguintes, nada menos de cinco locais em que havia documentos de origem policial do período do Estado Novo foram destruídos por incêndios.[11] Ainda que o Tribunal de Justiça se negasse a julgar o citado processo, em 1947, não havia garantia de que não pudessem ser abertos outros, com acusações ainda mais graves, como tortura e assassinato. Muito provavelmente foi por isso que se procedeu a uma literal "queima de arquivo". Felizmente, para a pesquisa e para a memória históricas, documentos policiais de vários outros estados foram preservados, e, em virtude da troca de correspondências e de outros tipos de escritos entre as polícias estaduais, tem-se acesso ao menos a cópias de parte da documentação gaúcha queimada.[12]

A situação foi diferente no declínio das ditaduras militares brasileira e latino-americanas em geral. Arquivologistas especialistas em conjuntos documentais de extintos regimes repressivos afirmam que as origens dos arquivos da repressão podem ser buscadas na documentação dos tribunais inquisitoriais da Idade Média.[13] Porém, a discussão sobre sua conservação e preservação, sua disponibilização e suas especificidades foi fomentada somente a partir do final da década de 1980, na Europa, com o fim da Guerra Fria, e, na América Latina, com a consolidação dos regimes democráticos.

Em 1994, a Unesco, junto com o Conselho Internacional de Arquivos, formou uma comissão de especialistas (arquivistas e membros de organizações de Direitos Humanos) para refletir sobre a temática, oferecer recomendações para o tratamento dessa documentação, verificar os problemas enfrentados e as soluções buscadas e, ainda, elaborar um código ético e moral para a utilização e o manuseio das informações contidas nesses arquivos. Os trabalhos terminaram em 1995 e resultaram na apresentação de um informe intitulado *Los archivos de la seguridad del Estado de los desaparecidos regímenes represivos*.[14]

Mesmo com as recomendações da comissão criada pela Unesco, não há unanimidade sobre as definições daquilo que são arquivos da repressão, e sobre o tratamento que os mesmos devem receber nos regimes democráticos que sucederem aos períodos discricionários.

Numa definição ampla, pode-se afirmar que arquivos da repressão são conjuntos documentais produzidos pelos órgãos de informação e segurança do aparato estatal em ações repressivas, durante períodos não-democráticos.

Em sua maioria, os arquivos da repressão se compõem de registros elaborados ou incorporados a partir da ação policial cotidiana (fichas pessoais, depoimentos, prontuários, dossiês, relatórios, informações, ordens de busca e prisão etc.), mas também de documentos roubados (livros, publicações, correspondências pessoais, documentos de organizações etc.), ou de declarações tomadas em interrogatórios que desrespeitavam tanto os códigos penais (duração do interrogatório, horário em que eram feitos, presença de testemunhas etc.) quanto os Direitos Humanos (torturas físicas e psicológicas).

Em relação ao conteúdo dos documentos, as informações que os compõem são conseguidas através de ações legais e ilegais, incluindo violência física e psicológica. São produto de situações-limite, onde a intolerância é parte vital do sistema.[15] Além disso, essa documentação está permeada por práticas difundidas e legitimadas pelo autoritarismo, como a delação e os falsos testemunhos, o que, muitas vezes, gera informações imprecisas.

Na definição de arquivos da repressão, ainda podem ser incluídos objetos sequestrados junto com as vítimas, no momento da prisão, e documentação produzida pelas organizações de Direitos Humanos em sua busca de informações sobre atingidos e de denúncia de ilegalidades e de violências praticadas.[16]

Especificidades dos arquivos da repressão e o trabalho do historiador

Os arquivos da repressão possuem especificidades que vão desde dúvidas sobre sua existência, passando por sua organização, preservação e difusão, questões que extrapolam os limites da arquivística e atingem os âmbitos ético e político. Esses documentos afetam, de forma direta, a sociedade em que foram produzidos e recuperados (Estado, agentes da repressão, vítimas, familiares, organizações de Direitos Humanos, Forças Armadas), principalmente porque, no caso das ditaduras militares, seus protagonistas ainda estão vivos e por constituírem fatos do passado recente dessas sociedades. Isso traz à tona a discussão sobre a privacidade e a preservação da intimidade das pessoas. Além disso, esses arquivos possuem, somado ao valor histórico e judicial, grande valor para a definição da memória histórica e para a constituição da identidade.

> Cada documento, para além de seu valor histórico ou judicial, condensa um valor-memória e um valor-identidade, que acompanha e reforça a ação militante e o testemunho das vítimas. Esses documentos permitem – ainda que nem sempre – reconstruir memórias sobre as perseguições, as prisões, as torturas, as mortes e os desaparecimentos.[17]

Dessa forma, esses arquivos possuem uma especificidade intrínseca, chamada por alguns pesquisadores de "efeito bumerangue": os documentos que compõem os acervos provenientes das forças repressivas servem, no presente, para atividades opostas à sua origem – produzidos para coordenar ações repressivas, agora podem ser usados para compensar vítimas por arbitrariedades e violações a seus direitos. Tais arquivos, absolutamente necessários para o exercício das atividades repressivas, se convertem, no novo regime, em instrumento social insubstituível para conformar novas relações sociais.[18]

A relação entre os processos de transição política e a disponibilização dos arquivos da repressão

Se ao final do Estado Novo não houve preocupação especial com a documentação da repressão do período anterior nem a anistia foi tratada como tema de grande repercussão na sociedade, nos processos de transição política das ditaduras militares, desde meados da década de 1970, discutiu-se intensamente sobre a culpabilidade e a responsabilidade do Estado nos crimes cometidos durante os regimes discricionários. Apesar das diferenças entre as transições argentina, brasileira, chilena e uruguaia, foram decretadas, em todos esses países, leis de anistia como expressão da estratégia de interdição do passado no processo de "normalização" da sociedade e da política.[19]

O primeiro país do Cone Sul a decretar uma "lei de anistia" foi o Chile, ainda sob o general Augusto Pinochet.

O Brasil foi o segundo país a promulgar uma lei desse tipo, em 28 de agosto de 1979. A transição política no Brasil foi a mais controlada e longa no Cone Sul, durando 11 anos. Iniciou com a posse do general Ernesto Geisel na presidência da República, em 1974, e se estendeu até a posse de José Sarney, em 1985. Esse fato contribuiu muito para o esquecimento dos abusos perpetrados, para a continuidade de instituições repressivas e para a sobrevivência de antigas lideranças políticas e repressoras no novo regime.[20]

Geisel assumiu com a proposta de realizar uma distensão "lenta, gradual e segura". Esse processo esteve cercado de contradições, como o crescimento no número de desaparecidos políticos, entre os anos de 1974 e 1975. Só em 1974, de acordo com o livro *Direito à memória e à verdade*, há registros de 61 pessoas como mortas ou desaparecidas políticas no Brasil.[21] Além disso, a partir de 1975, o país envolveu-se na Operação Condor, que organizou a colaboração repressiva entre aparatos de segurança das ditaduras do Cone Sul. Isso caracteriza os fluxos e refluxos do processo de transição.

No dia 28 de agosto de 1979, já no governo de João Batista Figueiredo, o Congresso Nacional aprovou o projeto de anistia encaminhado pelo próprio general. No mesmo dia, Suzana Lisboa anunciou a localização da primeira ossada de um desaparecido político, enterrada em vala clandestina no cemitério de Perus, em São Paulo. Tratava-se de seu marido, Luiz Eurico Tejera Lisboa, morto por agentes da segurança, naquele estado, em 1972. A promulgação da lei marcou, formalmente, para os familiares dos mortos e desaparecidos políticos a perda de seus parentes, ao conceder-lhes um atestado de paradeiro ignorado ou de morte presumida, eximindo a ditadura de responsabilidades, e impedindo a elucidação dos crimes.[22] A abertura não significaria a investigação do passado nem o compromisso de que o aparelho repressivo seria investigado ou julgado.

No Uruguai, o primeiro governo civil após a ditadura, presidido por Julio María Sanguinetti, promulgou, em 22 de dezembro de 1986, a Lei n. 15.848, conhecida como *Ley de Caducidad de la Pretensión Punitiva del Estado*. De acordo com ela, os crimes cometidos por agentes de segurança durante a ditadura civil-militar uruguaia (1973-85) tornavam-se prescritos. Em 1989, no governo de Luís Alberto Lacalle, campanha de diversos setores da população conseguiu coletar o número mínimo de assinaturas necessárias para a convocação de um plebiscito com o objetivo de revogar dita lei. No entanto, o resultado do plebiscito foi favorável à sua manutenção. Isso exemplifica a utilização de um instrumento democrático para a legitimação de uma medida autoritária, pois, de acordo com uma série de disposições internacionais, a tortura é crime imprescritível.

No Paraguai, não houve promulgação de uma lei de anistia. Uma comissão instaurada no Congresso daquele país vem apurando denúncias de crimes políticos cometidos durante a ditadura de Alfredo Stroessner, que se estendeu de 1954 a 1989.

A Argentina foi o último país do Cone Sul a decretar "leis de anistia". Duas foram decretadas durante a presidência de Raúl Alfonsín, primeiro presidente civil eleito após a ditadura militar, em meio a pressões militares. A primeira, a Lei n. 23.392, de 23 de dezembro de 1986, ficaria conhecida como *Ley del Punto Final* e estabelecia a paralisação de todos os processos judiciais em curso contra agentes de segurança. Como na lei uruguaia, ficavam excluídos somente os processos de sequestro de crianças. A segunda, a Lei n. 23.521, de 4 de junho de 1987, estabelecia que os crimes cometidos por membros das Forças Armadas não eram passíveis de punição, pois seriam consequência da obediência de ordens.

* * *

Em relação à disponibilização dos arquivos da repressão, iniciou-se uma discussão durante os processos de transição política, que perdura até hoje: a preservação e a disponibilização dos fundos documentais seriam convenientes aos novos regimes? A discussão sobre seu tratamento arquivístico, sobre o uso de informações por pessoas ou instituições e sobre a ética frente ao conteúdo sempre esteve condicionada pela resposta a essa questão.[23] Em geral, alegou-se que os arquivos da repressão teriam importante papel para a história e a memória dos povos, à medida que são testemunho insubstituível da repressão sofrida pelos mesmos. No entanto, o argumento mais incisivo para a preservação desses fundos e sua disponibilização radica na importância que eles têm para as pessoas direta ou indiretamente afetadas pela repressão política. Eles viriam a ser essenciais para o exercício de direitos individuais: anistia, indenizações, pensões etc.[24]

A forma como os processos de transição política foram conduzidos está diretamente relacionada com a conservação e a disponibilização dos arquivos da repressão.[25] Em relação às ditaduras militares do Cone Sul, em que esses processos resultaram de iniciativas dos próprios regimes discricionários – o que assegurou o controle da transição política –, uma série de obstáculos foram impostos à manutenção e ao acesso aos documentos. Dessa forma, os regimes democráticos que sucederam às ditaduras continuam com problemas para elaborar políticas de liberação da documentação. Em nenhum desses países, a abertura dos arquivos aconteceu como política de governo, mas sim como resultado da luta de parte da sociedade civil envolvida na questão, como comissões de familiares, organizações de Direitos Humanos etc.

Com isso, uma série de direitos coletivos e individuais que só seriam assegurados através da disponibilização desses documentos não o foi, em um primeiro momento, e essa situação apenas começou a mudar mais recentemente. A eficácia das medidas de reparação e compensação às vítimas da repressão, assim como a apuração de responsabilidades, somente são possíveis através do acesso a esses expedientes. A conservação e a disponibilização da documentação são fundamentais para consolidar a democracia.

Entre os usos políticos dessa documentação como asseguradora de direitos coletivos estariam: o direito dos povos e das nações em escolher a forma de sua transição política; o direito à preservação da memória escrita dos povos; o direito à verdade; o direito a conhecer os responsáveis pelos crimes contra os Direitos Humanos; e, em relação aos direitos individuais, o direito de conhecer o paradeiro de familiares desaparecidos durante o período repressivo; o direito de conhecer os dados existentes sobre qualquer pessoa nos arquivos da repressão; o direito de investigação histórica e científica; o direito à anistia para presos e perseguidos políticos; o direito à compensação e à reparação dos danos sofridos pelas vítimas da repressão; e o direito à restituição dos bens confiscados.

Configura-se, até hoje, uma disputa entre aqueles a quem interessam os arquivos da repressão, no sentido de preservação (vítimas, historiadores e outros investigadores, advogados, organizações de Direitos Humanos, sociedade em geral); e aqueles a quem não interessam (forças que querem destruir, negar a validade desses registros, ocultá-los e fazer desaparecer provas de delitos – agentes da repressão, civis e militares, governos e parte da população para quem o tema deve permanecer no passado).[26]

A disponibilização dos arquivos da repressão

Em 27 de dezembro de 2002, o então presidente Fernando Henrique Cardoso, quatro dias antes de encerrar seu mandato, estabeleceu novos prazos de sigilo para a documentação oficial, e novas disposições para a classificação de documentos. De acordo com o Decreto n. 5.553, que contrariava tanto a Constituição quanto a Lei n. 8.159, de 8 de janeiro de 1991 (Lei de Arquivos, que estabelecia prazos máximos), os documentos oficiais classificados como ultrassecretos teriam prazo de sigilo de cinquenta anos, prorrogáveis indefinidamente; os secretos, trinta anos, prorrogáveis por trinta; os confidenciais, vinte anos, prorrogáveis por vinte; e os reservados, dez anos, prorrogáveis por dez.[27]

No primeiro mandato de Luiz Inácio Lula da Silva, ocorreu intensa pressão pela revogação desse decreto e pela disponibilização dos arquivos da repressão, sobretudo em 2004, quando se completaram quarenta anos da implantação da ditadura civil-militar brasileira e quando foram publicadas, pelo *Correio Braziliense*, fotos mostrando um homem nu, em situação vexatória, parecido com o jornalista Vladimir Herzog, morto nas dependências do Destacamento de Operações de Informações – Centro de Operações de Defesa Interna (DOI-CODI) de São Paulo, em 30 de outubro de 1975. Os debates ocorridos em todo o país com a rememoração da data e a publicação das fotos fizeram com que se retomasse a discussão sobre a abertura dos arquivos da repressão. Assim, ainda em 2004, foi editada a Medida Provisória n. 228, de 9 de dezembro, e o Decreto n. 5.301, do mesmo dia, estabelecendo novos prazos para acesso aos documentos, definindo quem os classificaria, e criando a Comissão de Averiguação e Análise de Informações Sigilosas. Segundo o decreto, os prazos de sigilo voltaram a ser os da Lei de Arquivos, ou seja, ultrassecreto: trinta anos; secreto: vinte anos; confidencial: dez anos; reservado: cinco anos. Nesse contexto, no dia 12 de dezembro de 2004, o programa *Fantástico*, da Rede Globo, exibiu reportagem que denunciava a queima de documentos produzidos pelas Forças Armadas e por outros órgãos de segurança, dentro da Base Aérea de Salvador, na Bahia. Foram mostrados papéis parcialmente destruídos, em meio a outros arquivos incinerados. Os documentos que puderam ser recuperados datavam desde 1964, estendendo-se por todo o período ditatorial, até 1994, quando já vigia a democracia. Em nota oficial, o Comando da Aeronáutica descartou a possibilidade de queima dos arquivos, prática considerada crime pelo Código Penal Militar.

Em 2005, pela Lei n. 11.111, de 5 de maio, estabeleceu-se que só não seriam disponibilizados documentos que comprometessem a segurança da sociedade e do Estado. No entanto, estipulou-se que os prazos de sigilo de qualquer documento poderiam ser renovados indefinidamente. No final desse ano, através do Decreto n. 5.584, de 18 de novembro, determinou-se a transferência da documentação dos extintos Conselho de Segurança Nacional (CSN), Comissão Geral de Investigações (CGI) e Serviço Nacional de Informações (SNI) para o Arquivo Nacional.

No início de 2007, a ministra-chefe da Casa Civil, Dilma Rousseff, ao solicitar aos comandantes militares os arquivos dos serviços de inteligência das Forças Armadas (Cenimar/Marinha, Cisa/Aeronáutica, CIE/Exército), recebeu a informação de que haviam sido destruídos. Waldir Pires, então Ministro da Defesa, foi encarregado de investigar a destruição desses documentos. Se essa informação vier a ser confirmada, estará configurado um crime, pois, de acordo com a Lei de Arquivos, a destruição de documentos oficiais sem critério é ilegal, sendo necessário o registro de um "termo de destruição" protocolado, com justificativa, testemunhas e descrição do material destruído.[28]

Situações semelhantes às enfrentadas pelo Brasil com a documentação produzida por órgãos repressivos em períodos de ausência de democracia também ocorrem em outros países – e não só entre nossos vizinhos latino-americanos. Como exemplo, pode-se citar a documentação da STASI (sigla para *Ministerium für Staatssicherheit* – Ministério para Segurança do Estado), órgão da extinta República Democrática Alemã. Em dezembro de 1991, o Parlamento alemão aprovou uma lei garantindo acesso fácil e livre aos arquivos a qualquer cidadão.[29] Os documentos foram entregues à gestão de uma comissão conhecida como Comissão Gauck, porque presidida por Joachim Gauck, e, desde 2000, chamada Comissão Birthler, porque presidida por Marianne Birthler. Gauck é pastor luterano e Birthler uma leiga militante da mesma confissão religiosa, que, na Alemanha Oriental, haviam participado das mobilizações da sociedade civil contra o regime. Para a pesquisa histórica, foi interessante a experiência de, a partir das fontes escritas da STASI, desenvolver uma série de iniciativas combinando informações desses documentos com projetos de História Oral.[30]

Porém, a "transição política", também na Alemanha, não assegurou unanimidade de opiniões sobre o destino dos documentos gerados pelo órgão do regime extinto. Há discussões sobre a acessibilidade. Alguns setores políticos e sociais pressionam para que esse acervo seja levado ao Arquivo Nacional alemão, o que traria uma burocratização das regras de acesso e, com isso, maior dificuldade de consulta. Felizmente, em recente visita à Comissão Birthler, a chanceler Angela Merkel afirmou que nada mudará no *status* da documentação.[31] Mas está aparecendo no horizonte outro perigo: ex-agentes da STASI estão intimidando, com ações judiciais, não só jornalistas e outros divulgadores do conteúdo da documentação, mas até historiadores acadêmicos que os citam como autores de crimes ou ações ilegais. O Poder Judiciário alemão ainda não se pronunciou sobre esse novo aspecto da questão.[32]

Acervos sobre a repressão da ditadura civil-militar disponíveis à pesquisa

Como não houve uma política de preservação, organização e disponibilização da documentação sobre a repressão no Estado Novo, e como nessa época não existia centralização das instâncias policiais e afins, essa documentação – quando preservada – está nos acervos dos Departamentos Estaduais de Ordem Política e Social (ou seus sucedâneos), mas pode ser encontrada também em delegacias de polícia espalhadas pelo país. Além disso, a documentação do Tribunal de Segurança Nacional deve ser indicada, pois, ainda que não se tratasse de instância policial, seus processos abrigam documentos de origem policial, e os depoimentos de réus trazem informações sobre a repressão.[33]

Já entre os principais acervos com documentação da repressão política da ditadura militar, cabe destacar:[34]

Acervo Departamento de Ordem Política e Social do Estado de São Paulo (DEOPS/SP)/Arquivo Público do Estado de São Paulo – Esse acervo recebeu, em 1992, a documentação do extinto Departamento de Ordem Política e Social do Estado de São Paulo (1924-83), que estava com a Polícia Federal. Possui quatro segmentos: prontuários, dossiês, Ordem Política e Ordem Social, formados por documentação vinda do trabalho policial de investigação e repressão. O conteúdo dos dossiês pode ser conhecido através da série de catálogos feitos pelo Arquivo Público.[35]

Arquivo Público do Estado do Rio de Janeiro – Possui o fundo Daniel Aarão Reis Filho, composto por documentos sobre a esquerda brasileira do período 1954 a 1985; o fundo Movimento Feminino pela Anistia e Liberdades Democráticas, constituído por documentos produzidos ou recebidos pela entidade; e além disso conta com o fundo Departamento de Ordem Política e Social da Guanabara, que até 1992 estava sob poder da Polícia Federal e é formado por documentação policial.

Fundo Delegacia de Ordem Política e Social/Arquivo Público do Estado do Paraná – Essa Delegacia foi extinta em 1991, e sua documentação remetida ao Arquivo Público do Estado. O fundo é constituído de documentação produzida através da ação policial (espionagem e repressão) do órgão.

Centro de Memória Documental da Ditadura Militar (antigo Acervo da Luta contra a Ditadura)/Arquivo Histórico do Rio Grande do Sul – Possui variado acervo sobre a ditadura civil-militar brasileira, como parte da documentação dos extintos Departamento de Ordem Política e Social (DOPS/RS) – fichas nominais – e das Supervisões de Ordem Política e Social (SOPS/RS), vindas das delegacias regionais de polícia, além de documentos de espionagem política realizada após a transição para

a democracia (Supervisão Central de Informações e PM2 – II Seção da Brigada Militar). Ainda conta com acervos particulares, como o Acervo Omar Ferri, reunindo documentos sobre o sequestro dos uruguaios Lilian Celiberti, seus filhos e Universindo Dias, em Porto Alegre; e o Acervo Lícia Peres, relativo ao Movimento Feminino pela Anistia.
Foi criado como Acervo da Luta contra a Ditadura, através do Decreto n. 39.680, de 24 de agosto de 1999, durante as rememorações dos vinte anos de promulgação da Lei de Anistia, com o intuito de "organizar um acervo histórico da luta pela democracia e de denúncias de violações das liberdades democráticas e dos direitos humanos cometidas pela ditadura militar instalada em 31 de março de 1964".[36]

Coleção Brasil: Nunca mais/Arquivo Edgard Leuenroth – Localizada no *campus* da Unicamp, em Campinas/SP, sob a guarda do Arquivo Edgard Leuenroth, compreende os processos de civis e militares que teriam atentado contra a segurança nacional, e que chegaram até o Supremo Tribunal Militar. Valendo-se da prerrogativa de permanecer 24 horas com os autos dos processos, advogados dos presos políticos, em associação com o cardeal D. Paulo Evaristo Arns, fotocopiaram 707 processos, do período 1964 a 1979. O material fotocopiado deu origem a 12 volumes de análise (o chamado Projeto A) e a publicação de dois livros – *Brasil: Nunca mais* (Projeto B) e *Perfil dos atingidos*.

Pequenos exemplos de documentos

Além do problema de acesso ao tipo de documentação de que aqui se trata, há questões sobre uma exploração adequada de seu conteúdo. Por essa razão, deve-se recomendar a todo pesquisador que queira trabalhar com esse material alguns cuidados indispensáveis, como:

- Conhecer minimamente o funcionamento do órgão de informação ou repressão que produziu o documento que está sendo analisado;
- Estar atento à data de produção do documento e relacionar seu conteúdo com a conjuntura do período;
- Todo historiador deve "cruzar" informações de diferentes origens, mas essa exigência se aplica de forma especial para as fontes em questão;

– Numa publicação de resultados de pesquisa, é conveniente tomar cuidados com a divulgação de nomes, tanto de vítimas quanto de agentes da repressão.

* * *

E para finalizar, apresentam-se dois documentos com o objetivo de ilustrar, de forma muito breve, possibilidades de exploração desse tipo de fonte. No primeiro caso, trata-se do relatório de um agente policial no interior do Rio Grande do Sul, durante o Estado Novo (serão transcritos apenas pequenos trechos).[37]

> Em dias do mês em curso, fui informado de que o pastor Leopoldo Alberto Strothmann, da igreja luterana local, costumava reunir em determinada casa [...] um certo número de crianças às quais ministrava instrução religiosa, em idioma alemão. No intuito de apurar a exatidão da denúncia de que tais reuniões se me afiguram como uma transgressão à campanha de nacionalização do ensino, cuja esfera, penso eu, abrange também o campo religioso, deliberei aguardar uma oportunidade [...]; [...] surpreendi o pastor Strothmann doutrinando, em idioma *alemão*, um grupo de 15 crianças [...]; [...] intimei o pastor Strothmann a exibir a "autorização" que, segundo alegou, recebera de Porto Alegre para aquele fim. Efetivamente, horas depois, foi-me exibido por aquele pastor um exemplar da Circular [...], assinada pelo Presidente do "Sínodo Riograndense" [...]. Apensa a essa circular, se achava uma cópia datilografada de um ofício do gabinete da Delegacia de Ordem Política e Social assinada pelo respectivo titular, Dr. Plínio Brasil Milano, documento esse que, em nome do Major Chefe de Polícia, aprova a aludida circular. A experiência da minha vida funcional me aconselha – para prevenir dissabores – a não interpretar, no seu espírito, os textos de regulamentos baixados pela alta administração policial [...]. A diligência foi [...] inspirada unicamente pelo propósito de fazer cumprir os objetivos do governo de que sou humílimo agente, objetivos esses aprovados pela minha consciência de cidadão brasileiro que, quanto mais observa o ambiente em que ora se encontra, mais convencido se torna da necessidade de se "abrasileirar" recantos como esse [...].

O documento permite diversas deduções, mas aqui sejam apontadas apenas algumas: havia leis claras de que, naquele momento, o ensino escolar

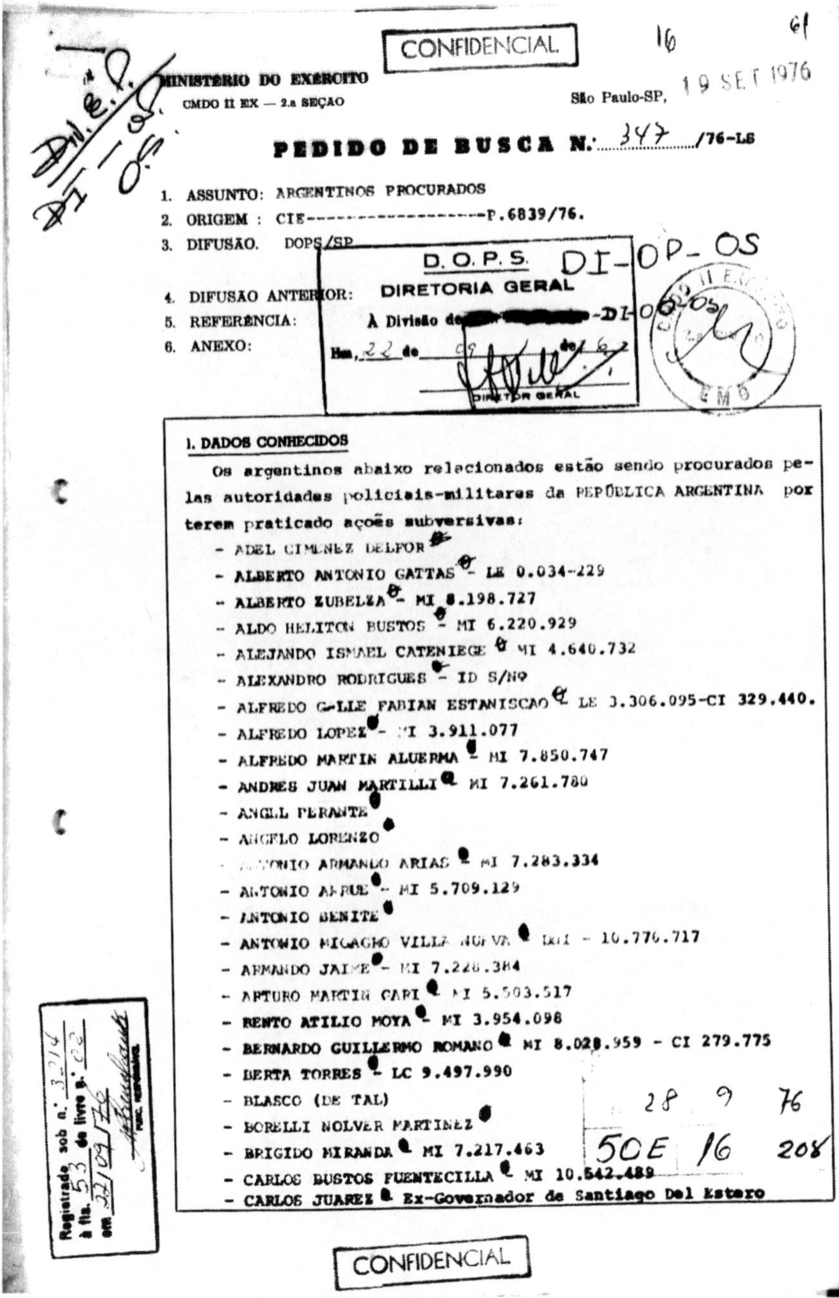

CONFIDENCIAL

16 61

MINISTÉRIO DO EXÉRCITO
CMDO II EX — 2.a SEÇÃO

São Paulo-SP, 19 SET 1976

PEDIDO DE BUSCA N.: 347/76-LS

1. ASSUNTO: ARGENTINOS PROCURADOS
2. ORIGEM : CIE------------------P.6839/76.
3. DIFUSÃO. DOPS/SP
4. DIFUSÃO ANTERIOR:
5. REFERÊNCIA:
6. ANEXO:

D.O.P.S. DI-OP-OS
DIRETORIA GERAL
À Divisão de -DI-OP-OS
Em, 22 de 09 de 76
DIRETOR GERAL

1. DADOS CONHECIDOS

Os argentinos abaixo relacionados estão sendo procurados pelas autoridades policiais-militares da REPÚBLICA ARGENTINA por terem praticado ações subversivas:

- ADEL GIMENEZ DELFOR
- ALBERTO ANTONIO GATTAS - LE 0.034-229
- ALBERTO ZUBELZA - MI 8.198.727
- ALDO HELITON BUSTOS - MI 6.220.929
- ALEJANDO ISMAEL CATENIEGE - MI 4.640.732
- ALEXANDRO RODRIGUES - ID S/Nº
- ALFREDO GALLE FABIAN ESTANISCAO - LE 3.306.095-CI 329.440.
- ALFREDO LOPEZ - MI 3.911.077
- ALFREDO MARTIN ALUERMA - MI 7.850.747
- ANDRES JUAN MARTILLI - MI 7.261.780
- ANGEL PERANTE
- ANGELO LORENZO
- ANTONIO ARMANDO ARIAS - MI 7.283.334
- ANTONIO AFRUE - MI 5.709.129
- ANTONIO BENITE
- ANTONIO MIGAGHO VILLA NUEVA - DNI - 10.776.717
- ARMANDO JAIME - MI 7.228.384
- ARTURO MARTIN CARI - MI 5.503.517
- BENTO ATILIO MOYA - MI 3.954.098
- BERNARDO GUILLERMO ROMANO - MI 8.028.959 - CI 279.775
- BERTA TORRES - LC 9.497.990
- BLASCO (DE TAL)
- BORELLI NOLVER MARTINEZ
- BRIGIDO MIRANDA - MI 7.217.463
- CARLOS BUSTOS FUENTECILLA - MI 10.542.489
- CARLOS JUAREZ - Ex-Governador de Santiago Del Estero

28 9 76
50E 16 208

Registrado sob n.: 3214 à fls. 53 do livro n. 02 em 22/09/76

CONFIDENCIAL

Documento "confidencial" com um pedido de busca emitido pelo II Exército, datado de 19 de setembro de 1976.

regular deveria ocorrer em língua portuguesa, mas o ensino de catequese não estava incluído. Mesmo assim, o policial estabeleceu que também esse ensino não poderia ocorrer em língua estrangeira. Essa autonomia de ação do policial está na decisão de não acatar o documento originário de uma instância superior. Outra característica da ação do policial é que ele não a vê como um trabalho exclusivamente técnico de diligência – compreendia-a como uma *missão* em favor da pátria. Por último, se nessa época a palavra "subversão" ainda não fosse corriqueira como se tornaria na ditadura militar, a ideia de que qualquer coisa podia ser "subversiva" estava presente, pois o texto informa que o policial apreendeu os livros que encontrou com as crianças – hinários religiosos utilizados pelas populações luteranas no Brasil há mais de um século e que nada tinham a ver com nazismo.

O segundo documento a ser referido, do Acervo DEOPS/SP, Série Dossiês, é um exemplo da documentação encontrada na Família 50, Dossiê 50-E-016, com o título "É investigado o Consulado Argentino". As três pastas que compõem o dossiê possuem como datas-limite os anos de 1944 e 1978.

Trata-se de pedido de busca (de número 347, de 1976) emitido pela 2ª Seção do Comando do II Exército, datado de 19 de setembro. Recebeu a classificação de "confidencial".

Analisando o cabeçalho do documento, tem-se o assunto do pedido de busca ("argentinos procurados"), a origem do pedido (vem do Centro de Informações do Exército – CIE) e a difusão (para o DOPS/SP). Essas informações podem ser acompanhadas pela imagem que reproduz a primeira página do documento.

Nessa página e nas seguintes (o corpo do "pedido de busca"), apresentam-se dados conhecidos e dados solicitados. Nos dados conhecidos, tem-se a seguinte informação: "Os argentinos abaixo relacionados estão sendo procurados pelas autoridades policiais-militares [sic] da REPÚBLICA ARGENTINA por terem praticado ações subversivas". Segue uma lista com mais de cem nomes de cidadãos argentinos, alguns com o número da cédula de identidade. Depois, solicita-se o seguinte:

> a) Imediata detenção e comunicação urgentíssima a esta AI [agência de informações] dos que forem encontrados em Território Nacional em situação irregular quanto à entrada no país; b) Localização, manutenção sob vigilância cerrada e imediata comunicação dos que estiverem em situação legal no País; c) Manter em aberto o processamento.

Como interpretar esse documento como indício da ação repressiva da ditadura civil-militar brasileira, já que, numa primeira observação, parece não evidenciar qualquer tipo de desrespeito aos Direitos Humanos e à legislação?

Primeiro, é necessário desmistificar a documentação desses regimes naquilo que diz respeito à metodologia repressiva. Raramente um documento demonstrará, de forma explícita, práticas como o sequestro como forma de detenção; a tortura física e psicológica como fonte de informações e punição; e mortes e desaparecimentos como políticas de extermínio. Assim, torna-se imprescindível estar atento às sutilezas que essas fontes possuem, e às evidências que trazem subentendidas.

Voltando ao documento sob análise, cabe destacar nova interpretação sobre a época de sua produção. Se a data de 19 de setembro de 1976, à primeira vista, poderia remeter ao período da transição "lenta, gradual e segura" de Geisel, a inter-relação entre o ano de 1976 e o tema da fonte ("argentinos procurados") evidenciam o envolvimento brasileiro na Operação Condor, firmada entre alguns países latino-americanos para a colaboração dos aparatos repressivos no "combate à subversão". Como as agências de informação brasileiras souberam que esses cidadãos argentinos estavam sendo procurados pelas forças de segurança daquele país? Muito provavelmente, através da troca de informações entre os aparatos repressivos de ambos os regimes.

Segundo, em relação ao item "b" dos "dados solicitados": por que localizar, manter "sob vigilância cerrada" e comunicar imediatamente à agência de informações como estavam os argentinos em situação legal no país? Esse pedido evidencia a lógica da suspeição e a constante vigilância a que foram submetidos não só cidadãos brasileiros, mas também estrangeiros residentes no país, principalmente durante a vigência da Operação Condor.

Fontes sensíveis

No dia 5 de abril de 2009, o jornal *Folha de S.Paulo* publicou uma manchete com as seguintes palavras: "Grupo de Dilma planejava sequestrar Delfim". Com base numa ficha do DOPS sobre a ministra-chefe da Casa Civil da presidência da República, Dilma Rousseff, a matéria estabeleceu uma ligação entre ela e um plano para sequestrar em 1969 o então ministro da Fazenda, Delfim

Neto. No dia 25 de abril, o mesmo jornal abriu nova manchete: "Autenticidade de ficha de Dilma não é provada".

O episódio ilustra os problemas que envolvem esse tipo de fonte e que extrapolam os limites da Arquivologia e da História, configurando um debate político presente nas democracias que sucederam governos discricionários. Para contorná-los, procurou-se, ao longo deste capítulo, fornecer informações sobre essa documentação acompanhadas de subsídios para o trabalho com uma fonte que exige do historiador uma série de cuidados especiais, éticos e metodológicos. Porém, nunca é demais frisar que a disponibilização de fundos documentais como esses é fundamental para o conhecimento dos fatos e para a escrita da história, assim como para a consolidação dos próprios regimes democráticos.

Notas

1 Cláudia Mauch, *Ordem pública e moralidade: imprensa e policiamento em Porto Alegre na década de 1890*, Santa Cruz do Sul, Edunisc, 2004.

2 Elisabeth Cancelli, *O mundo da violência: a polícia na era Vargas*, Brasília, EdUnB, 1993; Elisabeth Cancelli, *A Intentona em Nova York*, Brasília, EdUnB, 1997; Martha K. Huggins, *Polícia e política: relações Estados Unidos/América Latina*, São Paulo, Cortez, 1998, p. 47 ss.

3 Reynaldo P. Campos, *Repressão judicial no Estado Novo*, Rio de Janeiro, Achiamé, 1982.

4 R. S. Rose, *Uma das coisas esquecidas: Getúlio Vargas e o controle social no Brasil – 1930-1945*, São Paulo, Companhia das Letras, 2001.

5 Marlene de Fáveri, *Memórias de uma (outra) guerra: cotidiano e medo durante a Segunda Guerra em Santa Catarina*, Itajaí/Florianópolis, Editora Univali/Editora da UFSC, 2004.

6 Brasil. Lei n. 4341 de 13 de junho de 1964. Cria o Serviço Nacional de Informações. *Diário Oficial da União*, 15 jun., 1964, p. 3.

7 Elizabeth Jelin, "Introducción. Gestión política, gestión administrativa y gestión histórica: ocultamientos y descubrimientos de los archivos de la represión", em Ludmila da Silva Catelat e Elisabeth Jelin (comps.), *Los archivos de la represión: documentos, memoria y verdad*, Madri, Siglo XXI, 2002, pp. 4-5.

8 Idem, p. 3.

9 David Nasser, *Falta alguém em Nuremberg: torturas da polícia de Filinto Strubling Müller*, Rio de Janeiro, Edições do Povo, 1947. Deve-se destacar que na queda do Estado Novo não ocorreram alterações significativas no aparelho do Estado, o que inclui os aparelhos policiais.

10 René E. Gertz, "O Rio Grande do Sul e a Segunda Guerra Mundial", em Gunter Axt (org.), *As guerras dos gaúchos: história dos conflitos do Rio Grande do Sul*, Porto Alegre, Nova Prova, 2008, p. 422.

11 José Plínio Guimarães Fachel, *As violências contra alemães e seus descendentes durante a Segunda Guerra Mundial em Pelotas e São Lourenço*, Pelotas, Editora da UFPel, 2002, p. 239; Gunter Axt, "Interpretações sobre a história do orçamento judiciário no Rio Grande do Sul (1874-1990)", em *Justiça e História*, Porto Alegre, n. 5, 2003, p. 271.

[12] A título de exemplo, pode-se citar aqui o instrumento de trabalho editado por Ana Maria Dietrich; Eliane Bisan Alves; Priscila Ferreira Perazzo; Maria Luiza Tucci Carneiro, *Inventário* DEOPS: *Módulo I – Alemanha*. São Paulo, Arquivo do Estado, 1997. Estudos baseados nesse tipo de documentação são Priscila Ferreira Perazzo, *O perigo alemão e a repressão policial no Estado Novo*, São Paulo, Arquivo do Estado, 1999; Ana Maria Dietrich, *Caça às suásticas: o partido nazista em São Paulo sob a mira da polícia política*, São Paulo, Imprensa Oficial, 2008. As mais conhecidas obras contemporâneas que recorreram a esse tipo de fontes são as de origem policial: Major Aurélio Py, *O nazismo no Rio Grande do Sul* [primeiro e segundo relatórios, sem indicações]; Aurélio da Silva Py, *A quinta coluna no Brasil*, Porto Alegre, Globo, 1942; Delegacia de Ordem Política e Social de Santa Catarina, *O punhal nazista no coração do Brasil*, Florianópolis, Imprensa Oficial, 1943.

[13] Antonio González Quintana, *Los archivos de la seguridad del Estado de los desaparecidos regímenes represivos*, Santiago de Chile, 1999. Disponível em: <http://www.unesco.org>. Acesso em: jul. 2004.

[14] Idem.

[15] Ludmila da Silva Catela, "Territorios de memoria política. Los archivos de la represión en Brasil", em Catela e Jelin (comp.), op. cit., pp. 20-1.

[16] Ludmila da Silva Catela, "El mundo de los archivos", op. cit., p. 210.

[17] Ludmila da Silva Catela, op. cit., p. 210. Trad. Caroline Silveira Bauer.

[18] Idem.

[19] Irene de Arruda Ribeiro Cardoso, "Memória de 68: terror e interdição do passado", em *Tempo Social*, São Paulo, USP, v. 2, n. 2, 2º sem. 1990, p. 109.

[20] Idem.

[21] Brasil. Secretaria Especial dos Direitos Humanos. Comissão Especial sobre Mortos e Desaparecidos Políticos. Direto à memória e à verdade. Brasília, Secretaria Especial dos Direitos Humanos, 2007.

[22] *Dossiê dos mortos e desaparecidos políticos a partir de 1964*, Recife, Companhia Editora de Pernambuco, 1995. p. 28.

[23] Quintana, op. cit.

[24] Idem.

[25] Idem.

[26] Elizabeth Jelin, op. cit., p. 8.

[27] *Folha de S. Paulo*, São Paulo, 20 abr. 2003.

[28] *Carta Capital*, São Paulo, 4 abr. 2007, p. 24.

[29] Pode-se ter uma ideia do funcionamento da STASI e, posteriormente, da disponibilização de seu arquivo através do filme *A vida dos outros*, de Florian Henckel von Donnersmarck, lançado em 2006, já exibido no Brasil.

[30] Cf. Babett Bauer, "A caminho da 'história das vivências'? História oral na Alemanha", em René E. Gertz e Sílvio Marcus de S. Correa (orgs.), *Historiografia alemã pós-muro: experiências e perspectivas*, Santa Cruz do Sul/Passo Fundo, EDIUNISC/UPF Editora, 2007, pp. 142-72.

[31] *Die Zeit*, Berlim, 15 jan. 2009, pp. 1-2.

[32] A revista alemã *Der Spiegel*, Hamburgo, de 17 de novembro de 2008, pp. 38-43, tratou desse assunto numa matéria intitulada "Unidade alemã – direito de esquecer?".

[33] No Arquivo Nacional, Rio de Janeiro, existe um Fundo Tribunal de Segurança Nacional.

[34] Para uma listagem mais completa dos acervos documentais sobre a ditadura civil-militar brasileira disponíveis à pesquisa, cf. Carlos Fico, *Além do golpe: versões e controvérsias sobre 1964 e a ditadura militar*, Rio de Janeiro, Record, 2004. Além disso, cf. informações sobre arquivos virtuais em Enrique Serra Padrós, "Os arquivos virtuais sobre os regimes repressivos", em Vladimir Ferreira de Ávila (org.), *V Mostra de pesquisa do Arquivo Público do Estado do Rio Grande do Sul*, Porto Alegre, CORAG, 2007.

[35] Maria Aparecida Aquino et al. (org.), *No coração das trevas: o DEOPS/SP visto por dentro*, São Paulo, Imprensa Oficial, 2001, v. 1; Maria Aparecida Aquino et al. (org.), *A constância do olhar vigilante: a preocupação com o crime político*, São Paulo, Imprensa Oficial, 2002, v. 2; Maria Aparecida Aquino et al. (org.), *O dissecar da estrutura administrativa do DEOPS/SP: o anticomunismo – doença do aparato repressivo brasileiro*, São Paulo, Imprensa Oficial, 2002, v. 3; Maria Aparecida Aquino et al. (org.), *O DEOPS/SP em busca do crime político*, São Paulo, Imprensa Oficial, 2002, v. 4; Maria Aparecida Aquino et al. (org.), *A alimentação do Leviatã nos planos regional e nacional: mudanças no DEOPS/SP no pós-1964*, São Paulo, Imprensa Oficial, 2002, v. 5 (Coleção Dossiês DEOPS/SP: Radiografias do Autoritarismo Republicano Brasileiro).

[36] Rio Grande do Sul. Decreto n. 39.680 de 24 de agosto de 1999. Cria Comissão Especial para organizar um acervo histórico da luta pela democracia e de denúncias de violações das liberdades democráticas e dos direitos humanos cometidas pela ditadura militar instalada em 31 de março de 1964. *Diário Oficial do Estado*, 25 ago., 1999, p. 1.

[37] O documento está publicado, sem indicação de data, num dos livros do chefe de polícia do estado (Py, *O nazismo no Rio Grande do Sul* [segundo relatório], pp. 324-27).

CARTAS

Narrador, registro e arquivo

Teresa Malatian

Historiadores e cartas

A publicação de coletâneas de cartas anotadas e comentadas vem crescendo como fenômeno editorial paralelo ao da oferta de biografias, iniciado na década de 1980. Uma nova perspectiva historiográfica levou ao florescimento da narrativa, à revalorização do indivíduo, da vida privada e dos estudos sobre cultura, abrindo um espaço importante para os escritos biográficos e autobiográficos. A menor ênfase na História quantitativa e serial e nos grandes modelos explicativos e o "retorno" do político juntamente com o da curta duração do evento singular possibilitaram essa mudança.

Presença das cartas na historiografia

Os *escritos autobiográficos* abrem um grande campo de possibilidades para o historiador. Resultam de atividades solitárias de introspecção, ainda que sua autoria possa ser partilhada por secretários, assessores ou familiares. Trata-se de *escrita de si*, na primeira pessoa, na qual o indivíduo assume uma posição reflexiva em relação à sua história e ao mundo onde se movimenta.

Nos documentos que a expressam, entre eles as cartas, a palavra constitui o meio privilegiado de acesso a atitudes e representações do sujeito.

Não se trata propriamente de novidade, pois as cartas constituem um gênero cultivado desde a Antiguidade como forma literária e fontes de informações para os estudos biográficos. Desde o século XVIII, assumiram também uma dimensão educativa, passando a ser utilizadas na formação dos jovens, graças ao reconhecimento de seu papel como "arte formadora da existência".[1] Nos dias atuais, as cartas perderam espaço na vida cotidiana dos indivíduos, porém os avanços da tecnologia permitiram o aparecimento de novas formas e novos suportes de textos de escrita de si. Tal é o caso dos e-mails, blogs e sites de exposição virtual da vida privada, com ampla rede de leitores que compartilham as informações, num peculiar e interessante cruzamento entre o público e o privado, que escapa ao controle de seu autor para alcançar circulação planetária.

A cultura epistolar

O crescimento do gênero autobiográfico remonta ao século XIX, quando preenchia funções definidas como educação do eu, ou interiorização de normas de convivência em determinados meios sociais, além de satisfazer à busca de intimidade e privacidade que acompanhou a implantação da ordem burguesa no Ocidente. Refletir e falar sobre si tornou-se comum; enviar os resultados a terceiros deu origem a uma cultura epistolar específica, codificada e submetida a regras de etiqueta.

A partir do século XVIII, as cartas adquiriram papel cada vez mais relevante para a expressão de sentimentos, emoções e experiências. O hábito da correspondência tornou-se mais difundido, alcançou diversas camadas sociais e constituiu-se em prática cultural bastante apreciada tanto na Europa como na América. Cartas de amizade, amor, família, pedidos, recomendações, conselhos, censura, louvor, agradecimentos, a lista de suas modalidades é longa. Não foi apenas o "século da História",[2] o XIX foi também o século das correspondências, que se tornaram objeto de coleção e mesmo uma moda, com a formação dos tesouros de autógrafos, que atendiam o gosto antiquário.

Paralela a mais ampla alfabetização, ao aumento do hábito de leitura e das práticas arquivísticas, a escrita de cartas difundiu-se e deixou de ser preferencialmente masculina para tornar-se cultivada em maior extensão pelas mulheres. Para elas, o ato de escrever e trocar missivas inaugurou novos hábitos e adquiriu relevância ao canalizar vocações literárias interditas. A melhoria dos serviços postais, decorrentes das inovações dos meios de transporte como o trem e o navio a vapor, teve também sua influência sobre a prática epistolar ao encurtar distâncias e agilizar contatos. O envio e o recebimento de notícias, com frequência e regularidade, constituíram-se em dimensão da vida cotidiana e, nela, a figura do carteiro passou a ocupar papel de destaque: era "o mensageiro esperado e recebido com alegria".[3] O dicionário *Larousse* registrou em 1873 o fenômeno da difusão do gênero e afirmou que, se nem todos escreviam histórias, romances ou tratados filosóficos, em contrapartida, todos redigiam cartas.[4]

Fragmentos de diálogos codificados

Conforme a historiadora Michelle Perrot, a adoção de códigos de sociabilidade que implicavam o controle de si ocorreu desde a primeira metade do século XIX, acompanhando a construção da dimensão privada da vida burguesa, quando a virtude doméstica tornou-se o centro da sociabilidade e estabeleceram-se controles estritos sobre a divulgação de zonas interditas do eu. Esse controle marca também a expansão das trocas de cartas. Assim como diários e autobiografias, as cartas expressavam a vida privada segundo regras de boas maneiras e apresentavam uma imagem de si controladoras da espontaneidade e da revelação da intimidade. Nelas um jogo sutil se estabelece entre o público e o privado, o íntimo e o ostensivo. Longe de serem espontâneas, as cartas ocultam e revelam seus autores conforme regras de boas maneiras e de apresentação de si, numa imagem pessoal codificada.[5] O ato de escrever cartas a familiares, amigos ou colegas de profissão reuniu os indivíduos ansiosos por receber notícias dizíveis (doenças, tratamentos de saúde, trabalho, detalhes do cotidiano) e apenas fazer supor as indizíveis (gravidez, problemas conjugais, dúvidas e incertezas religiosas, dinheiro, morte, sexo). Criava e sustentava um desejo de reciprocidade, pois o envio de uma carta trazia implícito ou explícito um pedido de resposta na conversação realizada à distância. Mas comportava, como todo diálogo, silêncios, rupturas, retomadas ao sabor dos interesses e das afeições. As reações provocadas por oscilações no fluxo de cartas são bem visíveis nas linhas irritadas, decepcionadas ou angustiadas dos correspondentes.

A arte de escrever cartas tornou-se objeto da educação formal nas escolas, porém a codificação do gênero epistolar é antiga. O grande modelo foram as cartas escritas por Cícero (106 a.e.c. - 43 a.e.c.), que, por sua concisão, simplicidade e clareza, testemunham de modo excepcional a vida pública e privada do filósofo, orador e político romano. Outro exemplo a ser lembrado são os manuais da arte epistolar editados em Portugal desde o século XVII. As fórmulas por eles transmitidas incluíam a sobrescrita dos envelopes, o tratamento e a distribuição dos temas, como nesta lição de tipologia sobre a carta missiva ou mandadeira:

> O primeiro é das *cartas de negócio, e das cousas que tocam á vida, fazenda* e *estado de cada um*, que é o que para as cartas primeiro foram inventadas; que, por tratarem de cousas familiares, se chamaram assim. O segundo, de cartas dentre amigos uns aos outros, de novas e cumprimentos de galantarias, que servem de recreação para o entendimento e de alívio e consolação para a vida. O terceiro, de matérias mais graves e de peso, como são de governo da República e de matérias Divinas, de advertências a Príncipes e senhoras e outras semelhantes. O primeiro gênero se divide em cartas *domésticas, civis* e *mercantis*. O segundo em cartas de *novas*, de *recomendação*, de *agradecimento*, de *queixumes*, de *desculpas* e de *graça*. O terceiro, que é mais grave e levantado, contém cartas Reais em matérias de Estado, cartas *públicas, invectivas, consoláveis, laudativas, persuasórias* e outras, que se pegam a cada uma das que nomeei em todos os três gêneros.[6]

Os manuais estabeleciam os temas a serem abordados conforme o correspondente e seu grau de proximidade e intimidade, os cuidados com a preservação de sigilos e mesmo das próprias cartas. Elas poderiam ser guardadas ou destruídas após a leitura por sugestão ou solicitação do remetente, temeroso de ver revelado seu eu além do desejado, chegando a comportar o uso de pseudônimos, cifras e códigos para driblar a censura e a espionagem. Repositórios de introspecção, as missivas eram trocadas entre grupos detentores de códigos específicos, com exigências de sociabilidade próprias. Longe de serem espontâneas, adquiriram uma dimensão cada vez mais normatizada em preceitos de forma e conteúdo, conforme a posição social dos correspondentes. Nada impediu, porém, que houvesse transgressões saborosas, espontaneidade e defesas desativadas. Um exemplo dessa suspensão de autocensura pode ser encontrado na carta endereçada por D. Leopoldina a Johann Martin Flach, em data incerta (1822 ou 1823), para narrar suas desventuras em matéria de finanças e solicitar auxílio. Além de expor sua situação matrimonial, a carta apresentava sem disfarces as dificuldades financeiras da jovem imperatriz de uma monarquia recém-fundada:

> *Caro Flach.*
> *Neste momento, foi decidido pagar oitocentos contos de réis ao Imperador; eu também quis falar, mas meu esposo – que, ó Deus, não se importa com mulheres – fez-me concordar com sessenta contos de réis; como os deputados e senadores explicaram, esta quantia é para pagar as minhas despesas pessoais, que me custam, rigorosamente calculadas, trinta e quatro contos de réis, isto sem incluir alimentação e vestuário, e centenas de outros gastos. Assim não conseguirei viver decentemente e terei uma vida cheia de preocupações; acho que já é tempo [...] de terminar. Caro Flach, procure conseguir com os nossos amigos e irmãos que me dêem oitenta a cem contos, pois assim não é possível; por amor ao Brasil eu perdi a subvenção de uma rainha de Portugal, que montava a mais de cem contos.*
> *Assegurando-lhe minha constante amizade e simpatia, permaneço,*
> *sua benévola*
> *Leopoldina*[7]

O suporte material: papéis, penas e tintas

A indústria da carta desenvolveu-se desde o século XIX com a diversificação dos papéis utilizados, em seus inúmeros tipos, formatos e cores, aos quais se acrescentava muitas vezes o requinte dos monogramas ou timbres, que de um lance de vista permitiam a identificação de sua procedência e constituíam sinais de distinção. O uso de tarja negra para situações de luto, de ilustrações em ocasiões festivas ou memoráveis, a exposição de papéis luxuosos de linho, o recurso a simples folhas arrancadas de cadernos ou retalhos de papéis de embrulho indicam as circunstâncias em que as cartas foram escritas, regulando a troca de informações e ordenando as relações sociais entre os correspondentes. O grupo no qual a carta se originou e o outro ao qual se destinava, sua circulação, seu território social, podem ser evidenciados por esses detalhes, entre eles o primeiro e mais evidente, o envelope carregado de selos, por si só também um elemento para análise. Não raro, as informações eram acrescidas de fotos, recortes de jornais, flores secas, mechas de cabelos e outros objetos de *memorabilia*, fragmentos do vivido materializados e ofertados em relicário ao correspondente.

Reveladoras da verdade fugaz de um momento perdido após sua composição, as cartas sempre suscitaram em seus autores ou destinatários sentimentos ambivalentes de desejo de preservação ou destruição. Proteger a intimidade de olhares indiscretos, sobretudo os momentos de entrega mais espontânea do eu, unido pela conversação escrita a um olhar distante, não poucas vezes inspirou recomendações de destruição dos papéis após a leitura, de sua conservação em cofres trancados, de promessas de segredo e discrição. Mas outro interesse, mais poderoso, permitiu que as cartas sobrevivessem silenciosas em arquivos pessoais, por vezes cuidadosamente atadas com fitas: o desejo de salvar vestígios de vidas, de laços estabelecidos, de afetos experimentados.

O momento biográfico

Ao ter acesso a esses fragmentos, o historiador espia por uma fresta a vida privada palpitante, dispersa em migalhas de conversas a serem decodificadas em sua dimensão histórica, nas condições socioeconômicas e na cultura de uma época, na qual público e privado se entrelaçam, constituindo a singularidade do indivíduo numa dimensão coletiva. Processo identitário que se define e redefine constantemente e elimina qualquer suposição de coerência e continuidade de atitudes, sentimentos ou opiniões.

As cartas expressam dimensões culturais do sujeito, que poderiam ser chamadas de momento biográfico. Cada indivíduo participa de diferentes "esquemas de ação e de pensamento que possuem seus modos de tradução simbólica e constituem sistemas referenciais valorizados". Família, vizinhança, cidade, local de trabalho são algumas das pertenças culturais interiorizadas ao longo da história de uma vida. Só que uma existência não transcorre de modo linear contínuo e sim em momentos, nos quais experiências organizam-se no espaço-tempo interior construído pelo sujeito e que individualiza um aspecto de sua vida. Nas cartas, isso ocorre de modo especialmente claro, pois é a configuração do momento biográfico que rege o contar da vida por meio da junção de experiências referidas a tempos e contextos sempre heterogêneos. O que o escritor de cartas parece querer dizer a todo momento, ao apresentar uma "pose" de si mesmo, é simplesmente: "eu estou aqui". Pose continuamente refeita em formas efêmeras e transitórias nas quais a experiência cotidiana, sempre inacabada, aberta ao inesperado, está presente. Nesse sentido, a prática da escrita de cartas, por conta do aspecto relacional que a caracteriza, instala processos autorreferenciais para além das trocas dinâmicas com o outro, o interlocutor a quem elas se destinam. O domínio da imagem de si é fundamental e a prática epistolar exige, antes de tudo, a credibilidade daquele que recebe a correspondência. Os eventos narrados devem se apresentar como verdadeiros a esse leitor.[8]

A partir de Bourdieu, pode-se falar que as cartas fazem parte de e expressam *habitus*, ou seja, comportamentos, regidos por valores próprios de uma dada época ou grupo social no qual se inserem ações individuais, num jogo entre indivíduo e contexto que constitui a dimensão da individualidade. Na individualidade, a coerência, a coesão, as ações e as relações facilmente inteligíveis não podem ser buscadas como regra metodológica. O historiador poderá selecionar *momentos significativos*, as conexões que dão coerência à vida de uma pessoa e, assim, construir uma continuidade de atos que são descontínuos, justapostos, imprevistos e aleatórios. Nesse universo aparentemente caótico da experiência humana, o *habitus*, enquanto disposições incorporadas para sentir, pensar e agir, permite o ordenamento e a unificação de práticas, ações, comportamentos e representações que convergem para a compreensão do eu, da identidade do sujeito, mas também de uma dada sociedade na qual o indivíduo se movimenta.[9]

Tirando as cartas das gavetas

Do correio ao arquivo

Censura e autocensura são parte integrante da atividade epistolar. Será grande a decepção do pesquisador ao se deparar com resistências de familiares em entregar o tesouro até então ciosamente guardado. Se há casos felizes de total colaboração entre os detentores das cartas e o historiador, haverá outros em que a proibição do acesso é justificada com o argumento de que alguém da família ou amigo irá publicar uma biografia ou coletâneas de inéditos.

Outras vezes o historiador consegue a abertura parcial e controlada de um fundo e "os papéis são trazidos com prudência, a conta-gotas. As informações íntimas são ocultadas. O arquivo privado perde sua riqueza: tende a se transformar em arquivo público, revelando apenas o mais banal, o mais conveniente ou o mais desculpável. Ele deve sustentar uma mitologia que a família está encarregada de proteger". Tanto o historiador como a História que pretende escrever ficam sob vigilância.[10] Muita diplomacia, tato, negociação e resignação são exigidos do pesquisador no decorrer da entrada na memória familiar, onde as resistências crescem na proporção da relevância pública do indivíduo estudado. O desejo do controle da memória, de preservação da imagem pública, e a manutenção de segredos constituem, com frequência, obstáculos a serem superados na busca das fontes epistolares e se completam com desejos, explícitos ou não, de exaltação memorialística por parte dos detentores de acervos.

Tanto ou mais decepcionante será a informação de que parte de uma correspondência ou séries inteiras foram destruídas irremediavelmente. Poucos são os escritores de cartas que guardaram rascunhos ou minutas da correspondência expedida, capaz de cobrir tais lacunas. As condições de conservação, o tipo de papel e tinta empregados e a própria caligrafia tornam por vezes a leitura das cartas desafios de decifração nesta pesquisa, entretanto, promissora.

A formação de centros de pesquisa e documentação encarregados de abrigar arquivos pessoais ou privados tem facilitado bastante a pesquisa com cartas.[11] Por outro lado, a conservação de séries inteiras por escritores, políticos, artistas e outros nos faz pensar em um ato de memória consciente e sondar sua possível interferência sobre a espontaneidade dos escritos. Entre eles, embora estejam sempre presentes a régua e o compasso dos códigos de sociabilidade, haverá documentos mais íntimos, como as cartas de amor, nem por isso totalmente "verdadeiras"; outros, destinados a um círculo mais amplo que o da família e das relações de amizade, terão controle de si muito mais cuidadoso. O que se pretende sugerir é que as cartas escritas por pessoas com inserção pública destacada são produzidas e conservadas com conhecimento de sua importância enquanto fontes biográficas. Nelas a intenção memorialística consciente se revela na seleção do que deve ser preservado, no descarte daquilo que não deve ser divulgado e no armazenamento do que será intencionalmente conservado para olhares futuros.

Características do gênero epistolar

A valorização da experiência individual pela historiografia tem levado os historiadores ao interesse pelas cartas como objeto de investigação em lugar de considerá-las apenas fonte de informações. As múltiplas possibilidades de sua abordagem e utilização, seja como fonte seja como objeto, inevitavelmente encontrarão no caminho as especificidades do gênero epistolar.

Trata-se de documentos escritos com a preocupação de alcançar um destinatário. Tal preocupação os torna testemunhos de redes de comunicações entre indivíduos e grupos. É o receptor quem irá provavelmente controlar sua preservação ou destruição, numa prática de memória implícita ou explícita no pacto epistolar e seus desdobramentos, os atos de escrever, enviar, receber, ler, responder e guardar cartas.

Dentre as questões que se pode colocar a esse tipo de documentação está a de mapear, nas correspondências trocadas, as redes de sociabilidade nas quais os indivíduos se inserem e os vínculos existentes entre os correspondentes. O mapeamento é o primeiro passo para a compreensão da inserção social do remetente em posições familiares, profissionais, de amizade etc. Completa-o a percepção do volume de cartas endereçadas a cada um dos correspondentes e sua distribuição temporal, sua periodicidade e a regularidade das trocas, cujos resultados – expressos em gráficos – permitirão visualizar a rede em pleno funcionamento. Essa primeira abordagem já evidencia o caráter fragmentário e disperso das correspondências e as dificuldades em reuni-las, a não ser que alguma iniciativa já tenha sido tomada nessa direção por pesquisadores, arquivistas ou familiares. A dificuldade é proporcional à relevância social, política ou cultural do correspondente em pauta, pois, no caso de figuras públicas, torna-se mais difícil o trato com a quantidade e a dispersão dos conjuntos documentais a serem reunidos, além de ocorrer um confronto com a imagem do indivíduo já construída e consolidada pela memória e pela História.[12]

O que as cartas nos dizem?

Cabe ao historiador decidir o que irá buscar nesses documentos, fazendo deles fontes ou objeto de História da Literatura, da Educação, da Cultura (estudo de práticas de leitura e escrita, questões de gênero, preocupações intelectuais). Em outras palavras, é importante definir qual a *questão* a ser colocada ao documento para que ele nos fale algo. Valem para isso ainda as famosas perguntas: *quem, quando, onde, como* e *por que uma carta é escrita?*

Ao analisar a correspondência *como objeto*, o historiador levará em conta seu caráter altamente subjetivo e, mais do que a veracidade dos fatos e a sinceridade do escritor, irá buscar, nesses documentos, a expressão e a contenção do eu, em seus diversos papéis sociais, em termos de sentimentos, vivências e, principalmente, práticas culturais. Trabalhar as cartas enquanto objeto cultural também requer várias estratégias. A materialidade do objeto carta em seu suporte de papel e tinta desdobra-se na sua escrita que sempre envolverá um ou diversos temas não necessariamente ordenados na sequência de exposição nem hierarquizados (apesar das regras que definem as fórmulas de tratamento, a abertura e o fecho do texto, o tipo de linguagem, o vocabulário e até mesmo o número de páginas). Todo historiador que trabalhe com cartas poderá encontrar bilhetes rabiscados em algumas linhas ou dezenas de páginas de escrita regular e organizada tematicamente, com coerência e estilo literário, que constituem documentos mais completos e ricos.

Já a outra possibilidade analítica, de considerar as cartas *fontes*, solicita do historiador os procedimentos de crítica documental que são usualmente empregados a toda documentação escrita, acrescida da precaução baseada no seu caráter subjetivo anteriormente mencionado. As considerações feitas sobre essa dimensão da escrita de si remete à constatação que as informações nelas contidas serão sempre versões individuais ou coletivamente construídas sobre determinados acontecimentos vividos pelo narrador ou dos quais se inteirou de diversas formas como conversas, leituras, relatos.

Como abordar as cartas?

Fonte ou objeto, as cartas devem ser sempre confrontadas com outros documentos. Assim se consegue alcançar uma percepção nuançada de seus objetivos, conteúdos e implicações, além de maior conhecimento de seu autor. Conhecer o contexto e, sobretudo, unir as duas pontas da correspondência – a passiva e a ativa – entre dois indivíduos permitem a construção de um quadro analítico rico. Igualmente proveitoso é comparar as diversas correspondências de um mesmo indivíduo, a natureza e a intensidade dos laços que manteve.

A prática de prosopografias[13] ou pequenas biografias em rede[14] que delimitam o quadro analítico completando-se mutuamente é também procedimento desejável. Eleito um correspondente principal como objeto de estudo, a confrontação levaria o historiador a uma espécie de triangulação, estudando os indivíduos em contato e suas relações numa dada unidade temporal.[15]

Ainda que as cartas sejam dotadas de grande potencial expressivo, vale aqui a mesma regra de método usualmente empregada na historiografia: nenhum documento pode iluminar por si só um tema. A confrontação com outros documentos se impõe, abrindo ao historiador novas perspectivas e novos ângulos de compreensão. Tal procedimento também evita a ilusão de que o material obtido nas correspondências constitui verdade bruta e inexplorada, confiável uma vez garantida sua "espontaneidade" e, portanto, sua "veracidade".

A sedução da vida privada

Se as cartas autógrafas nos convencem de sua autenticidade como testemunhos, a emotividade intensa que com frequência satura os documentos pode enfraquecer o distanciamento crítico do historiador, que se vê em contato com o privado e por vezes o íntimo, quase como um *voyeur* que viola a intimidade de vidas e é captado pelo "pacto autobiográfico" de que nos fala Lejeune.[16] A abundância de detalhes precisos, milimétricos, de locais, horas, minutos, nem sempre poderá ser interpretada como indício da busca de credibilidade pelo narrador, na relação pactuada com o leitor. A abordagem biográfica comporta muitas ambiguidades e apresenta armadilhas conhecidas como projeções, nas relações estabelecidas entre o historiador e o sujeito estudado. Ou seja, o procedimento metodológico de reconhecer e sentir empatia pelas emoções vindas do passado requer também um distanciamento de observação que minimize os efeitos de identificação conhecidos como simpatia ou antipatia. A empatia pressupõe uma aproximação da situação do sujeito observado sem que esta seja assumida ou incorporada pelo historiador, que pela atitude de distanciamento compreensivo poderá realizar a análise sem estar imerso na condição do indivíduo estudado, num conjunto de informações fragmentadas, como é o material empírico fornecido pelas cartas. É na triangulação entre o sujeito estudado e as fontes complementares que se delineia ao historiador a possibilidade de escapar de uma excessiva identificação com seu objeto, romper o encantamento resultante do acesso à vida íntima de indivíduos de alguma maneira portadores de apelos de sedução.

Peter Gay assinala que as cartas, ao contarem "realidades interiores", reproduzem experiências individuais nas quais fantasias e "realidades" se mesclam num jogo de ocultar/revelar apresentado como um compromisso com a verdade. A partir de uma abordagem psicanalítica, Gay sinaliza o cuidado a ser tomado pelo historiador com poses, táticas evasivas, exposição e proteção do eu dirigida a um público seleto, que mais ocultam do que revelam. Suas constatações foram baseadas em documentos produzidos durante a era vitoriana, muito diversos dos atuais caminhos de exposição da vida privada em seus detalhes mais íntimos, pois, naquela época, eram altamente codificados, com regras explícitas acerca do decoro a ser mantido, dos assuntos considerados tabus, do grau de expansão, conforme o leitor potencial. Mas se o método psicanalítico é de difícil absorção pelo historiador, sua proposta não deixa de ser notável por abrir um campo de possibilidades de análise das motivações subjetivas na elaboração da escrita de si e que, levadas em conta, poderão contribuir para a crítica do documento evitando uma postura desavisada.[17]

Cartas de família

Destacam-se entre as correspondências interessantes para o historiador as cartas de família, muito frutíferas para estudos biográficos e do cotidiano. O risco de uma abordagem de banalidades pode ser superado pela análise dos processos de elaboração desses documentos, como: a motivação de sua escrita, as condições de sua produção, sua circulação e recepção (modos de ler, gestos de conservação, regras das trocas), formas materiais de suporte, formas de linguagem e a lógica dos procedimentos que resultaram em sua organização arquivística. Em outras palavras, é possível analisar as cartas procurando nelas o *habitus* que rege conteúdos e práticas. Analisá-las como parte de uma dada cultura significa também compreender as redes de relações e as estratégias de identificação empregadas pelos membros de uma família para, por exemplo, mantê-la unida.

É peculiar dessas cartas a tipologia dos personagens, com os temas que nelas figuram: colegiais (cartas de separação, conselhos, deveres morais, educação sentimental), soldados (partidas para o exército ou para a guerra, pedidos de dinheiro, detalhes da vida militar), pais (negócios domésticos, gestão de empresas, relações com criados, espera do cônjuge distante), os ausentes (emigrantes, viajantes). Os papéis familiares desempenhados pelos missivistas constituem referentes que conduzem a correspondência segundo geração, sexo ou situação econômica. Nela, a temporalidade está dividida entre os "tempos fortes" (festas natalinas, de ano-novo, aniversários, nascimentos, casamentos, falecimentos) e os "tempos mortos" ou sem novidades marcantes na vida cotidiana preenchidos com o envio desses pedaços de papel mantenedores da coesão familiar por meio de notícias, conselhos e suporte emocional.

Mais do que vulneráveis à censura oficial, as cartas de família são sujeitas ao controle que sempre ameaçou o segredo e a inviolabilidade da correspondência. O direito a uma escrita pessoal não se estabelece sem conflitos, mesmo nos dias presentes, devido ao papel vigilante dos pais sobre os filhos e dos cônjuges entre si. Essa dinâmica leva ao desenvolvimento de estratégias de escrita por meio de códigos, símbolos, não-ditos, implícitos. Nelas, o eu se refugia em subterfúgios que podem, com frequência, chegar ao "peço-lhe que destrua depois de ler". A literatura e o cinema encontram nesse tema inesgotável fonte de inspiração e fazem do segredo epistolar descoberto o cerne de muitas tramas de sucesso.

Do ponto de vista cultural, será possível descobrir nessas cartas os apelos a data, hora, ritmo epistolar, tempo gasto na escrita, o momento da chegada ou partida do correio, além de indícios da experiência pessoal do tempo. Alguns autores de cartas são extremamente cuidadosos em sinalizar esses detalhes ao correspondente e com minúcias indicarão seu modo de se relacionar com a temporalidade, com relógio e calendário nas mãos. Já outros não datarão as missivas ou o farão com negligência, mencionando apenas o dia da semana em que foram escritas, fato que indica uma relação bastante específica e fluída com a temporalidade. Para o historiador, nesse segundo caso, a análise será mais complexa por exigir cruzamento de informações contidas nos carimbos dos envelopes ou as respostas enviadas pelo destinatário. Do mesmo modo, o espaço se faz presente no interior das cartas para fabricar um imaginário e exprimir relações com pessoas ou grupos numa dada circunstância. Assim como o cuidado com a marcação do tempo, a indicação de lugares sugere o tipo de inserção espacial do missivista e pode fornecer importantes referentes para a análise de sua cultura.

Outra possibilidade historiográfica consiste em verificar como a família pode constituir refúgio contra agressões do exterior, mobilizada como instrumento de identificação segundo laços de sangue, alianças, amizade e agregação (inclusive de domésticos) em constelações complexas e mutáveis. É possível estudar história da família por meio dessas cartas na medida em que elas são também instrumentos de solidariedade e acompanham a circulação de bens materiais (alimentos, roupas, dinheiro e objetos diversos) entre os correspondentes além de permitirem a solicitação de serviços (informações, procedimentos).

Dessa perspectiva, resulta a relevância do aprendizado da escrita de cartas por incorporar normas e valores de um grupo. Isso deverá estar presente numa abordagem cultural no sentido de "compreender como se constitui o repertório de gestos e emoções passíveis de recepção na troca epistolar, e como certas famílias chegam a apropriar-se dele".[18] Além do acesso ao cotidiano singular, é possível, por meio do estudo dessas cartas, alcançar a difusão de códigos domesticadores de afetos e, afinal, como aponta Norbert Elias, uma "civilização de costumes" inscrita em redes de sociabilidade a que serve de fios de costura e bordado.[19]

Intelectuais escrevem cartas

A correspondência comporta trocas de ideias, elaboração de projetos, sela pactos, expõe polêmicas, fixa rupturas. Pode-se detectar por meio dela as intrincadas redes de relações sociais que reúnem os seus autores. Isto é particularmente importante para o caso dos intelectuais, pois envolve sua rede profissional, onde ocorrem trocas de livros, opiniões, sentimentos diversos e firmam-se estratégias de atuação entre os pares. Por essa riqueza, a correspondência dos intelectuais renomados sempre foi valorizada e, mais recentemente, também a dos menos destacados, consideradas relevantes para o entendimento da circulação das ideias e dos homens nos espaços literários.

Pelas cartas trocadas, percebe-se a organização de um grupo em torno de certos indivíduos que desempenham papel central a partir de um projeto ou objetivo comum. O grupo comporta amizades e ódios, disputas e alianças a que está sujeito. Tais informações serão de grande utilidade também para a compreensão da personalidade de um determinado autor, da construção de sua obra, da recepção de suas ideias.

O conceito de *sociabilidade* proposto por Sirinelli[20] pode servir para fundamentar uma abordagem dos locais de produção intelectual e das trocas que neles ocorrem por meio das cartas. Ao precisar o conceito, o autor aborda as redes e os "microclimas" característicos de um "microcosmo particular". Ali se estabelece uma geografia dos lugares ocupados pelos participantes e os afetos entre eles (amizades/hostilidades), as trocas intelectuais, as rivalidades, os conchavos estabelecidos em torno de ideias, obras, cargos e posições, inclusive as institucionais (como academias, revistas, jornais, editoras).

A História Política, ao estudar o comportamento dos intelectuais, valoriza também o aspecto social daquele círculo chamado por Jean-Paul Sartre de "pequeno mundo estreito", de contornos imprecisos. A polissemia do termo remete à ampla variedade de criadores e mediadores como professores, escritores, jornalistas, eruditos em geral, os grandes e os menos notáveis. Mais refinada, a definição se aplica também aos engajados na vida política como atores. Em ambos os casos, a análise das correspondências possibilitará esclarecer a difusão das ideias entre eles, a fixação de certas visões como dominantes numa dada época e seu poder de influir nos acontecimentos. A compreensão dessa dinâmica de influências, matrizes, interpretações e estratégias, assim como da constituição de redes e do peso da afetividade na difusão de ideias, poderá ser mapeada pelas cartas. Itinerários e sociabilidades considerados em rede enriquecem, em abordagem prosopográfica, os engajamentos, as mediações e as disputas dos envolvidos e dos mencionados nas correspondências.

Uma análise: cartas de confraria

Cartas de Oliveira Lima

A Oliveira Lima Library, situada em Washington (Estados Unidos), abriga livros, documentos e objetos do historiador e diplomata pernambucano Manoel de Oliveira Lima (1867-1928). Intelectual destacado, escreveu vasta obra de História que o celebrizou em dois aspectos: historiador do Império e crítico da política externa brasileira durante a gestão de Rio Branco no Ministério do Exterior (1902-12).[21] Entre seus documentos, deixou cartas que testemunham sua inserção em redes de sociabilidade de intelectuais que gravitaram em torno da Academia Brasileira de Letras (ABL). Oliveira Lima foi um escritor compulsivo de cartas, permanecendo ainda não inventariadas todas as suas correspondências. Longas amizades ficaram registradas em centenas de missivas, em que também se pode encontrar desde pequenas intrigas até comentários sobre diplomacia, política interna e externa do Brasil. Suas cartas têm sido publicadas em conjuntos de correspondência de outros intelectuais como Capistrano de Abreu, Joaquim Nabuco, Machado de Assis, Euclides da Cunha, entre outros.

Pode-se, por meio delas, verificar um método de análise da correspondência de intelectuais, como foi anteriormente desenvolvido. Trata-se de documentos relevantes, que começam a ser estudados enquanto objeto, parte relevante de sua obra, completando-se assim a compreensão de seu valor como fonte, o qual vem sendo, de longa data, reconhecido como meio para a compreensão da trajetória deste intelectual – já que Oliveira Lima foi objeto de alguns estudos biográficos – e a de aspectos de sua época.[22] Estamos falando aqui de conjuntos de correspondência ativa e passiva articuladas em redes de sociabilidades e suas relações com as esferas do poder político.

A escolha dos correspondentes levou em conta a relevância dos autores das cartas e o seu conteúdo, que permitem considerá-las tanto como fonte quanto como objeto. Essa proposta de análise tem como ponto de partida uma questão de fundo: de que maneira as cartas podem desvendar o funcionamento de redes de sociabilidade intelectual atuantes durante a Primeira República? Foi considerado o pressuposto de que as sociabilidades intelectuais não se esgotam no espaço público, mas comportam aspectos da vida privada em que se manifestam com clareza no jogo astucioso de ocultar/revelar da narrativa intencionalmente construída embora nem sempre explícito com todas as letras.

A questão desdobra-se em outra indagação que completa a primeira: que tipo de informações biográficas sobre os intelectuais elas contém? O foco da análise direcionou-se para a trajetória de Oliveira Lima, aspectos de sua vida e inserção nos diversos grupos em que atuou, considerados significativos tanto em termos da relevância dos contatos como pela produção intencional de um arquivo de sua própria vida. Propositalmente foram deixados de lado aspectos de suas relações familiares, em primeiro lugar porque poucos documentos desse teor foram por ele conservados. Além disso, os documentos consultados não trazem dados significativos sobre essas vivências, que justificassem sua análise e mesmo inclusão como tópicos de questionamento no interior da problemática central.[23]

Para responder a essas questões, a análise foi iniciada no momento do ingresso de Oliveira Lima na ABL em 1897, em decorrência de sua participação na roda de intelectuais e políticos vinculados ao Itamaraty. Com os livros *Pernambuco, seu desenvolvimento histórico* e *Aspectos da literatura colonial*, alcançara um lugar entre os frequentadores do "pequeno mundo" da livraria Garnier, no Rio de Janeiro. Estava entre os integrantes do "grupo oficial" que incluía José Veríssimo, Joaquim Nabuco e Salvador de Mendonça, todos eles intelectuais destacados no mundo das letras e da política. A outra *coterie* ou grupo literário presente na ABL era liderada por Rio Branco e reunia Graça Aranha, Domício da Gama e Euclides da Cunha, todos ligados à diplomacia. Entre esses grupos eram comuns tanto os elogios quanto os ataques, que repetiam outras batalhas travadas no mundo da política. Na época, o louvor constituía o mais visível traço de identidade, externado pela grande imprensa, que influía decisivamente na consagração dos autores ou no seu descrédito quando divulgava críticas negativas sobre suas obras. A tendência atual da historiografia sobre os intelectuais tem privilegiado o esforço para desvendar o funcionamento dessas intrincadas relações, de modo a sair do estudo meramente biográfico.

Escrever cartas era fundamental para a manutenção da sociabilidade desse meio e isso se evidencia nas fórmulas utilizadas pelos correspondentes de Oliveira Lima no início de suas missivas. Indicam a interiorização de códigos da escrita de si e da arte da correspondência, vigentes na época, tais como o agradecimento pela última carta recebida e o registro da data de recepção. Regras de polidez transparecem na preocupação em justificar lapsos de tempo entre recebimento e resposta, atribuídos ao correio ou aos "inúmeros afazeres". Além disso, a correspondência constituiu um importante recurso para contrabalançar a vida errante dos diplomatas, como se eles fossem âncoras lançadas entre os continentes com fios invisíveis conduzindo uma trama de sociabilidades vitais para o sentimento de identidade e para sua atuação profissional desempenhada em legações espalhadas pelos continentes. O envio das cartas era completado pelo de outros objetos como livros, fotos e recortes de jornais. Trocas de favores e pedidos de intervenção, ou seja, dons e contradons, eram habituais e faziam parte dessa sociabilidade, mas poucas confidências sobre a vida íntima estão nelas presentes. Um verniz de recato e a recusa à exposição de sentimentos protegiam com um manto de reserva as relações familiares; as fórmulas usuais de envio de "recomendações" simétricas envolviam discretamente as esposas dos correspondentes. Nesse sentido, a análise poderia ter como um dos direcionamentos desvendar do que não foi dito, o que ficou oculto nas entrelinhas e que também é relevante para a compreensão do funcionamento complexo das redes de sociabilidades.

Os temas mais comuns dessas cartas foram as atualidades, a política, a diplomacia, os projetos de obras em andamento, os trabalhos publicados e a vida acadêmica. Indicam, assim, a pertença de Oliveira Lima a redes de sociabilidade de intelectuais ramificadas no mundo da cultura, da política e do poder e os lugares centrais ou periféricos que Lima ocupava nelas. Assim, podemos observar que uma posição destacada foi sendo alcançada e consolidada até o ápice de sua carreira, em 1913, para decair após 1920, quando, residindo em Washington, dizia-se esquecido e isolado, revelando no entanto, já no fim da vida, notável capacidade de se "reinventar" e construir novas relações, como ocorreu com o jovem Gilberto Freyre.

A análise dessa correspondência permite ao historiador verificar a rede desses intelectuais destacados em ação. O ponto de partida escolhido foi a vida e atuação de Oliveira Lima, servindo de porta de entrada para o mapeamento da rede na qual ele se inseriu e da qual se pinçou aqui uma pequena amostra. Essa tem sido uma prática difundida entre os historiadores da cultura política, notadamente os que estudam as trajetórias de intelectuais, a exemplo do que foi feito com a correspondência trocada entre Joaquim Nabuco e os abolicionistas britânicos entre 1880 e 1905 pelos pesquisadores José Murilo de Carvalho e Leslie Bethel.[24] Em suma, as cartas em análise permitem "ver" esses grupos e fornecer sugestões válidas para o estudo de outros grupos semelhantes que se formaram e atuaram no decorrer da história do Brasil, como ocorreu com a geração de 1870, reunida em torno do republicanismo, e com os que se aglutinaram em torno do ministro Gustavo Capanema durante o Estado Novo.

Percebe-se nas cartas de Oliveira Lima a escrita de si num tom a custo comedido nos parâmetros da conversa cerimoniosa. São reveladoras de um eu apaixonado nas causas que abraçou e com uma grande capacidade para situar-se em campos de conflito, características que, associadas, lhe valeram o apelido de D. Quixote Gordo, dado por Gilberto Freyre.

Machado de Assis e o som da gaita

Na ABL, foram preservadas 11 cartas enviadas por Oliveira Lima a Machado de Assis entre 1899 e 1907. Na Oliveira Lima Library, conservam-se as nove respostas datadas entre 1900 e 1908. A letra regular de Machado, cuidadosamente traçada em papel simples, destoa da caligrafia desordenada de seu correspondente, que utilizava papéis ao sabor das circunstâncias, com monogramas pessoais, timbres de hotéis ou legações, tendendo a rabiscar garranchos indecifráveis. Nos dois conjuntos, as fórmulas de tratamento evoluem de um tom cerimonioso e oficial, como "Exmo. Sr. Dr.", "MD Presidente", para o mais íntimo "Meu caro amigo".

Autor consagrado por vasta obra literária, Machado de Assis participara da *Revista Brasileira*, núcleo articulador dos intelectuais fundadores da Academia, instituição que dirigiu entre 1897 e 1908. Valorizava as cartas como um meio de promover a reconstrução do passado, como esclarece na passagem de seu livro *Memórias póstumas de Brás Cubas*:

> Leitor ignaro, se não guardas as cartas da juventude, não conhecerás um dia a filosofia das folhas velhas, não gostarás o prazer de ver-te, ao longe, na penumbra, com um chapéu de três bicos, botas de sete léguas e longas barbas assírias, a bailar ao som de uma gaita anacreôntica. Guarda as tuas cartas da juventude!

conselho, entretanto, inútil para o próprio autor, que conservou apenas as cartas da maturidade.[25]

O intercâmbio entre os dois escritores parece ter se iniciado em 1899, quando Oliveira Lima passou pelo Rio de Janeiro a caminho da legação em Washington. Oliveira Lima deixou registrado em suas *Memórias* o acolhimento a ele dispensado por Carlos de Carvalho, ministro do Exterior e intermediário junto ao grupo. Essas recordações confirmam a importância do Itamaraty no interior da Academia pela inclusão de outros ministros, como Rio Branco e Lauro Müller. Assim como o Instituto Histórico e Geográfico Brasileiro, a ABL constituía espaço privilegiado da sociabilidade de intelectuais, em que se dava a trama das relações de poder mescladas ao cultivo das letras, seja na forma de literatura, seja na forma de escrita da história. A consagração nesses espaços de sociabilidade não estava ligada apenas ao mérito literário mas também às posições ocupadas no campo da diplomacia, conforme se pode verificar na admissão de acadêmicos nas duas instituições, mesmo com pequeno respaldo de obras publicadas, amparados pelas estratégias de construção e manutenção de grupos.

Em desdobramento, as legações do Brasil no exterior eram pontos de encontro e de sociabilidade desses intelectuais, como ocorria em Londres, segundo testemunho de Oliveira Lima a Machado de Assis em 1900: "Estamos aqui com excelente roda, roubada à Revista e à Academia. Às cinco horas reúnem-se em volta do bule de chá o Nabuco, Graça Aranha, Ed.[uardo] Prado e outros." [26] Ali se tratava da negociação de limites com a Guiana Inglesa, razão da presença de Joaquim Nabuco, recém-incorporado ao serviço diplomático após anos de ostracismo em decorrência de sua adesão ao Império decaído. Dois meses depois, Machado respondia: "Aos amigos com quem me diz que está sempre ao chá das 5 horas, Nabuco, Graça Aranha e Eduardo Prado, peço-lhe que apresente as m.as [minhas] saudades, explicando-lhes que nem por serem de velho são menos viçosas."[27]

A análise cruzada de documentos permite mapear o *habitus* dessa sociabilidade, a relação de confraria transparente no clima de camaradagem que dá o tom nas cartas enviadas por Machado de Assis a Joaquim Nabuco, nas quais se refere a Oliveira Lima como "nosso confrade da Academia", a lhe trazer notícias de Londres: "O Oliveira Lima escreveu-me que vocês tem aí um chá das cinco horas, em que recordam os nossos."[28]

O adiamento da posse de Oliveira Lima na ABL (1903) foi intermediado pelo diplomata e também acadêmico Salvador de Mendonça, que escreveu ao presidente da Academia, advogando a causa do amigo ausente.[29] Sinalizava a importância para um diplomata de manter-se inserido na sociabilidade acadêmica, pois vivendo a maior parte de sua vida no exterior, Oliveira Lima pouco frequentou as reuniões da ABL, mas em contrapartida, participou ativamente das cabalas eleitorais. Suas *Memórias* confirmam em detalhes essa atuação mencionada nas cartas:

> nas eleições acadêmicas enquanto tomei parte nelas, votei sempre com independência e de acordo com minha consciência: por Domingos Olímpio contra Mário de Alencar, por Alfredo de Carvalho contra o Marechal Dantas Barreto, por Pinto da Rocha contra Gilberto Amado, então muito dado a tiros e que algum dia, zangado, nos podia pregar uma peça em plena sessão.

Se Oliveira Lima discordou de Machado de Assis na eleição de Mário de Alencar, deu a ele apoio na rejeição à candidatura de Emilio de Menezes, cuja proximidade das bebidas alcoólicas e, sobretudo, o manejo da pena ferina desagradavam profundamente a ambos. Referiu-se a Emilio de Menezes, que fez dele objeto de sátira, como indigno do seu voto, "não porque não lhe reconhecesse algum talento poético, mas porque não tinha bastante compostura". [30]

Oliveira Lima também esteve presente na correspondência trocada entre Machado de Assis e Joaquim Nabuco, com uma ponta de ironia e maledicência que extravasava em confidência desavenças sobre a política externa brasileira. "O discurso do Oliveira Lima esteve excelente; o que ele disse menoscabando a diplomacia e a cozinha francesa (as duas coisas de que ele mais gosta, a terceira, V. sabe, é fazer livros), foi naturalmente para a galeria", dizia Nabuco, referindo-se à sessão da Academia, por ele presidida, por ocasião da proposição da candidatura de Jaceguai, que tinha seu apoio, contra a de Euclides da Cunha.[31] Por sua vez, em resposta, Machado ressaltou o discurso de Oliveira Lima na solenidade de posse de Arthur Orlando na Academia, acrescentando conciliador: "falou-se muito do seu *Pernambuco* e de filosofia, além de poesia."[32] Inteiramente mergulhado na Academia e no seu movimento eleitoral, Machado de Assis tecia com os confrades a trama sutil e ardilosa do quadro acadêmico.

A correspondência pesquisada traz ainda diversas informações sobre as obras escritas e as práticas de promoção recíproca. Em 1904, Oliveira Lima publicou a peça teatral *Secretário d'El-Rei*, que recebeu crítica elogiosa de Machado de Assis. Em troca, enviava suas publicações ao diplomata, que na época fazia crítica literária em jornais, sendo recebido com adesão incondicional, como ocorreu na resenha crítica do romance *Esaú e Jacó*. Ambos trocavam também notícias sobre obras projetadas ou em andamento. O hábito de escrever suas obras literárias em segredo, sem comentá-las antes da publicação, cultivado por Machado de Assis, está presente nessas cartas. Porém, Oliveira Lima foi um dos que desfrutaram do privilégio do acesso às informações sobre o andamento dos escritos de Machado. Assim, trocaram notícias sobre a elaboração do *Memorial de Aires* e do *D. João VI no Brasil*, completando-se a troca de dons e contradons concretizados pelas resenhas mútuas de obras publicadas.

Sociabilidade de letras e diplomacia

A vinculação de Oliveira Lima ao Itamaraty constituiu eixo importante dessa correspondência, em que foi fundamental a política externa panamericanista desenvolvida por Rio Branco. As cartas de confraria evidenciam o papel desempenhado pela ABL como caixa de ressonância da diplomacia, que inspiraria o personagem-título do *Memorial de Aires*, o último romance de Machado de Assis. As cartas explicitam a oposição do diplomata ao ministro Rio Branco e à diretriz por ele impressa à política exterior brasileira, bem como suas tentativas de mobilizar Machado em seu favor. Mas esse evitava enredar-se no embate, apesar dos apelos de cumplicidade feitos pelo diplomata.

Um dos confrontos estabeleceu-se por ocasião da eleição de Mário de Alencar. Sua candidatura, patrocinada por Machado de Assis, foi logo encampada por Rio Branco contra Domingos Olímpio, que era seu desafeto e subordinado na missão encarregada da resolução do conflito de fronteira com a Argentina na região das Missões. A divisão dos eleitores acadêmicos constituía um alinhamento que reproduzia questões internas do Itamaraty. Residindo na Venezuela, Oliveira Lima não deixou de acompanhar as articulações controvertidas deste pleito, votando em Domingos Olímpio. Inconformado com a vitória do candidato apoiado por Rio Branco, manifestou-se abertamente contra seu principal articulador, o qual, aliás, mantivera-se em silêncio durante as cabalas que fizeram valer sua opinião.

A eleição de Artur Orlando propiciou outro desses embates. O escritor publicara a obra *Pan-americanismo* (1906), com a qual participava do debate central das diretrizes da política externa brasileira na época em posição próxima à de Oliveira Lima, que condenava em artigos de intensa repercussão a excessiva aproximação de Rio Branco com os Estados Unidos. A afinidade na política levara Oliveira Lima a patrocinar em 1907 a candidatura bem-sucedida de Artur Orlando contra a do diplomata Assis Brasil.

O momento de maior entrega de si por Oliveira Lima na correspondência ocorreu em 1905 quando ocupou contra sua vontade a legação em Caracas, onde se sentia esquecido e menoscabado. Mobilizou suas redes de sociabilidade para tentar uma remoção. As cartas trazem parte dos fios dessa trama feita ora explicitamente, ora com sutileza. Diante da situação, Machado sinalizava interesse pelo caso: "Os seus amigos daqui ficamos com os olhos na carreira que continua, certos de que corresponde, agora como antes à confiança do nosso país. E a literatura e a Academia folgarão igual[men]te com as suas vitórias, que serão de todos nós."[33] Em resposta, Oliveira Lima deixava subentendido um pedido de intercessão após tecer inúmeras reclamações:

> *Se o snr. soubesse o q[ue] é Caracas, avaliaria esse prazer. A maior distração aqui, a única mesmo, é esperar o correio. [...] Daqui hei de sair assim que o Rio Branco, meu excelente amigo, deixar o posto. Dele nada pretendo, mas pretendo alguma coisa do futuro e uma desforra.*[34]

A ironia ferina era o extravasar de raiva reprimida contra o ministro a quem atribuía os percalços de sua carreira acidentada, onde não faltaram divergências sobre a política externa brasileira em relação ao panamericanismo e à aproximação dos Estados Unidos.

Essa carta de Machado dera um novo alento a Oliveira Lima, que cultivava a ansiedade e o receio de ter sido esquecido na situação difícil em que se encontrava profissionalmente:

> *Não interpretava, contudo, o seu silêncio como prova de esquecimento, antes como ocupações, negação a escrever cartas ou cousa semelhante. Acredite que não fiz juízo temerário. Aliás tenho tido mais ou menos sempre notícias suas pelos amigos. O Veríssimo constantes vezes, o R.[odrigo] Otávio uma vez por outra.*

Dizendo-se fragilizado por doença e contratempos na carreira, Oliveira Lima movimentava a amizade poderosa para, nas entrelinhas, solicitar um novo cargo após a missão venezuelana,

> *correspondente à minha categoria, porque estou aqui de empréstimo, p[ara] ultimar uma questão de demarcação que me foi dado realizar, sem q[ue] houvesse o grande ou pequeno desejo de que me coubesse o papel. 2.do virá a remoção? Ignoro; o q.[ue] sei é que só a aceitarei se for do meu agrado.*[35]

Nem sempre o resultado da mobilização das redes era explícito. Guardando prudente reserva, a resposta de Machado foi evasiva, sem deixar transparecer se tomou a defesa do confrade usando sua influência para uma nova nomeação. Mas, com sutileza, mencionou: "Pelo que me escreve está concluída a missão que o levou a Caracas, e espera agora uma remoção que ainda não sabe para onde seja."[36] Nas entrelinhas, foram passados diversos recados, pois, se Machado não queria se comprometer, sinalizava a importância de passagem do diplomata pelo Rio para acertar sua situação. A informação sem dúvida era preciosa, motivando agradecimentos efusivos.[37] A obtenção do posto de ministro plenipotenciário na legação em Bruxelas foi uma vitória do diplomata dissidente, que conseguiu romper o bloqueio imposto pelo ministro Rio Branco. A sociabilidade da rede não se fizera apenas em torno do chá semanal da Academia ou dos encontros vespertinos na Garnier, comportara também a mobilização de influências para a obtenção de postos e nomeações.

A representatividade de Oliveira Lima como intelectual em sua época evidenciou-se pela repercussão entre confrades, diplomatas e na imprensa, alimentada pelas obras e pelos debates que caracterizaram a vida intelectual do período. Ultrapassou o elogio, a crítica e sua transformação em personagem caricato – uma das expressões dessas polêmicas – para atingir a inserção em redes sociais amplas, evidenciada pelas cartas. A ABL propunha-se permanecer um reduto intelectual afastado dos engajamentos políticos, mas isso não ocorreu. Nela, a rede de sociabilidade tangenciava o Itamaraty, que, por abrigar muitos escritores, tendeu a estabelecer penetração do poder estatal em seus diversos desdobramentos, pela presença de membros do corpo diplomático na instituição. Constituiu, assim, uma arena da política pela manipulação da consagração no mundo das letras como recurso de visibilidade.

A correspondência analisada a título de exemplo constitui-se em si mesma como espaço de sociabilidade. Ao evidenciar a intersecção entre público e privado permite a compreensão de dons e contradons que, sem essa abertura analítica, ficariam ocultos dos olhares do público.

Notas

1 Gaston Pineau, *Pratiques de formation*, Montréal, Analyse, 1996. A compreensão da correspondência como arte formadora da existência direciona-se para a abordagem de estratégias de reajuste permanente do indivíduo às intensas e velozes transformações sociais do mundo contemporâneo, de modo a preservar sua própria historicidade e sua posição de sujeito histórico pela constante utilização de referentes identitários. Fornece também elementos para que as correspondências constituam um território de pesquisa em educação nos estudos das vivências pedagógicas por indicarem a interiorização de normas e valores.

2 Como afirmou o historiador Gabriel Monod (1844-1912), na frase de abertura do primeiro número da *Revue historique* em 1876. Esta é uma referência forte para a historiografia do século XIX por sua proposta de um procedimento metodológico voltado para a inclusão da disciplina no campo científico marcado pelo positivismo, com a adoção de regras e procedimentos próprios.

3 Michelle Perrot, "A vida em família", em P. Ariès e G. Duby (org.), *História da vida privada*, São Paulo, Companhia das Letras, 1991, v. 4, p. 187.

4 Volker Kapp, Deux problèmes de l'art épistolaire au XIXe siècle: besoin de communication et exigeance stylistique, *Cahiers de l'AIEF*, v. 39, n. 1, 1987, pp. 175-90.

5 Michelle Perrot, "Introdução", em *História da vida privada*, op. cit., pp. 9-13.

6 Francisco Rodrigues Lobo, "Corte na aldeia e noites de inverno" (1619), em W. N. Galvão e N. B. Gotlib (org.), *Prezado senhor, prezada senhora*, São Paulo, Companhia das Letras, 2000, p. 48.

7 D. Leopoldina, *Cartas de uma imperatriz*, pesquisa e seleção de Bettina Kann e Patrícia Souza Lima, São Paulo, Estação Liberdade, 2006, p. 416.

8 Delory-Momberger, *Les Histoires de vie*, Paris, Anthropos, 2000, pp. 4-7 e 261-63.

9 Pierre Bourdieu, "A ilusão biográfica", em Marieta de Morais Ferreira". *Usos e abusos da história oral*, Rio de Janeiro, FGV, 1998, pp. 183-91.

10 Christophe Prochasson "'Atenção: Verdade!', Arquivos privados e renovação das práticas historiográficas", em *Estudos históricos*, Rio de Janeiro, CPDOC, v. 11, n. 21, 1998, p. 109.

11 Angela de Castro Gomes, *Escrita de si, escrita da história*, Rio de Janeiro, FGV, 2004, p. 10. Este trabalho reúne diversos estudos sobre correspondência de intelectuais.

12 Aqui, a reflexão associa a posição de indivíduos destacados à prática da correspondência. Com certeza, a dificuldade de recolher cartas de pessoas das camadas populares será também grande, porém de outra natureza; não depende tanto, me parece, da necessidade de preservação de uma imagem pública.

13 O método prosopográfico consiste em "definir uma população a partir de um ou vários critérios e estabelecer, a partir dela, um questionário biográfico cujos diferentes critérios e variáveis servirão à descrição de sua dinâmica social, privada, pública, ou mesmo cultural, ideológica ou política, segundo a população e o questionário em análise". Esse método compreende tanto as biografias individuais como as grandes amostras ampliadas de dimensões diversas da sociedade. Ver: Christophe Charle, "A prosopografia ou biografia coletiva: balanço e perspectivas", em Flávio Heinz (org.), *Por outra história das elites*, Rio de Janeiro, FGV, 2006, p. 412.

14 Para se compreender a análise prosopográfica concretamente aplicada ao estudo de intelectuais, sugere-se a leitura da obra de Sérgio Micelli, *Intelectuais à brasileira*, São Paulo, Companhia das Letras, 2001.

15 Marc-Antoine Kaeser, "La Science vécue. Les potentialités de la biographie en histoire des sciences", em *Revue d'histoire des sciences humaines*, v. 1, n. 8, 2003, pp.139-60.

16 Philippe Lejeune, *Le Pacte autobiographique*, Paris, Seuil, 1998. Para este autor, o pacto autobiográfico refere-se a procedimentos empregados pelo narrador para convencer o leitor da autenticidade do seu relato. Em linhas gerais, refere-se à intenção de honrar a assinatura colocada no documento e implica num "contrato" entre ambas as partes tendo como base a identidade que se estabelece entre elas. Ao reconhecer-se no texto lido, o destinatário do texto autobiográfico se faz também parte dele, tornando-o também em certa medida, biográfico.

17 P. Gay, *O coração desvelado*, São Paulo, Companhia das Letras, 1999, pp. 71-177.

18 Cécile Dauphin, "Pour une histoire de la correspondance familial", em *Romantisme*, v. 25, n. 90, 1995, pp. 89-99.

19 Norbert Elias, *A sociedade de corte*, Lisboa, Estampa, 1987.

20 A noção de sociabilidade refere-se aos locais de produção dos intelectuais e às trocas neles ocorridas. Segundo Sirinelli, a palavra sociabilidade reveste-se de uma dupla acepção: ao mesmo tempo

"redes", que estruturam, e "microclimas", que caracterizam um microcosmo intelectual particular. Cf. Jean-François Sirinelli, "Os Intelectuais", em René Rémond (org.), *Por uma história política*, Rio de Janeiro, FGV, 2003, p. 248 e 253.

21 Entre as obras de Oliveira Lima destacam-se *D.João VI no Brasil, O Império Brasileiro, O movimento da Independência, Formação histórica da nacionalidade brasileira, O reconhecimento do Império, D. Pedro e D. Miguel, D. Miguel no trono, Impressões da América Espanhola, Nos Estados Unidos, Pan-americanismo.*

22 T. Malatian, "Cartas de confraria", em *Estudos históricos*, Rio de Janeiro, FGV, v. 13, n. 24, 1999, pp. 377-92; Angela de C. Gomes, "Em família: a correspondência entre Oliveira Lima e Gilberto Freyre", em *Escrita de si, escrita da História*, op. cit., pp. 51-76.

23 Sobre dimensões da vida privada de Oliveira Lima em seus aspectos de família, ver Teresa Malatian, "O diário de Flora", em *Remate de males*, Campinas, Unicamp/IEL, n. 24, 2004, pp. 51-64.

24 Leslie Bethel e José Murilo de Carvalho, *Joaquim Nabuco e os abolicionistas britânicos. Correspondência 1880-1905*, Rio de Janeiro, Topbooks, 2008.

25 Jean-François Sirinelli, "Os intelectuais", op. cit.

26 Carta de Oliveira Lima a Machado de Assis, Londres, 19/9/1900.

27 Carta de Machado de Assis a Oliveira Lima, Rio, 7/11/1900.

28 Carta de Machado de Assis a Joaquim Nabuco. Rio, 7/12/1900. *Em* Machado de Assis, *Correspondência*, São Paulo, Jackson, 1953, p. 107.

29 Carta de Salvador de Mendonça a Machado de Assis. Petrópolis, 15/3/1901. Em Machado de Assis, *Correspondência*, op. cit, pp. 386-389.

30 M. de Oliveira Lima, *Memórias: estas minhas reminiscências*. Recife, Sec. Turismo, Cultura e Esportes, 1986, p. 126.

31 Carta de Joaquim Nabuco a Machado de Assis. Challes, 18/8/1903. Em J. P. Graça Aranha, *Machado de Assis e Joaquim Nabuco: comentários e notas à correspondência entre estes dois escritores*, Rio de Janeiro, Briguiet, 1942, p. 122.

32 Carta de Machado de Assis a Joaquim Nabuco, Rio, 14/1/1908. Em J. P. Graça Aranha, op. cit., p. 160.

33 Carta de Machado de Assis a Oliveira Lima, Rio, 21/4/1905.

34 Carta de Oliveira Lima a Machado de Assis, Caracas, 23/5/1905.

35 Carta de Oliveira Lima a Machado de Assis, Caracas, 20/12/1905.

36 Carta de Machado de Assis a Oliveira Lima, Rio, 5/2/1906.

37 Carta de Oliveira Lima a Machado de Assis, Caracas, 13/4/1906.

Bibliografia

AMED, Fernando. *As cartas de Capistrano de Abreu*: sociabilidade e vida literária na *belle époque* carioca. São Paulo: Alameda, 2006.

ARIÈS, P.; DUBY, G. (org.) *História da vida privada*. São Paulo: Companhia das Letras, 1991, v. 4.

BOURDIEU, Pierre. A ilusão biográfica. In: FERREIRA, Marieta de M.; AMADO, Janaína. *Usos e abusos da História Oral*. 8. ed. Rio de Janeiro: FGV, 2006, pp. 183-91.

BOUTIER, Jean; JULIA, Dominique. *Passados recompostos*: campos e canteiros da História. Rio de Janeiro: UFRJ/FGV, 1998.

DAUPHIN, Cécile. Pour une histoire de la correspondance familiale. *Romantisme*, v. 25, n. 90, 1995, pp. 89-99.

DELORY-MOMBERGER, Christine. *Les Histoires de vie*. Paris: Anthropos, 2000.

DIAS, José-Luís. Le XIXe siècle devant les Correspondances. *Romantisme*, v. 25, n. 90, 1995, pp. 7-26.

DUMONT, Louis. *O individualismo*: uma perspectiva antropológica da ideologia moderna. Rio de Janeiro: Rocco, 2000.

ELIAS, Norbert. *A sociedade de corte*. Lisboa: Estampa, 1987.

GALVÃO, Walnice Nogueira; GOTLIB, Nádia Battella (orgs.). *Prezado senhor, prezada senhora*: estudos sobre cartas. São Paulo: Companhia das Letras, 2000.

GAY, Peter. *O coração desvelado*: a experiência burguesa da Rainha Vitória a Freud. São Paulo: Companhia das Letras, 1999.

GOMES, Ângela de Castro (org.). *Escrita de si, escrita da História*. Rio de Janeiro: FGV, 2004.

HEINZ, Flávio (org.). *Por outra história das elites*. Rio de Janeiro: FGV, 2006.

KAESER, Marc-Antoine. La Science vécue. Les potentialités de la biographie en histoire des sciences. *Revue d'histoire des sciences humaines*, v. 1, n. 8, 2003, pp. 139-60.

KAPP, Volker. Deux problèmes de l'art épistolaire au XIXe siècle: le besoin de communication et exigeance stylistique. *Cahiers de l'AIEF*, v. 39, n. 1, 1987, pp. 175-90.

LEJEUNE, Philippe. *Le Pacte autobiographique*. Paris: Seuil, 1998.

LIMA, Manoel de Oliveira. *Memórias:* estas minhas reminiscências. Recife: Sec. Turismo, Cultura e Esportes, 1986.

LUCA, Tania Regina de. Relatos autobiográficos: possibilidades e perspectivas. In: MALATIAN, Teresa et al. (org.). *As múltiplas dimensões da política e da narrativa*. São Paulo: Olho d'água/Franca: Unesp, 2003, pp. 133-54.

MALATIAN, Teresa. *Oliveira Lima e a construção da nacionalidade*. Bauru: Edusc/Fapesp, 2001.

PINEAU, Gaston. *Pratiques de formation*. Montréal: Analyse, 1996.

PROCHASSON, Christophe. "Atenção: Verdade!" Arquivos privados e renovação das práticas historiográficas. *Estudos históricos*. Rio de Janeiro: FGV, v. 11, n. 21, 1998, pp. 105-19.

RÉMOND, René (org.). *Por uma história política*. Rio de Janeiro: FGV, 2003.

SARLO, Beatriz. *Tempo passado*: cultura da memória e guinada subjetiva. São Paulo: Companhia das Letras; Belo Horizonte: UFMG, 2007.

SIRINELLI, Jean-François. Os intelectuais. In: RÉMOND, René (org.). *Por uma história política*. Rio de Janeiro: FGV, 2003, pp. 231-70.

DISCURSOS E PRONUNCIAMENTOS

A dimensão retórica da historiografia

Durval Muniz de Albuquerque Júnior

A polissemia dos conceitos

Vou abordar o uso, por parte dos historiadores, dos discursos e pronunciamentos como fontes historiográficas, ou seja, como materiais a partir dos quais o historiador pode realizar sua pesquisa e com os quais escreve o texto histórico.

Tanto a palavra *discurso* quanto a palavra *pronunciamento* possuem distintos significados na língua portuguesa. *Discurso* e *pronunciamento* não são meras palavras, são conceitos e, portanto, podem ser entendidos de variadas maneiras, são ditas palavras ou conceitos polissêmicos.[1] É preciso, então, deixar claro em que sentido ou em que sentidos essas palavras estarão sendo usadas neste capítulo.

Quando falar aqui de *discurso,* estarei me referindo a uma peça oratória proferida em público ou escrita como se fosse para ser lida para um dado público. Estarei me referindo a uma fala ou oração feita para dada audiência, podendo ser escrita previamente ou dita de improviso, tendo ficado registrada de alguma forma, seja através da memória daqueles que a ouviram ou presenciaram, seja através de sua versão original, quando por escrito, seja através de sua reprodução, veiculação e repercussão através dos distintos meios de comunicação social: o jornal, a revista, o rádio, a televisão, o cinema, a internet, a fotografia etc. Também interessa ao historiador o discurso que, uma vez escrito, nunca chegou a ser lido ou que já foi escrito destinado a um público leitor e não ouvinte. Podem ser incluídos no rol um arrazoado ou peroração sobre um dado assunto, a abordagem extensa e argumentada, o raciocínio sobre uma dada temática, muitas vezes, adquirindo um tom moralizante e admoestador, mas que pressupõe sempre estar falando para uma dada audiência, expor e se expor para uma determinada plateia, cuja opinião procurará cativar e convencer.[2]

Pronunciamento tem aparentemente um sentido bastante diverso daquele com o qual este conceito será aqui utilizado, pois seria "o ato ou efeito de pronunciar-se ou insurgir-se coletivamente contra o governo ou quaisquer medidas governativas: revolta, sublevação". A Conjuração Baiana teria sido um pronunciamento contra a ordem colonial e a Balaiada um pronunciamento contra o Império Brasileiro. Mas só aparentemente esse sentido não está ligado àquele com o qual trataremos o conceito de pronunciamento neste texto. Realizar uma revolta, sublevar-se, é também vir a público para manifestar um descontentamento, uma opinião, uma forma de pensar: é tentar mudar o curso da história através da intervenção pública, da força, e não apenas das armas, mas das ideias, das maneiras de pensar, dos valores, das ideologias e das utopias. O pronunciar-se também pode ter o sentido de salientar-se, de manifestar-se, de ganhar forma, de aparecer. Pronunciamento tem ainda o sentido de irrupção, de emergência de algo que provoca mudanças ou que pretende, ao ser emitido, provocar transformações na maneira de as pessoas, a quem é dirigido, pensarem, se comportarem, verem e dizerem as coisas. Na maioria das vezes em que aparece em público, por exemplo, o papa se pronuncia sobre dados temas que considera afeito a seu lugar de dirigente máximo da Igreja católica. Ainda hoje um juiz, outro exemplo, pode ser chamado a pronunciar-se nos processos ou nas cortes, intervenção por escrito que terá imediata consequência na sociedade ou na vida de quem está sendo julgado: seu pronunciamento oral e escrito dá origem a mudanças palpáveis na vida social ou individual.[3]

Os *pronunciamentos* e os *discursos* interessam ao historiador por implicarem uma intervenção pública de alguém que, com palavras, pretende causar algum tipo de efeito ou acontecimento. (Imagem de Lenin procurando inspirar seus camaradas do Exército Vermelho em discurso de 1920.)

Aqui, pronunciamento será entendido como o ato ou efeito de publicamente expressar uma opinião, manifestar-se em defesa de dadas teses ou posições políticas, morais, religiosas, filosóficas, éticas, econômicas, jurídicas, estéticas etc. Trata-se do ato de exprimir-se verbalmente; de proferir ou articular um discurso; de ler em voz alta e clara uma peça de oratória; de manifestar o que pensa ou sente; de emitir sua opinião, podendo ser feito também por meio da divulgação de uma peça escrita, dirigida a ou veiculada pelos diferentes meios de comunicação social.

Os *pronunciamentos* interessam ao historiador, tanto quanto os *discursos*, por implicarem uma intervenção pública de alguém, uma saída à cena de um personagem que, com suas palavras, pretende causar algum tipo de efeito, algum tipo de acontecimento.

O uso dos discursos e pronunciamentos: um capítulo da história da historiografia.

Durante muitos séculos, o saber histórico se notabilizou por se dedicar a abordar aqueles eventos e aqueles personagens que faziam parte da vida pública, cujos discursos, ao serem pronunciados, ganhavam destaque, eram vistos e ditos como tendo a capacidade de mudar o curso da história. À História não interessava os pronunciamentos das camadas populares, em nenhum sentido do termo, atos ou palavras. Prestava-se atenção à pronúncia, como atitudes ou como discursos daqueles que, para as elites sociais e para os historiadores que as representavam, "realmente contavam", "realmente faziam a história", por seus atos, palavras e omissões, sem nenhuma máxima culpa. Interessavam, portanto, os pronunciamentos daqueles que eram "pessoas pronunciadas", que se destacavam socialmente, que, por aquilo que faziam ou diziam, acreditava-se, podiam mudar o rumo dos acontecimentos.

O uso dos discursos e pronunciamentos no regime antigo de historicidade.

Os discursos e pronunciamentos são utilizados na historiografia desde a emergência desse saber na sociedade grega antiga. Tanto no livro pioneiro de Heródoto de Halicarnasso, *História*, considerado o primeiro do gênero, quanto no livro de seu sucessor e crítico, Tucídides de Atenas, cuja obra veio a se tornar um modelo para os historiadores até o século XIX, *História da Guerra do Peloponeso*, os discursos e pronunciamentos de reis, generais, soldados, embaixadores, senadores são presença constante. Entretanto, não podemos dizer que eles representem aí o que se vai convencionar chamar, notadamente com as Escolas Metódicas, também identificadas como positivistas no século XIX, de fontes históricas.[4] Nem Heródoto, nem Tucídides vão aos discursos e pronunciamentos apenas em busca de informações diretas sobre o passado, não consideram que deles brota a verdade sobre o que efetivamente se passou tal como pensariam, mais tarde, os seguidores de Leopold von Ranke.[5] No regime de historicidade prevalecente na Antiguidade, ou seja, nas regras que presidiam o fazer historiográfico nas sociedades grega e romana antigas, na forma como aí se pensava e praticava o gênero histórico, os discursos e pronunciamentos cumpriam outra função como parte do texto do historiador: eles cumpriam de modo explícito e consciente uma função retórica.[6] Não apareciam no texto apenas como prova ou argumento de autoridade, como acontecerá no regime moderno de historicidade. Nem figuravam em forma de citação para chancelar, para reiterar uma ideia, um argumento defendido pelo autor. Vinham, sim, como parte da urdidura do próprio texto, utilizados como um recurso de estilo, uma maneira de contar o evento, que favorece a persuasão de quem ouve ou lê o relato. A retórica, como dirá Aristóteles, é, justamente, essa arte de bem dizer, para alcançar o convencimento.[7] Os discursos e pronunciamentos eram vistos, portanto, como indispensáveis para a própria recepção do texto, para que este tivesse maior ou menor repercussão, para que este tivesse o efeito social e culturalmente desejado pelo autor.

Na Antiguidade, os textos historiográficos eram comumente redigidos para serem lidos em público para os cidadãos. Havia por parte dos historiadores preocupações no que tange à forma de construir a narrativa, pois dela dependia o sucesso ou o fracasso do texto em prender a atenção dos ouvintes, mobilizá-los e fixar-se em suas memórias. A historiografia, como um gênero narrativo que possuía clara interface com o mundo da política, atividade central na vida da aristocracia, dos homens livres, tal como aquela, era vista como dependente da capacidade oratória, do conhecimento das regras e técnicas da retórica por parte de quem a escrevia. Embora os gregos nunca tenham definido a História como um gênero retórico-poético, como farão os romanos, segundo a classificação proposta por Aristóteles, a historiografia faria parte do *gênero epidítico*, que se distinguia dos gêneros *judicial* e *deliberativo*, não por ter ou não um núcleo de verdade, por fazer ou não julgamentos de valor,[8] mas conforme o tipo de participação do auditório, a postura que esse deveria ter diante dos discursos e pronunciamentos. O texto do historiador requeria um auditório que era apenas espectador, que ia ali para ouvir e não para deliberar ou decidir e, portanto, devia ter sua atenção dominada pelo o que e como era contado. O texto do historiador, como um texto do gênero epidítico, era um texto demonstrativo, ou seja, ele devia mostrar, fazer aparecer, ser capaz de criar, através de artifícios retóricos, cenas, quadros, um conjunto de imagens que materializasse, tornasse visível, quase palpável, o que havia ocorrido. O historiador devia convencer o auditório da veracidade de sua versão dos eventos, apresentando-os como teriam sido por ele testemunhados ou como versões recolhidas dentre aqueles que foram seus participantes diretos. O uso constante dos discursos e pronunciamentos no texto do historiador tinha, portanto, as funções de torná-lo menos monótono, de dar a ele movimento, de trazer para a cena a troca de argumentos, a dialética das motivações, os embates de ideias e valores que teriam motivado dado evento. Isso tanto agradava sociedades erm que os embates políticos e jurídicos ocupavam grande parte do tempo daqueles considerados cidadãos, quanto permitia que o evento passado que se contava se presentificasse, se apresentasse novamente diante do auditório, como se estivesse ocorrendo e sendo decidido naquele momento.[9]

Podemos dizer que, mais do que fontes de informação ou instrumentos de prova, os discursos e pronunciamentos dos partícipes dos eventos faziam parte da encenação da história, de sua colocação em cena, de sua reapresentação, neste regime antigo de historicidade.[10] A História não seria na Antiguidade a escrita sobre o passado, mas a escrita do passado. O passado não é um objeto externo e distinto da narrativa, como será para os modernos. Ele se materializa, se realiza na narrativa, vem à cena na narrativa, se encena no texto, enfim, ele é o texto. O uso dos discursos e pronunciamentos tem aí a função de tornar o passado e seus personagens vivos, acontecendo à frente do espectador.

Assim, se a História surgira com a pretensão de ser mestra da vida – de dar testemunho do que os homens foram capazes de fazer de grandioso no passado e também de deixar para as futuras gerações o exemplo daquilo que constituíram seus erros, seus equívocos, daquilo que se poderia chamar de encarnação do mal e da ignorância –, ela deveria ser capaz de imitá-la da melhor forma possível, de encenar os dramas, as tragédias, as disputas em torno de valores e costumes e as batalhas verbais e bélicas que dividiram os homens. Os discursos e pronunciamentos aparecem, então, como forma de intervenção, de participação nas decisões que levaram a história a um dado desfecho. Os discursos são tomados como parte de uma deliberação que é, muitas vezes, inspirada por deuses e oráculos ou que faz cumprir um destino previamente tramado pelos deuses para um dado povo em um dado momento. Os discursos também podem ser vistos como algo que decide o próprio destino do personagem que fala, pois este, não só através de seus atos, mas através de suas palavras, garante para si um futuro de glória, de ignomínia ou de esquecimento. Seu nome ficará gravado na memória dos seus, terá fama ou infâmia dependendo, não apenas do que fez, mas do por que fez, das causas de sua ação, explicitadas nos seus pronunciamentos. A História é, portanto, uma espécie de tribunal em que as ações humanas são moralmente julgadas e avaliadas, sendo os discursos e pronunciamentos dos personagens os momentos do texto em que estes apresentam seus argumentos, fazem sua defesa ou exprimem acusações perante a posteridade, perante um auditório que seria composto de todas as gerações vindouras.[11]

O caráter retórico-poético da historiografia, o papel da oratória e de suas regras na formulação do texto do historiador será explicitado pelos historiadores e pensadores romanos. Cícero, por exemplo, no segundo livro do diálogo *De Oratore*,[12] afirma que a História, além de ter um compromisso ético com a verdade, tem que se preocupar com o estilo em que seu texto é vazado, pois deste depende o efeito que irá produzir no leitor. Ou seja, a qualidade da historiografia produzida depende da qualidade oratória do texto. Só um bom orador seria capaz de materializar e imortalizar a História, persuadir leitores e ouvintes das virtudes e ensinamentos trazidos pelo passado. A História deveria ensinar virtudes, deveria veicular valores, mas, para isso, ela deveria deleitar. E essas virtudes e valores deveriam nortear e se plasmarem no próprio texto, na sua própria forma. Se a prudência era uma virtude a ser ensinada pela História, ela também deveria guiar a escrita do historiador. Se o historiador queria ensinar o valor da honestidade, seu texto também deveria plasmar e resultar dessa virtude. Como é comum entre os antigos, Cícero imagina um diálogo em que o personagem Antônio fala, discursa, sobre como deveria ser a escrita da história, fazendo uma comparação com a maneira como os gregos e historiadores romanos, como Catão e Fábio Pictor, haviam escrito, sem o necessário ornamento. Na produção historiográfica romana, o caráter retórico do uso dos discursos e pronunciamentos é não só praticado, como justificado a partir de reflexões sobre como se deveria escrever o texto historiográfico.[13]

Como a maior parte dos historiadores romanos pertencia às elites políticas dominantes em dado período de sua história, o uso de discursos e pronunciamentos na historiografia romana exerce uma função que estivera ausente nos historiadores gregos (pelo menos entre os mais conhecidos), ou seja, a *função encomiástica*, a função de elogiar, ressaltar o que seriam as qualidades, chegando mesmo à pura bajulação, daqueles que ocupavam os cargos mais importantes no Estado, notadamente o imperador.[14] Como denunciará Luciano de Samósata, no único tratado da Antiguidade sobre historiografia que chegou até nós, *Como se deve escrever a História*, escrito no século II e.c., a historiografia no Império Romano, notadamente na época dos Antoninos, havia deixado de produzir uma História justa, uma História com o verdadeiro, tornando-se partidária e aduladora, diz ele: "negligenciando contar o que ocorreu [os eventos], gastam seu tempo no elogio dos chefes e dos generais, elevando os nossos até as nuvens e depreciando os do inimigo além de toda a medida". Nascido na Síria, Luciano vai escrever como um estrangeiro submetido ao domínio romano, denunciando o caráter sofístico, meramente retórico, quando não propositadamente deturpador dos fatos, que a historiografia passara a ter em Roma. Pertencendo à escola cínica de filosofia, Luciano também recorre ao uso de discursos e pronunciamentos, como no *Diálogo dos mortos*,[15] em que imagina uma conversação entre vários personagens já falecidos que discutem suas posições sobre a vida, a morte, a memória e criticam os valores imperantes no mundo romano.[16]

O uso de discursos e pronunciamentos no regime moderno de historicidade.

No regime moderno de historicidade – que começa a se desenhar justamente a partir de uma retomada da tradição clássica da historiografia com o Renascimento, em que Heródoto e Tucídides servirão de modelos para a escrita historiográfica, dando origem a tradições diversas, uma mais erudita e etnográfica, outra mais preocupada com a dimensão filosófica e o rigor do método, que terminarão por desembocar no século XIX –, a historiografia deixa de se inscrever numa tradição literária, deixa de ser vista como gênero literário, que deveria, portanto, ter preocupações com sua dimensão retórica, oratória, narrativa, artística e poética, para apostar em sua constituição como um saber científico, regulado por regras e métodos estritos. Esse será o momento da vitória de Tucídides como o grande modelo historiográfico, tantas vezes elogiado pelo historiador alemão Leopold von Ranke, primeiro historiador a ocupar uma cátedra de historiografia na Universidade de Berlim, considerado um dos fundadores do historicismo alemão e da chamada Escola Metódica alemã, que se colocou como tarefa a de transformar a História em ciência. Nessa tarefa, a noção de fonte histórica se estabelece definitivamente e, com ela, a noção de documento como sendo a fonte por excelência do conhecimento sobre o passado. A análise do documento, a crítica documental seria a base do chamado método heurístico que propiciaria ao historiador estabelecer a autenticidade, a veracidade, a temporalidade e a autoria do documento, que estaria, após essa análise rigorosa, legitimado para fornecer informações sobre o passado.[17]

A busca por tornar a História uma atividade científica passou pela recusa de sua aproximação com a literatura, pela separação entre o fato – nomeado como o objeto por excelência do trabalho do historiador – e a ficção, a imaginação, a poética. Tanto as escolas metódicas, como a historiografia romântica, não deixaram de refletir sobre a escrita da história, mas o fizeram para afirmar agora o seu caráter realista, seu compromisso em dizer a verdade, em contar como efetivamente os eventos se passaram.[18] As fontes históricas, dentre elas os discursos e pronunciamentos de autoridades (reis, generais, senadores, personalidades políticas, embaixadores, intelectuais), deixam de ter a função de apresentar a história, de presentificá-la, e passam a ter a função de prova, passam a ser vistos, não como artefatos retóricos, mas como testemunhos verdadeiros sobre os eventos. Eles agora comparecem ao texto dos historiadores não para dar-lhe movimento, para apresentar a dialética das motivações e das decisões, mas para sustentar o argumento do autor do texto, do historiador. Eles passam a ser vistos como documentos, como sendo restos deixados pelo passado e que carregam em si mesmos a verdade desse tempo a ser desvendada. Paulatinamente, o caráter discursivo dos próprios discursos e pronunciamentos é obliterado. Eles são transformados em uma coisa, um artefato chamado documento ou fonte histórica, tomados como um resto, um rastro ou uma pista do passado mediante a qual o historiador teria contato com o pensamento, as ações e os acontecimentos do passado.[19] Eles seriam a ponte entre a vida dos vivos e a dos mortos, como queria o importante historiador romântico francês Jules Michelet. Essa reificação faz dos discursos e pronunciamentos meras passagens para o desvendamento do que pensavam, do que queriam, do que sentiam os personagens que moviam a história. Como apenas os letrados e, quase sempre, aqueles que ocupavam lugares de destaque no Estado e pertenciam às elites dominantes deixavam registrados seus discursos, estes eram tomados como sendo relatos da própria história. Caminha-se para uma perigosa indiferenciação entre o documento, o evento e a História. Os discursos e pronunciamentos das autoridades passam a ser ao mesmo tempo documento, fato e História, pois os fatos seriam a História e estes estariam nos documentos, só esperando o historiador para pesquisá-los e conhecê-los. Vai havendo um progressivo apagamento da reflexão sobre o lugar do historiador no discurso historiográfico, tão presente no regime antigo de historicidade. A neutralidade do historiador, tese tão cara às escolas metódicas, implicaria na retirada de qualquer papel ativo por parte desse profissional, sendo ele apenas um pesquisador, coletor e relator de uma história que já está pronta, que já está previamente urdida e narrada nos documentos. Esse silêncio sobre o lugar da autoria no texto historiográfico leva a quase se pensar que a historiografia escreve-se a si mesma, não havendo a necessidade de distinguir a história da narrativa da história, a história da historiografia, pois elas seriam uma mesma coisa.[20] Quando autores fundadores do que seria a historiografia brasileira – como Francisco Adolfo de Varnhagen, João Francisco Lisboa, Manuel de Oliveira Lima, José Francisco da Rocha Pombo ou João Batista Ribeiro de Andrade Fernandes – utilizam-se dos discursos e pronunciamentos, estes ocupam a função de documento.[21] Eles não são interrogados quanto a sua urdidura narrativa, mas tomados como fonte de informação, por exemplo, como reforço de um argumento, de uma ideia defendida pelo autor. O discurso e o pronunciamento surgem no texto para reforçar ou refutar um determinado argumento, pois teriam o condão de aferir a veracidade ou a inverdade de uma informação sobre o passado. O uso dos discursos e pronunciamentos, que no regime antigo de historicidade era um recurso retórico, no regime moderno de historicidade passa a ser um recurso heurístico, ou seja, uma maneira de se chegar ao conhecimento do passado a partir da pesquisa, manipulação e análise de dados empíricos: eles deixam de participar da encenação do passado para serem uma via de acesso a esse passado, para serem vistos como restos materiais desse próprio passado, que é reafirmado como passado, como diferença absoluta em relação ao presente, por meio deles. Eles deixam de ser *uma questão* e tornam-se *a solução das questões*: não são mais *motivo* de interrogação, mas *meio* de solucionar e responder a todas as indagações.[22]

Uso dos discursos e pronunciamentos na historiografia contemporânea

Discursos e pronunciamentos como fontes históricas – questões teóricas

As duas correntes historiográficas que foram hegemônicas, durante grande parte do século passado na historiografia ocidental – a Escola dos Annales e o materialismo histórico marxista – já haviam feito a crítica aos pressupostos prevalecentes no campo historiográfico no século XIX e posto em questão a visão que aquela historiografia tinha acerca do documento ou de fonte histórica.

A Escola dos Annales ampliara sobremaneira a noção de documento, colocara-se contra a ideia de que só os documentos oficiais e de Estado eram dignos de credibilidade e propusera a tese de que o documento era também uma elaboração do historiador e que este devia ser pensado em suas condições de produção, arquivamento e recepção. Já o marxismo contribuíra para pôr em suspeita a adesão aos discursos dos documentos, chamando a atenção para o caráter ideológico que esses teriam, para a necessidade de se pensar a que interesses sociais, econômicos, políticos e de classe estes atendiam.[23]

Tanto na historiografia dos Annales, como na historiografia marxista, discursos e pronunciamentos de outros grupos sociais, de outros personagens que não aqueles das classes dominantes vieram fazer parte do texto dos historiadores. Notadamente, quando se dedicavam a fazer uma História Política, influenciada pelos avanços teóricos e metodológicos no campo das ciências sociais, principalmente da Ciência Política, os historiadores, dos Annales ou marxistas, traziam à tona outros discursos e outros pronunciamentos que não apenas os considerados oficiais, de autoridades ou pessoas de destaque. Discursos e pronunciamentos de lideranças populares, operárias, camponesas e falas de lideranças de instituições ligadas às camadas populares tornaram-se partícipes do texto dos historiadores.

Mas os discursos e pronunciamentos continuavam sendo vistos a partir do estatuto de provas. Eles continuavam a não ser interrogados enquanto artefatos narrativos, quanto às regras de produção do próprio texto. É assim que aparecem em boa parte da produção mais recente da historiografia brasileira, notadamente no campo da História Política, no qual merecem, comumente, uma análise ideológica, embora também subsidiem uma diversidade de trabalhos tanto no campo da História Social, quanto no campo da História Cultural. Eles eram (e muitas vezes ainda são) no máximo interrogados sobre em que medida refletem um contexto social, cultural e histórico, em que medida são decorrentes de posições de classe, de interesses econômicos, de posições ideológicas. Eles eram analisados (e também ainda o são, muitas vezes) enquanto construções de versões sobre o passado, mas nunca interrogados eles mesmos como construções narrativas.[24]

Foi com o impacto no campo historiográfico das discussões que se travavam em outros campos do conhecimento (como a Linguística, a Antropologia, a Etnografia e a Psicanálise), com a repercussão entre alguns historiadores das interrogações filosóficas sobre o estatuto da verdade em saberes narrativos (como aquela feita pelo filósofo Paul Ricouer), com as críticas levantadas por filósofos como Michel Foucault (sobre a forma ingênua como os historiadores enxergavam a relação entre linguagem e realidade), ou ainda diante da polêmica causada pelas afirmações de críticos literários como Roland Barthes e Hayden White (com relação à proximidade entre História e literatura), em que as reflexões acerca dos discursos como objeto e como forma de a história se materializar foram colocadas na ordem do dia, no que o historiador inglês Lawrence Stone chamou de retorno da narrativa.[25] A obra pioneira de Michel de Certeau, *A escrita da história*,[26] trouxe para o interior da disciplina a tarefa de repensar o que fazia o historiador ao escrever história e o papel que a *operação de escritura*, que a escrita e que a narrativa desempenha em nosso ofício.

A palavra *discurso*, antes facilmente entendida, como o ato de alguém falar em público, notadamente uma autoridade, um personagem histórico, agora passava, na concepção de determinados pensadores, a ter outras conotações, inclusive teóricas e metodológicas; falar em discurso e pronunciamento não mudou apenas de sentido, mas mudaram também as concepções teóricas e os procedimentos metodológicos que se exigem para lidar com eles.[27]

Os discursos e pronunciamentos passam, nas palavras de Le Goff e Foucault, de documento a monumento, ou seja, deixam de ser vistos como algo que traz em si mesmo o passado, como aquilo através do qual se interroga como foi o passado, para ser interrogado quanto a sua própria produção.[28] Ao tomarmos um discurso ou um pronunciamento como fonte para nosso trabalho não devemos perguntar apenas o que ele diz sobre o passado, que informações ele nos traz, mas devemos nos perguntar como esse discurso foi produzido, em que época, por quem, em que circunstâncias políticas, econômicas, sociais. Aprendemos com Foucault que todo *discurso* pertence a uma dada *ordem discursiva* que deve ser analisada, isto é, todo discurso segue regras cultural e historicamente estabelecidas, obedece a modelos, está implicado em dadas relações sociais e de poder que o incitam a dizer algumas coisas e o proíbem ou o limitam de dizer outras.[29] Todo discurso tem uma relação de coexistência com outros discursos com os quais partilha enunciados, conceitos, objetivos, estratégias, formando séries que devem ser analisadas. Como Michel de Certeau chama atenção, todo discurso ou pronunciamento é emitido de um dado lugar, que deve ser interrogado pelo historiador: um lugar temporal, espacial, institucional; um lugar de fala ou de autoria; um lugar social.[30]

Os discursos e pronunciamentos, ao serem vistos como monumentos, não são apenas ornamentos retóricos, nem argumentos de provas no discurso do historiador. Não são apenas fontes através das quais pesquisamos, estudamos um dado objeto ou acessamos as ideias, sentimentos, desejos ou objetivos de dados sujeitos, mas eles se tornam a matéria mesma da análise do historiador, que descobre que todos os documentos ou testemunhos são formas de discurso, que os objetos e sujeitos não preexistem aos discursos que deles falam, mas são constituídos por eles. Os discursos e pronunciamentos não falam de um objeto externo a eles, mas constituem o próprio objeto, dando a ele nome, conceituação, versões, inteligibilidade, verdades. Tanto que somente ao pronunciar ou escrever esses discursos e pronunciamentos, ou seja, somente ao expressar suas ideias, pensamentos, emoções, desejos, afetos, posições políticas, éticas, estéticas, morais ou religiosas, é que o emissor vai adquirindo uma dada identidade de sujeito, vai emergindo como uma figura que costumamos chamar de Eu. O sujeito só se torna autor da fala ao falar, só se torna sujeito daquele discurso ou pronunciamento ao emiti-lo.

Portanto, hoje, um grande número de historiadores – notadamente aqueles em dia com as discussões no campo da Linguística, da Filosofia da linguagem, da Hermenêutica, da Semiótica, ou de outros campos que tomaram a linguagem como objeto de reflexão – entendem que tudo o que o historiador faz é *análise de discurso*, embora possam ter distintas maneiras de praticá-la ou mesmo de entenderem o que seja um discurso. Não são apenas os historiadores que trabalham com fontes históricas como os discursos e os pronunciamentos que partem do pressuposto de que a análise documental é uma forma de análise de discurso. Esse pressuposto é partilhado por muitos daqueles que militam no nosso ofício nos dias que correm. Mesmo que muitos outros historiadores continuem, ainda hoje, pensando que fazem a análise direta da realidade, do passado, dos eventos – sendo os documentos vistos como meras vias de acesso aos acontecimentos –, estes historiadores continuam não concebendo os documentos, os discursos como sendo eles próprios acontecimentos. Embora muitos ainda apresentem a análise de discurso como uma metodologia particular, de uma dada pesquisa em particular, ela está no cerne daquilo que Certeau chamou de *operação historiográfica*, ela é uma ferramenta metodológica indispensável, mesmo para quem trabalha com outro tipo de fontes históricas.

Sugestões metodológicas para utilizar discursos e pronunciamentos como fontes históricas.

A análise dos discursos e pronunciamentos deve obedecer ao que chamaríamos de uma análise externa e uma análise interna dessas produções ou artefatos discursivos. Tanto uma quanto a outra vão em busca das marcas de historicidade, das marcas que a temporalidade particular em que foram produzidos deixou nesses discursos, pois essa é a tarefa precípua do trabalho do historiador.

A *análise externa* de um dado discurso ou pronunciamento implica perguntar a respeito de suas relações com aquilo que o cerca, com aquilo que o situa num dado tempo, espaço, sociedade, cultura, relações políticas, econômicas, ou seja, perguntar-se por suas condições históricas de possibilidade, por aquelas condições que permitiram sua emergência, seu pronunciamento; perguntar-se pelas ligações daquele discurso ou pronunciamento com tudo aquilo que o transcende, com tudo o que o margeia. Na análise externa, o pesquisador precisa saber com precisão a datação e a localização espacial, a inequívoca atribuição de autoria e inquirir sobre o momento histórico e em que circunstâncias o pronunciamento ou discurso veio à luz, a pretexto de que, em que situação e com quais objetivos ele foi emitido. A análise externa interroga sobre o contexto daquela fala, sobre as relações sociais, econômicas, políticas que estão implicadas naquele discurso, naquele pronunciamento, em que relações de poder e de saber o autor daquele discurso está envolvido.

Esse tipo de análise é muito familiar aos historiadores. Eles, entretanto, quase sempre reduzem a análise dos discursos ao realizar essa ligação entre o texto e o contexto, fazendo do texto um mero reflexo ou epifenômeno do contexto. Nessa perspectiva, o texto se explica pelo o que está fora dele, numa análise psicologizante e idealista, em que adquire a condição de mero reflexo do que pensa e sente o seu autor, a ser a expressão de uma individualidade solipsista ou numa análise materialista em que o discurso se torna mero reflexo ou elaboração ideológica, falseadora e inversa do que se passaria no mundo material, na realidade do qual seria uma expressão superestrutural.

As discussões no campo da Linguística, os aportes trazidos pela tradição hermenêutica, desde o historicismo subjetivista alemão de Dilthey, passando pela sociologia weberiana, até chegar a figuras como Gadamer e Habermas, foram fundamentais para entendermos os caminhos que a historiografia seguiu no Brasil e no exterior desde fins do século passado. A retomada da interrogação sobre o papel da retórica em nosso ofício, o impacto do estruturalismo linguístico, filosófico e antropológico e das chamadas filosofias pós-estruturalistas colocaram outras exigências teóricas e metodológicas para os historiadores que pretendem trabalhar com discursos e pronunciamentos como fontes históricas.[31]

Essas exigências inspiram, levam àquilo que chamo de *análise interna* dos discursos. A partir das reflexões feitas por estas correntes de pensamento, o historiador tem que tomar um discurso ou um pronunciamento não apenas como algo que remete a um acontecimento que lhe é exterior e do qual é um testemunho, um documento, um resto, uma pista, um sinal. O historiador deve tomá-los como sendo em si mesmos um acontecimento, um evento que merece ser interrogado enquanto tal. O discurso não é transparente, não é uma lente ou um espelho através do qual vemos o que está fora ou para além dele simplesmente. O texto dos discursos tem uma espessura própria, tem uma existência própria, tem regras de constituição e de produção, tem uma estrutura interna que precisa ser analisada. Ele não é apenas reflexo de estruturas que o transcendem, mas possui estruturas imanentes que o sustentam e lhe dão inteligibilidade, lógica, coerência, consistência, singularidade. Os discursos e os pronunciamentos não se singularizam, não ganham especificidade apenas por aquilo que lhe é exterior. A temporalidade e a historicidade de um discurso ou de um pronunciamento não se verificam apenas por aquilo que os cerca, mas estão inscritas e permitem a escritura do próprio texto. O texto obedece a uma *ordem de discurso*, a uma *formação discursiva* peculiar, historicamente datável. Ao ser escrito, um texto obedece desde às regras gramaticais e à estrutura de uma dada língua em um dado momento de sua existência, até a modelos que regem os gêneros narrativos, os tipos de inscrição.[32] É preciso comparar os discursos e pronunciamentos de uma mesma época para visualizar as regras de produção de conceitos, as regras de produção de enunciados, os temas e as estratégias que presidem a elaboração dos discursos em um dado momento. Trata-se de não simplesmente considerar o discurso como sendo a obra de um indivíduo isolado ou como mero reflexo do que lhe é exterior, mas de se perguntar pelas regularidades que se podem mapear entre *os discursos* que circularam numa dada época, que coexistiram, que formaram *séries*, que pertenceram ou pertencem a um dado *saber*, que se referiram ou se referem a um dado tema, que falaram ou falam de um dado sujeito, que nomearam ou nomeiam um dado objeto, que utilizaram ou utilizam-se de um dado conceito, de uma dada noção, que usaram ou usam dados enunciados. Mapear regularidades que, ao mesmo tempo, significa observar o que há de singular, de diferente, que tipo de ruptura, de descontinuidade, de deslizamento o discurso ou pronunciamento que se está analisando significa em relação à série a que pertence, a tradição de que provém, em relação ao tema que aborda ou em relação a outros emitidos pelo mesmo autor.[33]

É importante, como nos ensinou Derrida, se perguntar pela própria constituição do arquivo.[34] É interesse do historiador saber o porquê de um dado pronunciamento ter sido guardado, arquivado, quem fez isso, com que intenção, com que objetivos. Se um dado discurso foi publicado num dado veículo de comunicação é fundamental nos perguntarmos por que isso ocorreu, a que redes de poder e de interesses está ligado esse órgão de comunicação, que relações mantêm com o autor do discurso. Por exemplo, analisar um discurso presidencial que foi inicialmente guardado em arquivo pessoal deve pelo menos indicar que ele faz parte daqueles papéis que esse presidente julgava importante para a percepção da sua imagem e da imagem positiva ou verídica de seu governo. Não podemos consultar arquivos inquisitoriais e de cartórios criminais sem atentar para a especificidade dos discursos que ali são produzidos e que ali podem circular e, mais ainda, podem ser registrados. Os discursos que nos chegam vêm condicionados pelas instituições que os produziram e os guardaram ou acolheram. A produção do arquivo é também uma atividade social e politicamente orientada. Nenhum discurso que chegou até nós foi guardado inocentemente, por acaso. Mesmo que seja fruto de um esquecimento, esse também tem um significado a ser investigado.

Além disso, é importante, como faz Chartier, perguntarmos pela recepção dos discursos. Como foi recebido o discurso e o pronunciamento que estamos analisando? Qual reação ele provocou? Essa reação correspondeu ao objetivo de quem o emitiu? Quais as distintas compreensões que ele possibilitou? Como esse discurso circulou, quem o editou, que transformações, adulterações, censuras, correções, rasuras, ele sofreu em suas sucessivas reimpressões, reaparições ou citações?[35]

A recepção, a leitura ou a audiência de um discurso ou de um pronunciamento não é passiva; o leitor ou ouvinte também é partícipe da produção do sentido do que está sendo dito. Nenhum discurso ou pronunciamento tem um único sentido possível, permite uma só leitura ou uma só decodificação. Um texto permite várias leituras que se modificam, inclusive com o passar do tempo e o contexto de recepção que se altera. Da mesma forma que interessa ao historiador se perguntar pelo contexto de produção do discurso, é fundamental interrogar-se sobre o contexto de recepção, em que momento foi lido, onde foi lido ou ouvido, em que situação social, cultural e política está o leitor ou o ouvinte e quem são eles.

Pequeno manual do historiador aprendiz: dicas de viagens e visagens

Vou lançar mão, neste momento do texto, da minha própria experiência de pesquisador que vem lidando com discursos e pronunciamentos como fontes históricas desde, pelo menos, a redação da dissertação de mestrado, quando eu era um aprendiz do ofício.[36]

Uma pesquisa histórica começa sempre pela definição de um *tema* que, por algum ou alguns motivos, agrade, interesse, desperte a curiosidade, a vontade de saber em que vai nela se empenhar. Definido um tema, por exemplo, "as secas periódicas que ocorreram no Nordeste", é fundamental que se faça a leitura de uma bibliografia e uma pesquisa exploratória no que se refere à documentação para que surja o *problema*, sem o qual não há pesquisa historiográfica, segundo as regras hoje vigentes para o ofício. O problema deve ter uma dimensão temporal, já que a pergunta pela qualidade temporal dos eventos e das coisas é o que particulariza nosso *metier*: por exemplo, "por que as secas que ocorriam na região hoje chamada de Nordeste – que, segundo minhas leituras, ocorriam desde o período colonial – só vieram a se tornar um problema regional e nacional a partir da chamada Grande Seca de 1877-1879?". Estando o problema delimitado quanto à temporalidade e à espacialidade que serão abordadas – por exemplo, o período de 1877 a 1922 como temporalidade, sendo que a primeira data marca sua emergência como problema e a segunda, o primeiro grande programa de obras contra as secas realizadas no governo Epitácio Pessoa, e as províncias e estados do Norte seco, depois chamados de Nordeste, como espacialidade –, parte-se para o *levantamento da documentação*. Nessa fase, pode-se chegar à conclusão de que será importante lançar mão dos discursos dos parlamentares que, na Câmara e no Senado do Império e da República, representavam as províncias e estados dessa área de ocorrência das secas; dos pronunciamentos de membros da Igreja que participavam dos esforços de socorros às vítimas do que chamavam de flagelo; dos engenheiros e técnicos que se dedicaram a pensar soluções para o problema no Clube de Engenharia, no IOCS, depois IFOCS, órgãos destinados especificamente a tratar do fenômeno; e dos pronunciamentos do imperador, dos presidentes e dos ministros que tiveram que se posicionar e tratar do problema.

Onde encontrar documentação? Em quais instituições e arquivos podemos localizar discursos e pronunciamentos? Hoje, com internet, essa questão se resolve de forma mais rápida, embora a experiência de pesquisa e o conhecimento dos acervos, por parte de seu orientador e de seus professores e colegas, e a consulta de guias de fontes e arquivos presentes nas bibliotecas das várias instituições de pesquisa continuem sendo indispensáveis. Se você está lidando com discursos e pronunciamentos oficiais, produzidos por membros do Estado, os arquivos públicos, notadamente, o Arquivo Nacional, tornam-se os principais centros de referência. Mas os Anais do Parlamento Brasileiro, os Anais do Senado do Império, as Falas do Trono, os Anais da Câmara de Deputados, os Anais do Senado da República encontram-se também na Biblioteca Nacional, nas bibliotecas dessas próprias instituições, em muitos Institutos

Históricos e Geográficos, em muitas bibliotecas de Assembleias Legislativas e em Arquivos Estaduais e Municipais, além de instituições públicas de pesquisa como a Fundação Joaquim Nabuco em Recife ou mesmo nas bibliotecas das Academias de Letras.

Quando os discursos são de autoridades ou pessoas específicas, é fundamental saber se essa pessoa deixou algum acervo e para que instituição ele foi doado; o contato com familiares ou amigos permite quase sempre saber o destino da documentação. Há vários casos em que a própria residência da personalidade se tornou uma instituição pública voltada para a disponibilização de seu acervo para pesquisa, como ocorre com as fundações Casa de Rui Barbosa e Casa de Gilberto Freyre, entre muitas outras. A Fundação Getúlio Vargas, através do CPDOC, constitui-se em um importante acervo sobre a história contemporânea brasileira, possuindo inclusive registros sonoros de importantes discursos pronunciados por partícipes da chamada Era Vargas e dos governos pós-1945 e 1964.

Pode-se também lançar mão da reprodução de parte ou de todo o discurso presentes nos jornais oficiais, notadamente nos Diários Oficiais que, em dados momentos, publicavam, na íntegra, discursos proferidos pelos governantes de plantão. Os jornais, as revistas, presentes em arquivos e bibliotecas públicas ou privadas, nos arquivos das próprias publicações, os registros audiovisuais guardados em Museus da Imagem e do Som, nos acervos das estações de rádio e televisão, os registros em forma de documentário ou cine-jornais presentes em cinematecas, notadamente na Cinemateca Brasileira de São Paulo e na do Rio de Janeiro, são outras possibilidades de pesquisa. Há também muitas compilações de discursos e pronunciamentos publicados em formato de livro que podem ser encontrados em bibliotecas e adquiridos, inclusive, em sebos e livrarias. Livros de memória, biografias e autobiografias podem também trazer a reprodução no todo ou em parte de discursos considerados significativos, marcantes ou decisivos feitos pela pessoa biografada ou que escreve as memórias. Na internet, podemos encontrar páginas dedicadas à reprodução de discursos e pronunciamentos considerados históricos, marcantes ou decisivos.

Uma vez encontrado o acervo onde estão os discursos e pronunciamentos que você procura, o que fazer? Hoje recorremos com facilidade à câmera digital para clicar tudo o que encontramos pela frente. Mas é fundamental que se faça uma leitura prévia para a seleção do material a ser copiado, fotocopiado (quando possível e necessário) ou digitalizado. Nessa seleção, é fundamental a *contextualização* de cada um dos discursos *dentro do próprio arquivo*: como ele estava registrado? A que tipo de organização e seleção, a que tipo de leitura e situação ele estava sujeito? Estava na pasta que tinha qual título? Estava em que maço? Em que gaveta ou estante? Estava junto com que tipo de material? Tudo isso serve para se fazer uma leitura do sentido que o documento tem ou tinha para quem organizou o arquivo. Assim, é importante saber se a arrumação foi dada por algum especialista em arquivística, algum técnico da instituição ou pela própria pessoa a quem pertenceu o acervo.

É importante prestar atenção ao *suporte do discurso*, pois ele também pode conter marcas significativas para a sua leitura: o tipo de papel, se manuscrito ou datilografado, se possui algum tipo de anotação nas margens, se obedece a alguma numeração, se o papel apresenta timbres, carimbos, brasões, símbolos etc. Caso o discurso esteja reproduzido em algum meio de comunicação, é fundamental anotar todas as referências acerca desse órgão e que possam ser encontradas nele próprio; se um jornal, por exemplo, a data de publicação, quem é o editor responsável, quem é o proprietário, em que seção, página e coluna o discurso foi reproduzido, que tipo de ilustração ele trazia, estava situado em relação a que matérias. Caso não encontre na própria fonte essas informações, é fundamental obtê-las para a posterior análise do discurso. É importante sempre saber: quem é o proprietário da estação de rádio ou televisão? A que interesses econômicos e políticos ele está ligado? Quem é o patrocinador do programa em que o discurso apareceu? Quem é o apresentador? Qual a linha editorial que costuma seguir?

Feita a coleta dos discursos, procede-se então à *análise* externa e interna destes, tal como discuti anteriormente, sempre tendo em conta o problema que se quer responder e os objetivos que se quer alcançar. Fazer leituras sobre o momento histórico, sobre a biografia do autor do discurso ou daqueles a favor dos quais ou contra os quais ele se pronunciou. Situar o discurso numa série para que ele ganhe sentido quando comparado com outros proferidos pela mesma pessoa, no mesmo momento ou sobre a mesma temática. Anotar as regularidades discursivas: as imagens, os enunciados, os conceitos, os temas que se repetem e que deslocamento ou deslizamento de sentido pode vir a sofrer ao longo do período que se está estudando. Observar com que outros discursos do mesmo período seu documento tem intersecção pelo uso das mesmas regras ou das mesmas estratégias. Prestar atenção no modo como o autor escreve ou diz também a si mesmo, como vai construindo imagens de si e imagens dos outros, do seu espaço, de seu tempo, do tema que está sendo tratado. É indispensável que estes discursos e pronunciamentos sejam cotejados com outros tipos de fontes e com discursos vindos de outros personagens do período, envolvidos com os mesmos episódios ou dentro do mesmo universo de preocupações.

Na pesquisa que realizei, os discursos e pronunciamentos dos deputados e senadores me permitiram mapear as lutas políticas, as batalhas discursivas, os distintos enunciados e conceitos que foram, ao longo do período estudado, definindo um estatuto particular para as secas periódicas que ocorriam no Norte e depois Nordeste do país, transformando-as num problema nacional e regional. Os discursos e pronunciamentos dos técnicos me levaram a destacar as distintas "explicações" para a ocorrência do fenômeno e as propostas de ações visando à sua "solução". Cada série discursiva, portanto, me propiciou acessar distintas visões sobre a seca, permitindo-me analisar como emergiu o que chamei de *discurso da seca*, discurso que, de certa forma, sintetizava todos os demais e que passou a servir de base para reivindicações e intervenções no plano nacional por parte das elites desse espaço. A análise dessas várias séries de discursos e pronunciamentos me permitiu, portanto, compreender como emergiu, em um dado momento histórico específico, um objeto para os discursos e para as práticas humanas, que antes não existia como tal: a seca do Norte e Nordeste.

* * *

Hoje, portanto, com o reaparecimento da consciência e preocupação retórica na historiografia, os discursos e pronunciamentos ganham um novo estatuto, não só como fonte histórica, mas como material que requer sofisticados procedimentos de análise e de crítica historiográfica.

Notas

1 *Discurso* é um conceito muito presente nas discussões contemporâneas das ciências humanas, desde a emergência do que se convencionou chamar de virada linguística ou *linguistic turn*, que teria ocorrido por volta dos anos 60 do século XX, chamando a atenção para o papel central que exerceria a linguagem na estruturação da vida social, na intermediação das relações humanas, na institucionalização da ordem, na elaboração do pensamento e na construção dos saberes acerca dos homens e de suas formas de organização social. Segundo os adeptos das correntes teórico-metodológicas a que ela deu

origem, a linguagem teria substituído o pensamento como principal preocupação das investigações filosóficas e, em todas as ciências humanas, o papel que ela desempenha na construção de seus objetos e sujeitos passou a ser motivo de pesquisa e questionamento. Neste texto, no entanto, não estaremos usando propriamente esse sentido que podemos chamar de mais abrangente da noção de discurso, não estaremos nos referindo a qualquer manifestação no campo da linguagem, a qualquer forma de produção e articulação de sentido, a qualquer forma de elaboração e veiculação de mensagens, de significados, de saberes ou formas de pensamento emitidas pelos homens. O conceito de discurso será usado, neste texto, com um sentido que poderíamos chamar de mais restrito, de mais específico. Ver François Dosse, *História do estruturalismo*, Bauru, Edusc, 2007, 2v.; *O império do sentido*, São Paulo, Edusc, 2003; Peter Burke, *História e teoria social*, São Paulo, Unesp, 2002.

2 Ver Aurélio Buarque de Holanda, *Novo Dicionário da Língua Portuguesa*, Rio de Janeiro, Nova Fronteira, 1975, p. 481.

3 Idem, pp. 1145-6.

4 Heródoto, *História*, 2. ed., Brasília, Edunb, 1988; Tucídedes, *História da Guerra do Peloponeso*, 3. ed., Brasília, Edunb, 1987.

5 Ver Documento/Monumento, em Jacques Le Goff, *História e memória*, Campinas, Unicamp, 2003; Guy Bordé e Hervé Martin, *As escolas históricas*, Lisboa, Euro-América, 2003; Sérgio Buarque de Holanda, *Ranke*, São Paulo, Ática, 1979; Eni de Mesquita Samara e Ismênia Silveira Tupy, *História & Documento e Metodologia de Pesquisa*, Belo Horizonte, Autêntica, 2007.

6 Ver François Hartog, *Des Regimes D'Historicité*, Paris, Seuil, 2003; *O espelho de Heródoto*, Belo Horizonte, UFMG, 1999; *A História de Homero a Santo Agostinho*, Belo Horizonte, UFMG, 2001; *Os antigos, o passado e o presente*, Brasília, UnB, 2003.

7 Aristóteles, *Retórica*, Lisboa, Imprensa Nacional, 2005.

8 Ver a interpretação recente sobre a relação entre retórica e história proposta pelo historiador italiano Carlo Ginzburg em sua obra *Olhos de madeira*, São Paulo, Companhia das Letras, 2001.

9 Fábio Duarte Joly, *História e retórica*, São Paulo, Alameda, 2007; Armando Plebe, *Breve História da retórica antiga*, São Paulo, EPU, 1978; Juan Carlos Iglesias Zoido, *Retórica y historiografía*, Madrid, Clasicas, s.d.; Felipe Charbel Teixeira, "Uma construção de fatos e palavras: Cícero e a concepção retórica da história", em *Varia História*, Belo Horizonte, v. 24, n. 40, 2008, pp. 551-68; Francisco das Chagas Vieira Lima Júnior, "Retórica historiográfica: entre a verdade e a persuasão", disponível em: <http://www.webartigos.com/articles/13296/1/retorica-historiografica-na-antiguidade/pagina1.html>. Acesso em: 10 de abril de 2009.

10 Não podemos esquecer que o teatro tinha uma enorme importância na sociedade grega, onde surgiu o gênero historiográfico. E, no teatro, a trama, os eventos, os personagens se constroem através da ação e dos diálogos, das falas, dos discursos, imitando o que seria a vida; no teatro uma peça se materializa somente ao ser encenada.

11 Pedro Paulo de Abreu Funari, "Retórica e argumentação, do mundo clássico ao nosso cotidiano". Disponível em: <http://www.universia.com.br/materia/materia.jsp?id=6075>. Acesso em: 10 de abril de 2009. Carlos Augusto Ribeiro Machado, "A historiografia antiga e a historiografia moderna: algumas observações", disponível em: <http://www.ifcs.ufrj.br/humanas/0030.htm>. Acesso em: 10 de abril de 2009.

12 Marco Túlio Cícero, *El orador*, Madrid, Alianza, 2001.

13 Felipe Charbel Teixeira, op. cit.; Marco Túlio Cícero, *Retórica a Herênio*, São Paulo, Hedra, 2005; François Hartog, *A História de Homero a Santo Agostinho*, cit.

[14] Num historiador como Tucídides, como dissemos, a menção de discursos e pronunciamentos não implicava exercitar a mera lisonja, mas sim tinha função de tornar inteligíveis e de apresentar os distintos pontos de vista sobre um mesmo evento, possibilitando certa equidistância, um olhar que ele nomeava de rigoroso, que buscava descrevê-los com a maior exatidão possível.

[15] Luciano de Samósata, *Diálogo dos mortos*, Brasília, Edunb, 1998.

[16] Jacyntho Lins Brandão, *A poética do Hipocentauro*, Belo Horizonte, UFMG, 2001; Luciano de Samósata, *Como se deve escrever a história*, Belo Horizonte, Tessitura, 2009; Pedro Ipiranga Júnior, "Diálogo entre Luciano de Samósata e Dionísio de Halicarnasso: o estatuto do historiador dentro e fora do horizonte mítico", em *Scripta Classica On-Line*, n. 1, Belo Horizonte, NEAM/UFMG, abril de 2003, disponível em: <http://juliano.multiculturas.com/textos/PIpiranga_Luciano_Dion_Halic.pdf>. Acesso em: 12 de abril de 2009.

[17] François Hartog, *Des Regimes D'Historicité*, cit; *O espelho de Heródoto*, Belo Horizonte, UFMG, 1999; Arnaldo Momigliano, *As raízes clássicas da historiografia moderna*, Bauru, Edusc, 2004; Valdei Lopes de Araújo, Flávia Valentino Varella e Helena Miranda Mollo, *A dinâmica do historicismo*, Belo Horizonte, Argumentum, 2008.

[18] Luiz Costa Lima, *História. Ficção. Literatura*, São Paulo, Companhia das Letras, 2003; Manoel Luiz Salgado Guimarães, *Estudos sobre a escrita da História*, Rio de Janeiro, 7 Letras, 2007; Pedro Paulo de Abreu Funari, op. cit.

[19] Ver Jacques Le Goff, op. cit.; Maria de Lourdes Janotti, "O livro *Fontes históricas* como fonte" em Carla Bassanezi Pinsky (org.), *Fontes históricas*, 2. ed., São Paulo, Contexto, 2006.

[20] Ver Julio Aróstegui, *A pesquisa histórica*, Bauru, Edusc, 2006.

[21] Ver Francisco Adolfo de Varnhagen, *História Geral do Brasil*, Belo Horizonte, Itatiaia/São Paulo, Edusp, 1981, 5v.; João Francisco Lisboa, *Jornal de Timon*, São Paulo, Companhia das Letras, 1995; Manuel de Oliveira Lima, *O Movimento da Independência: 1821-1822*, Belo Horizonte, Itatiaia, 1989; João Francisco da Rocha Pombo, *História do Brasil*, São Paulo, Melhoramentos, 1963; João Ribeiro, *História do Brasil*, Rio de Janeiro, Livraria São José, 1953.

[22] Luiz Schwartcz, *Os guardiões de nossa história oficial: os institutos históricos e geográficos*, São Paulo, Idesp, 1989; José Honório Rodrigues, *A pesquisa histórica no Brasil*, São Paulo, Cia. Editora Nacional/INL/MEC, 1978; Manoel Luiz Salgado Guimarães, "Nação e civilização nos trópicos: O Instituto Histórico e Geográfico Brasileiro e o projeto de uma história nacional", em *Estudos Históricos*, Rio de Janeiro, n. 1, 1988; Temístocles Cézar, "Em nome do pai, mas não do patriarca: ensaio sobre os limites da imparcialidade na obra de Varnhagen", em *História*, São Paulo, v. 24, n. 2, 2005, pp. 207-40; Lúcia Maria Paschoal Guimarães, "Debaixo da imediata proteção de Sua Majestade Imperial", em *RIHGB*, Rio de Janeiro, 156 (388), jul./set. 1995.

[23] Peter Burke, *A Escola dos Annales (1929-1989)*, São Paulo, Unesp, 1991; José Carlos Reis, *Escola dos Annales*, São Paulo, Paz e Terra, 2000; Lucien Febvre, *Combates pela História*, Lisboa, Presença, 1989; Marc Bloch, *Apologia da História ou o ofício de historiador*, Rio de Janeiro, Jorge Zahar, 2002; Perry Anderson, *Considerações sobre o marxismo ocidental*, São Paulo, Boitempo, 2004; Daniel Aarão Reis Filho, *História do marxismo no Brasil*, São Paulo, Paz e Terra, 2001.

[24] Ver, por exemplo: Edgar Carone, *Movimento operário no Brasil (1877-1944)*, São Paulo, Difel, 1981; Emília Viotti da Costa, *Da Monarquia à República*, 8. ed., São Paulo, Unesp, 2007; Carlos Guilherme Mota, *A ideia de revolução no Brasil*, São Paulo, Globo, 2008; Isabel Andrade Marson, *Política, História e método em Joaquim Nabuco*, Uberlândia, Edufu, 2008; Sidney Chalhoub, *Trabalho, lar e botequim*, Campinas, Unicamp, 2001; Gladys Sabina Ribeiro, *A liberdade em construção*, Rio de Janeiro, Relume-Dumará/FAPERJ, 2002.

[25] Paul Ricouer, *Tempo e narrativa*, Campinas, Papirus, 1997, 3 t.; Michel Foucault, "A Poeira e a Nuvem", em *Ditos e escritos*, vol. IV, Rio de Janeiro, Forense-Universitária, 2003, pp. 323-35; "Nietzsche, a genealogia e a história", em *Microfísica do poder*, 26. ed., São Paulo, Graal, 2008; Roland Barthes, *Michelet*, São Paulo, Companhia das Letras, 2001; Hayden White, *Meta-História*, São Paulo, Edusp, 2008; *Trópicos do Discurso*, São Paulo, Edusp, 2001.

[26] Michel de Certeau, *A escrita da História*, 2. ed., Rio de Janeiro, Forense Universitária, 2008.

[27] Para Michel Foucault, por exemplo, *Discurso* é uma estrutura de proposições, termos, crenças e categorias histórica, social e institucionalmente específica. Não é uma forma de expressão, mas é um conjunto não só de modos de pensar, de entender como o mundo opera e qual o lugar de cada um nele, como também de modos de organizar vidas, instituições e sociedades, de implementar e justificar desigualdades, mas também de recusá-las. Ele trata das operações do discurso como imersas num campo político. Tudo é mediado pelo discurso, nada nos chega se não através da linguagem. Ver Michel Foucault, *A ordem do discurso*, São Paulo, Loyola, 2005.

[28] Jacques Le Goff, op. cit.; Michel Foucault, "Nietzsche, a genealogia e a história", op. cit.

[29] Michel Foucault, *A ordem do discurso*, cit.; Durval Muniz de Albuquerque Júnior, *História: a arte de inventar o passado*, São Paulo, Edusc, 2007.

[30] Michel de Certeau, "A operação historiográfica", em *A escrita da história*, cit.

[31] François Dosse, *O império do sentido*, cit.; *História do estruturalismo*, Bauru, Edusc, 2007; Reinhart Koselleck e Hans-Georg Gadamer, *História y hermenéutica*, Barcelona, Paidós, 1997; Keith Jenkins, *A História repensada*, São Paulo, Contexto, 2001.

[32] Até um atestado de óbito ou um registro de terras obedece a um modelo, sujeito a dadas mutações com o tempo, que devem ser analisadas, justamente, por serem indícios dessa temporalidade e das mudanças que essa implicou, das transformações que esta trouxe, mudanças e transformações que são nosso objeto de atenção por excelência.

[33] Michel Foucault, *A arqueologia do saber*, 7. ed., Rio de Janeiro, Forense Universitária, 2008.

[34] Jacques Derrida, *Mal de arquivo*, Rio de Janeiro, Relume-Dumará, 2001.

[35] Roger Chartier, *Formas e sentido*, Campinas, Mercado das Letras, 2003; *Práticas da Leitura*, São Paulo, Estação Liberdade, 2000.

[36] Durval Muniz de Albuquerque Júnior, *Falas de astúcia e de angústia: a seca no imaginário nordestino – de problema à solução (1877-1922)*. Campinas, 1988, Dissertação (Mestrado em História) – Unicamp.

Bibliografia

Albuquerque Júnior, Durval Muniz de. *Falas de astúcia e de angústia:* a seca no imaginário nordestino – de problema à solução (1877-1922). Campinas, 1988. Dissertação (Mestrado em História) – Unicamp.

__________. *História*: a arte de inventar o passado. Bauru: Edusc, 2007.

Anderson, Perry. *Considerações sobre o marxismo ocidental*. São Paulo: Boitempo, 2004.

Araújo, Valdei Lopes de; Varella, Flávia Valentino; Mollo, Helena Miranda. *A dinâmica do historicismo*. Belo Horizonte: Argumentum, 2008.

Aristóteles. *Retórica*. Lisboa: Imprensa Nacional, 2005.

Aróstegui, Julio. *A pesquisa histórica*. Bauru: Edusc, 2006.

Barthes, Roland. *Michelet*. São Paulo: Companhia das Letras, 2001.

Bloch, Marc. *Apologia da História ou o ofício de historiador*. Rio de Janeiro: Jorge Zahar, 2002.

Bordé, Guy; Martin, Hervé. *As escolas históricas*. Lisboa: Euro-América, 2003.

Brandão, Jacyntho Lins. *A poética do Hipocentauro*. Belo Horizonte: UFMG, 2001.

Burke, Peter. *A Escola dos Annales (1929-1989)*. São Paulo: Unesp, 1991.

__________. *História e teoria social*. São Paulo: Unesp, 2002.

Carone, Edgar. *Movimento operário no Brasil (1877-1944)*. São Paulo: Difel, 1981.

Certeau, Michel de. *A escrita da história*. 2. ed. Rio de Janeiro: Forense Universitária, 2008.

Cézar, Temístocles. Em nome do pai, mas não do patriarca: ensaio sobre os limites da imparcialidade na obra de Varnhagen. *História*. São Paulo, v. 24, n. 2, 2005, pp. 207-40.

Chalhoub, Sidney. *Trabalho, lar e botequim*. Campinas: Unicamp, 2001.

Chartier, Roger. *Formas e sentido*. Campinas: Mercado das Letras, 2003.

__________. *Práticas da leitura*. São Paulo: Estação Liberdade, 2000.

Cícero, Marco Túlio. *El Orador*. Madrid: Alianza, 2001.

__________. *Retórica a Herênio*. São Paulo: Hedra, 2005;

Costa, Emília Viotti da. *Da Monarquia à República*. 8. ed. São Paulo: Unesp, 2007.

Derrida, Jacques. *Mal de arquivo*. Rio de Janeiro: Relume-Dumará, 2001.

Dosse, François. *História do estruturalismo*. Bauru: Edusc, 2007, 2v.

__________. *O império do sentido*. Bauru: Edusc, 2003.

Febvre, Lucien. *Combates pela História*. Lisboa: Presença, 1989.

Foucault, Michel. *A arqueologia do saber*. 7. ed. Rio de Janeiro: Forense Universitária, 2008.

__________. *A ordem do discurso*. São Paulo: Loyola, 2005.

__________. *Ditos e escritos*. Rio de Janeiro: Forense-Universitária, 2003, v. 4.

__________. *Microfísica do poder*. 26. ed. São Paulo: Graal, 2008.

Ginzburg, Carlo. *Olhos de madeira*. São Paulo: Companhia das Letras, 2001.

Guimarães, Lúcia Maria Paschoal. Debaixo da imediata proteção de Sua Majestade Imperial. *RIHGB*, Rio de Janeiro, 156 (388), jul./set. 1995.

Guimarães, Manoel Luiz Salgado. *Estudos sobre a escrita da história*. Rio de Janeiro: 7 Letras, 2007.

__________. Nação e civilização nos trópicos: O Instituto Histórico e Geográfico Brasileiro e o projeto de uma história nacional. *Estudos históricos*, Rio de Janeiro, n. 1, 1988.

HARTOG, François. *A História de Homero a Santo Agostinho*. Belo Horizonte: UFMG, 2001.

__________. *Des Regimes D'Historicité*. Paris: Seuil, 2003.

__________. *O espelho de Heródoto*. Belo Horizonte: UFMG, 1999.

__________. *Os antigos, o passado e o presente*. Brasília: UnB, 2003.

HERÓDOTO. *História*. 2. ed. Brasília: Edunb, 1988.

HOLANDA, Aurélio Buarque de. *Novo Dicionário da Língua Portuguesa*. Rio de Janeiro: Nova Fronteira, 1975.

HOLANDA, Sérgio Buarque de. *Ranke*. São Paulo: Ática, 1979.

JENKINS, Keith. *A História repensada*. São Paulo: Contexto, 2001.

JOLY, Fábio Duarte. *História e retórica*. São Paulo: Alameda, 2007.

KOSELLECK, Reinhart; GADAMER, Hans-Georg. *Historia y hermenéutica*. Barcelona: Paidós, 1997.

LE GOFF, Jacques. *História e memória*. Campinas: Unicamp, 2003.

LIMA, Luiz Costa. *História. Ficção. Literatura*. São Paulo: Companhia das Letras, 2003.

LIMA, Manuel de Oliveira. *O Movimento da Independência:* 1821-1822. Belo Horizonte: Itatiaia, 1989.

LISBOA, João Francisco. *Jornal de Timon*. São Paulo: Companhia das Letras, 1995.

MARSON, Isabel Andrade. *Política, História e método em Joaquim Nabuco*. Uberlândia: Edufu, 2008.

MOMIGLIANO, Arnaldo. *As raízes clássicas da historiografia moderna*. Bauru: Edusc, 2004.

MOTA, Carlos Guilherme. *A ideia de revolução no Brasil*. São Paulo: Globo, 2008.

PINSKY, Carla Bassanezi (org.). *Fontes históricas*. 2. ed. São Paulo: Contexto, 2006.

PLEBE, Armando. *Breve história da retórica antiga*. São Paulo: EPU, 1978.

POMBO, João Francisco da Rocha. *História do Brasil*. São Paulo: Melhoramentos, 1963.

REIS FILHO, Daniel Aarão. *História do marxismo no Brasil*. São Paulo: Paz e Terra, 2001.

REIS, José Carlos. *Escola dos Annales*. São Paulo: Paz e Terra, 2000.

RIBEIRO, Gladys Sabina. *A liberdade em construção*. Rio de Janeiro: Relume-Dumará/FAPERJ, 2002.

RIBEIRO, João. *História do Brasil*. Rio de Janeiro: Livraria São José, 1953.

RICOUER, Paul. *Tempo e narrativa*. Campinas: Papirus, 1997, 3t.

RODRIGUES, José Honório. *A pesquisa histórica no Brasil*. São Paulo: Cia. Editora Nacional/INL/MEC, 1978.

SAMARA, Eni de Mesquita; TUPY, Ismênia Silveira. *História & Documento e Metodologia de Pesquisa*. Belo Horizonte: Autêntica, 2007.

SAMÓSATA, Luciano de. *Como se deve escrever a história*. Belo Horizonte: Tessitura, 2009.

_________. *Diálogo dos mortos*. Brasília: Edunb, 1998.

SCHWARTCZ, Luiz. *Os guardiões de nossa História oficial:* os institutos históricos e geográficos. São Paulo: Idesp, 1989.

TUCÍDEDES. *História da Guerra do Peloponeso*. 3. ed. Brasília: Edunb, 1987.

VARNHAGEN, Francisco Adolfo de. *História Geral do Brasil*. Belo Horizonte: Itatiaia; São Paulo: Edusp, 1981, 5v.

WHITE, Hayden. *Meta-História*. São Paulo: Edusp, 2008.

_________. *Trópicos do discurso*. São Paulo: Edusp, 2001.

ZOIDO, Juan Carlos Iglesias. *Retórica y historiografia*. Madrid: Clasicas, s.d.

DIÁRIOS PESSOAIS

Territórios abertos para a História

Maria Teresa Cunha

Escrever, contar, guardar

Ação da mão sobre papéis, sobre telas, sobre pedras e onde mais for possível deixar traços, a escrita registra, inventa e conserva sempre *mais ou menos*, ao *contar*, muitos atos da experiência humana. Como ferramenta de uso social, a escrita pode salvar do esquecimento ao fixar no tempo vestígios de passados e, assim, escrever se constitui em uma forma de produção de memória e, por conseguinte, em instrumento de construção do passado. O historiador Roger Chartier lembra que, por meio da escrita, em seus vários suportes, são fixados os "traços do passado, a lembrança dos mortos, ou a glória dos vivos".[1] Tal afirmativa permite recordar a importância do texto escrito como um remédio eficaz contra o esquecimento, capaz de transcender a fugacidade da vida. Por seu intermédio, pode-se buscar "não a verdade de nosso passado, mas o passado de nossas verdades, não a verdade do que fomos, mas a história do que somos, daquilo que talvez já estamos deixando de ser".[2]

Com a intenção de ampliar a possibilidade de uso de variadas fontes escritas para a História, mobilizou-se documentos testemunhais e/ou confessionais ainda pouco explorados na historiografia brasileira[3] – os diários pessoais – para, por meio deles, compreender as práticas culturais de uma época, ressaltar elementos para o entendimento de vidas comuns e/ou entrecruzar fatos e tempos e analisar os diferentes sentidos que os marcaram.

Formas de inscrição autoral, os diários pessoais são fontes, chamadas de *escritas ordinárias*,[4] que permitem aos historiadores rastrearem muitas das maneiras de viver e de pensar de determinada época, dadas a ver, no tempo presente. Neste capítulo sobre o uso de diários pessoais como fonte histórica, optou-se por focar os diários pessoais de "gente comum", manuscritos em suporte papel, com narrativas disponibilizadas, em sua maioria, em cadernos ou agendas. Ainda que se registre a presença de diários em suporte digital, disponíveis na internet, eles não serão, neste texto, objeto especial de análise. Igualmente não estarão em cena aqui os diários publicados por escritores ou pessoas de destaque, tradicionalmente conhecidos, como as *Confissões de Rousseau*, por exemplo.

O trabalho com os diários pessoais exige do pesquisador um exercício interpretativo diferenciado, pois irá lidar com papéis que venceram o tempo, o fogo e, muitas vezes, até o lixo. Seguramente, não são muitos os exemplares que escapam a esse destino,[5] daí certa dificuldade de acesso a tais materiais por parte dos pesquisadores. Traços duráveis do passado, quando surpreendentemente guardados, movimentam-se, pelas mãos dos historiadores, do espaço privado para a visibilidade pública. Assim, realçar, hoje, a dimensão de fonte histórica dos diários pessoais constitui-se em ação importante para dotar de significado esses documentos que foram, durante muito tempo, desconsiderados por historiadores envolvidos com modalidades de História "racionais", ditas científicas, não-emotivas, inauguradas pela modernidade.

Sob um novo olhar, a emergência dessas fontes ordinárias na historiografia deu-se mais intensivamente a partir da década de 1980, na clave das propostas da História Cultural, que observou serem estes materiais pessoais "portadores e construtores de sensibilidades", também chamadas de *práticas culturais do sensível*.[6] Com os historiadores dessa linha historiográfica, os diários pessoais passam a ser vistos como documentos valiosos para a compreensão de vidas cotidianas, repletas de gestos de amor, amizade, ressentimento, mas também marcadas pelos freios morais de determinada época – territórios de pesquisa abertos a partir do momento em que passados e reminiscências se tornam públicos, dado que são versões miniaturizadas de trajetórias humanas comuns. Em outras palavras, essa reflexão potencializou uma maneira diferenciada para pensar a História em articulação com as *sensibilidades* que dão forma ao cotidiano em seus diferentes matizes. Trata-se de sensibilidades que se fazem conhecer através da leitura da descrição de emoções, do registro de intimidades, da narrativa de acontecimentos corriqueiros que faziam parte de anotações diárias. Como lembra a historiadora Sandra Pesavento: "A sensibilidade está no cerne da História Cultural, que se propõe a trabalhar com as formas pelas quais os homens, a partir de sua história, representaram a si próprios e ao mundo".[7] Nessa perspectiva, os diários pessoais são fontes a partir das quais é possível "capturar sensibilidades do passado, através dos traços objetivos que estas deixaram para o presente,"[8] pois, como toda escrita pessoal, eles são atravessados pelas tensões e dilemas do mundo em que se inserem. Assim, tornam-se importantíssimos para um maior entendimento das possibilidades de *construção de subjetividades.*[9]

Por fim, vale ressaltar que essa matriz teórico-metodológica, mais alinhada à Antropologia, considerou os diários pessoais tributários de diferentes *situações*, que envolvem cotidianos e afetividades, e sublinhou que, por desse material, é possível refletir sobre experiências que ocorreram em espaços e tempos distintos daquele em que vive o pesquisador contemporâneo. Os diários pessoais entram em cena como fonte histórica por conterem registros de *práticas sociais* que partilham da constituição de um *regime de historicidade*,[10] ou seja, expõem as formas de como indivíduos em sociedade tratavam seu dia a dia, naquele presente da escrita. Escritos à mão, materializados em papel e tinta, os diários eternizam, em folhas amarelecidas pela passagem do tempo, ideias, saberes, valores, acontecimentos e dizeres, além de fantasias, medos e experiências – tudo isso são *representações* de um outro tempo que dão sentido ao mundo social, criando outras realidades.

Esse material permite ao historiador, também, registrar, na atualidade, a importância de uma *memória de papel*, suporte que lhe outorga força como testemunho de uma era e lhe dá perenidade contra a fatalidade do esquecimento, como lembra o historiador português Rogério Fernandes.

> O papel é o suporte mais vocacionado para conservar o registro de momentos fugidios nas nossas vidas ou nas vidas dos outros. Aí os temos: dispersos pelas gavetas, materiais díspares que contêm outras tantas histórias de vida [...] laboriosos e ricos, os diários, as memórias dos tempos, as planificações, os nossos trabalhos [...] são uma imagem baça do tumulto ou, pelo contrário, da pacatez daquilo que outrora foi vivo e atual.[11]

Entretanto, cabe ao historiador sempre relativizar suas fontes. Para isso, é importante considerar as informações dos/as diaristas como indícios sucessivos do passado que fornecerão pistas para conhecer e interpretar meandros da vida cotidiana como "marcos testemunhais de uma outra era".[12]

No papel, diários e escritas de si

Em estudo bastante conhecido, o historiador francês Alain Corbin, referindo-se aos diários pessoais, chamava a atenção para seu valor histórico. Ao mesmo tempo, expressava perplexidade pela escassa atenção que a historiografia prestava a esse tipo de material, apesar da sua presença relevante como um hábito cultural desde o século XIX. A esse respeito assim se expressou:

> Os historiadores ainda não mediram satisfatoriamente a difusão social de uma prática cuja análise permanece como monopólio dos especialistas em literatura [...] a grande fragilidade destes documentos leva à subestimação de sua qualidade.[13]

Da mesma forma, Gilberto Freyre, na década de 1930, reconhecia a importância dessa fonte para o estudo da história, mas argumentava sobre a dificuldade de encontrá-la no Brasil, já que

> aqui o confessionário absorveu os segredos pessoais e de família, estancando nos homens e principalmente nas mulheres, essa vontade de se revelarem aos outros que nos países religiosos protestantes provê o estudioso de tantos diários pessoais, cartas, memórias, autobiografias.[14]

As novas pesquisas feitas com diários pessoais foram encontrá-los em arquivos ou coleções particulares, em meio a artefatos deixados como herança. Elas trouxeram, como resultado, visões do sujeito *comum e ordinário* que adquirem importância uma vez que as ações da experiência cotidiana são cada vez mais valorizadas. Segundo a crítica literária Beatriz Sarlo, há duas décadas processa-se uma *ressurreição do sujeito* que trouxe à tona um *dever de memória*. Em outras palavras, a revalorização do indivíduo produziu "no campo dos estudos da memória individual e da memória coletiva, um movimento de restauração da primazia desses sujeitos [comuns] expulsos nos anos anteriores".[15] A "celebração do eu" – que se positiva em nossos dias pela profusão de escritas pessoais, relatos de testemunhos, publicações bem sucedidas de biografias e autobiografias –, por sua vez, instiga a boa vontade dos historiadores para com estes materiais.

A historiadora Ângela de Castro Gomes também sublinhou o interesse, por parte dos historiadores, mas também do público leitor em geral, pela escrita (auto)biográfica:

> Um breve passar de olhos em catálogos de editoras, estantes de livrarias ou suplementos literários de jornais leva qualquer observador, ainda que descuidado, a constatar que, nos últimos 10 anos, o país teve uma espécie de *boom* de publicações de caráter biográfico e autobiográfico. É cada vez maior o interesse dos leitores por um certo gênero de escritos – uma escrita de si –, que abarca diários, correspondências, biografias, autobiografias, independentemente de serem memórias ou entrevistas de história de vida, por exemplo.[16]

É verdade que, desde o final do século XVII e durante o século XVIII, diários, memórias, testemunhos, *livres de raison*[17] constituíram-se em procedimentos comuns da escritura pessoal, porém ainda não havia uma *consciência do eu privado*[18] nos moldes que conhecemos hoje com a leitura dos diários pessoais. Tratava-se de escritas feitas, em grande parte, por homens e eram "produtos da escritura individual de personalidades públicas sobre a repercussão de seus atos, o brilho da própria glória, ou sobre homens e fatos dos quais foram testemunhas privilegiadas".[19] Nessa clave, podemos citar as *Confissões de Rousseau*,[20] por exemplo, que apresentam o pensamento do autor e entrelaçam vida e obra em forma de relato memorialista.

Outros textos tradicionalmente associados a escrituras pessoais são os relatos de viagem, comumente chamados de *diários de viajantes* e que proliferaram nos séculos XVIII e na primeira metade do século XIX. Eram obras que descreviam viagens científicas feitas por estrangeiros (homens, em sua maioria) que se deslocavam da Europa para o Novo Mundo com a finalidade de coletar, descrever e classificar espécimes da flora e da fauna. Junto a essa função científica, os viajantes comentavam sobre a vida cotidiana, os hábitos e os saberes das populações que visitavam. Os diários de viajantes não guardavam o caráter de intimidade que o chamado *diário pessoal* adquire na segunda metade do século XIX, já que eram escritos para o público em geral e divulgados em reuniões de instituições científicas.[21]

Foi na segunda metade do século XIX, período por excelência da afirmação das concepções sobre a esfera privada, que o diário pessoal[22] se estabeleceu como um novo gênero, inicialmente literário, e, aos poucos, se consolidou como uma prática social e educativa recomendada e adotada essencialmente pelas "senhoritas", "mulheres" burguesas e aristocráticas que tinham acesso à alfabetização. Segundo o historiador espanhol Manuel Alberca,[23] há um conceito econômico *burguês* que inspira a escrita de diários, segundo o qual a personalidade vai se formando como um balanço de entradas e gastos em consonância com uma de suas possíveis origens históricas: o *livro de contas* ou o *livro de família*, onde se anotavam as cifras da economia familiar; uma maneira, portanto, de registrar por escrito as "entradas" e "saídas" das "contas da vida".

Proposição semelhante é defendida pela historiadora francesa Michelle Perrot, cujos estudos evidenciam que, no século XIX, foram as mulheres as principais produtoras desses arquivos ditos familiares, onde se exprimiam com certa regularidade temporal e nos quais "preservavam os anais do lar, os *livres de raison*, as correspondências familiares que deram origem ao diário íntimo cujo emprego é recomendado às jovens solteiras pelos confessores e, mais tarde, pelos pedagogos, como uma forma de controle sobre si".[24]

Pode-se afirmar, portanto, que uma significativa produção de diários pessoais coincide com a ascensão política e social da burguesia e com o consequente desenvolvimento da vida nas cidades (a vida urbana), aliados aos progressos da alfabetização feminina a partir dos finais do século XIX. A *casa burguesa* com seus espaços individualizados, em especial com o favorecimento de um lugar privado para escrever, criava um refúgio para a intimidade – a condição material que permitiu e estimulou a escritura do *diário íntimo*. A afirmativa de que esta é uma prática de escritura de mulheres burguesas pode ser respaldada quando se sabe que, em contrapartida, as mulheres das classes populares ficavam, em geral, excluídas, pois careciam de condições que lhes garantissem maior intimidade ou isolamento, além de terem pouco acesso à escolarização.

Na tela, diários e escritas de si

As grandes mudanças sociais e culturais levadas a efeito ao longo do século XX, em especial na segunda metade do século, permitem conjecturar que as práticas escriturísticas de diário nas bases instituídas no século XIX até finais do século XX tenham diminuído. Entretanto, o aumento do número de blogs pessoais na internet é crescente. Os estudos de Zahidé Muzart[25] sobre os diários de mulheres no final do século XX na internet registram a tendência em que escrever um diário não é mais um ato meramente solitário, mas passa a ser absolutamente gregário. Escreve-se para se dar a ver, um ato próximo ao exibicionismo. Zahidé Muzart transcreve um trecho muito significativo encontrado em um site[26] disponível à visitação na rede, onde é possível ler mais que uma definição de diário, uma análise que reencontra as principais características desse gênero de escrita:

> Como definir o diário? Parece fácil... As razões e os motivos variam tanto que é quase desesperante dar-lhes uma idéia completa. Em primeiro lugar, um diário se escreve ao sabor do tempo, é muito diferente de todas as autobiografias, memórias e outras parentes próximas do gênero. O diário é observado dia a dia, mais ou menos escrupulosamente é sempre uma representação *em direct* e ao vivo da vida. [...].
> É uma atividade que exige uma certa disciplina, que ordena a vida. Eu gosto de mostrar os dois lados da medalha. Pessoalmente, o que me anima é uma mentalidade que eu qualificaria de "arquivista" e de colecionadora. [...] Ter um diário é uma maneira de colecionar os dias [...]. Colocar-se no papel cotidianamente é também uma maneira de se colocar a nu e se decifrar o interior, sem ter a pagar uma terapia.
> Notemos que muitos o utilizam para fins terapêuticos. Passa-se a vida a se buscar, a se descobrir. O diário age assim como o testemunho desta busca de si. Alguns relêem seus diários e se surpreendem com o que escreveram. Outros não compreendem mais nada. [...] Um diário é uma encenação, uma forma de representação de si. Nós somos o personagem principal de nosso diário. Nós temos às vezes a tendência a escrever as coisas não como elas são, mas como deveriam ser. Escreve-se para embelezar ou dramatizar a vida, para lhe dar um sabor novo. O diário é, muitas vezes, um dos últimos refúgios do sonho.

Com o surgimento da internet, essa prática de escrita migrou para novas mídias, como os blogs, fotologs, YouTube, Myspace – páginas na rede abertas à leitura de qualquer pessoa. Para proporcionar acesso às confidências de mulheres e homens contemporâneos, variados *links* criam possibilidades de "navegar", tornando público o que era antes restrito ao âmbito privado, como mostram também os estudos realizados por Luiza Lobo:[27] "em lugar do contato direto, face a face, estamos diante da telepresença."

Ora, se muda o suporte da escrita de um diário (do papel para a tela do computador), vários objetivos e funções permanecem. Segundo Manuel Alberca, a escrita e os motivos que levam alguém a escrever um diário envolvem funções terapêuticas – para desabafar, contar os desassossegos da alma e do corpo –, funções éticas – para guardar a memória de momentos exemplares que se referem à boa conduta humana – e funções estéticas – para conservar o diário como ato de escrita, como expressão da cultura gráfica de seu tempo, pois "a prática diarista liga-se à necessidade de introspecção, de comunicação, para contar experiências, para relacionar-se com um interlocutor ideal".[28]

A passagem do século XX para o século XXI está sendo marcada por um deslocamento do eixo central que sustenta a *experiência de si*, implicando fortes mutações nas formas de sua construção. Os já citados blogs, fotologs, webcams, Orkut, YouTube, Myspace – para além de uma parafernália tecnológica e de dispositivos virtuais de comunicação e interação – instauram novas formas de sociabilidade e novos modos de escritas pessoais, e, assim, registram a nossa época. Em vez de subjetividades tipicamente modernas, construídas pelas "escritas de dentro" no silêncio e na solidão do espaço privado (o diário pessoal escrito no quarto, em surdina, por exemplo), proliferam as "escritas de fora" (os diários pessoais que são tornados públicos, pela exposição em rede, por exemplo), visando à captação dos olhares alheios em um mundo saturado de outros estímulos visuais. Entretanto, persiste a *construção de si*, pela escrita de diários pessoais, embora com "certo apagamento dessa romântica espécie de magma interior misterioso e oculto 'de dentro' de nós e que está cedendo terreno a outras construções identitárias, 'para fora', de algum modo mais afinadas e compatíveis com as demandas da sociedade contemporânea".[29]

O historiador e os diários

O que buscamos nós, historiadores, nos diários pessoais? Várias possibilidades de utilização dessa fonte se abrem aos pesquisadores. Como integrantes de uma cultura letrada, esses materiais nos permitem estudar as formas de linguagem utilizadas, as maneiras de narrar em uma determinada época, os usos e apropriações da língua, a conversão de formas orais de comunicação em formas escriturais, os diferentes níveis de alfabetização expressos pelas caligrafias e tantos outros aspectos que transcendem o exato momento de sua produção e revelam as transformações históricas nas tecnologias de escrita que tanto interessam aos estudiosos ligados à História da Cultura Escrita.

Se observarmos os diários como artefatos, em si, podemos estudar a história de sua materialidade, tal como fazem os pesquisadores da História da Leitura, preocupados com os suportes (eles condicionam a compreensão de qualquer escrito ao suporte em que é dado a ler),[30] os utensílios usados para escrever e a frequência e disposição de *objetos-relíquia*[31] colocados em seu interior.

Pensando os diários como *registros de vida* produzidos individualmente, mas que guardam traços culturais de um capital de vivências da época de quem o escreve, o historiador pode investir na interpretação de seus *conteúdos*. Assim, deve primeiramente mapear os temas tratados e, depois, analisá-los como *atos de memória*,[32] redutos de expressão de sensibilidades que, mesmo em seus traços descontínuos, foram modos de fazer e compreender a vida do dia a dia. Nessa operação, é fundamental estar atento também para as *formas* de registro dos grandes e dos pequenos acontecimentos que contribuem para a compreensão do passado recente da nossa sociedade e estimulam reflexões sobre a conexão passado-presente. Cabe, portanto, ao historiador problematizar o registro dessa memória individual, na qual o diário é ancorado, como alicerce para o estudo de experiências coletivas. Na escrita do diário confluem o individual e o familiar e a memória que se cria pode ser analisada como uma memória que também comporta o pertencimento a um grupo e, como tal, pode ser tratada como uma forma memória coletiva.[33] Além disso, a escrita pessoal se nutre do relato de acontecimentos coletivos que impactaram o diarista e fizeram parte da experiência vital de sua realidade.

É aconselhável que o historiador mantenha, em toda e qualquer pesquisa, um diálogo constante entre diversos tipos de fontes, além, é claro, de manter-se atualizado com outros campos de saber. No caso dos diários, isso é particularmente relevante, já que há um limite imposto a este tipo de documento, como alerta o historiador Roger Chartier: "Tenho sempre uma certa prudência com questões pessoais. Acho que, quando a gente fala de si, constrói algo impossível de ser sincero, uma representação de si para os que vão ler ou para si mesmos."[34] Chartier também aconselha o historiador que trabalha com estes documentos a evitar cair numa dupla ilusão: "ou a ilusão da singularidade das pessoas frente às experiências compartilhadas ou a ilusão da coerência perfeita numa trajetória de vida." [35] O fato é que as idealizações compõem, em geral, as narrativas pessoais e, por esse motivo, convém ao historiador estar atento para o que Pierre Bourdieu[36] chama de *ilusão biográfica*. Bourdieu observa que esse tipo de narrativa acaba muitas vezes por tratar a vida como uma trajetória coerente, como se seguisse um único fio, quando, na verdade, na existência de qualquer ser humano, multiplicam-se os azares, as causalidades, as oportunidades. Isso tudo não impede, entretanto, o historiador de usar os diários pessoais para configurar um passado, bordejar contornos do vivido e apontar para rupturas e permanências.

Há ainda que se tomar outros cuidados no trato com estas fontes que, por suas características físicas e de conteúdo (manuscritos, em cadernos com lindas capas, às vezes fechados à chave, escrita intimista a confessar segredos da alma e do corpo), tendem a despertar sensações nostálgicas e até um certo fascínio, desviando o pesquisador de seus objetivos. No esforço de não se deixar seduzir pelos seus encantos, o historiador deve submeter os diários a uma operação *historiográfica*[37] viabilizada por ações como: construir hipóteses que problematizem a fonte; cruzar dados dessa fonte com o de outras fontes provenientes de outros locais de produção; considerar o passado ali descrito uma *representação* do vivido.

Estudos com diários pessoais. O que se escreve e onde se guarda

Guardar consiste em proteger um bem da corrosão temporal para melhor usufruí-lo; é preservar e tornar vivo o que, pela passagem do tempo, poderia ter sido consumido, esquecido, destruído, virado lixo. Papéis como cartas, diários, cadernos de receitas, cartões de felicitações e cartões postais, até então dentro de gavetas, armários e caixinhas, tornam-se presentes nos territórios da História como vozes que nos interpelam e clamam por visibilidade.

Como já foi dito, desde as duas últimas décadas do século XX, o crescente interesse pelo estudo das formas confessionais plenas de experiências de vida pessoal e familiar ressignificou o trabalho historiográfico com esse material. Sua valorização, além das relações com a História Cultural e a Antropologia, já explicitadas, coincidiu também com a ascensão da História Oral, cujos procedimentos facilitavam o contato mais direto com relatos e experiências de vida narradas por pessoas comuns, tirando do silêncio e do anonimato muitas vozes e testemunhos até então relegados por versões mais convencionais da historiografia. A partir de então, estudos feitos com diários pessoais têm se destacado em vários países, como se vê pelos exemplos que seguem.

No Brasil, os trabalhos de Marina Maluf[38] e de Maria José Motta Viana,[39] publicados na década de 1990, analisam em diferentes óticas a relevância de narrativas pessoais, tendo, como ponto de partida, diários pessoais. Os estudos reunidos na coletânea intitulada *Refúgios do eu. Educação, História e escrita autobiográfica*[40] com múltiplas perspectivas teóricas e questionamentos sobre tais fontes, borraram fronteiras disciplinares para registrar formas pessoais de ver o mundo traduzidas pela escrita.

Na França, com mais tradição nessa área, trabalhos pioneiros de Philippe Lejeune[41] encontram-se mais recentemente com os estudos feitos por Daniel Fabre[42] e Verena von der Heyden-Rynssch,[43] que colocam em evidência os escritos pessoais. Na Espanha, merece registro o trabalho já citado de Manuel Alberca,[44] os estudos de António Viñao,[45] já publicados no Brasil, além dos trabalhos de António Castillo Gomes[46] e de Verônica Sierra Blas,[47] que elegem como tema a questão da cultura escrita de cunho privado e público. Na Argentina, por sua vez, os estudos de Leonor Arfuch muito têm contribuído para um avanço nas pesquisas na área. Segundo ela, uma História da subjetividade moderna é impensável sem o auxílio dos *atos autobiográficos;* por ser uma escrita aberta à improvisação e a inúmeros registros de linguagem, o diário está mais próximo da "profundidade do eu" ao abarcar o imaginário de liberdade absoluta, a insignificância absoluta, a iluminação filosófica, a reflexão sentimental até a paixão desatada.[48]

O caminho aberto por esses estudos aguçou ainda mais o interesse por esse tipo de fonte, por sua produção e sua preservação, haja vista os centros de recolha e salvaguarda desses materiais na Europa, acrescidos de iniciativas pessoais de localização e guarda também aqui no Brasil. Merecem referências especiais iniciativas de conservação das escritas das pessoas comuns, como cartas e diários pessoais, realizadas na Itália (Archivio Ligure della Scritura

Popolare/ Dipartimento di Storia Moderna e Contemporanea da Universitá degli Studi di Genova, criado em 1988) e na Espanha (Arxiu de la Memória Popular de la Roca Del Vallés, Universidad de Barcelona/Division de Ciencias Humanas y Sociales, criado em 1997). Não se pode deixar de mencionar os estudos de António Castillo Gómez e Veronica Sierra Blas na Universidad de Alcalá-de-Henares, que edita a revista *Cultura Escrita & Sociedad*, responsável por divulgar estudos e pesquisas com estas fontes.[49] No Brasil, a Divisão de Manuscritos da Biblioteca Nacional tem em seu acervo magníficos álbuns e diários dos séculos XIX e XX, peças de inestimável valor histórico.[50]

Diários pessoais: modos de usar

A partir de um material específico que chegou às minhas mãos, dois diários concebidos por uma garota nos anos 1960, realizei, nos parágrafos que se seguem, o estudo que servirá de baliza para a discussão das possibilidades do uso de diários pessoais como fonte histórica.

Os suportes

Só para recordar: o diário "é uma escritura essencialmente de dentro, onde os sentimentos, as sensações internas ocupam um grande lugar, uma escritura que rejeita uma organização formal, uma escritura essencialmente do registro do descontínuo, do efêmero".[51] Em meados do século XX, os diários pessoais são escritos à mão e utilizam como suporte tanto cadernos especialmente feitos para esse fim, com capas artísticas e inscrição dourada – *Meu Diário* – ou, em sua maioria, cadernos que foram, quem sabe, subtraídos do próprio material escolar.

Os diários que compõem o acervo particular que sustentou minha pesquisa enquadram-se nessa clave de produção; foram escritos por uma jovem gaúcha, doravante identificada por MRRH, entre 1964 e 1966, em cadernos escolares – o que nos induz a considerar que sua produção se deu a partir da escola, perceptível também pela mescla de anotações de exercícios escolares com descrições do vivido. Os cadernos de MRRH foram escritos sempre a caneta, com letra caprichada, em folhas com linhas e margens e traziam, em seu interior, colagens de fotos de artistas e desenhos em forma de arabesco que adornavam muitas páginas, elementos que configuram uma cultura gráfica recebida pela autora, provavelmente na escola. Suas capas são chamativas e configuradas segundo uma estética *kitsch*[52] – a cultura gráfica e o tipo de capa são particularidades do suporte que não podem ser esquecidos na análise do pesquisador. Os dois cadernos escolares usados como diário apresentam-se em bom estado de conservação ainda hoje.

O conteúdo do primeiro deles inicia-se em abril de 1964 e vai até 29 de junho do mesmo ano. Trata-se de um caderno bastante comum à época, editado pelo Ministério de Educação e Cultura (Fename/MEC) como parte da Campanha Nacional de Material Escolar, com cerca de 60 folhas, vendido a preços módicos por revendedores autorizados. A contracapa era ocupada por um escrito de Rui Barbosa e estampava um exortativo patriótico a estudantes brasileiros: "A Pátria não é ninguém: são todos; e cada qual tem no seio dela o mesmo direito à ideia, à palavra, à associação. [...] os que a servem [...] são os que não se acobardam, mas resistem, mas ensinam, mas pacificam".

O segundo caderno abrange o período de agosto de 1965 a junho de 1966 e tem cerca de 50 folhas. A parte superior da capa traz a indicação "Caderno Escolar/ Para fins didáticos". O mapa do Rio Grande do Sul ocupa a maior parte do espaço, envolto por uma engrenagem. Nele acha-se localizada a cidade de Caxias do Sul secundada pela palavra "Imigrante"; tais indicativos deixam ver que o suporte faz parte de uma produção regional, talvez com distribuição gratuita ou facilitada. Na contracapa, encontra-se apenas a inscrição "Gráfica Mary". Esse suporte simples, que a escola ajudou a inventar, foi apropriado para o acolhimento das escritas pessoais e tornou-se o espaço gráfico em que MRRH registrou suas representações sobre a vida e o mundo que a cercava, um material investido da carga afetiva que o tornaram único para sua dona.

A posse desse material coloca em evidência um desejo de "preservar-se em papel" para, talvez, salvaguardar-se do esquecimento, conservar o que, quase sempre, se extravia na vertigem do tempo. MRRH explicita esse desejo ao escrever a respeito de suas atividades corriqueiras que "é bom registrar para o futuro" (26/10/1965) e confirmar tal desejo no balanço que faz de dois anos de existência dos diários: "Hoje este meu diário completa dois anos de existência inglória. Há dois anos eu aqui escrevia pela primeira vez. Situação bem diferente, não? Foi bom guardar." (31/03/1966). Práticas dessa natureza foram identificadas por Philippe Artières[53] como *arquivamento do eu;* ao analisá-las, destacou a sua intenção autobiográfica e enfatizou:

> arquivar a própria vida é se pôr no espelho, é contrapor à imagem social a imagem íntima de si próprio [...] o arquivamento do eu é uma prática de construção de si mesmo – é querer testemunhar, é querer destacar a exemplaridade de sua própria vida.

O reconhecimento desses imperativos técnicos são, em suma, fundamentais para a utilização dos diários pessoais como fontes históricas e devem ser considerados na sua singularidade como uma maneira de reconstituir os percursos de sua produção.

Os conteúdos e os usos

Guardar foi um verbo, uma ação, presente na vida de MRRH, de Porto Alegre. Nascida em 1950, ela era a filha caçula de uma família composta dos pais, duas irmãs e um irmão. O pai era professor e a mãe era dona de casa. Estudou, inicialmente, em uma escola religiosa e depois cursou o Clássico em uma escola pública da capital gaúcha. Hoje é professora universitária. Conservou consigo seus diários por mais de quarenta anos e depois os doou para estudos.

Para a História, esse material permitiu buscar traços de como foram representadas as vivências de momentos da vida cotidiana, escolar e até de aspectos políticos comentados pela protagonista. Eles descrevem uma parte de sua história de vida e, além disso, para quem lê o diário, emerge um minucioso painel da cidade de Porto Alegre – capital do estado do Rio Grande do Sul –, palco do cotidiano e dos lazeres de MRRH. O relato de MRRH permite, numa análise historiográfica, compreender aspectos geracionais (por meio do vocabulário utilizado ou da menção de hábitos e vivências cotidianas) e de construção de gênero (deduzidos das descrições da vida escolar, da manifestação dos afetos e das amizades e dos lazeres da protagonista marcados por definições do feminino). Pode-se ter uma ideia, a partir de certas referências, também do momento histórico político vivido pelo país e, em especial, pelo Rio Grande do Sul. Dito isso, fica explícito que, para além da materialidade do suporte, das pistas dadas pelo vocabulário e pelos fatos narrados, as reflexões feitas pelos diaristas, sobre política, cultura etc., também são de interesse do historiador, pois são momentos em que o banal e o ordinário se ressignificam como parte constitutiva das experiências humanas.

Em meados do século XX, os diários pessoais são escritos a mão e utilizam como suporte cadernos escolares comuns ou cadernos especialmente feitos para esse fim, com papéis diferenciados e capas mais elaboradas. (Caderno usado como diário pela garota MRRH em 1965/1966)

Historiar o diário de MRRH

As anotações do primeiro caderno de MRRH têm início no dia primeiro de abril de 1964, uma quarta-feira. Ela tem 14 anos de idade e faz o registro movida pela emoção de iniciar sua escrita:

> *Meu querido diário:*
> *Hoje começo nosso diálogo, meu relato de cada dia.*
> *Escreverei, talvez, coisas que não conviessem escrever, mas jamais arrancarei ou riscarei algo que esteja escrito.*

O início obedece ao *pacto autobiográfico* que prevê sinceridade na escrita e trata afetivamente o caderno em que faz o registro; um tratamento que se manterá ao longo dos dias com certa frequência, embora ela não escreva exatamente *todos os dias*.

Ecos da religiosidade católica pregada e exercida em casa e reforçados na escola aparecem muitas vezes nos registros pessoais de MRRH e marcam as etapas da vida da jovem preenchidas pela relação das missas assistidas e de muita participação no rito da comunhão que não se limitava aos domingos, como se pode notar:

> *Setembro, 3, 3ª feira (1965)*
> *Pela manhã, missa e comunhão (nem parece).*
>
> *Setembro, 5, domingo (1965)*
> *Amanhã vou arrancar um dente*
> *E hoje fui à missa e comunhão.*
>
> *Dezembro, 7, 3ª feira (1966)*
> *Amanhã vou à missa e é dia santo de guarda.*

Outras referências religiosas são mais breves no que diz respeito ao cumprimento dos rituais católicos, mas a presença da religião está assegurada por meio de outras práticas piedosas como o acompanhamento de procissões e o relato de uma promessa, situação aparentemente comum à época para as jovens de classe média.

> *Março, 29, 3ª feira (1966)*
> *Diário: Prometo que, se o pai voltar são e salvo da viagem à Europa, darei no ano que vem 1 mesada inteira para a*

Campanha da Fraternidade. Prometo também ir à missa e comunhão a semana inteira. Prometo também que, durante uma semana, não falarei absolutamente mal de ninguém.

As comemorações de Natal e de Ano-Novo são registradas festivamente no caderno – "Feliz Natal, diário!" – e apresentadas como ícones de todos os prazeres domésticos em que a família reunida se retempera para os revezes e alegrias da vida que prosseguirá depois da festa. Os registros de MRRH fornecem informações detalhadas sobre a comemoração em si e há até listagens pormenorizadas dos presentes recebidos pela protagonista:

Dezembro, 25, sábado (1966)
Festejamos o Natal com 1 comunhão na missa vespertina, 1 Noite Feliz, 1 Pai-nosso, 1 Ave-Maria, 1 Glória ao Pai, bebidas e 1 torta, e presentes modernos que, confesso ganhei bastante.
Eis a relação: 1 disco compacto: Quarteto em Cy, do Zé e mais 1500 de dívida perdoada, 1 pedaço de torta da TM, 1 pulseira de relógio, 1 delineador, 1 sombra, 1 par de sapatos, 1 par de chinelos, 1 par de soutiens.

A listagem sinaliza para uma singeleza na qual objetos simples têm a primazia e a "modernidade" se insinua sob a forma de uma vitrine de produtos industrializados como os discos de vinil, as pulseiras coloridas de relógio, os objetos de uso pessoal, os utensílios para maquilagem. A confirmação de presentes "modernos" remete o pesquisador/leitor a uma imagem de prosperidade familiar.

Estudante aplicada, MRRH em seu diário evidencia sua relação com a escola ao descrever suas aulas as mais variadas atividades escolares, que, por sua vez, permitem pensar na presença da religião na organização curricular.

Agosto, 31, 3ª feira (1965)
Hoje tive 3 sabatinas: numa fui bem, na outra fui mais ou menos, e na outra, cana direto. À tarde fui ao oculista.

24-04-1964
Dia repleto. Ensaio de coro falado, aula de religião, estudei OSPB, fiz uma pesquisa sobre o Papa.

O rito da formatura também é registrado e é motivo de comemorações:

Dezembro, 16, 5ª feira (1965)
Ontem aconteceu a minha formatura no ginásio
Tudo foi bem. Ganhei diploma e 1º lugar. Recebi cumprimentos, presentes e muitas despedidas.

Um destaque especial para as atividades musicais: além de tocar violão, a contragosto do pai, a diarista gostava muito de música. "Passei o dia em casa, ouvi muito rádio, toquei inclusive violão, repelido pelo pai" (Setembro, 7, terça-feira, 1965). O diário de MRRH traz infinidades de informações musicais, tais como os discos que faziam sucesso, os shows assistidos, os programas de televisão (telenovelas, seriados, musicais) que mostravam astros da música popular e do teatro, que mereciam extensos comentários. Sua grande paixão musical era o cantor Moacyr Franco, cuja vida era esquadrinhada. Há relatos minuciosos a respeito de shows realizados em Porto Alegre por Elis Regina, Jair Rodrigues, Chico Buarque, cujas letras das canções eram copiadas no diário. Há cópias/rascunhos de cartas endereçadas aos ídolos, assinadas com pseudônimos, mas não há garantias de que foram de fato enviadas.

Uma sensibilidade romântica se expressa nas preferências musicais, em passagens escritas sobre a solidão adolescente, em descrições de fenômenos da natureza em frases que anunciam "noites esplendorosas de lua, estrelas resplandecentes, sol ardente, manhãs primaveris, flores em botão" – um estilo de época que, hoje, causa estranheza à própria diarista, que, em um bilhete a mim endereçado em dezembro de 2007, escreveu: "relendo hoje acho tudo muito pequeno e sem graça, mas acho, também, que historiadores podem aproveitar algo".

Ainda no âmbito das chamadas *práticas cultuais do sensível*, as referências às amigas confidentes E. e I. eram frequentes. Os diários enaltecem a amizade, edulcorando relações afetivas e sociais. Um mundo de delicadezas era vivenciado entre elas, que trocavam livros (como *A escrava Isaura*, em 04/09/1965, e *Falange gloriosa*, em 27/09/1965), iam juntas ao cinema (para assistir *Tarde demais para esquecer*, em 28/01/1966, ou *Ladrão de casaca*, em 27/02/1966, entre vários outros filmes), viam muita televisão (principalmente novelas e programas comandados por cantores como Edu Lobo e Moacyr Franco) e trocavam confidências sobre os primeiros amores e a vida na escola.

Ao contrário da grande maioria das adolescentes do período, MRRH não gostava do movimento Jovem Guarda, sobre o qual comentava sempre em tons depreciativos:

> *Janeiro, 28, 6ª feira (1965)*
> *De noite, a "Jovem Guarda" com muita macaquice e muito grito, um pavor.*
>
> *Março, 03, 5ª feira (1965)*
> *De noite, vi horrorosamente "Jovem Guarda".*

Longe de serem supérfluos, os detalhes das vivências de MRRH oferecem aos historiadores, em testemunho, informações que se acumulam e têm sentidos para o estudo tanto da vida privada, pois mostram partes de uma história dos costumes, como da vida pública. De fato, no gênero narrativo do diário, embora a ênfase recaia sobre o universo das experiências privadas, é possível ao historiador encontrar menções a aspectos do mundo público que lhe permitem identificar alguns dilemas e tensões dos processos sociais e políticos vividos no coletivo. Dessa forma, a análise historiográfica da escrita pessoal pode romper a estreiteza do privado que lhe parece reservado e avançar para outros lugares.

Em todo o material analisado, foram encontrados registros de cunho político que permitiram rastrear observações sobre o Movimento de 1964 e seus desdobramentos na cidade de Porto Alegre:

> *Abril, 1º, quarta-feira (1964)*
> *Íamos para fora hoje, mas não fomos porque o pai tem aula.*
> *A revolução está nebulosa, com exceção da "Marcha da Legalidade".*
> *A revolução está fervendo: greve geral! Bom Retiro a todo passo. Aonde vai parar esta pátria verde-amarela, diário?*
> *Como é chato guerra! Não sei se terei ocasião de escrever nos próximos dias! Tomara; para mim novidade é festa!*

O relato prossegue no dia 02/04, contando sobre o período, mas nem por isso aponta para sentidos totalmente politizados. Entretanto, o olhar do historiador pode explorar modelos culturais que subjazem em seu discurso em trechos como:

> *Abril, 2, quinta-feira (1964)*
> *Acordei hoje, sabendo que o Jango está deposto e que o Mazilli está lá em cima. Arrumamo-nos e fomos para cima.*
> *Quando chegamos lá, a revolução já tinha acabado. Que coisa!*
> *A viagem foi chata porque o pai insistiu em suas críticas Justificáveis mas incomodantes à conversa lacerdista da turma.*

Junho, 6 (1964)
Brasil 64. Bibi. Castelo Branco, Quitandinha. Seresteiros, etc.
E pânico, Pânico mesmo aqui no RS.

Em 1965, há referências ao movimento de professores registrado como "assembleia geral e decepcionante dos professores" (1/09/1965) e, em 1966, há notícias sobre o movimento dos universitários: "fui à Parada dos Bixos (sic) na qual a Faculdade de Filosofia da UFRGS ganhou o 1º lugar, todos de preto, a favor da liberdade. Legal!" (04/04/1966).

O cipoal das letras que compõem os diários de MRRH desnuda formas de compreender como as pessoas vivenciam acontecimentos cotidianos dos mais banais, aos mais profundos, dos mais íntimos aos mais públicos. Traz, por exemplo, à tona a maneira como MRRH se via naquele tempo e se autodescreveu na última anotação de seu diário: "sem novidades, vou acabando este diário prestes a findar. A vida continua; professores, colégio, amigas, carreira, histórias... crise de melancolia, falta de vontade, tenho que me cuidar no que fazer..."(29/06/1966).

As informações aparentemente corriqueiras dadas por MRRH permitem pensar também em sutis maneiras de construção do feminino, perceptíveis pelas atividades e os aprendizados: "fazer crochê, limpar a casa, não sair desacompanhada à noite, responder com delicadeza as perguntas, sonhar em casar-se no mês de maio" – comumente descritas como tarefas a cumprir são, também, princípios de educação e práticas de civilidade desejadas que circulavam no período.

A descrição de acontecimentos simples e "miúdos" da vida diária, afetos, lazeres, modelos culturais (geracionais) que circularam na época, a menção das leituras feitas, os relatos dos tempos de escola e de sonhos, quando lidos pelo pesquisador, parecem confirmar o que foi intuído pela diarista: "os historiadores podem aproveitar algo".

Recapitulações

Retomar o itinerário deste capítulo significa reafirmar a pertinência de trabalhos com os diários pessoais utilizados como fontes históricas, desde que articulados a uma problemática geral em que sejam estabelecidas diversas relações, por exemplo: entre o público e o privado, o individual e o coletivo, o ordinário e o extraordinário.

Tomar conhecimento, hoje, do teor dessas escritas e desses registros permite pensar nas diferentes formas pelas quais se dá a *constituição da subjetividade* partindo da análise dos modos pelos quais o sujeito narra sua vida. Indubitavelmente, os diários são *locus de subjetivação*, no qual o indivíduo, ao narrar seu cotidiano e sua passagem pela vida no tempo histórico, delineia, também, uma configuração de si mesmo em contraponto com o mundo que o rodeia.

Documentos dessa espécie – com sua dupla dimensão histórica e literária – permitem ao historiador: problematizar diferentes formas de escrita; observar indícios sobre o cotidiano, o capital de vivências de uma época, as maneiras distintas de ver o mundo; explicitar hábitos e costumes; detectar fragmentos de laços de sociabilidades e finalmente reencontrar um tempo que foi perenizado pela escrita.

Em minhas pesquisas com diários femininos, observei que, antes que eu lhes expusesse sob o foco da História, todos eles permaneciam guardados, como pequenos relicários. Ao serem transformados em fonte histórica, permitiram-me conhecer o passado de várias mulheres por meio desses registros que são verdadeiros rastros de suas mocidades, *escritas ordinárias*, produzidas muitas vezes com a chancela da escola, que instituíram *lugares de memória* e me ajudaram a perseguir os mistérios do tempo, devassar intimidades para procurar o que nos forma e ampliar a nossa compreensão da história. De forma inacabada, sempre fica um desejo muito humano de compreender ainda mais *estes outros* no tempo, de ultrapassar as barreiras da distância temporal e cultural, de abrir territórios para a escrita da história, pois que o "historiador é um construtor do passado nas andanças do presente".[54]

Dicas

O próprio percurso deste texto e os subtítulos utilizados neste capítulo podem sugerir um *método* para trabalhar com os diários pessoais como fonte. É possível listar rapidamente vários passos que podem ser dados (ainda que não de forma rígida ou hierarquizada).

- constituir um *corpus documental* a partir de um rastreamento em arquivos e de uma pesquisa em redes de sociabilidade que permitam chegar às/aos diaristas;

- realizar um levantamento bibliográfico criterioso (em bibliotecas, arquivos, centros de documentos, sebos e banco de teses) para saber quem já se dedicou ao tema de pesquisa escolhido e ao trabalho com diários e de que forma o fez;
- ordenar o *corpus documental* a partir de "categorias" definidas com a leitura da fonte, por exemplo: tempo (cronologia), lugar de produção, materialidade do suporte;
- problematizar a fonte tendo em vista que ela não é portadora *da verdade* e, portanto, as informações constantes devem ser cruzadas com outras fontes documentais, imagéticas, bibliográficas, orais etc.;
- escolher uma porta de entrada para analisar o material, ou seja, elaborar perguntas relacionadas a algum tema (lazer, religião, vida escolar, leituras, sexo, registros da alma, traços do mundo sensível) e interpretar os diários também como escritos que criam *realidades*.

Notas

1 Roger Chartier, *Inscrever e apagar: cultura escrita e literatura – séculos XI-XVIII*, São Paulo, Editora Unesp, 2007, p. 9.

2 Jorge Larrosa, "A operação ensaio: sobre o ensaiar e o ensaiar-se no pensamento, na escrita e na vida", em *Revista Educação e Realidade*, Porto Alegre, v. 29, n. 1, jan./jun. 2004., pp. 27-43. A citação está à página 34.

3 Em 2009, foi publicado *O diário de Bernardina: da monarquia à república, pela filha de Benjamin Constant*, Rio de Janeiro, Jorge Zahar, com organização, introdução e notas dos historiadores Celso Castro e Renato Luís do Couto Neto e Lemos. O livro foi saudado como: "uma preciosidade histórica. Um raro documento que nos abre uma janela para o tempo, revelando a coexistência e a mistura de diferentes ritmos da vida social da época" (nota da 2ª orelha).

4 As escritas ordinárias, também chamadas de escritas sem qualidades são aquelas realizadas pelas pessoas comuns e que se opõem aos escritos prestigiados, elaborados com vontade específica de "fazer uma obra" para ser impressa. Ver Daniel Fabre (org.), *Écritures ordinaires*, Paris, Centre Georges Pompidou, Bibliotheque Publique d'Information, 1993.

5 Considerando seu caráter de objetos frágeis e, muitas vezes, portadores de segredos pessoais, eles podem ser destruídos pelos próprios proprietários. Manuel Alberca, estudioso de diários, apresenta uma estatística feita com diaristas que concluiu que 63% dos diários são "destruídos com as mãos: rasgados, arrancadas as folhas e levadas ao fogo, cortados com tesouras ou outra ferramenta". (Manuel Alberca, *La escritura invisible: testimonios sobre el diário íntimo*, Madrid, Sendoa, 2000, p. 362). Contudo, o fato de eu ter sido presenteada por três coleções de diários, autoriza-me a pensar que a ânsia de escrever e guardar pode ser proporcional ao desejo de mostrar-se para a posteridade, de preservar-se do esquecimento pela escrita.

6 A História Cultural tem se dedicado a qualificar "estas tais sensibilidades do passado, ou as práticas culturais do sensível, através das marcas que deixaram nos materiais de arquivo, nas artes, na literatura.

Estes seriam, por assim dizer, os indícios ou pegadas, deixados pelo homem e que se oferecem à leitura, desde que iluminados por uma pergunta ou questão". (Sandra Jatahy Pesavento, "Sensibilidades: escrita e leitura da lama", em Sandra Jatahy Pesavento e Frédèric Langue (orgs.), *Sensibilidades na história: memórias singulares e identidades sociais,* Porto Alegre, Editora da UFRGS, 2007, p. 15.

7 Sandra Jatahy Pesavento, "Na contramão da vida: Razões e sensibilidades dos filhos malditos de Deus (Antônio Rasgado, Benjamin,o degolador, João Foguista)", em Marina Haizenreder Eritzogue e Temis Gomes Parente (orgs.), *História e sensibilidade*, Brasília, Paralelo 15, 2006, p. 161.

8 Sandra Jatahy Pesavento, op. cit., 2006, p. 177.

9 Este termo é aqui utilizado no sentido que lhe confere Maria Luz Mandingorra Llavata ("La configuración de la identidad privada: Diarios y libros de memorias en la Baja Edad Media", em A. Castillo Gomes op. cit., pp. 141-2, 2002b) para quem *a escrita de si* permite a quem escreve construir uma relação consigo mesmo e o diário pessoal "como ação e como produto constitui este lugar de confrontação do sujeito com ele mesmo. Através do diário, o escrevente se representa a si mesmo, se autoexamina, no tempo de sua própria história e busca argumentos para construção de seu futuro [...] a escrita do diário é instrumento de individualidade, da construção de subjetividades e, portanto, da consciência do eu privado".

10 Em uma acepção restrita é como uma sociedade trata seu passado. Em uma acepção ampla, regime de historicidade serviria para designar "a modalidade de consciência de si de uma comunidade humana". Ver François Hartog, "Tempo e patrimônio", *Varia História*, Belo Horizonte, v. 22, n. 36, jul.-dez. 2006, pp. 261- 73. A citação está à página 263.

11 Rogério Fernandes, "Cultura da escola: entre as coisas e as memórias", em *Pro-Posições*/Unicamp, v. 16, jan./abr. 2005. Dossiê cultura escolar e cultura material escolar: entre arquivos e museus, pp. 19-40.

12 Pierre Nora, "Entre memória e história: a problemática dos lugares", em *Projeto História*, PUCSP/São Paulo, n. 10, dez. 1993, pp. 7-28. A citação está à página 13.

13 Alain Corbin, *Bastidores, História da vida privada: da Revolução Francesa à Primeira Guerra*, dir. Michelle Perrot, v. 4, São Paulo, Companhia das Letras, 1991, pp. 413-610.

14 Gilberto Freyre, *Casa grande & senzala*, 23. ed., Rio de Janeiro, Livraria José Olympio, 1984, p. LXXVI.

15 Ver Beatriz Sarlo, *Tempo passado: cultura da memória e guinada subjetiva,* São Paulo, Companhia das Letras, Belo Horizonte, UFMG, 2007, pp. 29-33.

16 Ângela de Castro Gomes (org.), *Escrita de si, escrita da história,* Rio de Janeiro, Editora FGV, 2004, p. 3.

17 O livro de razão (ou de contas) era onde se anotava o que se devia (dinheiro) e o que se tinha por receber ou, ainda, onde se registravam determinados aspectos da contabilidade doméstica.

18 Esta abordagem está alicerçada em dois autores: Madeleine Froisil, "A escritura do foro privado", 2002b, em Roger Chartier (org.), *História da vida privada: v. 3, da Renascença ao Século das Luzes,* 2002b, São Paulo, Companhia das Letras, 1991, pp. 331-69; Orest Ranum, Os refúgios da intimidade, em Roger chartier (org.), *História da vida privada,* cit. 1991, pp. 211-65.

19 Madeleine Froisil, op. cit., p. 332.

20 Jean-Jacques Rousseau, *Rousseau*: as *confissões,* trad. Wilson Louzada, Rio de Janeiro, Tecnoprint, 1965. (Clássicos de Bolso – Edições de Ouro).

21 Ver Luciana Rossato, *A lupa e o diário: história natural, viagens científicas e relatos da Capitania de Santa Catarina (1763-1822)*, Itajaí/SC, Universidade do Vale do Itajaí, 2007.

22 Philippe Lejeune começou a ocupar-se com os estudos sobre diários pessoais na década de 1970 e é, possivelmente, a maior autoridade nos estudos dos diários e das escritas autobiográficas, com uma vasta obra, onde se sobressai o clássico *Le Pacte autobiographique*, publicado em Paris pela Editora Seuil, em 1975. Seu mais recente livro sobre o tema chama-se *Le Journal intime: Histoire et anthologie*, publicado em Paris pela Editora Textuel, em 2006, em coautoria com Catherine Bogaert.

23 Manuel Alberca é autor do livro *La escritura invisible: Testimonios sobre el diário íntimo*, Madrid, Sendoa, 2000. Em 2005, publicou o artigo intitulado "Tres calas em los diários de las adolescentes", no livro organizado por Antonio Castillo Gómez, *La conquista del alfabeto: Escritura y clases populares*, Astúrias, Trea, 2002, pp. 153-88. A citação feita está às páginas 156 e 157.

24 Michelle Perrot, "Práticas da memória feminina", em *Revista Brasileira de História*, São Paulo, v. 9, n. 18, 1989, p. 12.

25 Zahidé Muzart. L., "Do navegar e de navegantes", em *Refúgios do eu: educação, história, escrita autobiográfica*, Florianópolis, Mulheres, 2000, pp. 181-90, já citado.

26 Disponível em: <http://www.colba.net/~micheles>. Acesso em: maio de 2009.

27 Luiza Lobo, *Segredos públicos: os blogs de mulheres no Brasil*, Rio de Janeiro, Rocco, 2007.

28 Manuel Alberca, op. cit., 2000, pp. 337-56.

29 Paula Sibilia, *O show do eu: a intimidade como espetáculo*, Rio de Janeiro, Nova Fronteira, 2008.

30 Ver Roger Chartier, *História cultural: entre práticas e representações*, Lisboa, Difel, 1989, pp. 126-7.

31 "Objetos-relíquia são aqueles dotados do poder de lembrar [...] registros da existência íntima conservados pela imagem ou pela escrita. Os retratos, as cartas, os diários , os anéis, os pentes são objetos-relíquia." Em Orest Ranun, op. cit., 1991, p. 213.

32 Ver Manuel Alberca (op. cit., 2002, pp. 153-86) e María Luz Mandingorra Llavata (op. cit., 2002, pp. 131-52), autores que designam as escritas pessoais como ferramentas "para a recordação, para a evocação e que constituem instrumento de definição para as identidades, tanto individuais como pessoais e de grupo".

33 Ver Maurice Halbwachs, *A memória coletiva*, São Paulo, Vértice/RT, 1990. No Capítulo I, intitulado "Memória Coletiva e Memória Individual" (pp. 25-52), o autor sustenta que a memória individual está enraizada nos quadros sociais que servem de pontos de referência nesta construção que chamamos *memória*.

34 Roger Chartier, *Entrevista – História – Conversa com Roger Chartier, por Isabel Lustosa*, Casa Rui Barbosa, Rio de Janeiro, 2004, p. 3, mimeo.

35 Roger Chartier, op. cit., 2004, p. 3.

36 Pierre Bourdieu, "A ilusão biográfica", em Janaína Amado e Marieta de Moraes Ferreira (coords.), *Usos & abusos da história oral*, Rio de Janeiro, Editora da FGV, 1996, pp. 183-91.

37 Michel de Certeau, *A escrita da história*, Rio de Janeiro, Forense Universitária, 1982, p. 21. "O passado é, também, ficção do presente".

38 Marina Maluf, *Ruídos da memória*, São Paulo, Siciliano, 1995.

39 Maria José Mota Vianna, *Do sótão à vitrine: memória de mulheres*, Belo Horizonte, Editora da UFMG, 1995.

40 Livro organizado por Ana Chrystina Venâncio Mignot, Maria Helena Câmara Bastos e Maria Teresa Santos Cunha. Florianópolis, Editora Mulheres, 2000.

41 Philippe Lejeune, *Le Moi de demoiselles: Enquête sur le journal de jeune fille*, Paris, Seuil, 1993.

42 Daniel Fabre (org.), *Écritures ordinaires*, Paris, Centre George Pompidou, 1993.

43 Verena Van Der Heyden-Rynsch, autora de *Ècrire la vie: Trois siècles de journaux intimes féminins*, Paris, Gallimard, 1998.

44 Manuel Alberca, op. cit., 2002.

45 António Viñao Frago, "Las autobiografías, memorias y diarios como fuente histórico-educativa: tipologia y usos", em *TEIAS, Revista da Faculdade de Educação/UERJ*, n. 1, jun. 2000, pp. 82-97.

46 António Castillo Gómez (org.), *Cultura escrita e clases subalternas: una mirada española*, Sendoa, Madrid, 2001.

47 Ver o livro *Letras bajo sospecha: Escritura y lectura en centros de internamiento*, organizado por Antonio Castillo Gómez e Verónica Sierra Blas. Madrid, Trea, 2005.

48 Leonor Arfuch. *El espacio biográfico: Dilemas de la subjetividad contemporânea*, Buenos Aires, Fondo de Cultura Econômica, 2005, p. 110.

49 Fonte da informação: Artigo de Antonio Castillo Gómez intitulado "Un archipiélago desconocido. Archivos y escrituras de la gente común", em ARCHIVAMOS. Boletim ACAL (Asociación de Archiveros de Castilla y Leon), n. 38, 2000, pp. 6-11.

50 Ainda que pequeno e com restrições de uso pleno, meu acervo pessoal de *escritas ordinárias* (composto de uma coleção de cartas, álbuns de poesias, cadernos manuscritos de receitas culinárias e diários pessoais da segunda metade do século XX) está em parte higienizado, guardado e aguardando espaço para ser disponibilizado aos pesquisadores. Esse material (arquivo com cerca de 200 cartas, coleção de 10 diários pessoais, 6 álbuns de poesias, 12 cadernos de receitas de culinária entre 1940 e 1960) está em caixas no Laboratório de Patrimônio Cultural (LabPac) que funciona no Departamento de História da Universidade do Estado de Santa Catarina e já ensejou estudos e publicações, tais como: Maria Helena Camara Bastos, Maria Teresa Santos Cunha e Ana Chrystina Venancio Mignot (org.), *"Por hoje é só"...: Cartas entre amigas. História, Educação e Escrita Epistolar*, Passo Fundo (RS), Editora da UPF, 2002, pp. 181-204; Mignot, et all, op.cit. "Refúgios do eu..."; Maria Teresa Santos Cunha, "Copiar para homenagear, guardar para lembrar: Cultura escolar em álbuns de poesias e recordações", em Maria Stephanou e Maria Helena Camara Bastos, *História e Memórias da Educação no Brasil: v. III – século XX*, Petrópolis, Vozes, 2005, pp. 347-62.

51 Retirado de Beatrice Didier no artigo "Autoportrait et Journal intime, Corps écrit", 5, 1983, p. 186, apud Maria da Graça Cretton, *Anais do 3º Congresso Abralic*, v. II, 1992, p. 229.

52 "O kitsch compreende um sistema estético de comunicação de massa [...] envolve uma valorização estética do efêmero e do fútil [...] opõe-se à simplicidade, é rebuscado [...] adorna a vida cotidiana com uma série de ritos ornamentais [...] não reclama raciocínio" (A. Moles, *O kitsch*, 5. ed., São Paulo, Perspectiva, 2001, pp. 20-26).

53 Philippe Artières, "Arquivar a própria vida", em *Estudos históricos*, Rio de Janeiro, CPDOC/FGV, 1998, p.11.

54 Durval Muniz Albuquerque Júnior, op. cit., 2007, p. 250.

Bibliografia

ALBERCA, Manuel. *La escritura invisible*: testimonios sobre el diário íntimo. Madrid: Sendoa, 2000.

__________. Tres calas em los diários de las adolescentes. In: GÓMEZ, Castillo. *La conquista del alfabeto*: escritura y clases populares. Astúrias: Trea, 2002.

ARFUCH, Leonor. *El espacio biográfico*: Dilemas de la subjetividad contemporânea. Buenos Aires: Fondo de Cultura Económica, 2005.

ARFUCH, Leonor (org.). *Identidades, sujetos y subjetividades*. Buenos Aires: Prometeo Libros, 2005.

ARTIÉRES, Philippe. *Arquivar a própria vida*: estudos históricos. Rio de Janeiro: CPDOC/FGV, 1998.

ALBUQUERQUE JÚNIOR, Durval Muniz. *História*: a arte de inventar o passado – ensaios de Teoria da História. Bauru: Edusc, 2007.

BLOM, Philipp. *Ter e manter*: uma história íntima de colecionadores e coleções. Rio de Janeiro: Record, 2003.

BRANDÃO, Ruth Silviano. *A vida escrita*. Rio de Janeiro: 7 Letras, 2006.

BOURDIEU, Pierre. "A ilusão biográfica". In: AMADO, Janaína; FERREIRA, Marieta de Moraes (coords.). *Usos & abusos da história oral*. Rio de Janeiro: Editora da FGV, 1996.

CABALLÉ, Anna. *Narcisos de tinta: La autobiografia*. Málaga: Megazul. 1995.

CASTILLO GÓMEZ, António (coord.). *Historia de la cultura escrita*. Madrid: Trea, 2002.

__________. (org.). *Cultura escrita e clases subalternas*: una mirada española. Sendoa: Madrid, 2001.

__________. *La conquista del alfabeto: Escritura y clases populares*. Madrid: Ediciones Trea, 2002.

__________. Un archipiélago desconocido: Archivos y escrituras de la gente común. ARCHIVAMOS. *Boletim ACAL* (Asociación de Archiveros de Castilla y Leon), nº 38/2000, pp. 6-11.

__________; BLAS, Veronica Sierra (orgs.). *Letras bajo sospecha*: Escritura y lectura en centros de internamiento. Madrid: Trea, 2005.

CHARTIER, Roger. *Inscrever e apagar*: cultura escrita e literatura, séculos XI-XVIII. São Paulo: Editora Unesp, 2007.

__________. *A aventura do livro*: do leitor ao navegador. São Paulo: Unesp, 1998.

CORBIN, Alain. Bastidores. In: PERROT, Michelle (dir.). *História da vida privada*: da Revo-lução Francesa à Primeira Guerra. São Paulo: Companhia das Letras, 1991.

CRETON, Maria da Graça. Autobiografia, memória e diário: limites e convergências. *Anais do 3º Congresso Abralic*. São Paulo: Edusp, 1992, pp. 229-36, v. II.

CUNHA, Maria Teresa Santos. Diários íntimos de professoras: letras que duram. texto. In: MIGNOT, Ana Chrystina Venâncio; BASTOS, Maria Helena Câmara; CUNHA, Maria Teresa Santos. *Refúgios do Eu*: educação, história, escrita autobiográfica. Florianópolis: Editora Mulheres, 2000, pp. 159-80.

__________. Copiar para homenagear, guardar para lembrar: cultura escolar em álbuns de poesias e recordações. In: BASTOS, Maria Helena Câmara; STEPHANOU, Maria. *História e memórias da Educação no Brasil*, v. III – século XX. Petrópolis: Vozes, 2005, pp. 347-62.

DESTINOS DAS LETRAS. História, Educação e Escrita Epistolar/ organizado por Maria Helena Camara Bastos, Maria Teresa Santos Cunha e Ana Chrystina Venancio Mignot. Passo Fundo: Editora da UPF, 2002.

DIÁRIO DE CARLOS LAMARCA. Folhetim n. 543, *Folha de S.Paulo*, 10 de julho de 1987.

FABRE, Daniel (org.). *Écritures ordinaires*. Paris: Centre Georges Pompidou. Bibliotheque Publique d'Information, 1993.

FERNANDES, Rogério. Cultura da escola: entre as coisas e as memórias. *Pro-Posições*, v. 16, jan./abr. 2005. Dossiê Cultura Escolar e Cultura Material Escolar: entre arquivos e museus. São Paulo: Unicamp, pp. 19-40.

GADDIS, John. Paisagens da História. Como os historiadores mapeiam o passado. Rio de Janeiro: Campus, 2003.

GOMES, Ângela de Castro. *Escrita de si, escrita da história*. Rio de Janeiro: Editora FGV, 2004.

GOULEMOT, Jean-Marie. As práticas literárias ou a publicidade do privado: *História da vida privada*, v. 3 – Da Renascença ao Século das Luzes. São Paulo: Companhia das Letras, 1991, pp. 371-405.

HARTOG, François. Tempo e patrimônio. *Vária História*. Belo Horizonte, v. 22, n. 36, jul.-dez. 2006, pp. 261- 73.

HEYDEN-RYNSCH, Verena Van Der. *Ècrire la vie*. trois siècles de journaux intimes féminins. Paris: Gallimard, 1998.

RAMOS, Alcides Freire; PATRIOTA, Rosangela; PESAVENTO, Sandra Jathay (orgs.), Imagens na História. São Paulo: Aderaldo & Rothschild, 2008.

JANOTTI, Maria de Lourdes Mônaco. O livro *Fontes Históricas* como fonte. In: PINSKY, Carla Bassanezi (org.). *Fontes históricas*. São Paulo: Contexto, 2005, pp. 9-22.

LAROSSA, Jorge. *A operação ensaio:* sobre o ensaiar e o ensaiar-se no pensamento, na escrita e na vida. Revista Educação e Realidade. Porto Alegre, v. 29, n. 1, jan./jun. 2004, pp. 27-43.

LEJEUNE, Philippe. *Le moi de demoiselles:* Enquête sur le journal de jeune fille. Paris: Seuil. 1993.

__________. *Le Pacte Autobiographique*. Paris: Seuil, 1975.

__________; BOGAERT, Catherine. *Le Journal intime*: Histoire et Anthologie. Paris: Textuel, 2006.

LEVILLAIN, Philippe. Os protagonistas da biografia. In: RÉMOND, René (org.) *Por uma história política*. Rio de Janeiro: UFRJ/FGV, 1996, pp. 141-84.

LOBO, Yolanda Lima; FARIA, Lia (orgs.) *Vozes Femininas no Império e na República*. Rio de Janeiro: Quartet: FAPERJ, 2008.

LOBO, Luiza. *Segredos públicos*: os blogs de mulheres no Brasil. Rio de Janeiro: Rocco, 2007.

LUSTOSA, Isabel. Entrevista: conversa com Roger Chartier. *Trópico*. São Paulo, 2004. Disponível em: <http://pphp.uol.com.br/tropico/html/textos/2479,1.shl>. Acesso em: out. 2009.

MALUF, Marina. *Ruídos da memória*. São Paulo: Siciliano, 1995.

MIGNOT, Ana Chrystina Venancio. *Baú de memórias, Bbastidores de histórias*: o legado pioneiro de Armanda Álvares Alberto. Bragança Paulista: Edusf, 2002.

MORLEY, Helena. *Minha vida de menina*. São Paulo: Companhia das Letras, 1998.

MOLES, Abraham. *O kitsch*. 5. ed. São Paulo: Perspectiva, 2001.

MUAZE, Mariana. *Os guardados da viscondessa*: família e poder no Brasil Império. Rio Janeiro: Jorge Zahar, 2008.

MUZART, Zahidé L. Do navegar e de navegantes. In: MIGNOT, Ana Chrystina Venancio; BASTOS, Maria Helena Câmara e CUNHA, Maria Teresa Santos. *Refúgios do Eu*: educação, história, escrita autobiográfica. Florianópolis: Editora Mulheres, 2000, pp.181-90.

NORA, Pierre. *Entre memória e história:* a problemática dos lugares. Projeto História, São Paulo, n.10, dez. 1993, pp.7-28.

PERROT, Michelle. Práticas da Memória Feminina. *Revista Brasileira de História*. São Paulo, v. 9, n.18, 1989, pp. 12.

PESAVENTO, Sandra Jathay. Na contramão da vida: Razões e sensibilidades dos filhos malditos de Deus (Antônio Rasgado, Benjamin,o degolador, João Foguista)" . In: ERITZOGUE, Marina Haizenreder; PARENTE, Temis Gomes (org.). *História e sensibilidade*. Brasília: Paralelo 15, 2006, pp.161-78.

PIO&MÁRIO. *A correspondência entre o fazendeiro Pio Lourenço Corrêa e Mário de Andrade (1917-1945)*. São Paulo: Edições Sesc São Paulo /Ouro sobre Azul, 2009.

PIGLIA, Ricardo. *Formas breves*. São Paulo: Companhia das Letras, 2004.

REMÉDIOS, Maria Luiza Ritzel (org.). *Literatura confessional*: autobiografia e ficcionalidade. Porto Alegre: Mercado Aberto, 1997.

SARLO, Beatriz. *Tempo presente*: notas sobre a mudança de uma cultura. Rio de Janeiro: José Olympio, 2005.

________. *El imperio de los sentimientos*. Buenos Aires: Grupo Editorial Norma, 2004.

________. *O tempo passado*: cultura da memória e guinada subjetiva. São Paulo: Companhia das Letras, Belo Horizonte, UFMG, 2007.

SEMPRÚN, Jorge. *A escrita ou a vida*. Lisboa: Edições ASA, 1995.

SIBILIA, Paula. *O show do eu*: a intimidade como espetáculo. Rio de Janeiro: Nova Fronteira, 2008.

SCHMIDT, Benito (org.). *O biográfico*: perspectivas interdisciplinares. Santa Cruz do Sul: Edunisc, 2000.

VIANNA, Maria José Mota. *Do sótão à vitrine*: memória de mulheres. Belo Horizonte: Editora da UFMG, 1995.

VIÑAO FRAGO, Antonio. Las autobiografías, memorias y diarios como fuente histórico-educativa: tipologia y usos. *TEIAS* – Revista da Faculdade de Educação/UERJ, n. 1, jun. 2000, pp. 82-97.

YANCOS, José Maria Pozuelo. *De la autobiografia*: teoría y estilos. Barcelona: Crítica, 2006.

FONTES PARA O PATRIMÔNIO CULTURAL

Uma construção permanente

Ana Luiza Martins

O que têm em comum um palacete barroco, uma festa paraense, um bairro paulistano, um terreiro de candomblé, um mapa setecentista, uma obra de arte e um queijo mineiro? Nos dias de hoje, todos eles podem ser considerados *patrimônio cultural.* Em outras palavras, o estudo do patrimônio é um campo que, de forma "gulosa", se serve de tudo o que estiver disponível – das cartas aos prédios, da literatura a um bairro inteiro – e que for capaz de representar a dinâmica da história.

Definição

A expressão patrimônio cultural designa o conjunto de bens oficialmente protegidos, tangíveis e intangíveis, que participam da construção do pertencimento, das identidades e da continuidade da experiência social, no âmbito dos processos de formação e transformação das nações contemporâneas e das relações internacionais.[1]

A diversidade de fontes requerida pelo historiador do *patrimônio cultural* é de tal amplitude e ordem que convém estabelecer desde já um recorte de abordagem, compatível com os limites físicos deste texto. Nesse sentido, percorreremos historicamente parte da seleção e utilização das fontes para estudos de bens afetos ao patrimônio cultural, conforme praticados pelos órgãos institucionais, em que esse exercício é permanente e se recria a cada objeto por desvendar ou dimensionar em seus múltiplos significados.

Contudo, insistimos, esse refazer constante do entendimento de nosso patrimônio plural, embora se dê legalmente no âmbito dos Conselhos, assessorado por técnicos, também se alimenta dos avanços da pesquisa acadêmica, na sua maioria avanços externos às instituições de preservação, num intercâmbio necessário e salutar para a competente produção do conhecimento patrimonial. Assim, a renovação desses estudos, sobretudo no que diz respeito ao crescente e diversificado uso das fontes, deve muito às universidades, aos institutos fomentadores de pesquisa, aos organismos, fundações, associações e museus que trabalham com metodologias renovadas e têm como horizonte o cuidado com a produção e trato dos acervos, com vistas à qualificação metodológica da pesquisa histórica.

Mais recentemente há a providencial iniciativa de complexos empresariais, com seus Centros de Memória particulares, nos quais historiadores e arquivistas profissionais trabalham com o rigor metodológico pertinente à área. Logo, não se trata de confinar a seleção de objetos, temas e *fontes do patrimônio* a uma só leitura, pelo viés exclusivo das práticas dos Institutos de Patrimônio, mas compartilhar, com os demais espaços de pesquisa e guarda de documentos, de caráter oficial ou particular, o árduo mas fascinante trabalho de descoberta e seleção de fontes, instrumentos decisivos para a identificação e seleção de representações de nosso patrimônio cultural.

O tema é de interesse recente. José Honório Rodrigues, ainda na terceira edição de sua *Teoria da História do Brasil: introdução metodológica*, de 1968, entre os diversos gêneros de História mencionados, não cita aquele do patrimônio. Na segunda edição de sua *A pesquisa histórica no Brasil*, de 1969, inclui breve item sobre a pesquisa e as fontes do patrimônio histórico, criticando severamente o Decreto-lei 25 de instituição do SPHAN (Serviço Patrimônio Histórico Artístico Nacional), pela abrangência das atribuições propostas ao novo órgão, então responsabilizado pela tutela e catalogação sistemática dos arquivos estaduais, municipais, eclesiásticos e particulares, cujos acervos interessam à História nacional e à História da arte no Brasil. O historiador estranhava, inclusive, a classificação dos quatro livros de tombo distintos: *Livro do Tombo Arqueológico, Etnográfico e Paisagístico; Livro do Tombo Histórico; Livro do Tombo das Belas Artes; Livro do Tombo das Artes Aplicadas*, questionando: "afora as divisibilidades unidas sem critério, surgia aquele tombo histórico, como se os demais históricos não fossem".[2] Seleção que permaneceu equivocada por muitos anos, com o atributo redundante de "histórico" apenas a um dos livros tombo. Fato é que, a despeito das imensas dificuldades com que lidou o posterior DPHAN (Diretoria do Patrimônio Histórico e Artístico Nacional), atualmente IPHAN (Instituto do Patrimônio Histórico Artístico Nacional), coube a este órgão federal responder solitariamente pelo trato de nosso vasto patrimônio, até que por volta do final dos anos 1960 surgissem, à sua sombra e com a mesma incomensurável abrangência, os Órgãos Estaduais e, mais recentemente, alguns Órgãos Municipais.

Nas universidades, em geral, o tema do patrimônio tem sido tratado de forma incipiente, merecendo mais atenção do ensino formal nos estados em que o patrimônio edificado se reveste de caráter excepcional, a exemplo de Minas Gerais, Pernambuco, Bahia e Maranhão, sobretudo no que diz respeito às intervenções de restauro. No Sudeste, só recentemente alguns departamentos de universidades têm se debruçado sobre o assunto, em particular com a sistematização das fontes do patrimônio. Para mencionarmos São Paulo, cabe lembrar o Departamento de História da Arquitetura e Estética do Projeto da FAU (Faculdade de Arquitetura e Urbanismo) da USP, às voltas com fontes do patrimônio no âmbito urbanístico e arquitetônico; o Instituto de Filosofia e Ciências Humanas (IFCH) da Unicamp, que desenvolve projeto sobre o urbanismo paulista, assim como o concorrido curso de especialização da Unicsul (Universidade Cruzeiro do Sul, São Paulo), voltado para o trato das fontes visando o restauro do bem arquitetônico.

A despeito da visível negligência no encaminhamento da questão, os Organismos do Patrimônio passaram a ser objetos de pesquisa histórica, eles próprios fontes potencializadas para o entendimento de políticas culturais e públicas, para a percepção de valores culturais e representações sociais. Vejam-se, nesse sentido, os trabalhos pioneiros de produção acadêmica que resultaram das teses de Marly Rodrigues, *Imagens do passado: a Instituição do patrimônio em São Paulo – 1969-1987*[3] e Silvana Rubino, *As fachadas da história: as origens, a criação e os trabalhos do SPHAN, 1936-1967*.[4] A primeira trabalhou com fontes internas do órgão, de *Atas* de Reunião do Conselho aos *Processos* de estudo de tombamento, *Coleções de leis e decretos, Relatórios de Gestão,* correspondência, entrevistas, imprensa, abarcando a segunda o mesmo repertório de fontes, no âmbito federal.

Em outro aporte, fruto de trabalho sistemático do CENPEQ (Centro de Estudos e Pesquisas em Educação, Cultura e Ação Comunitária), o esforço de seleção de bens da coleção *Terra Paulista,* sob a coordenação de Paulo César Garcez Marins resultou em arejada utilização de fontes diversificadas, constitutivas do universo do patrimônio cultural paulista.[5]

Para encerrar esta breve consideração sobre o estágio de uso das fontes do patrimônio, convém registrar um dos diferenciais da pesquisa histórica nesse campo, que raramente pode contar com fontes dadas e predeterminadas em função da temática selecionada. Antes, os estudos demandam, na maioria das vezes, a construção de *corpus* documentais específicos, em geral interdisciplinares, que para além de desvendar a *história* do acontecido, do construído e do vivido, permite recuperar ruídos e fragmentos da *memória,* esta em particular, vetora das tantas figurações do passado. A aventura da descoberta e seleção de fontes é trabalho investigativo estimulante, enriquecendo a leitura plural do objeto de estudo, em suas tantas dimensões – material e imaterial.

Antecedentes

A exemplo do percurso metodológico historiográfico, sujeito às tantas variáveis de tempo, espaço e conjunturas, também a noção e a qualificação de bens de interesse do *patrimônio cultural* vêm sendo objeto de sucessivos entendimentos. Mais que isso, a própria abrangência do termo *patrimônio,* quando tomado no sentido de testemunho do passado e acervo a ser identificado, selecionado e preservado, suscita interpretações diversas, passíveis de questionamentos. No propósito deste texto, de elencar e sugerir fontes históricas para o estudo do patrimônio cultural, em suas várias vertentes, convém sinalizar o entendimento corrente atribuído ao termo, a partir de dois documentos oficiais, que o inscrevem com força de lei na prática cotidiana dos órgãos de preservação. Um primeiro, o já mencionado Decreto-lei 25, de 1937, que instituiu SPHAN e um segundo, não tão recente, inscrito na Constituição de 1988, que ampliou o conceito restrito de *patrimônio histórico e artístico* para aquele de *patrimônio cultural*.

Retomar de forma breve os respectivos textos legais permite ilustrar *parte* do complexo e sempre polêmico espaço de conflito desse campo plural, tradicionalmente à mercê de visões de mundo, ideologias, sensibilidades e identidades particulares ou de políticas públicas, quando não enviesadas e/ou equivocadas, que o tornam por isso mesmo, terreno fértil e democrático de escolhas, eleições, representações e luta. Infere-se desde já a diversidade de fontes necessárias ao historiador que atua na área, na qual a interdisciplinaridade se impõe para a ampla apreensão do patrimônio em suas tantas dimensões.

O Decreto-lei 25 nasceu do anteprojeto de Mário de Andrade, de 1936, trabalho feito a pedido do então Ministro da Educação e Saúde Gustavo Capanema, como base para a criação do SPHAN. Na definição de Mário, que vivenciara práticas culturais do país, inclusive por meio de viagens de reconhecimento de parte do território, entendia-se por *patrimônio artístico nacional*: "todas as obras de arte pura ou de arte aplicada, popular ou erudita, nacional ou estrangeira, pertencentes aos poderes públicos, a organismos sociais e a particulares nacionais, a particulares estrangeiros, residentes no Brasil".

No tocante à *obra de arte patrimonial*, selecionava oito categorias voltadas para as *artes arqueológica, ameríndia, popular, histórica, erudita nacional, erudita estrangeira e as artes aplicadas nacionais e estrangeiras*. Não obstante o vasto leque de conteúdos propostos, o artigo final do Decreto-lei 25, de forma reducionista, limitou-se ao seguinte conteúdo:

> Art. 1°: Constitui o patrimônio histórico e artístico nacional o conjunto dos bens móveis e imóveis existentes no país e cuja conservação seja de interesse público, quer por sua vinculação a **fatos memoráveis da história do Brasil**, quer por seu **excepcional valor** arqueológico ou etnográfico, bibliográfico ou artístico.[6]

Definia-se um critério de seleção que por muitos anos privilegiou os fatos ditos *excepcionais* e *personagens ilustres*, construindo-se uma História de poucos. Dava-se prosseguimento à História cultivada e propagada pelos Institutos Históricos e Museus, até então tecida à sombra de determinados interesses de classe, gênero, raça e cor, vitoriosa e homogeneizadora de diferenças. Em 1972, a criação da categoria *patrimônio cultural da humanidade*, na Conferência Geral de Genebra, endossada pela Unesco, reforçava a classificação dos monumentos históricos pelo seu caráter excepcional e consagrava um dado entendimento desta matéria, agora em âmbito internacional.

De toda forma, como resíduo do anteprojeto de Mário de Andrade, os agentes iniciais do SPHAN cultivaram, na prática, as propostas nascidas da Semana de 22, na sua vertente pós-antropofágica de busca das origens. Obstinados pelo desvendamento das manifestações genuínas do país, mapearam sítios históricos e núcleos urbanos testemunhas do passado, elegendo e consolidando referências, sobretudo, da história colonial, selecionando poucos remanescentes do Império e praticamente ignorando a produção republicana. No trato da história colonial, priorizaram-se algumas fontes, a exemplo das *Atas da Câmara*, *inventários* e *testamentos* – talvez os documentos mais potencializados para estudos históricos da área. No caso de São Paulo, contava-se com boa parte desse rico material já impresso por iniciativa do então prefeito Washington Luís Pereira de Souza. Foi dessa fonte que beberam os primeiros estudiosos do patrimônio na recuperação da história das capitanias e da história provincial. Veja-se a carta do então técnico do SPHAN, Mário de Andrade, a seu diretor Rodrigo Melo Franco de Andrade, datada de 22 de outubro de 1941, que não só selecionava os instrumentos iniciais de trabalho do historiador do patrimônio, como apontava as dificuldades de sua localização e consulta, sinalizando entraves até hoje presentes em nossos arquivos e locais de pesquisa:

> *Meu caro Rodrigo,*
> *Trouxe do Rio duas incumbências suas: destrinçar em fichas os* ***Inventários e Testamentos*** *e fazer uma monografia sobre o Padre Jesuíno de Monte Carmelo.*
> *A Sexta Região solicitou do Arquivo do Estado uma coleção de* ***Inventários e Testamentos*** *[...] mas esta demorou vários meses a nos ser entregue, e assim mesmo incompleta. [...] recebi de você a incumbência de estudar o* ***Códice Lamego****, o que fiz na íntegra e me tomou bastante tempo, pela dificuldade de leitura. [...] li vários volumes (dos* ***Inventários e Testamentos****, que possuía) que tinham interesse para o Serviço, fichando-os para este. O mesmo fiz com a* ***Revista do Arquivo*** *[...] organizei com tudo isso umas quatro centenas de fichas, relativas aos Estados de São Paulo e Mato Grosso.*[7]

Novo entendimento

Cinquenta anos mais tarde, balizando o término de uma longa ditadura militar, a Constituinte de 1988 trazia novo texto sobre a matéria, que ampliava a noção de *patrimônio histórico e artístico* para *patrimônio cultural*, expressão do necessário trato antropológico e abrangente dos registros culturais do país. Em seu artigo 216 definia:

> Constituem patrimônio cultural brasileiro os bens de natureza material e imaterial, tomados individualmente ou em conjunto, portadores de referência à identidade, à ação, à memória dos diferentes grupos formadores da sociedade brasileira, nos quais se incluem:
> I – as formas de expressão;
> II – os modos de criar, fazer e viver;
> III – as criações científicas, artísticas e tecnológicas;
> IV – as obras, objetos, documentos, edificações e demais espaços destinados às manifestações artístico-culturais;
> V – os conjuntos urbanos e sítios de valor histórico, paisagístico, artístico, arqueológico, paleontológico, ecológico e científico.

Por outro lado, diferia o patrimônio cultural daquele natural, classificado então como *patrimônio ambiental*.[8]

A renovação vinha com atraso e também se dava por conta de imperativos internacionais, que priorizavam as questões de meio ambiente e levavam em conta o debate sobre quistos identitários que emergiam da Europa moderna. A Constituinte de 1988 efetivamente ampliou o entendimento de *bem cultural*, com vistas à sua maior abrangência, ciente da pluralidade cultural do país, mas, sobretudo, premida pelo curso do debate internacional, que exigia práticas e posturas de seleção e preservação do patrimônio afinadas com a nova ordem mundial. Convenções internacionais, em particular as *Cartas patrimoniais*,[9] fenômenos geográficos, abalos do meio ambiente, destruição de paisagens vitais, medidas legais cautelares e os impactos da globalização conduziram ao novo entendimento do patrimônio cultural e ambiental. Na esteira das práticas mundiais, a democratização da memória social, contemplando o estudo de minorias outrora esquecidas, ampliava espaços, objetos, grupos sociais, saberes e fazeres do universo de representações do patrimônio cultural brasileiro.

Logo, as tradicionais fontes de que se valiam os historiadores para selecionar e celebrar os monumentos de uma História triunfante, de caráter positivista, documentos oficiais na sua maioria (atas, discursos, relatórios etc.), que instruíam processos de informação histórica parcial, deram lugar à diversidade de fontes e à produção do passado, com forte viés de valorização de manifestações populares, de grupos esquecidos da História, procurando reconstruir uma escrita da história "a contrapelo".[10]

Presididos pelos aportes da Nova História, redirecionaram o olhar e selecionaram novos objetos, que pediam outras fontes, num registro de identificação e valorização das tantas representações sociais, da cultura material e imaterial, esta última, vale dizer – dos saberes e fazeres do povo –, assim como do patrimônio ambiental.

Nessa altura, o historiador passou a ser convocado para trabalhos de restauro, que exigiam metodologias específicas, assim como novas fontes que permitissem traçar *a história do bem*, vale dizer, das etapas de sua construção, dos programas de uso que conheceu, das alterações e acréscimos que sofreu, enfim, numa reconstrução da "biografia genética" do exemplar com vistas não somente à sua recuperação física, mas à sua efetiva reapropriação social.

Por outro lado, não se tratava apenas de preservar o imóvel inserido na paisagem que o emoldurava, mas, sobretudo, inferir-lhe o nexo na trama de representações do espaço que lhe era afeto, fosse rural ou urbano. Assim, o tombamento de bens pontuais perdia a razão de ser e procurava-se nos pareceres técnicos inseri-los no processo histórico que os explicava e na malha urbana ou no universo rural que lhes davam sustentação. Logo, sobrados, palacetes, igrejas, fortes, casas de Câmaras passaram a ser analisados e justificados enquanto patrimônio, se em diálogo com a cadeia de representações de suas emergências e cursos, demandando recuperação de amplos processos históricos. Em outras palavras, estudar e selecionar um exemplar de palacete residencial, por exemplo, implicava recuperar a evolução urbana do município da qual era parte, analisar a conjuntura em que emergira e relacioná-lo com demais imóveis coevos, representativos daquela paisagem urbana e ou etapa histórica, inserindo-o no processo histórico mais amplo.

Nessa trajetória de cerca de 50 anos, que mediou a criação do SPHAN e a Carta de 1988, infere-se que o "historiógrafo do patrimônio" do passado, responsável tão só pela coleta e somatória de informações da materialidade do bem – data de construção, genealogia de seus moradores, feitos de relevo ocorridos em seu interior –, na verdade um lacônico cronista do patrimônio, passava a exercer outros papéis, decisivos para o entendimento e seleção de marcos simbólicos e vetores de significações, exercitando trato metodológico diverso de temas, objetos e fontes. Debruçava-se agora sobre outra temporalidade e estabelecia nexos da paisagem cultural, construída por camadas de história e memória, inferindo seu significado no processo histórico mais amplo. Passava, ainda que discretamente, a atuar nas políticas urbanas do presente, participando da elaboração de planos diretores municipais e da análise dos impactos ambientais, necessárias no quadro de grandes projetos de interferência em áreas de interesse ecológico e/ou histórico.

Mas nem sempre foi assim. E se existe uma história das fontes,[11] também os usos das fontes do patrimônio no Brasil têm sua historicidade. Para isso nos valemos de breve pontuação de bens, trabalhados pelos Órgãos de Patrimônio nesses últimos setenta anos, caminho passível de ilustrar a ampliação de sua leitura, do amadurecimento das práticas de pesquisa na área, do rigor seletivo processado no quadro mais amplo das representações culturais.

A arquitetura onipresente: fonte e objeto

Percorrer o sistemático uso das fontes pelo historiador do patrimônio e levantá-las, implica primeiramente retomar a prática inicial dos órgãos preservacionistas, circunscrita a um campo restrito: o patrimônio edificado de pedra e cal. Vamos entender melhor o porquê. Na altura dos anos 1937, embora a História figurasse internacionalmente como agente decisivo na formação da consciência nacional e o discurso do patrimônio, no Brasil, primasse pelo seu cultivo, coube aos arquitetos priorizar exemplares arquitetônicos como testemunhos de bens a serem preservados. O monumento arquitetônico, história cristalizada, comparecia como fonte potencializada para a leitura e percepção de significados. Razão pela qual os primeiros tombamentos do SPHAN, em sua dita fase heroica, centraram-se em imóveis e conjuntos arquitetônicos – procedimento que se replicou posteriormente quando da criação dos órgãos de preservação estaduais, que surgiram no país a partir da década de 1960.

Contudo, não foi apenas por seu didatismo que a arquitetura fora convocada como *fonte* e *exemplar* da história por excelência, assim como os monumentos de pedra e cal tornaram-se referência basilar daquela etapa preservacionista. O precário estado de conservação de edificações centenárias e de alto valor artístico transformou-as em patrimônio de eleição e preservação prioritárias, a exemplo dos conjuntos arquitetônicos das cidades mineiras e de capitais do Norte e Nordeste, onde a manifestação do barroco se dava de forma muito particular, expressão inicial sincrética, de uma identidade nacional.

Concomitantemente, no correr daqueles anos 1930, a seleção recaiu em exemplares da arquitetura vernacular de formas despojadas, ao agrado dos arquitetos brasileiros que se iniciavam no modernismo, a exemplo das casas ditas "bandeiristas", mais presentes no território paulista, mineiro e goiano. Desdobravam-se, em outro plano, as propostas nascidas da Semana de 1922, ao gosto inclusive da historiografia e literatura da época, da qual as produções coevas e opostas de Alfredo Ellis, *Raça de gigantes*, e aquela de Alcântara Machado, *Vida e morte do bandeirante*, figuram como emblemáticas do cultivo de uma identidade paulista, que teriam contribuído para a formação da nação. Em 1940, Mário de Andrade, ao referir-se à criação do SPHAN, confirmava a influência modernista: "O Modernismo foi um toque de alarme. Todos acordaram e viram perfeitamente a aurora no ar."[12]

No tocante à arquitetura, a proposta de modernidade ambicionada pelo país passava pela busca das origens, traduzida na racionalidade do desenho e despojamento da forma, cultivada na esteira da ampla discussão internacional que se dava sobre arquitetura moderna. Balizava esse amplo debate o Quarto Congresso Internacional de Arquitetura de Atenas, de 1931, cujo documento final, a *Carta de Atenas*, introduziu o conceito de "monumento histórico" como critério de preservação, não obstante selecionado isoladamente na paisagem.

Datava igualmente desse momento a instituição dos primeiros cursos de Arquitetura no Brasil e, neles, a cadeira de História da Arquitetura. E mais: junto a essa seleção, ocorreu o envolvimento efetivo do arquiteto com as questões do patrimônio; tornou-se profissional decisivo para sua análise, identificação e conservação, com pouca participação dos historiadores, naquela altura autodidatas na sua maioria, confinados aos Institutos Históricos, museus, salas de aula ou desenvolvendo solitariamente trabalho quase amador de pesquisa e identificação. Vale lembrar a primeira composição de técnicos do SPHAN, em que atuaram Rodrigo Melo Franco (advogado), Lúcio Costa (arquiteto), Mário de Andrade (antropólogo *avant la letre*), Luis Saia (arquiteto), Carlos

Drummond de Andrade (então funcionário público e poeta) e Germano Hugo Graeser (fotógrafo). Ressalve-se a contribuição decisiva para a pesquisa histórica do arquiteto Lúcio Costa, então lotado no Serviço de Patrimônio, que iniciou exaustivo e sistemático levantamento de fontes em busca das formas arquitetônicas vernáculas.[13]

Nessa conjuntura, legitimava-se o primado do valor arquitetônico como instrumento de preservação da história.[14] E mais: a ação preservacionista do SPHAN, não se limitou a reproduzir, por meio dos documentos materiais do passado, um perfil do país traçado pela História, mas também se entrelaçou a dois processos em curso: o desenvolvimento da arquitetura moderna e a construção de sua memória, a História da Arquitetura Brasileira.[15]

Essa circunstância vincou a leitura e seleção de nossos bens pelo crivo da Arquitetura e dos bens excepcionais, até recentemente norma dos Órgãos de Patrimônio. Nesse quadro, a História era convocada como subsidiária dessa seleção, não obstante, inegavelmente, a arquitetura consolidar-se como uma das mais ricas fontes históricas do patrimônio cultural. Assim, nessa etapa inicial, o monumento arquitetônico e a documentação impressa oficial figuraram como fontes quase exclusivas de nosso patrimônio cultural.

Novos olhares, novos objetos: renovando com a "abertura"

O antigo trato institucional do patrimônio nos remete a um elenco oficial de bens – casas de Câmaras e cadeias, igrejas, palacetes, fortes, sedes de fazendas etc., que, a partir dos anos 1980, conheceu diversificação sob os influxos da Nova História, que aportaram nos Órgãos de Patrimônio não sem resistência.

Ainda que esses institutos se constituíssem majoritariamente de arquitetos, alguns desses profissionais já ponderavam sobre a necessária diversificação temática para uma melhor representação, inclusive, da própria história da arquitetura no país e em sua representatividade nos estados. Junto a isso, deu-se a participação mais efetiva do historiador, agora reconhecidamente credenciado e habilitado no trato dos documentos, que integrava o serviço de patrimônio na qualidade de técnico. Esse novo historiador, às voltas com questionamentos de sua própria área e com o alcance e significado da seleção de bens simbólicos do processo histórico nacional, procurou ampliar a leitura do patrimônio. No quadro da cultura urbano-industrial, a ortodoxia preservacionista começava a ser questionada e as novas tendências historiográficas buscavam dissolver os mitos que consagravam a História oficial, estendendo o entendimento da História como criação que envolve silêncios, singularidades e rupturas.

Os anos eram de renovação. No curso do movimento das Diretas Já e no clima de abertura política delineado, novas posturas são observadas na recuperação de fatos, atos e arquivos, sobretudo do âmbito das ditaduras. Cabe lembrar a discussão sobre a necessidade de abertura de arquivos secretos do Itamaraty, relativos à política de imigração do Estado Novo, ou a organização e disponibilidade pública dos documentos do DOPS (Departamento de Ordem Política e Social), que passaram aos cuidados do Arquivo do Estado de São Paulo, iniciativas afinadas com a reconstrução do estado de direito do país e com a ampliação de horizontes da pesquisa histórica. Logo, quase que no curso de uma longa duração, foram necessários outros marcos, balizas e periodizações, assim como outros signos e celebrações, que permitissem inferir em nosso patrimônio cultural, sinais e ruídos de histórias silenciadas, minorias emudecidas, espaços de trabalho alijados, cultos religiosos ignorados, práticas sociais em extinção. Três questionamentos, premidos pela nova visão de História e memória passaram a ser discutidos e introduzidos nos pareceres técnicos. Um primeiro ampliava o leque de representações da cultura material e voltava-se para representações de minorias sociais e silêncios da História; um segundo, que elegia novos objetos como suportes de memória – e aí entravam acervos de bens móveis –, de telas, a acervos de papéis, livros, fotografias, cartas e até mesmo, bens imateriais, saberes e fazeres da tradição popular; por fim, o questionamento sobre o tombamento de um bem isolado, considerando que grande parte de seu significado advinha de uma tomada de conjunto e contexto. Por outro lado, na esteira de um movimento internacional – de cuidado com o meio ambiente –, as áreas naturais passaram a ser objeto de atenção, vistas como patrimônios a serem pesquisados, identificados e preservados. Tinha início a seleção de áreas naturais, quando foram tombados no estado de São Paulo o Maciço da Jureia (1979), em Iguape, a Reserva Florestal de Morro Grande (1980), em Cotia, e a Serra do Mar (1985).

As lições do arqueólogo e historiador Ulpiano Bezerra de Menezes no âmbito da cultura material e em especial no campo dos significados, ele próprio militante de uma nova ação no interior dos órgãos do patrimônio, embasaram significativamente a ação de Conselhos e técnicos, enquanto formava gerações de acadêmicos da área, que tomavam o patrimônio cultural como fonte, mas também como objeto, que já percorrera e fizera sua própria História.[16]

Nessa altura, o universo de bens tombados começava a absorver outros objetos, a partir da identificação e por meio de trabalho com novas fontes. Fontes que, inicialmente inusitadas no trato historiográfico, passaram a diversificar-se, compondo novas linhas de pesquisa que sucessivamente apontaram outros temas, revelando a pluralidade de nossa história cultural.

Na impossibilidade de discriminar as tantas vertentes de fontes históricas disseminadas pelo trato renovado dos estudos, mencionamos algumas referências, sejam aquelas de uso tradicional das fontes, sejam aquelas afinadas com a renovação metodológica da área.

Lugares de pesquisa

Para melhor situar o pesquisador no universo de instituições fundamentais para a pesquisa e identificação do patrimônio cultural, cabe uma referência aos acervos oficiais, que são de rigor em todo país. Certo que em cada estado o funcionamento desses organismos têm características próprias, não cabendo aqui sua discriminação. Importa deixar claro que a pesquisa em torno de bens patrimoniais não pode prescindir da consulta às fontes sob a guarda dessas repartições públicas. Contudo, de acordo com o historiador Carlos Bacellar, "a maior ou menor importância de cada arquivo só pode ser estabelecida de acordo com o objeto da pesquisa específica a ser realizada pelo historiador, seus interesses e questionamentos".[17]

Independentemente da diversificação do olhar sobre o patrimônio, inferindo novas paisagens, objetos e saberes, a pesquisa histórica, em particular no caso do bem edificado, possui um curso inicial de praxe, que conduz o pesquisador aos arquivos e cartórios, passagem obrigatória para deslindar datação, proprietários, usos sucessivos dos imóveis etc. Assim, é de rigor percorrer, dependendo do caso, os arquivos que guardam acervos de caráter permanente, a saber:

Arquivos do Poder Executivo, cuja documentação em geral é encontrada nos Arquivos Públicos Municipais, Estaduais ou no Arquivo Nacional, escusado mencionar sua extraordinária riqueza de informes. Mais oportunos para estudos regionais são os Arquivos Municipais e Estaduais, primeiro passo para situar a documentação pertinente ao objeto de estudo.

Arquivos do Poder Legislativo, nos quais *Atas* e *Registros* guardam a legislação original e debates em torno das aprovações ou não de leis, sendo que em muitos estados, *Atas* e *Registros das Câmaras* já se encontram impressos. Esse é o caso privilegiado da cidade de São Paulo, talvez um dos raros municípios a ter a edição de suas primeiras *Atas da Câmara e Registro Geral*, mandadas publicar pelo então prefeito Washington Luís.

Arquivos do Poder Judiciário, em que *Inventários e Testamentos* são imprescindíveis para o conhecimento e dimensão do rol de pertences e objetos que figuravam no cotidiano que se pretende recuperar.

Arquivos cartoriais, nos quais *Notas* e *Registro Civil* dão conta de propriedades e respectivas descrições físicas.

Acervos institucionais, a exemplo dos antigos acervos dos Departamentos de Obras Públicas, que guardam toda a sorte de plantas, mapas e projetos arquitetônicos do Governo do Estado ou do Município, inclusive dos antigos acervos das Secretarias de Viação e Obras Públicas.

Arquivos eclesiásticos, responsáveis por registros paroquiais, processos e correspondência da Igreja Católica, que ganham particular importância para o historiador do patrimônio, em especial para o estudo de bens da Colônia e do Império. É sabido que nesse largo período, Igreja e Estado, por conta do *padroado*, conjugavam seus poderes, cabendo à Igreja a ordenação do espaço urbano, os registros de nascimento, casamento e morte, figurando como instância decisiva da guarda de documentos do país. Nos primeiros anos do SPHAN, voltado significativamente para imóveis isolados e núcleos históricos coloniais, assim como para o patrimônio sacro católico – traduzido em capelas, paróquias, igrejas, matrizes e mais tarde em catedrais e basílicas –, a consulta às fontes eclesiásticas foram potencializadas, passíveis de maior sucesso em alguns acervos mais organizados, a exemplo da Cúria Metropolitana de São Paulo.

Arquivos privados, que reúnem documentos particulares de indivíduos e famílias, por vezes alocados em Memoriais ou Fundações, e que facilitam enormemente o conhecimento de um personagem, de políticas de seu tempo e mesmo de uma época. É o caso da coleção de fotografias de Marc Ferrez, hoje propriedade do Instituto Moreira Salles; ou arquivos privados, doados ao governo federal, conforme a trajetória do acervo de Rui Barbosa, que de coleção privada se transformou no acervo da Fundação Casa de Rui Barbosa, do IPHAN, alocada em sua antiga residência, que guarda móveis, objetos e biblioteca conforme a disposição original, acrescida de moderno anexo, que abriga fundos documentais e bibliográficos, assim como coleções de obras afins, a exemplo do importante acervo de revistas pertencentes ao colecionador Plínio Doyle.

Museus, que reúnem documentos pertinentes às suas temáticas, permitindo a visão contextualizada e abrangente de determinados temas, assuntos e/ou objetos de estudos de interesse patrimonial. Não se pode desenvolver, por exemplo, um estudo afeto à representação da República no país, sem consultar o acervo do Museu da República no Rio de Janeiro, sediado no antigo Palácio do Catete, anteriormente Palacete do Barão de Nova Friburgo, um dos mais poderosos produtores de café da província fluminense. Ou o Museu Paulista, em São Paulo, no tocante à história da capitania, província e estado.

E quanto às novas fontes?

As *fontes iconográficas*, não apenas em sua leitura imediata e figurativa, mas inseridas no processo de sua produção e historicidade, foram das mais cultivadas. A imagem, em várias de suas manifestações e desde seus primórdios no Brasil, foi revirada, perpassando vinhetas dos mapas seiscentistas, desenhos de viajantes que percorreram parte do país nos séculos XVIII e XIX, ilustrações gráficas de todo o teor, estampadas na incipiente tipografia do país, mapas, plantas cartográficas e projetos arquitetônicos, estampas e selos comerciais, rótulos de embalagens – de latas e caixas –, cartazes de anúncios e espetáculos e, com especial acuidade na tomada dos fatos, a imagem da caricatura, fonte que veio se firmando para inúmeras apreensões da História, pelo registro do instantâneo, do humor, da "caricatura" do fato. Contudo, com uso mais potencializado nas áreas do patrimônio no repertório iconográfico, está a *fonte fotográfica*, criticamente trabalhada a partir de sua emergência, no século XIX.

Coube à fotografia figurar como material de excelência para o historiador do patrimônio, permitindo a recuperação das tantas "reproduções" do passado. Inúmeros trabalhos sinalizaram esse inicial manuseio crítico e metodológico da fotografia, lembrando algumas das publicações pioneiras que privilegiaram a fonte fotográfica para recuperação de nosso patrimônio, a exemplo do estudo de Boris Kossoy sobre Hercules Florence e os primórdios da fotografia no Brasil;[18] aquele organizado por Annateresa Fabris, *A fotografia: uso e funções no século XIX*,[19] em que se tem as várias dimensões do uso fotográfico como fonte; a recuperação das tantas imagens de São Paulo, de Benedito Lima de Toledo, a começar pelo *Álbum comparativo da cidade de São Paulo, 1862-1887*,[20] e, em caráter de pesquisa empírica e crítica, a contribuição de Solange F. de Lima e Vânia C. de Carvalho, *Fotografia e cidade: da razão urbana à lógica de consumo – álbuns de São Paulo (1887-1954)*.[21] Hoje, coleções fotográficas tecnicamente tratadas podem ser consultadas em instituições especializadas, tendo-se no acervo do Instituto Moreira Salles uma das referências do setor.

A *fonte imprensa periódica*, composta de almanaques, anuários, jornais e revistas de época constituiu-se em fonte impressa fundamental para a pesquisa histórica do patrimônio, resultando, inclusive, em fonte e objeto de estudos patrimoniais.[22] Sua importância para recuperação de imagens do passado, cotidianos e mentalidades revelou-se de tal ordem que ela própria se torna patrimônio cultural a ser preservado, objeto de estudo específico. Hoje, periódicos são disputados e colecionados, constituindo acervos preciosos de inúmeras representações históricas. Nesse sentido, o acervo de periódicos da Fundação Casa de Rui Barbosa, no Rio de Janeiro, se destaca como uma das mais representativas coletâneas do gênero, verdadeiro patrimônio nacional. A ampliação dos estudos levou ao escrutínio de coleções de jornais e revistas, sobretudo pelo seu potencial de representação de públicos específicos, visões de mundo e valores particulares da ampla segmentação social do país. Do tipo de papel, tamanho, periodicidade aos proprietários e colaboradores, as revistas em especial, desde que metodologicamente trabalhadas, permitiram recuperar dimensões insuspeitas da história. A renovação urbana das capitais das províncias na virada do século XIX para o XX, momento de constituição de

A documentação fotográfica figura como fonte preferencial do patrimônio, pelo seu caráter de fixar imagens físicas reais de cenários e personagens. Ainda assim, o exercício de análise e crítica do documento é fundamental, para decodificar seus vários significados e mensagens. (Casa Comercial Caetano Castellano Cia., em Rio Claro – SP, 1911. Fotógrafo ignorado. Acervo particular.)

A percepção da imagem da cidade em vários registros é fonte importante para a análise de sua evolução urbana, a exemplo desta foto da Praça do Patriarca no ano de sua abertura, em 1926, marcando a nova dinâmica do espaço paulistano, entremeando com o Viaduto do Anhangabaú, o Centro Velho e a Cidade Nova. (Praça do Patriarca em São Paulo – SP, 1926. Fotógrafo ignorado. Acervo particular.)

nova imagem das capitais, agora republicanas, foi tematizada em vários periódicos, permitindo inúmeros trabalhos na área do patrimônio. Não obstante fonte capciosa, exigindo o exercício exaustivo da crítica interna e externa deste documento, as revistas, em particular, vêm propiciando estudos pontuais de patrimônio, iluminados pelo aporte multidimensionado do tempo pretérito, onde letra e imagem interagem, produzindo novas e surpreendentes leituras.[23]

A *fonte literária*, em suas tantas manifestações em prosa e verso, das memórias e diários às obras de ficção, passaram a ser esmiuçadas no propósito da investigação histórica do patrimônio. Basta lembrar Machado de Assis, fino historiador de nossa história cultural, que vem embasando tantos trabalhos da área, com mais pormenores no âmbito do espaço cênico carioca, vale dizer, da Corte e da Capital da República. Para São Paulo, seus cronistas urbanos – casos, por exemplo, de Guilherme de Almeida e Menotti Del Pichia –, que têm embasado trabalhos inspirados da imagem da cidade, apreendida no registro literário de seu cotidiano. Assim como a poesia, que tem permitido a recuperação lírica de objetos, temas e espaços datados de difícil apreensão, a exemplo daquele da São Paulo de Mário de Andrade, vale dizer, da rica transição da capital paulista em palpitante dinâmica de crescimento e internacionalização. Assim como a fonte periódica, a fonte literária passou a constituir-se, ela própria em acervo patrimonial, mais valorizada após os estudos da história do livro e da leitura, que demandam a conservação de acervos e coleções de obras como instrumentais imprescindíveis para reconstituição de suas trajetórias e significados.

As *fontes epistolares*, correspondência ativa e passiva, se apresentam como decisivas para a apreensão do personagem, objeto ou tempo que se pretende recuperar. Assim como diários, biografias, memórias – manuscritos ou impressos –, fontes imprescindíveis no entendimento das tantas dimensões do bem cultural, pelo aporte de relato de época que contém. Nesse sentido, deve ser lembrado o trabalho com a fonte epistolar de Cristina Campos, valendo-se das cartas do engenheiro Paula Souza, ao reunir elementos para análise da rede de infraestrutura territorial e urbana paulista.[24]

As *fontes audiovisuais*, documentários, filmes e gravações sonoras, em geral encontradas nos Museus de Imagem e Som ou nos acervos de Cinematecas especializadas, só recentemente veem sendo utilizadas para fins de estudo de patrimônio, uso dificultado por sua dispersão e acesso restrito aos locais de consulta.

Ampliando objetos, temas e fontes

No percurso da ampliação temática da historiografia brasileira, com rebatimento nos estudos do patrimônio cultural e sua seleção mais abrangente, mereceram atenção nos últimos anos, em particular, a história social do país, traduzida em trabalhos sobre a população escrava e imigrante, sobre a história social da indústria, com enfoque na história do operariado e dos espaços fabris. Mas também se debruçou expressivamente no trato do espaço urbano, em análises interdisciplinares que têm merecido atenção da historiografia, em particular aquela que se volta para a evolução urbana e imagem de nossas cidades. Nesse sentido, cabe lembrar alguns estudos desenvolvidos no âmbito dos Institutos do Patrimônio, para embasar processos de estudos de tombamento, que vêm introduzindo novas temáticas e objetos, com ampliação das fontes pertinentes.

A começar pelo olhar sobre as práticas culturais de afrodescendentes, inseridas no bojo de inúmeros estudos acadêmicos sobre a escravidão. As fontes para essa seleção, praticamente inexistentes em sua materialidade, exigiram a reconstrução do processo mais amplo da presença africana e afrodescendente no país, o que implicou na recuperação de fontes judiciárias, inventários, testamentos, debates do governo, relatos de viajantes, literatura, canções, fontes iconográficas e fontes orais. Um dos resultados dessa seleção no âmbito das políticas de identificação de patrimônios foi a inscrição, como referência cultural nacional, do Terreiro da Casa Branca do Engenho Velho, de Salvador (em ioruba, Ilê Axé Iyá Nassô Oká), origem de centenas de outros terreiros, por todo o país, primeiro templo religioso não católico a ser tombado como *patrimônio histórico do Brasil*, em 1984.[25] Em São Paulo, no ano de 1990, foi tombado pelo CONDEPHAAT (Conselho de Defesa do Patrimônio Histórico, Arqueológico, Artístico e Turístico) o terreiro Aché Ilê Obá, seguidor do rito ketu, no bairro do Jabaquara, exemplo típico das casas de culto dos orixás em território paulista. Espaços religiosos em que se deram representativas formas de resistência cultural, fosse do ponto de vista do rito, ou da estrutura hierárquica do candomblé, baseada nos mesmos princípios norteadores da estrutura social africana. A recuperação de significados desse patrimônio paulista valeu-se de fontes orais, por meio de relatos de descendentes de grupos afro, da consulta aos Inventários da Congregação Espírita Beneficente Pai Jerônimo, que atua no local, de pesquisa de campo e da ampla bibliografia temática de caráter interdisciplinar.[26]

No trato da história social, a importância da contribuição imigrante, até então vista no campo arquitetônico como pouco representativa no rol das manifestações vernáculas, foi reconhecida, em particular na seleção de edificações da Primeira República. As tantas etnias que a política imigrantista carreou para o país introduziram técnicas e legaram práticas que amalgamadas com a tradição local, produziram especificidades nas paisagens urbanas e rurais. Na cidade de São Paulo, a ornamentação de influência italiana dos *capomastri*, imprimiu traços particulares ao ecletismo em voga, do qual o Edifício Martinelli, o segundo arranha-céu da capital é emblemático, não obstante ainda não ter sido reconhecido pelo tombamento oficial do Estado. Associações italianas mereceram estudos particularizados, assim como às relativas à imigração japonesa, que imprimiu arquitetura própria em determinadas regiões, a exemplo do Casarão do Chá, em Mogi das Cruzes, tombado em 1982, e o Cemitério da Colônia Japonesa, em Álvares Machado, tombado em 1980. Mais que discriminar fontes, cabe lembrar o arquivo informatizado do Memorial do Imigrante em São Paulo, que guarda o registro de entrada destes contingentes populacionais, até o presente, instituição basilar para a reconstituição da história do país.

Ainda no campo da história social, os Estudos de Gênero conferiram outra leitura ao papel da mulher, pouco celebrada em espaços físicos próprios, mas que vem sendo tematizada inclusive no registro de sua opressão. A Casa de Dona Yayá, no bairro da Bela Vista, em São Paulo, é testemunho material das formas pelas quais a sociedade entendia e tratava a loucura nos primeiros sessenta anos do século XX, em um de seus registros mais esmaecidos: aquele do confinamento por convenções sociais de época. Passível de estudo em fontes interdisciplinares, tem em alguns centros especializados a reunião de fontes e bibliotecas específicas para este fim, a exemplo do Núcleo de Estudos de Gênero Pagu, da Unicamp, ou mesmo acervos de instituições voltados para o estudo das doenças mentais e distúrbios psicológicos.

Outra dimensão contemplada no âmbito do patrimônio foi aquela da história do trabalho, que se voltou especialmente para a história operária, com a seleção de vilas operárias, estabelecimentos fabris, instituições representativas de associações da categoria e acervos documentais sobre sua própria história.

Nesse sentido, em São Paulo, foram tombadas vilas operárias, a exemplo da Vila Economizadora e Vila Maria Zélia, assim com a primeira fábrica de tecidos a vapor paulista, a Fábrica São Luís, em Itu, lamentavelmente com tombamento circunscrito ao edifício, com a perda em definitivo do maquinário original, que lhe dava sentido e representação. Assim como foram tombadas algumas unidades das Indústrias Matarazzo, da capital e interior. Em termos de recuperação da história inicial da indústria no estado, procurou-se recuperar os programas de uso das primeiras unidades de produção fabril, a exemplo daquela da Antárctica de Ribeirão Preto, que conheceu tempos diversos, sincretizados num espaço plural, hoje tombado. Desnecessário informar que as fontes dessas recuperações são de extrema diversidade, cabendo apenas sinalizar alguns espaços em que a documentação pertinente vem sendo recolhida, tratada e colocada à disposição do pesquisador, a exemplo do Centro de Memória Edgard Leuenroth, da Unicamp, ou aquele do CEDEM (Centro de Documentação e Memória), na Unesp.

Na sequência, a história da técnica e dos serviços urbanos mereceu cuidados, o que pode ser percebido na reconstituição do espaço urbano e dos lugares de trabalho. Assim, no tocante ao expressivo significado da ferrovia para o Brasil, que vem se traduzindo na tentativa de preservação de alguns complexos ferroviários representativos, tem-se o tombamento da Vila de Paranapiacaba, onde o sistema de planos inclinados e cremalheira possibilitaram a arrancada serra acima, unindo o planalto ao litoral, engenho mobilizador da engrenagem capitalista no país. As fontes para esse levantamento estão pedindo trato urgente, dada a riqueza da documentação, que compreende atas de reuniões das diversas companhias ferroviárias, relatórios de administradores, plantas e fotos da construção das linhas – conjunto acomodado em galpões precários, à espera de trato e abertura à pesquisa.

Uma conquista recente: identificação e preservação do patrimônio imaterial

Coube à Unesco criar um dos primeiros programas de identificação e proteção do patrimônio imaterial, em 1994 – *Tesouros Humanos Vivos* –, a partir da experiência japonesa do pós-Segunda Guerra Mundial, visando valorizar e apoiar a transmissão de saberes, fazeres e expressões artísticas como dimensões importantes da herança cultural do Japão. Muitos outros programas sucederam-se neste âmbito, cujo critério norteador procurava demonstrar a diversidade cultural do planeta, para além da identificação apenas de bens materiais, viabilizada pela convenção de 1972.[27]

Sem entrarmos na abrangência do tema e nas tantas experiências que vêm sendo vivenciadas nesse âmbito, importa registrar que no Brasil, em agosto de 2000 criou-se, através do Decreto 3.551, o registro de bens culturais de natureza imaterial e o Programa Nacional do Patrimônio Imaterial, que estabeleceu legalmente quatro dimensões do patrimônio imaterial: *celebrações*, *saberes*, *formas de expressão* e *lugares expressivos* das diferentes identidades conformadoras da diversidade cultural do país. Em 2003, firmou-se a Convenção para Salvaguarda do Patrimônio Cultural Imaterial, com especial destaque à realização de "inventários", que se constituem, inclusive, em forma preliminar de salvaguarda. Contudo, a eleição desses patrimônios se dá no quadro de uma temporalidade dinâmica, trabalhando-se o passado no momento presente, assim como a construção da memória e os registros de histórias de vida como testemunhas de um tempo. Logo, para pesquisas nesse campo, as fontes recaem em "documentos, entrevistas e performances através da observação participante – no aqui e agora do acontecimento".[28] Campo novo de atuação do historiador do patrimônio, a seleção de fontes guarda particularidades e desdobramentos decorrentes das práticas culturais a serem preservadas. Nesse sentido, cabem os exemplos de seis bens registrados como Patrimônio Cultural Brasileiro: o Ofício das Paneleiras de Goiabeiras, do Espírito Santo; a Viola de cocho, do Mato Grosso e Mato Grosso do Sul; o Ofício da Baiana de Acarajé; a Arte Kusiwa – Pintura Corporal e Arte Gráfica Wajãpi, do Amapá; o Samba de Roda no Recôncavo Baiano; o Círio de Nazaré, de Belém do Pará. Em Minas Gerais, registrou-se o Queijo do Serro, cuja técnica de fabricação teria sido trazida para o Brasil no século XVIII, por portugueses da região da Serra da Estrela, em Portugal. Já a Linguagem dos Sinos de São João del Rei – onde para cada acontecimento da cidade havia um código sonoro determinado e conhecido pela população – está na lista prevista ao *Livro de registro dos saberes* do patrimônio mineiro.

Nessa diversidade, cabe ao pesquisador inferir as fontes pertinentes ao processo em estudo, coletadas na ampla temporalidade que preside as manifestações do patrimônio imaterial.

Pluralidade de memórias, diversificação de fontes

Não obstante a renitente permanência da memória da arquitetura, vale ressaltar a salutar mudança de foco da seleção de bens do patrimônio cultural. Uma pluralidade de "memórias" vem sendo contemplada nas análises técnicas evocativas de processos históricos antes ignorados e desprezados. Ampliou-se o olhar sobre edificações singelas, mas representativas de processos históricos soterrados e alijados, a exemplo do tombamento do Gabinete de Leitura de Rio Claro, em 1985, refletindo o cuidado para com o edifício que abrigara uma prática política cara aos republicanos, justificado por representar uma mentalidade, vale dizer, de liberais às vésperas de grandes mudanças políticas. As fontes potenciais para essa recuperação foram os próprios títulos do acervo da instituição, assim como *Atas de fundação e funcionamento* da entidade (casualmente guardadas), fotografias de época, depoimentos de antigos moradores, relatos de cronistas da cidade – fontes que permitiram recuperar uma rede de vinte exemplares da instituição na província, confirmadores de uma ação política.

E mais: a pesquisa e identificação de prédios escolares da Primeira República levaram à seleção de 126 exemplares, que documentam o investimento na política educacional, um dos programas mais caros da plataforma republicana. *Relatório de Inspetores de Ensino e Presidentes da Província*, *Anuários de Educação*, *Estatísticas de quadro de alunos e frequência*, *plantas* dos projetos inovadores à época, resultaram em recorte bem fundamentado daquela etapa da educação paulista.

Mas incidiu-se também sobre exemplares de arquitetura moderna e de estéticas representativas de processos sociais e/ou memórias do Estado. Essa seleção, impensável para o Conselho de décadas anteriores, longe de conferir valor a bens relativos ao ecletismo, ao *art nouveau*, ao *art déco* e mesmo ao neocolonial, considerados espúrios no quadro de uma arquitetura brasileira e de uma História Nacional. Em consonância com a nova postura, sucederam-se os tombamentos de edifícios de arquitetura moderna, da Pampulha, de Oscar Niemeyer, em Belo Horizonte (1984), o Projeto Urbanístico de Brasília, de Lúcio Costa com Niemeyer (1990) a marcos mais setorizados, a exemplo da Faculdade de Arquitetura, de Vilanova Artigas (1981); Museu de Arte de São Paulo, de Lina Bo Bardi (1982); Residência do artista Flávio de Carvalho, em Valinhos (1982); Casa de Vidro, de Pietro Maria Bardi (1986), no bairro do Morumbi, na capital paulista.

Cabe repassar, ainda, a guisa de reforçar os novos caminhos de seleção de bens e consequentemente de fontes, outros exemplos: a memória do ambiente urbano, que teve sua confirmação no tombamento do Largo da Memória e do Parque da Independência (1975). A memória da saúde pública, com o tombamento do edifício do antigo Desinfetório Central, no bairro do Bom Retiro, em São Paulo (1985), esse hoje restaurado e abrigando o Centro de Memória da Saúde, afeto à Secretaria da Saúde, com a guarda da documentação pertinente, de organismos públicos e particulares da área.

Em 1986, o tombamento dos bairros paulistanos Jardim América, Jardim Europa e Jardim Paulista, que se valera de fontes impressas textuais e iconográficas, com grande aporte da fonte periódica, sinalizava que a preservação e a memória passavam a fazer parte das políticas urbanas. As principais fontes para esse amplo estudo recaíram no acervo da Companhia City, firma inglesa empreendedora do urbanismo do Jardim América, e naquele da Prefeitura Municipal, bem como nas fontes periódicas do período.

Ampliavam-se, pois, os objetos, as temáticas, a linha temporal e a geografia do universo do patrimônio cultural, a despeito da rigidez de alguns limites cronológicos e espaciais que ainda presidem os atuais estudos. No caso de São Paulo, até o presente, ainda são pouco estudadas as regiões da Alta Paulista, a oeste do Estado – só agora, os *campi* da Unesp vêm se debruçando sobre a temática, nos cartórios e arquivos locais.

Pode-se observar, também, uma evolução na dinâmica desse entendimento, contemplado por estudos temáticos – escolas, estações de ferro, patrimônio sacro, patrimônio rural – para se trabalhar hoje na percepção de conjuntos analisados interdisciplinarmente, na dialética do rural e do urbano, no quadro do urbanismo, na chave da democratização social da memória com vistas à sua efetiva apropriação cidadã.

Importa considerar que o momento reclama novas perspectivas de análise e seleção dos bens culturais, para os quais se exigem novas fontes. Márcia Sholtz de Andrade Kersten conclui: "Ao trabalhar com diversidades, o patrimônio deve ser entendido como um signo polifônico, com muitos falares, baseado em diferentes interpretações de mundo que permitem várias leituras, potencializando significados relativizadores."[29]

Nesse sentido, a diversificação de fontes para a História do Patrimônio Cultural é uma construção permanente, que se renova a cada temática, objeto, patrimônio material ou imaterial a ser desvendado, procurando novas estratégias para enriquecimento da leitura e apreensão do documento, num exercício constante de descoberta das representações dinâmicas da história.

* Agradeço a colaboração de Elisabete M. Watanabe, Marcelle Marques de Andrade, Silvia Wolff e a leitura criteriosa da Profa. Dra. Márcia Regina Capelari Naxara.

Notas

1 Antônio Augusto Arantes, "Patrimônio cultural: desafios e perspectivas atuais", em *Patrimônio imaterial: política e instrumentos de identificação, documentação e salvaguarda*, Brasília: Unesco, IPHAN, MINC, 2008, p. 1.

2 José Honório Rodrigues, *Teoria da História do Brasil: introdução metodológica*, São Paulo, Companhia Editora Nacional, 1968; *A pesquisa histórica no Brasil*, São Paulo, Companhia Editora Nacional, 1969, pp. 126-8.

3 Marly Rodrigues, *Imagens do passado: a instituição do patrimônio em São Paulo – 1969-1987*, São Paulo, Unesp; Fapesp; CONDEPHAAT, Imesp, 2001.

4 Silvana Rubino, *As fachadas da história: as origens, a criação e os trabalhos do SPHAN, 1936-1967*, Campinas, 1991. Dissertação (Mestrado em Antropologia) – Unicamp.

5 Paulo César Garcez Marins (org.), *Terra paulista: Histórias, arte, costumes*, São Paulo, Cenpec, Imprensa Oficial, 2004, 4 vols.

6 Decreto-lei nº. 25, de 30 de novembro de 1937. Em Maria Cecília Londres Fonseca, *O patrimônio em processos: trajetória da política federal de preservação no Brasil*, Rio de Janeiro, Editora UFRJ/MINC/IPHAN, 2005, pp. 245-52. (Destaque nosso.)

7 Carta de Mário de Andrade para Rodrigo Mello Franco, em 22 de outubro de 1941. Em *Cartas de trabalho:* correspondência com Rodrigo Mello Franco de Andrade, 1936-1945, Brasília, MEC-SPHAN; Pró-Memória, 1981. (Destaque nosso.)

8 Constituição de 05 de outubro de 1988, artigo 225: "Todos têm direito ao meio ambiente ecologicamente equilibrado, bem de uso comum do povo e essencial à sadia qualidade de vida, impondo-se ao Poder Público e à coletividade o dever de defendê-lo preservá-lo para as presentes e futuras gerações".

9 Ver Isabelle Cury, *Cartas patrimoniais*, Brasília, IPHAN, 2004.

10 Walter Benjamin, "Thèses sur la philosophie de l'histoire", em *Essais*, Tome II. 1935-1940, Paris Denoël-Gonthier, 1984, onde expõe a escrita da história a contrapelo, ou seja, *do ponto de vista dos vencidos* contra a tradição conformista do historicismo alemão, em empatia com o vencedor.

11 Maria de Lourdes Janotti, "O livro *Fontes Históricas* como fonte", em Carla Bassanezi Pinsky (org.), *Fontes históricas*, São Paulo, Contexto, 2005, pp. 9-22.

[12] Lélia Coelho Frota, "Mário de Andrade: uma vocação de escritor público", em *Cartas de trabalho: correspondência com Rodrigo Mello Franco de Andrade, 1936-1945*, Brasília, MEC-SPHAN; Pró-Memória, 1981, p. 25.

[13] Marcos José Carrilho, *Lúcio Costa, patrimônio histórico e arquitetura moderna*, São Paulo, 2002, Tese (Doutorado) – Faculdade de Arquitetura e Urbanismo, Universidade de São Paulo, especialmente pp. 125-60.

[14] Marly Rodrigues, op. cit., p. 27.

[15] Silvana Rubino, op. cit.

[16] Entre tantos títulos de sua vasta obra ver: Ulpiano T. Bezerra de Menezes, "Memória e cultura material: documentos pessoais no espaço público", em *Estudos Históricos*, Rio de Janeiro, 1998, v. 11, n. 21, pp. 89-104.

[17] Para melhor entendimento do conteúdo desses acervos, ver: Carlos Bacellar, "Uso e mau uso dos arquivos", em Carla Bassanezi Pinsky (org.), op. cit., pp. 23-79.

[18] Boris Kossoy, *Origem e expansão da fotografia no Brasil – século XIX*, Rio de Janeiro, MEC/Funarte, 1980.

[19] Annateresa Fabris (org.), *A fotografia: uso e funções no século XIX*, São Paulo, Edusp, 1991.

[20] Benedito Lima de Toledo, Boris Kossoy e Carlos Lemos, *Álbum comparativo da cidade de São Paulo (1862-1887)*, São Paulo, Prefeitura do Município de São Paulo, 1981

[21] Solange Ferraz de Lima; Vânia Carneiro de Carvalho, *Fotografia e cidade: da razão urbana a lógica de consumo - álbuns de São Paulo (1887-1954)*, Campinas, Mercado de Letras, 1997.

[22] Ver a propósito o artigo de Tania Regina de Luca, "Fontes impressas. História dos, nos e por meio dos periódicos", em Carla B. Pinsky (org.), Fontes históricas, op. cit.

[23] Ver nesse sentido os trabalhos de Ana Luiza Martins, *Revistas em revista, 1880-1940*, São Paulo, Edusp; Fapesp; Imesp, 2001; Maria Lúcia Bressan, *Da Beaux-Arts ao Bungalow: uma amostragem da arquitetura eclética no Rio de Janeiro e em São Paulo*, São Paulo, 1989, Dissertação (Mestrado) – Faculdade de Arquitetura e Urbanismo, Universidade de São Paulo; *Silvia* Ferreira Santos Wolff, *Espaço e educação: os primeiros passos da arquitetura das escolas públicas paulistas*, São Paulo, 1992, Dissertação (Mestrado) – Faculdade de Arquitetura e Urbanismo, Universidade de São Paulo.

[24] Cristina de Campos, *Ferrovias e saneamento em São Paulo: o engenheiro Antonio Francisco de Paula Souza e a construção da rede de infraestrutura territorial e urbana paulista, 1870-1893*, São Paulo, 2007, Tese (Doutorado) – Faculdade de Arquitetura e Urbanismo, Universidade de São Paulo.

[25] *Processo nº 1.067-T-82*. Inscrição nº 93, Livro Arqueológico, Etnográfico e Paisagístico, fls. 43, e Inscrição nº 504, Livro Histórico, fls. 92.

[26] *Processo nº 26.110/88*. Res. SC22 de 14.08.1990, instruído pela historiadora Marly Rodrigues, fl. 50.

[27] Maria Cecília Londres, "Construção das políticas internacionais de referência para a salvaguarda do patrimônio cultural imaterial", em *Patrimônio imaterial: política e instrumentos de identificação, documentação e salvaguarda*, Brasília, Unesco, IPHAN, MINC, 2008, p. 3.

[28] Para melhor entendimento deste novo campo ver: Letícia C. R. Vianna, "Metodologias de inventário e pesquisa aplicada ao patrimônio imaterial", em *Patrimônio imaterial: política e instrumentos de identificação, documentação e salvaguarda*, Brasília, Unesco, IPHAN, MINC, 2008.

[29] Márcia Scholz de Andrade Kersten, *Os rituais do tombamento e a escrita da História: bens tombados no Paraná entre 1938-1990*, Curitiba, Editora UFPR, Imprensa Oficial Paraná, 2000, p. 50.

Bibliografia

ARANTES, Antônio Augusto. Patrimônio cultural: desafios e perspectivas atuais. *Patrimônio imaterial*: política e instrumentos de identificação, documentação e salvaguarda. Brasília: Unesco, IPHAN, Minc, 2008.

BACELLAR, Carlos. Uso e mau uso dos arquivos. In: PINSKY, Carla Bassanezi (org.). *Fontes históricas*. São Paulo: Contexto, 2005.

BENJAMIN, Walter. Thèses sur la philosophie de l'histoire. *Essais*. Denoël-Gonthier, 1984, t. II. 1935-1940,

BRESSAN, Maria Lúcia. *Da Beaux-Arts ao Bungalow*: uma amostragem da arquitetura eclética no Rio de Janeiro e em São Paulo. São Paulo, 1989. Dissertação (Mestrado) – Faculdade de Arquitetura e Urbanismo, Universidade de São Paulo.

CAMPOS, Cristina de. *Ferrovias e saneamento em São Paulo*: o engenheiro Antonio Francisco de Paula Souza e a construção da rede de infraestrutura territorial e urbana paulista, 1870-1893. São Paulo, 2007. Tese (Doutorado) – Faculdade de Arquitetura e Urbanismo, Universidade de São Paulo.

CARRILHO, Marcos José. *Lúcio Costa, patrimônio histórico e arquitetura moderna*. São Paulo, 2002. Tese (Doutorado) – Faculdade de Arquitetura e Urbanismo, Universidade de São Paulo.

CURY, Isabelle. *Cartas patrimoniais*. Brasília: Iphan, 2004.

FABRIS, Annateresa (org.). *A fotografia*: uso e funções no século XIX. São Paulo: Edusp, 1991.

FROTA, Lélia Coelho. Mário de Andrade: uma vocação de escritor público. *Cartas de trabalho*: Correspondência com Rodrigo Mello Franco de Andrade, 1936-1945. Brasília: MEC-SPHAN; Pró-Memória, 1981.

FONSECA, Maria Cecília Londres. *O patrimônio em processos*: trajetória da política federal de preservação no Brasil. Rio de Janeiro: Editora UFRJ/MINC/IPHAN, 2005.

JANOTTI, Maria de Lourdes. O livro *Fontes Históricas* como fonte. In: PINSKY, Carla Bassanezi (org.). *Fontes Históricas*. São Paulo: Contexto, 2005.

KERSTEN, Márcia Scholz de Andrade. *Os rituais do tombamento e a escrita da História*: bens tombados no Paraná entre 1938 – 1990. Curitiba: Editora UFPR; Imprensa Oficial Paraná, 2000.

KOSSOY, Boris. *Origem e expansão da fotografia no Brasil - século XIX*. Rio de Janeiro: MEC/Funarte, 1980.

LIMA, Solange Ferraz de; CARVALHO, Vânia Carneiro de. *Fotografia e cidade*: da razão urbana à de consumo – álbuns de São Paulo (1887-1954). Campinas: Mercado de Letras, 1997.

LONDRES, Maria Cecília. Construção das políticas internacionais de referência para a salvaguarda do patrimônio cultural imaterial. *Patrimônio imaterial*: política e instrumentos de identificação, documentação e salvaguarda. Brasília: Unesco, IPHAN, Minc, 2008.

LUCA. Tania Regina de. Fontes impressas. História dos, nos e por meio dos periódicos. In: PINSKY, Carla B. (org.). *Fontes históricas*. São Paulo: Contexto, 2005.

MAGALHÃES, Aloísio. *E Triunfo? A questão dos bens culturais no Brasil*. Rio de janeiro: Nova Fronteira, pró-Memória, 1985.

MARINS, Paulo César Garcez (org.). *Terra Paulista:* histórias, arte, costumes. São Paulo: Cenpec; Imprensa Oficial, 2004, 4 v.

____________. *Mário de Andrade*: cartas de trabalho – correspondência com Rodrigo Mello Franco de Andrade, 1936-1945. Brasília: MEC-SPHAN; Pró-Memória, 1981.

MARTINS, Ana Luiza. *Revistas em revista, 1880-1940*. São Paulo: Edusp; Fapesp; Imesp, 2001.

MENESES, Ulpiano T. Bezerra de. Memória e cultura material: documentos pessoais no espaço público. *Estudos históricos*. Rio de Janeiro, 1998, v. 11, n. 21, pp. 89-104.

PINSKY, Carla Bassanezi (org.). *Fontes históricas*. São Paulo: Contexto, 2005.

RODRIGUES. José Honório. *Teoria da História do Brasil*: introdução metodológica. São Paulo: Companhia Editora Nacional, 1968.

____________. *A pesquisa histórica no Brasil*. São Paulo: Companhia Editora Nacional, 1969.

RODRIGUES, Marly. *Imagens do passado*: a instituição do patrimônio em São Paulo, 1969-1987. São Paulo: Unesp; Fapesp; CONDEPHAAT, Imesp, 2001.

RUBINO, Silvana. *As fachadas da história*: as origens, a criação e os trabalhos do SPHAN, 1937-1968. Campinas, 1991. Dissertação (Mestrado) – Unicamp.

TOLEDO, Benedito Lima de; KOSSOY, Boris; LEMOS, Carlos. *Álbum comparativo da cidade de São Paulo* (1862-1887). São Paulo: Prefeitura do Município de São Paulo, 1981.

WOLFF, Silvia Ferreira Santos. *Espaço e educação:* os primeiros passos da arquitetura das *escolas* públicas paulistas. São Paulo, 1992. Dissertação (Mestrado) – Faculdade de Arquitetura e Urbanismo, Universidade de São Paulo.

PEQUENA HISTÓRIA DO DOCUMENTO

Aventuras modernas e desventuras pós-modernas

Elias Thomé Saliba

Só conhecemos o futuro através do passado nele projetado. Nesse sentido, a História é tudo que temos.
(John Lewis Gaddis, *The Landscape of History*)

Entediados, cansados de permanecerem na humilde profissão de copistas dos eventos humanos e agraciados por uma providencial herança, Bouvard e Pécuchet decidem-se a procurar um autêntico sentido para suas vidas e tornam-se, sucessivamente, agricultores, ginastas, pedagogos, jardineiros, anatomistas, veterinários, filósofos, arqueólogos, teólogos, biólogos, químicos, físicos, políticos e historiadores. Nem é preciso dizer que a enorme procura da autenticidade e da verdade por Bouvard e Pécuchet transforma-se numa surpreendente sucessão de equívocos, burlas, incompreensões, bobagens e frustrações.

Já no capítulo no qual decidem experimentar as tarefas do historiador, começam por colecionar toda e qualquer espécie de fontes arqueológicas, entulham sua própria casa de relíquias e objetos antigos, e terminam tropeçando em sarcófagos galo-romanos, cerâmicas antigas, bibelôs medievais e cubas druídicas. Saturados das fontes materiais, resolvem, então, amealhar fontes escritas e recorrem às regras para estudar e decifrar os documentos, sugeridas em um curso ministrado na Sorbonne, entre 1819 e 1830, por um notável especialista chamado Danou. Eis algumas dessas regras, recitadas em voz alta pelos dois incríveis personagens: "Tende em conta a esperteza dos falsários, o interesse dos apologistas e a maledicência dos caluniadores." "Rejeitar as coisas impossíveis. Foi mostrada a Pausânias a pedra engolida por Saturno." E a última, um conselho cínico, quase imoral: "Citar como prova o testemunho das multidões, más provas; elas não se acham presentes para responder."[1]

Não houve tempo suficiente para que a pena implacável de Gustave Flaubert, que criou os dois personagens no ano de 1881, concluísse a formidável história da cômica dupla; assim, ficamos sem saber o final. Mas, pelo rascunho que restou dos manuscritos, a dupla acaba desistindo de tudo: encomendam a um carpinteiro uma cadeira escolar dupla e se voltam, desencantados, à atividade de copistas, dedicando o resto de suas vidas a registrar, indiferentes, os fatos e as monótonas efemérides da vida humana. Quinze anos depois das estrambólicas aventuras de Bouvard e Pécuchet, dois respeitáveis historiadores franceses, Charles-Victor Langlois e Charles Seignobos, escreveram um manual que se tornaria famoso e, durante várias décadas, uma espécie de bíblia dos historiadores: a *Introduction aux études historiques* (*Introdução aos estudos históricos*).[2]

Entre os dois livros, o romance inconcluso de Flaubert e o famoso manual de Langlois e Seignobos, não havia apenas o espaço de 15 anos, mas um resumo de quase toda a oscilante história das nossas concepções ocidentais a respeito dos documentos e das fontes históricas. Apesar de ser uma ficção incompleta, sujeita, portanto, a uma interminável polêmica entre os intérpretes, *Bouvard e Pécuchet* pode ser lida como uma metáfora presciente e antecipadora a respeito de como nossa cultura concebeu esse registro da história e da memória – vulgarmente mais conhecido como *documento* – e das suas formidáveis oscilações, sempre relacionadas ao estatuto da Verdade nas sociedades contemporâneas. Desde a prepotência – misturada com uma certa dose de ingênuo otimismo – dos chamados *positivistas* até o mais entranhado e desencantado niilismo pós-moderno, mudaram, não raro de forma radical, nossas concepções, usos, práticas e preceptivas a respeito dos documentos.

Um único elemento não se alterou e Flaubert – como apontaram vários dos seus leitores mais notáveis[3] – chegou mesmo a sugerir isso na sua epopeia da idiotice humana, já que a ação do referido romance não ocorre no tempo, mas numa espécie de eternidade: o desejo de prolongar a vida através da lembrança e, por meio do registro escrito – ou de quaisquer outros suportes – realizar parte do ideal da duração e da permanência. Interrogar a existência passada por meio dos vestígios que ficaram, atenuar a finitude da vida pela busca infinita dos traços deixados após a morte parece coisa tão natural como um reflexo condicionado. Buscar a autenticidade e a verdade da vida pelo registro de sua passagem e de seus fluxos, no sentido de superar o efêmero e o perecível parece coisa tão universalmente difundida entre os mais diversos tempos e sociedades que se afigura até mesmo como trivial nos assuntos humanos. Mas a obsessão pelo registro escrito sempre atendeu a uma compulsão ou necessidade social mais moderna e quase que predominante nas culturas chamadas ocidentais.

Quando não havia a possibilidade de registro escrito, os homens conformavam-se em conservar, ao máximo, as testemunhas vivas da existência. Conta-se que em tribos africanas dos suailes, as pessoas mortas que permanecem vivas na memória dos outros são chamadas de "mortos-vivos", pois eles acreditam que elas só estarão completamente mortas quando a última pessoa que as conheceu morrer. Anciãos sobreviventes carregam o fardo de guardar em si o registro do que passou de mais importante e se tornam historiadores necromantes do passado.[4] Transferindo tal dilema memorialístico para o plano coletivo, um importante pensador repercute, num dos seus livros mais recentes, parte dessa grande inquietação que permeia nossa época, cada vez mais vocacionada para o esquecimento social: o que acontecerá com a memória do Holocausto e de outros eventos tristemente célebres da história do século XX quando desaparecerem todas as testemunhas? Os sobreviventes e os últimos testemunhos da tragédia logo cederão lugar apenas aos historiadores. Desaparecidas todas as testemunhas, como os sucessores poderão carregar e administrar esse fardo?[5] Os mesmos dilemas, pitorescos em Bouvard e Pécuchet, assustadores nos bizarros suailes africanos, noutros formatos e noutras proporções, parecem, afinal, cada vez mais, rejuvenescidos.

Um capítulo (visto como) positivista

> A única habilidade do historiador consiste em tirar dos documentos tudo o que eles contêm e nada a acrescentar do que não contêm. O melhor dos historiadores é aquele que está mais perto dos textos, que os interpreta com mais justeza, que só escreve e mesmo pensa segundo eles.
> (Fustel de Coulanges, *Histoire des institutions de l'ancienne France*)

Registros escritos e documentos relacionam-se com todas as atividades humanas, mas apenas numa delas, a História, eles aparecem como elementos centrais. O famoso breviário de Langlois e Seignobos começava com uma definição simples, concisa e direta: "Documentos são os traços que deixaram os pensamentos e os atos dos homens do passado", mas terminava com uma afirmação restritiva: "A História não é mais do que uma aplicação dos documentos."[6] A primeira supunha toda uma série de operações técnicas para os documentos escritos, tidos como únicos vestígios vivos e substantivos do passado morto. A última afirmação supunha uma não explicitada teoria do conhecimento que mantinha o sujeito cognitivo (o historiador) como neutro e ausente – quase que um mero copista idôneo ou compilador disciplinado de grandes conjuntos documentais e arquivos, praticando aquele "grandioso e épico esquecimento de si próprio".[7] Fosse o providencialismo – na sua modalidade cristã ou outra qualquer –, o progressismo baseado na filosofia das Luzes ou, até mesmo, o finalismo marxista, tais suposições só faziam por negar quaisquer sentidos transcendentes para pensar a História naquele ambiente filosófico fortemente naturalista e cientificista. Essa naturalização da História estava conectada a uma visão finita e acabada da ciência e do conhecimento. A propósito, ainda lemos o seguinte em Langlois e Seignobos:

> A história dispõe de um estoque limitado de documentos [...]. A quantidade de documentos que existem, senão de documentos conhecidos, está dada; o tempo, a despeito de todas as precauções que são tomadas atualmente diminui, sem cessar, tal quantidade – que nunca aumentará... Os progressos da ciência histórica estão, por isto mesmo, limitados.[8]

Ingenuidade quase comovente em face do torvelinho de infinitude inerente aos assuntos humanos!

Catalisador de tudo aquilo que foi designado pelo nome de História *positivista, metódica, cientificista, factual* e *tradicional*, o referido breviário – além de ter exercido uma influência enorme nas concepções a respeito do documento e das tarefas a ele associadas – parece ter sido excessivamente demonizado pelos historiadores da *École des Annales* nos anos 1930, especialmente por Lucien Febvre.[9] Contudo, uma simples – e mais paciente – releitura de Langlois e Seignobos conduz-nos a duas anotações importantes.

A primeira é que o tom predominante, apressadamente acoimado de "positivista", não é absolutamente generalizado. Há momentos de dúvidas e de fortes oscilações que aparecem sob forma de questionamentos e formulações atenuantes: os autores parecem nutrir uma consciência difusa, primeiro, de que a História não se reduz apenas à História Política e, segundo, que o relato histórico também resulta de uma construção do historiador. Mais correto do que chamá-los, apressadamente, de "positivistas", é vê-los como partilhando daquele fenômeno da consciência dividida, hesitante entre as concepções intuitiva ou mecanicista da vida, entre o romantismo e o naturalismo – fenômeno típico da cultura *fin-de-siècle* – e a sua obra como um esforço (fracassado) de síntese entre a visão intuitiva e a visão abstrata da vida.[10]

A segunda anotação tem a ver com aquele conjunto de preceptivas comumente chamado de "crítica documental". Partindo de uma divisão – hoje equivocada – entre heurística, metódica e sistemática, certamente o breviário de Langlois e Seignobos exagerou no detalhamento das "operações críticas" – externas e internas – ao documento, submetendo-o a uma verdadeira tortura, uma espécie de interrogatório, demasiado impaciente para estabelecer a autenticidade e a verdade.

A tópica iniciava-se pela reafirmação do primado das fontes escritas: o documento, entendido na sua acepção mais literal (do latim *docere*, "aquilo que ensina, que é capaz de dar informações"), constituía um "fato linguístico"; daí a condição prévia de estudá-lo através de um método "indireto" ou "filológico". Tratados governamentais, manuscritos, documentos autógrafos, papéis diplomáticos, tudo deveria passar pelas sucessivas grades: da crítica de autenticidade (é documento original ou cópia? É um artefato fiel?); da crítica de proveniência (quem redigiu o texto? De que maneira, ou seja, qual o formato paleográfico?); da crítica de interpretação (o que o testemunho disse ou quis dizer?); até chegar ao seu momento máximo, que era a crítica de credibilidade – que o historiador brasileiro Varnhagen, num raro vislumbre de sinceridade, chegou a compará-la a uma "paciente acareação" (a testemunha enganou-se ou quis enganar-nos? Foi obrigada a isso? Foi testemunha direta, ocular ou secundária?).

Óbvio que Langlois e Seignobos – assim como Droysen,[11] Bernheim[12] e outros – não eram precursores dessa busca de autenticidade e da verdade. Retomavam muito da crítica das fontes que nasceu no ambiente cartesiano da primeira metade do século XVII. Trabalhos importantes, como o de Anthony Grafton sobre a história das notas de rodapés,[13] mostraram que a história desse curioso detalhe ao pé da página impressa começa no século XVII, quando os estudiosos de documentos passam a preocupar-se com as formas pelas quais iriam apresentar suas provas aos leitores. Foram eruditos antiquários como o beneditino francês Jean Mabillon e o jesuíta holandês Papenbroeck que, ao criarem as técnicas de crítica documental, lançaram a pedra fundamental das notas de rodapé. O texto convence, as notas provam. Seguindo esse conselho, os eruditos do século XVII colocavam todas as suas provas documentais num apêndice no qual se transcreviam, inteiramente, todos os documentos originais. Mabillon chegou mesmo a elaborar algumas regras de crítica documental, sendo que algumas delas, até hoje, são de uma comovente simplicidade: "Aquilo em que, sobretudo, devemos nos acautelar no estudo da história é em evitar todos esses vícios em que é fácil cair; em não aceitar por verdadeiro o que é falso, e em não nos deixarmos impressionar pelas afeições e achaques particulares dos autores."[14]

Os intérpretes do tema insistiram que esses eruditos do século XVII, especialmente Mabillon, sempre trabalharam no âmbito da chamada "crítica externa" das fontes. Mas ao lermos com atenção algumas das "regras de crítica erudita" (Diplomática) de Mabillon, percebemos desenhar-se sutilmente o começo de uma crítica mais "interna" dos registros escritos; isso por meio da sugestão perspicaz de que nem sempre o autor coetâneo é o que oferece mais credibilidade (regras 2 e 3); ou ainda, por meio de uma ênfase posta muito mais no aspecto "qualitativo" do que "quantitativo" dos registros escritos. Mais não bastasse, o próprio fato de Mabillon preocupar-se com as *regras* e justificá-las aparece como uma espécie de eco daquela preocupação do racionalismo moderno, com Descartes, de "fazer sempre em todos os pontos menções tão completas e revisões tão gerais, que eu tivesse a certeza de nada omitir". Aliás, o exercício da crítica, calcada na "dúvida metódica", é tão forte e trepidante em Mabillon, que ele não hesita em amargamente confessar no final: "Com excessiva mágoa, devo adicionar que são muitíssimo mais sólidos os autores profanos, escrevendo sobre a vida dos homens comuns, do que muitos cristãos narrando a vida dos santos." [15]

Transportamo-nos, talvez em demasia, para o século XVII. Mas foi apenas para dizer algo que talvez não seja tão óbvio em tempos ditos "pós-modernos", ou seja, que a procura da evidência e da autenticidade documental não é algo desprezível. Na época em que Langlois e Seignobos publicaram seu livro, então, nem se fala: estava em pleno curso o Caso Dreyfus, que colocou em ebulição toda a sociedade francesa. Entre os muitos aspectos envolvidos no tormentoso episódio, sem dúvida, um dos mais importantes envolvia, nada mais e nada menos, do que a questão da autenticidade e da veracidade de documentos e testemunhos. Aliás, parece uma coincidência, mas no mesmo ano em que os dois autores lançaram o seu *Introduction*, Émile Zola escreveu sua famosa *Lettre au président de la République* (13/01/1898), na qual questionava o Estado-Maior, o ministro da Guerra e até os calígrafos e os especialistas em documentos – enfim, todos aqueles que haviam contribuído para a absolvição de Esterhazy e a condenação de Dreyfus. Após esse dia, deflagrado pela notável *Carta* de Zola, o campo político e intelectual francês se polariza. Muitos aspectos estiveram envolvidos no caso, mas, sem dúvida, um dos mais importantes foi o da questão da autenticidade e falsidade de documentos e testemunhos. Ainda nesse sentido, é sintomático que Zola praticamente conclua seu texto com uma afirmação que reitera a universalidade daquela busca febril da humanidade: "A verdade está a caminho e nada irá detê-la." Para além de sua obra como escritor – preso, exilado e morto quatro anos depois, em circunstâncias ainda hoje não muito bem esclarecidas –, Émile Zola parece ter sido, na frase definitiva de Anatole France, ao fazer o necrológio, "um intenso momento da consciência humana".[16]

De qualquer forma, estigmatizando tais excessos no clássico manual de Langlois e Seignobos, buscar a autenticidade dos documentos ou testemunhos, em si próprios, não é algo que possamos facilmente desprezar. Pecava o famoso breviário menos por seus excessos na busca da autenticidade do que por desconectar o documento – e as operações a ele inerentes – do processo inteiro de pesquisa do historiador. Foi mais ou menos isso que os críticos posteriores, das mais diversas tendências, tentaram estabelecer.

Inovações modernas

> O passado é, por definição, um dado que nada pode modificar. Mas o conhecimento do passado é uma coisa em progresso, que incessantemente se transforma e se aperfeiçoa.
> (Marc Bloch, *Apologie pour l'Histoire*)

A mais conhecida, e mais famosa, dessas críticas partiu dos iniciadores da chamada *École des Annales*, nos anos 1930. A coisa toda começou com a fundação da revista *Annales d'Histoire Economique et Sociale*, por Marc Bloch e Lucien Febvre, em Estrasburgo, em 1929. Hoje sabemos que as diferenças entre os dois eram muito acentuadas; o que os unia era "baterem-se contra a História de eventos" (factual), contra a História historicizante, que cultivava um "fetichismo dos fatos", chegando no máximo a uma reconstrução genética ou puramente narrativa da história. Febvre e Bloch pretendiam romper com o ranço positivista de conceitos como os de racionalidade, progresso e ordem, que ainda perduravam na historiografia vigente na época. Propunham – em inúmeros artigos-programas na revista *Annales* – uma *História-problema*, que se resumia no uso de hipóteses explícitas pelo historiador, hipóteses que serviriam de fio condutor para a pesquisa, articulando seus passos analíticos. Bem dentro do espírito dos anos 1930, propunham ainda uma "abertura" do historiador às práticas das outras ciências sociais e, o que era mais óbvio, uma alteração de ênfase temática, explícita no próprio título da revista, *Anais de História Econômica e Social*.[17]

Nesse quadro, o mais contundente anátema àquela concepção de documento, sintetizada a duas mãos por Langlois e Seignobos, viria de Lucien Febvre, no ano de 1934, que, numa passagem famosa, escreveu:

> "A História faz-se com textos", dizia a fórmula célebre. Os textos, sem dúvida, mas todos os textos. E não só os documentos de arquivos em cujo favor se cria um privilégio. [...] Mas, também, um poema, um quadro, um drama: documentos para nós, testemunhos de uma história viva e humana, saturados de pensamento e de ação em potência. [...] Mas pelos textos se atingiam os fatos? Ora, todos o diziam: a História era estabelecer os fatos, depois tratá-los. [Mas] onde é que se ia buscar o fato em si, esse átomo pretendido pela História?[18]

Febvre acabava com a ilusão da existência do documento isolado, bruto, quase imponderável, relacionando-o à participação ativa, rigorosa e seletiva do historiador, constitutiva do próprio processo de conhecimento do passado:

> Escolher? Com que direito? Em nome de que princípio? Mas toda História é escolha. É-o, até devido ao acaso que aqui destrui e ali salvou os vestígios do passado. É-o devido ao homem: quando os documentos abundam, ele resume, simplifica, põe em destaque isto, apaga aquilo. É-o, sobretudo, porque o historiador cria os seus materiais, ou, se se quiser, recria-os: o historiador que não vagueia ao acaso pelo passado, como um trapeiro à procura de achados, mas parte com uma intenção precisa, um problema a resolver, uma hipótese de trabalho a verificar.[19]

Febvre – e muitos daqueles que, posteriormente, o seguiriam – acentuava a contingência do documento – ele não era mais apenas um *resto*, mas um *produto* do passado. Nesse aspecto, Bloch foi muito mais explícito e contundente do que Febvre. Escrevendo um pouco mais tarde, na opressiva situação de prisioneiro num campo de concentração, Bloch deixaria, no seu *Apologia da História*, talvez, até hoje, um dos capítulos mais lúcidos a respeito dos documentos e do trabalho do historiador.[20] Capítulo crivado de exemplos notáveis a respeito dos limites estreitos da crítica positivista ou metódica, sendo o mais curioso deles o da frase de um humorista na época da guerra: "[...] prevalecia nas trincheiras a opinião de que tudo podia ser verdade à exceção do que se deixava imprimir. Ninguém acreditava nos jornais e tampouco nas cartas, já que estas eram constantemente vigiadas."[21] Isso parecia apenas um eco irônico da estreita restrição que a tribo dos historiadores impusera ao documento escrito e aos seus fetiches.

Bloch não apenas ampliava a restrita noção de documento como lhe fornecia um novo quadro de reflexões: o documento seria não apenas um resto, um vestígio do passado, mas um produto do passado, ou seja, produzido por relações de força assimétricas, desiguais sempre, de um passado agônico, irregular e contingente. Bruto, isolado, dificilmente o documento escaparia à síndrome da Biblioteca de Babel: para uma linha razoável ou afirmação direta, aparecem léguas de cacofonias insensatas, confusões verbais e incoerências. Compulsoriamente envolvidos com os vivos – e não com os mortos –, os documentos não são meras relíquias, mas registros espúrios, contingentes, equívocos, aguardando o acalanto da decifração, o fervor da leitura e a aventura da interpretação. Todo documento contém, em si mesmo, um componente de distorção da realidade, mas, como dizia o percuciente Marc Bloch, "a intencionalidade do erro pode ser uma impressionante fonte de verdade para o historiador". O exemplo parece trivial, mas ao nos depararmos com uma simples carta de Getúlio Vargas a João Neves, que se declara, em confissão de humildade desiludida, "um campônio, avesso aos atritos da vida pública", fica difícil não pensar na paradoxal colocação do mesmo Marc Bloch: "Por que mente o que mente?". Esse era um desafio que ia além da mera decifração das realidades psíquicas provenientes do testemunho, pois se relacionava com substantivas e radicais alterações na própria historiografia.

Posteriormente, outros analistas, como Michel de Certeau, Georges Duby e Jacques Le Goff,[22] ampliaram, de forma perspicaz, a própria noção de fonte histórica. O foco da crítica documental via-se completamente alterado. A costumeira distinção entre *fontes primárias* (ou "de primeira mão"), e *fontes secundárias* (indiretas ou de "segunda mão") tornou-se inócua, pois dependendo do ponto de vista do observador, o que valeria mais: sua procedência, seu conteúdo ou o grau de relação com o tema investigado? Em relação à quantidade de informações documentais, a própria prática dos historiadores inverteu o antigo desprezo positivista em relação aos papéis notariais, arquivos judiciais ou registros contábeis de empresas: a distinção – se é que, nesse novo cenário, ela era cabível – deveria ser entre documentos *seriáveis* e *não seriáveis*, incluindo ainda uma terceira categoria de documentos – aqueles que seriam *"passíveis de seriação"*.

Já em relação à intencionalidade, a simples distinção entre fontes *voluntárias* (testemunhais) e *involuntárias* (não-testemunhais) deslocou o olhar dos historiadores para os mecanismos de produção do documento: cenotáfios, "lugares de memória" e monumentos de um lado; de outro, cardápios, relações de convidados ou testamentos. Inspirando-se em Paul Zumthor, Le Goff dizia que o que transforma, afinal, o documento em monumento é a sua utilização pelo poder. E para derrubar de vez as restrições tradicionais que pesavam sobre o documento, completava:

> Não existe um documento objetivo, inócuo, primário. [...] O documento não é qualquer coisa que fica por conta do passado;

> é um produto da sociedade que o fabricou segundo as relações de forças que detinham o poder. Só a analise do documento enquanto monumento permite à memória coletiva recuperá-lo e ao historiador usá-lo cientificamente, isto é, com pleno conhecimento de causa.[23]

De qualquer forma, a antiga preceptiva desaparecera e, em lugar dela, começava a se articular o que muitos passaram a chamar, não mais pelo rebarbativo nome de "crítica das fontes", mas pelo epíteto mais sofisticado de "análise documental".

Essa deveria responder não mais aos desafios contidos na pergunta "O que é a História?", mas aos dilemas colocados pela pergunta "Para quem é a História?". Qualquer análise documental não poderia ignorar o fato de que a História se tornara um discurso em litígio, um campo de batalha onde pessoas, classes e grupos elaboram autobiograficamente suas interpretações do passado, geralmente para agradarem a si próprios. Todo consenso, ainda que temporário, só seria alcançado quando as vozes dominantes conseguiam silenciar outras, seja pelo exercício explícito de poder, seja pelo ato velado de inclusão ou anexação. Neste último sentido, a tópica vê-se completamente revirada: por quem fala tal documento? De que história particular participou? Quais ações, pensamentos, diretivas ou estratégias estariam contidos no seu significado? O que o fez perdurar como sedimento da memória coletiva? Em que consiste o seu ato de poder?

Nesse cenário ominoso, apressadamente descrito como pós-moderno, o relativismo histórico aparece como a outra face de um certo desprezo pela busca da verdade, pois o corte repentino e sem remissão entre o passado e o futuro apenas agravou a crise de autenticidade em sociedades baseadas no alargamento da privacidade, na erosão das identidades sociais e no incentivo ao esquecimento coletivo.[24] Nesse ambiente de descrédito da verdade, as operações preliminares (aquela tópica que, em certos momentos, lembrava uma acareação), pelo crivo das quais o historiador deveria passar os documentos, não desapareceram de todo, mas tornaram-se bastante secundárias ou subordinadas às noções: a) de formidável heterogeneidade dos registros, os quais, ao invés de fontes de informação do passado, passaram a ser documentos de uma cultura; e b) de um amplitude da própria noção de documento – como são as interrogações da pesquisa que definem as fontes, é impossível decidir *a priori* onde começa e onde termina o documento.

Desventuras da evidência

O historicamente real, o passado real, é aquilo a que só posso reportar-me através de um artefato que é, por natureza, textual.
(Hayden White, *The content of the form*)

A história, afinal, é como uma ninfa que vislumbramos banhando-se entre as folhas: quanto mais mudamos de perspectiva mais é revelado. Se queremos ver seu todo, temos de nos mover e escorregar entre vários pontos de vista diferentes.
(Felipe Fernández-Armesto, *Truth: a history*)

No reino de Tlön, a paternidade e os espelhos são tidos como coisas abomináveis, pois multiplicam infinitamente o mundo e os homens; os metafísicos e os heresiarcas do indocumentado reino não procuram a verdade nem sequer a verossimilhança: procuram apenas o assombro. Tal reino não existe – ou, pelo menos, Jorge Luis Borges não o encontrou, a não ser dentro de sua invenção ficcional[25] –, mas, pensando nas atuais concepções que os historiadores possuem sobre os documentos, estes últimos bem que poderiam ser os habitantes de tal reino.

O primeiro assombro veio da percepção de uma ruptura entre a palavra e o mundo, da constatação geral de que a linguagem havia se transformado no eixo central de reflexão para toda e qualquer prática cognitiva – e o historiador e a sua concepção de fontes não escaparam a isso. As críticas estruturalistas e pós-estruturalistas se encarregaram de carimbar os passaportes dos historiadores para o reino de Tlön: o documento é antes de tudo, dizia-se, um sistema de representações. Era inútil vê-lo com expressão substantiva de um referente (o "evento" ou o "contexto" a que o historiador se refere) externo a ele, impossível de ser legitimado pela prática cognitiva do historiador.[26] O famoso e trivial conselho – às vezes, dito de forma magistral – expresso na fala comum que dizia "é preciso inserir o documento no contexto" tornou-se suscetível de irrisão. O próprio contexto também passou a ser denunciado como Contexto – ou seja, como sutil sobrevivência da metafísica tradicional e da preceptiva vigente na época de Langlois e Seignobos. A relação entre o documento e o contexto – escreveu um dos seus mais ardorosos críticos[27] – "tornou-se um problema de leitura intertextual, a que não se pode remeter com base em meras simplificações reducionistas que convertem o contexto em um estrutura plenamente unificada e dominante, saturando o documento com um certo significado". Nesse caso, o historiador sente-se como aquele anfíbio que, no limiar de uma revolução, persiste, incólume, na sua senda reacionária; porque, seguindo a tópica tradicional de leitura dos documentos, ele não passaria de um copista a amealhar espelhos vicários do passado – destino final daquela dupla de idiotas criada por Flaubert.

Mas se a linguagem era autorreferente, o documento também detinha no seu âmago uma manifestação essencialmente humana, suscetível de ser *compreendida* embora não exatamente *explicada*. Para realizar tal tarefa, a velha disciplina Hermenêutica foi, então, recuperada. Ancorada na díspar e obscura tradição filosófica de Herder, Dilthey e Heidegger, atualizada e corrigida pelas importantes reflexões de Gadamer, Kosseleck e Ricoeur, a Hermenêutica se propôs a reconstituir a teleologia dos atores sociais a partir de suas expressões discursivas ou simbólicas, colocando, assim, a linguagem no centro das preocupações do historiador. A linguagem, essa testemunha ancestral da própria história, já que é através dela que se produz a compreensão do homem para o homem, a significação da obra para os intérpretes, a iluminação do passado para os presentes sucessivos. "O aproximar-se do mundo pela linguagem não é típico das humanidades, mas da situação humana em geral", escreveu Gadamer e, com uma pontinha daquela angústia do perecível estilo Bouvard e Pécuchet, completava: "As palavras vivem da morte dos homens, mas também possibilitam a vida pela fusão de horizontes presentes e passados."[28]

O segundo espanto nasceu da percepção, pelo historiador, de quanto as concepções anteriores de documento haviam exorcizado em demasia a contingência e o imprevisível dos eventos humanos. Desses dois espantos, um único consolo: os historiadores não estavam sozinhos e não eram os únicos habilitados a residirem em Tlön. Inumeráveis cientistas começaram a discorrer sobre Teoria do Caos, Fractais e referir-se reiteradamente, nas explicações científicas – do *Big Bang* à extinção dos dinossauros –, a uma "dependência sensível das condições iniciais". Climas, organismos ou abalos sísmicos – sistemas com muitas variáveis só podem ser explicados pela reconstituição de suas histórias. Alguns historiadores chegaram mesmo a perceber que, no limiar de uma nova tomada de consciência do caos e da complexidade do mundo, as novas práticas cognitivas de áreas como a Geologia, a Paleontologia, a Biologia evolucionista e a Astronomia eram muitíssimo parecidas com as práticas historiográficas mais recentes.[29]

Nada expressou de forma mais cabal a contingência dos vestígios materiais e imateriais do passado do que este artefato, hoje visto como peça de museu, chamado máquina de escrever. Isto é, não a máquina propriamente dita, mas o seu teclado ou seu sistema de teclas. O teclado da máquina de escrever, chamado de sistema QWERTY – que levou esse nome por causa das seis primeiras letras da fileira superior –, surgiu no ano 1866, inicialmente criado por C. L. Sholes com o objetivo de reduzir a velocidade máxima da datilografia e impedir o travamento dos tipos. Ele não era o melhor sistema: letras de uso comum, como a letra E, exigem que o dedo alcance a fileira superior; o mesmo acontecendo com as vogais de uso mais comum, como U, I e O (sendo que o O é batido com o fraco quarto dedo). No teclado QWERTY, todas as teclas mais comuns ou não estão na segunda fileira, mais confortável para as mãos, ou então são batidas por dedos fracos.

Assim, o QWERTY não era o melhor sistema de teclado. Mas por que ele conseguiu sobreviver a teclados concorrentes, visivelmente superiores, como o DSK (Teclado Simplificado de Dvorak) e outros sistemas? Porque ele sobreviveu, por uma série de acasos, de uma longa cadeia de antecedentes imprevisíveis. Uma senhora criou um método de oito dedos para uma datilografia eficiente e, superando os idiossincráticos "cata-milhos", divulgou-o num manual do tipo "faça-você-mesmo", adotado mundialmente por uma grande empresa, que se desdobrou em inúmeras escolas de datilografia. Vieram depois o rolo cilíndrico moderno, as teclas frontais e a "esfera elétrica", mas o QWERTY sobreviveu. Hoje nem mais existe o problema da velocidade ou do travamento dos tipos, pois operamos com sinais luminosos virtuais ao digitarmos na tela do computador. O teclado tornou-se uma excrescência. Não seria mais racional e eficiente que alterássemos tudo? Provavelmente. Mas quem colocará o carretel no rabo do gato? Quem dará o pontapé inicial? É mais fácil adaptar a máquina aos hábitos humanos do que alterá-los.

Tal exemplo, que possui toda uma história intrincada e pouco conhecida,[30] mostra o quanto as tecnologias evoluem menos em razão de escolhas racionais, feitas com base em informações precisas, do que devido a fortuitos incidentes históricos – quase sempre ocorridos no próprio momento no qual surgem tais inovações. Da mesma maneira que esse artefato chamado máquina de escrever, o documento, escrito ou não escrito, é um pequenino ponto de toda uma série de estruturas humanas desaparecidas, mas que, por capricho, fruição, contingência – e até, mesmo, algumas excentricidades –, acabaram por sobrar e subsistir no presente. Nesse caso, como estudá-lo, decifrá-lo ou utilizá-lo para nossos próprios propósitos de compreensão do tempo presente. Paradigmas indiciários, abdutivos e "descrições densas" já foram sugeridos, entre as inúmeras possibilidades para o tratamento documental.

De qualquer forma, o documento hoje parece estar sendo cada vez mais submetido a essa operação de estranhamento e desfamiliarização, como um meio para superar as aparências e alcançar uma compreensão mais profunda da realidade.[31] Nós mesmos, como historiadores, estudando a representação humorística da história brasileira,[32] dificilmente conseguimos escapar a essa primeira percepção de que quanto mais familiar e trivial forem os registros, mas estranheza e desconforto eles nos causariam numa segunda percepção.

A antiga preceptiva, que ainda chegava a distinguir fontes narrativas de fontes não narrativas, foi inteiramente diluída pela afirmação de que, a rigor, todas as fontes, consideradas ou não em seu nível linguístico, seriam fontes narrativas. Alguns historiadores mais afoitos, ávidos por retomar as "regras" de uma disciplina cuja linguagem e identidade estavam à deriva, partiram para transformar tudo em texto e encontrar no passado "estruturas de significado", "gabaritos simbólicos", "sistemas simbólicos" e outras variações. Comportamento não escrito de resistência à mudança? Discurso político? Festas e folguedos comunitários? Crenças, tradições orais ou rituais? Tudo poderia ser visto pela grade da textualização, tudo poderia ser tratado como texto, ou seja, como um conjunto potencialmente significativo.

Assim, relembrando o dilema dos suailes africanos, os historiadores, em face dos documentos, doravante atirados numa espécie de buraco negro, assistiam ao progressivo deslizamento do registro escrito, que saía do âmbito da História para integrar o universo difuso e obtuso da memória coletiva. Foi talvez parte desse dilema que Enzensberger, ao iniciar sua reconstrução da vida de um anarquista espanhol, captou, de forma contundente, ao confessar:

> Talvez fosse melhor fazer-se de desentendidos e afirmar que cada linha deste livro é um documento. Mas esta seria uma afirmação vazia. Basta um pouco de atenção para ver que a autoridade emprestada pelo "documento" se dissolve em nossas próprias mãos. Quem fala? Com que fim? Com que interesse? O que esconde? Do quer nos convencer? Até que ponto conhece realmente a verdade? Quantos anos se passaram entre o momento

> narrado e o momento da narrativa? O narrador esqueceu algo? E como sabe o que diz? Quais suas fontes de informação? Conta aquilo que viu ou que acredita ter visto? Ou se atém ao que lhe foi dito por um outro? Estas perguntas nos levariam longe demais, pois para respondê-las teríamos que fazer centenas de outras a cada testemunha que consultássemos. Cada passo neste exame nos distanciaria ainda mais da reconstrução e nos aproximaria da destruição da história. No fim, teríamos liquidado aquilo que nos esforçamos por encontrar.[33]

E, solapando de vez toda e qualquer preceptiva de tratamento documental, vaticinava:

> O problema das fontes é uma questão de princípios, e a diferença entre elas não pode ser resolvida por uma investigação crítica. Mesmo a "mentira" contém um momento de verdade, e a verdade dos fatos indubitáveis, supondo que exista, não afirma nada além. A opalescência da tradição oral, seu matiz coletivo, provém do próprio movimento dialético da História. Ela é a expressão estética de seus antagonismos.[34]

Teríamos, assim, transformado a tópica documental apenas numa "nova religião de mistérios sem um evangelho"? Sem *regras estáveis*, os historiadores estariam adotando em relação aos documentos, aquela deliciosa definição de Marcel Granet – "o método é o caminho... depois de percorrido"?[35] A historiografia tem uma resposta, e os próprios ensaios aqui apresentados certamente sugerem caminhos. Essas poucas linhas sobre as sucessivas guinadas de significado do documento para nossa cultura, ainda nos advertem que, se a própria distinção entre verdadeiro e falso for abandonada como uma curiosidade insignificante do passado, estaremos, certamente, diante de um perigo mais sutil e mais corrosivo, pois – no plano mais simples da vida – os mentirosos não terão nada a provar e os defensores da verdade não terão sequer uma causa para questioná-los. Afinal, como Roger Scruton anotou, de forma paradoxal: "O homem que lhe diz que a verdade não existe está lhe pedindo que não acredite nele. Logo, não acredite."[36]

Seja como for, o processo ao documento continua. Às vezes, o exagero é tamanho que, por excessos, acabamos por diluir a própria identidade do documento, quando não de nós mesmos. "Matamos para dissecar" – já vaticinava um poeta chamado William Wordsworth. Mas ninguém mais duvida que vestígios e traços do passado, quaisquer que sejam eles, continuam a nos atrair. Quando menos pela aura de infinito sublime que nos vem de papéis amarelecidos, adereços e livros antigos, espargindo aqueles raríssimos vislumbres de eternidade. "Fadiga de museu" é doença leve, mas, esperamos, ainda não se tornou contagiosa. Documentos, alfarrábios e relíquias compõem santuários de diversos passados, fugas do presente, preservação da saudade e da esperança, teatro de memórias, dramatização de passados pessoais e coletivos e resgates do luto e da lembrança após a morte.[37]

A busca da verdade e da autenticidade pelos traços que subsistiram do passado deve continuar, porque faz parte de nós e de nossa cultura, mas – como na lição de Bouvard e Pécuchet – ela será sempre uma irremediável e errática experiência de finitude e de transitoriedade. Como a vida. Como a história. Como os livros de História – aqueles que guardamos como relíquias. Porque, afinal, despojados de tais relíquias, o que nos resta? É o velho Sartre quem nos diz: "Todo um homem, feito de todos os homens, que os vale todos e a quem vale não importa quem."[38]

[Uma versão anterior desse texto foi publicada com outro título no Catálogo da Exposição *A escrita da memória*, organizado por Leandro Karnal e José Alves de Freitas para o Instituto Cultural Banco Santos em 2004].

Notas

1 G. Flaubert, *Bouvard et Pécuchet*, Paris, Éditions URF, 10/18, 1974, pp. 97-9.

2 Langlois e Seignobos, *Introduction aux études historiques*, 7. ed., Paris, Kimé, 1992.

3 Entre inúmeros, numa listagem que vai de Sainte-Beuve a Sartre, o mais explícito, nesse sentido, foi Jorge Luis Borges, no seu inspiradíssimo "Vindicação de Bouvard et Pécuchet", em *Obras completas*, v. I, Eliana Sá e Jorge Schwartz (coord.), São Paulo, Globo, 2000, pp. 279-83.

4 Sugerido, entre inúmeros outros exemplos importantes, por David Lowenthal, em *The Past is a Foreign Country*, Cambridge, Cambridge University Press, 1995, pp. 23-38; e ainda, no mais recente *The Heritage Crusade and the Spoils of History*, Cambridge, Cambridge University Press, 1999.

5 Cf. Paul Ricouer, *La Mémoire, l'Histoire, l'Oubli*, Paris, Éditions du Seuil, 2000.

6 Langlois e Seignobos, op. cit., p.15 e 279.

7 A expressão entre aspas foi utilizada por Gadamer, noutro contexto, a propósito de Ranke. Em Hans-Georg Gadamer, *O problema da consciência histórica*, trad. Paulo César Duque Estrada, Rio de Janeiro, Editora da FGV, 1998, p. 30.

8 Idem, p. 114.

[9] São dezenas de referências, mas uma síntese final desse sutil processo de quase demonização pode ser encontrada no verbete "Histoire positiviste" no "dicionário" da *Nouvelle Histoire* (Paris, CEPL, 1978, pp. 460-2). Tal verbete foi especialmente escrito por Roger Chartier, que aponta explicitamente para a história positivista "o seu manual (Langlois e Seignobos)", a "sua grande obra" (A *História da França*, de Ernest Lavisse) e "o seu balanço" (*A história francesa desde 100 anos*, de Louis Halphen).

[10] Cf. Frank Kermode, *The Sense of an Ending*, London, Kegan Paul, 1966; William R. Everdell, *The First Moderns; Profiles in the Origins of Twentieth-century Thought*, Chicago, Chicago University Press,1998; Stephen Kern, *The Culture of Time and Space,1880-1918*, 6. ed., Cambridge, Harvard U. Press, 2001; Enrico Castelli Gattinara, *Les Inquietudes de la raison: epistemologie et Histoire en France dans l'entre-deux-guerres*, Paris, Vrin-EHESS, 1998. Para uma síntese das perspectivas utópicas inerentes às concepções românticas, Elias T. Saliba, 2. ed. revista, *As utopias românticas*, São Paulo, Estação Liberdade, 2003.

[11] Bem antes de Langlois e Seignobos, outro manual que marcou os estudos históricos na chamada Escola Alemã, foi o *Grundiss der Historik*, de Johann Gustav Droysen, publicado pela primeira vez em 1858. Sua recente tradução para o português, 150 anos depois de sua publicação talvez o retire do esquecimento. J. G. Droysen *Manual de Teoria da História*, trad. Sara Baldus e Julio Bentivoglio, Petrópolis, Vozes, 2009.

[12] O *Lehrbuch*, de Bernheim, editado pela primeira vez em 1899, foi quase que o equivalente, em língua alemã, da *Introduction* de Langlois et Seignobos. E. Bernheim, *Introducción a los estudios históricos*, trad. E. Palacios, Barcelona, Paidos, 1959.

[13] *Notes en bas de page*, Paris, Éditions du Seuil, 1997. O referido livro foi traduzido no Brasil com o equivocado título de *As origens trágicas da erudição*. É certo que Pierre Chaunu, sob forma de uma entrevista exagerada e histriônica, sugeriu quase o mesmo: "Cette petite revue (Annales) a été une chose importante, um point de cristallisation. Toutefois, n'en faison pas une mythologie. Ils n'ont pas inventé ni la machine à vapeur, ni la méthode historique. L'erudition historique, voilá une mutation, et l'on a bien fait de donner une station de métro à Mabillon. Quant à Laurent Valla, il est plus essentiel que Lucien Febvre. Le point de départ de la méthode historique, c'est la réfutation de la fausse donation de Constantin". (*L'instant eclatée: entretiens*, por François Dosse, Paris, La Decouverte, 1994.)

[14] Ao discutir as concepções cartesianas de tempo no ambiente barroco, analisamos as "regras" de Mabillon num artigo dos anos 1980: Elias T. Saliba, "Temporalidade e História em Descartes", em *Ciência e cultura*, 40 (11), São Paulo, SBPC, novembro de 1988, pp. 1080-2.

[15] Idem, p. 1083.

[16] Sobre o Caso Dreyfus em geral e, em especial, sobre Zola e sua misteriosa morte, ver Géraldi Leroy (org.), *Les Écrivains et l'Affaire Dreyfus*, Paris, PUF, 1983; Christophe Charle, *Naissance des Intellectuels,1880-1890*, Paris, Éditions de Minuit, 1990; Michel Drouin (org.), *L'Affaire Dreyfus, de A à Z*, Paris, Flammarion, 1994; Michel Winock, *Le Siècle des intellectuels*, Paris, Éditions du Seuil, 1999.

[17] Cf. Saliba, "Mentalidades ou história sócio-cultural; a busca de um eixo teórico para o conhecimento histórico", em *Margem – Revista da Faculdade de Ciências Sociais da PUC-SP*, n. 1, São Paulo, Educ, 1992, pp. 29-36; e entre inumeráveis autores, uma boa síntese está em Georg G. Iggers, *Historiography in the Twentieth Century; From Scientific Objectivity to the Postmodern Challenge*, Hanover, Wesleyan University Press, 1997.

[18] *Combates pela História*, trad. Leonor M Simões, Lisboa, Presença, 1977, v. I, pp. 20-21. Noutra compilação de seus artigos, Febvre apesar de menos fervoroso, repete a mesma argumentação, cf. *Pour une Histoire à part entière*, Paris, Éditions de l'École des Hautes Études em Sciences Sociales, 1962.

[19] Idem, p. 31.

20 Trata-se do capítulo "La Critique" do inigualável *Apologie pour l'Histoire ou Métier d'Historien*, 7. ed., Paris, Armand Colin, 1984.

21 Idem, p. 91.

22 Michel De Certeau, "A operação historiográfica", em *A escrita da história*, trad. Maria de Lourdes Menezes, Rio de Janeiro, Forense-Universitária, 1982; Georges Duby, *A história continua*, trad. Clóvis Marques, Rio de Janeiro, Zahar/UFFRJ, 1993; Jacques Le Goff, "Documento/monumento", em *História e memória*, trad. Bernardo Leitão, Campinas, Ed. Unicamp, 1990.

23 Le Goff, "Documento/monumento", op. cit., p. 545.

24 Num âmbito mais vasto, tratamos deste tema em "Historiografia e novas tendências da História", em *Revista Catarinense de História*, n. 4, Florianópolis, Edit. Insular/UFSC, 1997, pp. 21-34.

25 "Tlön, Uqbar, Orbis Tertius" em *Obras completas*, v. I, pp. 475-89.

26 As referências – hoje clássicas – sobre esse tema são os ensaios de Roland Barthes, escritos no final dos anos 1960, "O discurso da História" e "O efeito de real", em *O rumor da língua*, Trad. Mário Laranjeira, São Paulo, Brasiliense, 1988; os desdobramentos mais recentes são mais extensamente discutidos em Keith Jenkins, *Why History? Ethics and Postmodernity*, New York, Routledge Press, 2000; F. R. Ankesmit, *History and Tropology; The Rise and Fall of Metaphor*, Berkeley, University of California Press, 1999; Anthony Grafton, *Bring out your Dead: the Past as a Revelation*, Cambridge, Harvard U. Press, 2001.

27 Dominick La Capra, *Rethinking Intellectual History: Texts, Contexts, Language*, Ithaca, Cornell University Press, 1983, p. 117.

28 *Truth and Method*, New York, Crossroad Press, 3. ed., 1984, pp. 29-32.

29 Cf. S. J. Gould, *Hedgehog, the Fox, and the Magister's fox: Mending the Gap Between Science and the Humanities*, NewYork, Crown Publishers, 2003; Mark Buchanan, *Ubiquity: The Science of History: or, Why the World is Simpler Than We Think*, London, Weidenfeld & Nicolson Press, 2000; J. L. Gaddis, *The Landscape of History*, Oxford, Oxford U. Press, 2002. Para um exemplo concreto das similitudes entre as dificuldades do historiador e os dilemas de astrônomos, climatologistas, geólogos e paleontólogos, ver a explanação notável e polêmica de Jared Diamond, *Armas, germes e aço: os destinos das sociedades humanas*, trad. Silvia de Souza Costa, Cynthia Cortes e Paulo Soares, Rio de Janeiro, Record, 2003. Para uma discussão da tendência à indeterminação das ciências naturais e a História, ver E. T. Saliba, "Mais versões do nariz de Cleópatra", *O Estado de S.Paulo*, Suplemento Cultura, 21 jan. 2007, p. G-5.

30 Toda essa intrincada história dos sistemas das máquinas de escrever está em Paul David, "Understanding the Economics of QWERTY: The Necessity of History", em W. N. Parker (org.), *Economic History and the Modern Economist*, New York, Basil Blackwell, 1986, pp. 29-51; e, do mesmo autor, "Clio and the Economics of QWERTY", em *American Historical Review*, maio de 1975, n. 75, pp. 332-7. Para uma versão mais divertida e bem-humorada, ver "O polegar do panda da tecnologia", de Stephen Jay Gould, em *Viva o Brontossauro: reflexões sobre a História Natural*, trad. Carlos Afonso Malferrari, São Paulo, Companhia das Letras, 1992.

31 Carlo Ginzburg, *Olhos de madeira: nove reflexões sobre a distância*, trad. Eduardo Brandão, São Paulo, Companhia das Letras, 2001. Ginzburg discute as implicações cognitivas do *estranhamento* (procedimento mais conhecido na literatura como *desfamiliarização*) como um meio para superar as aparências e alcançar uma compreensão mais profunda da realidade histórica. Embora ele manifeste relutância em transferi-la para o historiador, talvez seja necessário fazê-lo. Nesse caso, cabe ao historiador inverter completamente o famoso dito de Ranke: não conhecer a história tal como efetivamente ocorreu, mas expô-la, a partir do presente, de uma maneira diferente do sabido

e do conhecido. Noutro ensaio (*O fio e os rastros: verdadeiro, falso, fictício*, São Paulo, Companhia das Letras, 2007), Ginzburg explora de maneira mais detalhada este olhar heurístico, analisando como o estranhamento – como procedimento narrativo – foi utilizado conforme a teia de significados culturais tecidos em diferentes épocas. Como na fábula de Voltaire, o "Diálogo entre um capão e uma franga", onde um costume trivial (comer aves) que a maioria de nós acha natural é, de repente, desfamiliarizado: o distanciamento intelectual cria no leitor uma repentina identificação emotiva e a fábula abre a possibilidade, quase absurda, de se ampliar os limites da tolerância até incluir os animais. E a franga diz ao capão: "por que o desejo de comer petiscos refinados pode justificar uma mutilação tão feroz?". No rastro dos formalistas russos, sendo o primeiro de todos Chklóvski, aprendemos a procurar o estranhamento no olhar do selvagem, da criança, ou até mesmo do animal: seres estranhos às convenções do viver civilizado, que registram com olhar perplexo ou indiferente, denunciando, assim, indiretamente, a insensatez das coisas. Para Ginzburg, Voltaire serviu-se desse procedimento literário para exprimir a irrelevância das diferenças religiosas.

[32] *Raízes do riso: a representação humorística na história brasileira*, São Paulo, Companhia das Letras, 2002.

[33] *O curto verão da anarquia: Buenaventura Durruti e a Guerra Civil Espanhola*, trad. Márcio Suzuki. São Paulo, Companhia das Letras, 1987, p. 17.

[34] Idem, p. 18.

[35] A frase original do sinólogo francês Marcel Granet é "la méthode c'est la route après qu'on l'a parcourue". Citada em *L'Histoire et le métier d'historien en France, 1945-1995*, organizado por François Bédarida, Paris, Éditions de la Maison des Sciences de l'Homme, 1995.

[36] Citado em Felipe Fernández-Armesto, *Truth: a History*, London, Transworld Publishers, 1998, p.112.

[37] Philipp Blom, *To Have and to Hold: An Intimate History of Collectors and Collecting*, New York, Allen Lane Press, 2002.

[38] *Les Mots*, Paris, Gallimard, 1964. p. 214.

Os autores

Carla Bassanezi Pinsky, organizadora

Historiadora, mestre em História Social pela USP (Universidade de São Paulo) e doutora em Ciências Sociais – área de Família e Gênero, pela Unicamp (Universidade Estadual de Campinas). Foi pesquisadora do Núcleo de Estudos de Gênero Pagu-Unicamp. É autora de *Pássaros da liberdade* (Editora Contexto) e *Virando as páginas, revendo as mulheres*. Coautora de *História na sala de aula; História das mulheres no Brasil; História da cidadania* e *Novos temas nas aulas de História* (todos pela Editora Contexto), entre outros. Organizadora das obras *Faces do fanatismo; História da cidadania; Novos temas nas aulas de História* e *Fontes históricas* (todos também pela Contexto).

Tania Regina de Luca, organizadora

Professora de cursos de graduação e do programa de pós-graduação em História da Unesp, Universidade Estadual Paulista Júlio de Mesquita Filho *campus* de Assis. Mestre e doutora em História Social pela USP. É autora de *Indústria e trabalho na história do Brasil* e coautora de *História da imprensa no Brasil, História da cidadania* e *Fontes históricas* (todos pela Editora Contexto). Publicou também em coautoria *Leituras do passado; O historiador e seu tempo; Documentos do Brasil colonial; Imprensa e cidade; Franceses no Brasil*, entre outros. Pesquisadora do CNPq e ganhadora do prêmio Jon M. Tolman, da Brazilian Studies Association em 2008.

Ana Luiza Martins

Historiógrafa do CONDEPHAAT (Conselho de Defesa do Patrimônio Histórico, Artístico e Arqueológico de São Paulo), da Secretaria de Estado da Cultura. Doutora em História Social pela USP. É autora de *Arcadas: história da faculdade de Direito da USP*; *Revistas em revista: imprensa e práticas culturais em tempos de República*; *O despertar da República* e *História do café*, e coautora de *História da imprensa no Brasil* (estes três últimos pela Editora Contexto).

Antonio Celso Ferreira

Professor titular de História do Brasil Contemporâneo da Faculdade de Ciências e Letras da Unesp, *campus* de Assis. Autor de *A epopeia bandeirante: letrados, instituições e invenção histórica (1870-1940)* e *Um eldorado errante: São Paulo na ficção histórica de Oswald de Andrade*, além de capítulos de livros e de artigos publicados em revistas especializadas.

Caroline Silveira Bauer

Professora de História com mestrado pela UFRGS (Universidade Federal do Rio Grande do Sul) sobre a metodologia repressiva do DOPS (Departamento de Ordem Política e Social/RS). Doutoranda em História na UFRGS, estuda de forma comparativa os aparatos repressivos das ditaduras militares argentina e brasileira.

Durval Muniz de Albuquerque Júnior

Professor titular da UFRN (Universidade Federal do Rio Grande do Norte). Professor dos programas de pós-graduação em História da UFRN e da UFP (Universidade Federal de Pernambuco). Mestre e doutor em História Social pela Unicamp. Autor de livros, capítulos de livros e artigos nas áreas de Teoria da História, História Cultural dos espaços e Estudos de Gênero.

Elias Thomé Saliba

Professor titular de Teoria da História na USP. Doutor e livre-docente pela USP. Foi professor e coordenador de pós-graduação em História da PUC-SP (Pontifícia Universidade Católica de São Paulo). Entre suas publicações mais importantes estão os livros *Raízes do riso* e *As utopias românticas*. É coautor de *História da vida privada no Brasil* (volume III) e *História da cidade de São Paulo* (volume III).

Flavia Galli Tatsch

Historiadora, é mestre em Ciências da Comunicação pela USP e doutoranda em História Cultural na Unicamp. É autora de materiais educativos para as exposições de história e arte da Fundação Estudar da Pinacoteca do Estado de São Paulo: *A figura humana em representação* e *Olhar viajante na Casa Fiat de Cultura*. Coautora de *Religiões que o mundo esqueceu* (Editora Contexto).

Júnia Ferreira Furtado

Professora no Departamento de História da UFMG (Universidade Federal de Minas Gerais). Mestre e doutora em História Social pela USP. Foi professora visitante na Universidade de Princeton. Entre seus livros estão *Chica da Silva e o contratador dos diamantes: o outro lado do mito; Homens de negócio: a interiorização da metrópole e do comércio nas Minas setecentistas* e *Diálogos oceânicos: Minas Gerais e as novas abordagens para uma história do Império Ultramarino Português*.

Keila Grinberg

Professora adjunta e coordenadora do Programa de Pós-Graduação do Departamento de História da UNIRIO (Universidade Federal do Estado do Rio de Janeiro). Doutora em História Social pela UFF, pesquisadora do CNPq e do Pronex. Autora de *Liberata: a lei da ambiguidade; O fiador dos brasileiros: escravidão, cidadania e direito civil no tempo de Antonio Pereira Rebouças*, entre outros. Coautora de *Slavery, Freedom and the Law in the Americas*. Colabora com a revista *Ciência Hoje online* e em obras de divulgação.

Leandro Karnal

Professor de História da América na Unicamp e coordenador da pós-graduação em História na mesma instituição. Doutor em História Social pela USP. Autor de diversos livros e artigos nas áreas de História e Ensino, entre eles *Teatro da Fé*. Coautor de *História da cidadania; História dos Estados Unidos* e *Religiões que o mundo esqueceu* (publicados pela Editora Contexto). Organizador e coautor de *História na sala de aula* (Editora Contexto).

Maria Silvia Bassanezi

Pesquisadora do Nepo (Núcleo de Estudos de População) da Unicamp, professora colaboradora do Programa de Pós-Graduação em Demografia no IFCH/Unicamp e pesquisadora do CNPq. Doutora em Ciências (História) pela Unesp, *campus* de Rio Claro. Coordenadora e coautora da trilogia: *Atlas da imigração internacional em São Paulo; Repertório da legislação brasileira e paulista referente à imigração* e *Roteiro de fontes sobre a imigração em São Paulo, 1850-1950.*

Maria Teresa Cunha

Professora do programa de pós-graduação em História e do programa de pós-graduação em Educação da Udesc (Universidade do estado de Santa Catarina). Doutora em História e Filosofia da Educação pela USP. Desenvolve trabalhos na área de História da Leitura e da Cultura Escrita. Pesquisadora do CNPq.

René E. Gertz

Professor nos departamentos de História da PUC-RS (Pontifícia Universidade Católica do Rio Grande do Sul) e da UFRGS. Mestre pela UFRGS e doutor pela Universidade Livre de Berlim. Autor de *O fascismo no sul do Brasil* e de trabalhos sobre o integralismo e o nazismo nos estados do Sul do Brasil.

Solange Ferraz de Lima

Mestre e doutora em História Social pela USP. Exerce atividades de curadoria de documentos visuais no Museu Paulista da USP. Desenvolveu trabalhos de curadoria, pesquisa, catalogação informatizada e exposição de diversas coleções fotográficas, entre as quais *Olho cíclico: cultura visual no século XIX; Trilhos e sonhos; Nadar, retratos e caricaturas; J´Ai Navigué Dans L´Air – Alberto Santos Dumont.* É coautora de *Fotografia e cidade: da razão urbana à lógica do consumo. Álbuns de São Paulo, 1887-1954* e *Tratamento de fotografias.*

Teresa Malatian

Professora Titular da Unesp, vinculada ao departamento de História da Faculdade de História, Direito e Serviço Social de Franca. Doutora em História Social pela USP, atua nas áreas de Historiografia e História do Brasil. Autora de *Os cruzados do Império* (Editora Contexto); *Império e missão* e *Oliveira Lima e a construção da nacionalidade.*

Vânia Carneiro de Carvalho

Professora no Museu Paulista da USP e diretora da Divisão de Acervo e Curadoria do Museu. Mestre e doutora em História Social pela USP. Coeditora de *Anais do Museu Paulista: história e cultura material*. Atua como curadora e pesquisadora com ênfase em cultura material, visual, colecionismo, fotografia, sistemas documentais e Estudos de Gênero. É autora de *Gênero e artefato: o sistema doméstico na perspectiva da cultura material*. Coautora de *Fotografia e cidade: da razão urbana à lógica do consumo* e *Como tratar fotografias*.